東台灣叢刊之十九

臺東殖民地豫察報文

田代安定　原著
張 勝 雄　翻譯
吳玲青、李啟彰　譯註

中華民國一一二年十一月十日

東台灣研究會

本書出版蒙
曹永和文教基金會 贊助
謹誌並申謝忱

紀念張勝雄校長、夏黎明教授

目次

圖目次

推薦序

對東臺灣地區研究有興趣的學者或民眾，都知道《臺東殖民地豫察報文》一書的重要性和價值。這是 1896 年日本殖民地政府終於打敗後山的殘餘清軍部隊，確實掌控東部之後，隨即派遣博物學家田代安定實地勘查，並直接訪問當地居民而完成的報告書。其向來是了解清、日跨政權時期東臺灣的經典著作。

自 1990 年代以來，成立東台灣研究會、積極推動東臺灣研究的夏黎明教授(1956-2015)，始終希望能夠將這一本書翻譯成中文，以讓不諳日文的讀者得以一窺全貌。早在 2000 年左右，他就曾經請我考慮進行此工作。本人深知翻譯此書的價值和意義，一度嘗試，卻由於研究壓力和工作甚多，加以自揣日文能力不足以勝任，最後不了了之。

然而，很令人振奮和敬佩的是，長期在東部服務的張勝雄校長(1940-2019)退休之後，在多種因緣俱足之下，慨然決定翻譯本書。如同他在 2016 年的「譯者序」所說，夏老師聞訊後，直接邀請張校長考慮將譯著交由東台灣研究會出版。

為了確保翻譯品質、正確性以及可用性，2012 年夏天，夏老師也跟我聯繫，詢問我有沒有可能為翻譯成果進行校訂。雖然一聽到張校長正戮力翻譯《臺東殖民地豫察報文》，實在非常敬佩和歡喜，但是基於個人先前翻譯的經驗，認為必須找具有留日經驗、熟諳日文的學者來協助校訂才更適切，因而推薦由高雄師範大學的吳玲青教授擔負重任。之後，吳教授又邀請成功大學歷史系的李啟彰教授共襄盛舉、聯手完成。

在夏老師一開始的規劃中，本書除了有詳盡的翻譯和譯註之外，更納入田代安定研究專家陳偉智的兩篇導讀。透過導讀，讓我們知道《臺東殖民地豫察報文》是臺灣總督府早期殖民地撰寫計劃中的成果，也是唯一出版的調查復命書。田代安定是以臺東行政官署提供的檔案作為基本資料，在具體而清楚的問題意識和博物學知識體系中架構出本書，因而寫作風格和內容也展現田代在臺灣東部調查的脈絡，以及反映明治時期日本關心國家未來發展計畫的知識人對日本國族主義的文化想像。也因此，本書更像一部博物學誌，更是臺灣東部在知識上首次體系性的再現。

導讀二，則是陳偉智利用臺大圖書館所藏田代安定文庫中的手稿和總督府公文類纂資料，針對 1896 年田代安定到臺灣東部調查所產生的資料，進行盤點，並介紹史料價值。透過這些田野資料，或可以重現當時生活在東臺灣的原住民族群、漢人以及自然環境，而重建當時東臺灣的生活世界。

然而，儘管一開始夏老師做了充分的翻譯、校注以及導讀的安排，但要翻譯一本好書，又要確實地做好校訂工作，且囿於資源有限，可說是歷盡滄桑始得付梓。在經過多人的媒介和合力協助之下，歷經 11 年（2012-2023），這本書終於出刊，譯者張勝雄校長和積極倡議出版的夏老師卻都已經仙逝，令人不勝唏噓。為此，這本書得以翻譯校註出版，除了可以嘉惠學界和東臺灣研究，讓更多人利用之外，更展現一本代表性經典要翻譯成中文的坎坷之道。讀者閱讀本書，當能感受到翻譯的典雅，校註的下功夫，而體會為本書極力付出的譯者、校註者以及推動者的辛勞和努力。期盼本書的付梓，可以慰逝者在天之靈，也為人間留下另一頁不可磨滅的功績。

林玉茹 2023 年 6 月謹誌於臺南

（中央研究院臺灣史研究所研究員、國立臺北大學歷史系合聘教授）

譯者序

日本領臺後，為瞭解東臺灣狀況，臺灣總督府派田代安定技師等四人前往實地調查。一行四人於 1896 年 8 月 20 日乘船抵達花蓮港，沿縱谷線經璞石閣、卑南至太麻里溪，然後沿海岸線經成廣澳北上，最北到達石空社（清水斷崖附近）。同年，12 月 12 日搭船離開花蓮港，共費時 114 天。其間，曾因強渡卑南大溪險遭滅頂，在花蓮港遇火災致調查資料被燬，在花蓮港因舢舨翻覆險遭不測。可以想見，這分資料的取得，的確難能可貴。

田代安定返回總督府後，自 1897 年 1 月 15 日起陸續提出相關調查報告。1900 年 3 月，總督府民政部殖產課將該報告集結成《臺東殖民地豫察報文》出版。這本書，不僅記錄了當時東部的人文地理風貌，為後山勾畫出有跡可尋的故事篇章，並進而為東部之開發擘畫了永續發展的藍圖，對日後東臺灣的殖產政策影響深遠。時至今日，此書依舊是研究東臺灣的珍貴史料。特別是，田代以其專業的真知灼見，提出具前瞻性、可行性、全面性、完整性的長遠規劃，即使對目前制定東部產業政策而言，仍有足供參考借鏡之處。

多年前，承蒙廖聖福兄以日文版《臺東殖民地豫察報文》影印本相贈，捧讀之下，愛不釋手，深仰田代安定其人。之後，在臺東大學李玉芬教授的鼓勵下，提議筆者將該書譯成中文，以與所有關心東臺灣的人共同分享。唯筆者自覺日文根柢不足，對於日文漢字及動植物之譯解恐未臻「信雅達」之理想，故遲遲未能下筆。幸好，在潘明貴校長、曾晴賢教授、江偉全博士、李玉芬教授等前輩加持下，乃不揣淺陋勉力完稿，交給東台灣研究會留供備考。一日，夏黎明教授大駕光臨，謂：東台灣研究會有意將譯稿出版，以做為本會的典藏資料。筆者聞言，不勝惶恐，因拙譯錯誤難免，若倉促付梓恐有貽誤讀者之虞。是故，乃懇請夏教授將拙譯委由精通日文之專家學者校訂，以正其謬，幸得吳玲青、李啟彰等教授費神匡謬補正，並潤色文采，始有此譯文問世。在此，要特別感謝東台灣研究會董事長鄭漢文校長，以及李美貞小姐的大力協助。唯譯文疏漏難免，若有錯誤不當之處，譯者願負文責，尚祈讀者不吝批評指教為禱。

謹以此冊獻給

東台灣研究會夏故董事長　黎明教授

譯者 張勝雄 2016 年 5 月

導讀一

田代安定與《臺東殖民地豫察報文》——殖民主義、知識建構與東部臺灣的再現政治[*]

陳偉智
中央研究院臺灣史研究所助研究員

一、前言：問題與脈絡

《臺東殖民地豫察報文》是殖民地初期臺灣總督府殖產部派遣技師田代安定（Tashiro Antei, 或 Tashiro Yasusada，1856-1928）等人從事調查後的報告書，在歷來的臺灣東部（包括現今臺東縣、花蓮縣以及宜蘭縣部分）相關研究上，一直是很重要的參考文書[1]。本文即預計針對此調查報告書的生產過程進行考察，試圖解明其以系統化知識再現（represent）臺灣東部時所涉及的相關脈絡：一是調查之所以展開的殖民主義政治脈絡；二是作爲調查者田代安定的學經歷思想與實踐的脈絡；三是在調查過程中牽涉的在地社會關係，

---

[*] 本文曾發表於《東臺灣研究》第 3 期（1998.12），頁 103-146，論文初稿承蒙林玉茹、康培德以及兩位匿名審查人惠賜意見，章勝傑、張隆志協助英文摘要，特此致謝。感謝 2014 年中夏黎明老師的邀請，能重刊此文作為田代安定《臺東殖民地豫察報文》全書中文翻譯的解題。此文重刊之際，除修改部分原刊文中的錯漏字以及部分文字，其餘維持原來書寫。唯原先英文摘要誤植田代安定姓名拼音，因刊行當時作者在外島服役未及修正而致遺誤，藉此重刊之際更正為 Tashiro Antei 或 Tashiro Yasusada。

[1] 林玉茹，〈「東臺灣世界」的研究史及史料評估〉，《東臺灣研究》第 2 期（1997.12），頁 17-29。

即調查如何展開的脈絡。本文試圖說明田代安定的調查報告書所「再現」的當時東部臺灣的社會與自然狀況，是田代在一定的問題意識下、並在一定的知識體系中所架構出來的。最後，本文亦試圖說明田代安定臺灣東部調查的脈絡與文本中所涉及的政治與再現政治（politics of representation）。

臺灣東部的開發，遲至 19 世紀中葉開始，因此並不如臺灣西部一般，有著豐富的歷史文獻。一如印度近代史的研究，往往必須依據後來的殖民者所留下的報告書、統計書類等檔案，以從事歷史的寫作[2]。舉例來說，英國博物學家 Francis Buchanan（1762-1829）於 1794 年至 1815 年擔任東印度公司官員，在印度期間兩次的調查（1800 年 Mysore，1807-1814 年 Bengal）的成果，成爲後來歷史學家、人類學家、印度的政治家在討論印度社會的特質與發展的經驗時一再引用，作爲反應眞實印度社會的文獻。但是 Marika Vicziany 指出，Buchanan 當時是一個植物分類學家（plant taxonomist），在調查印度社會時，個人的植物研究興趣更勝於社會調查，而且當時「統計學」的意義並非調查成果的數量再現而已，此點以往多所忽略[3]。同樣的 Bernard Cohn 也指出殖民地時期的調查，其實是當時英國殖民統治技術之一，調查是殖民主義的文化形式操作，並非如

---

[2] 參見 Cohn 對印度史研究的反省，見 Bernard Cohn, *An Anthropologist among the Historians and Other Essays* (Delhi: Oxford University Press, 1987)，以及 *Colonialism and Its Forms of Knowledge: The British in India.*（Princeton：Princeton University Press, 1996）.

[3] M. Vicziany，'Imperialism,Botany and Statistics in early Nineteenth-Century India', *Modern Asia Studies*, 20（4）(1986）, pp 625-660.

實地再現印度社會[4]。東部臺灣在研究史上也是具有類似的情境，東部臺灣開發史的研究、原住民族群歷史（ethnohistory）、族群關係的研究等，日治時期留下的各種文獻、檔案，成爲我們在研究臺灣東部的社會發展與進行書寫歷史（historiography）時，必然引用的文書。田代安定的《臺東殖民地豫察報文》，作爲首次的體系性臺東人文發展與自然環境的知識再現，更常是被引用的資料。在這種情境下，討論田代《臺東殖民地豫察報文》的形成諸脈絡，或許有助於我們對此書的利用吧。同時筆者也認爲田代安定以及此書的構成，可以作爲討論知識人的實踐、知識建構與殖民主義發展之間複雜關係的個案。

本文預計先說明近代日本的「殖民」思想與實踐，以及日治初期臺灣總督府的「殖民地」撰定計畫以及具體政策的實現與成果，以討論當時具有特定意義的「殖民」概念，作爲田代安定臺灣東部調查的背景。接著說明田代安定的博物學成學過程與調查經歷，以及來臺後在總督府所擔任的職務。在擔任殖產局技師時，進行的臺灣東部調查以及具體的調查過程。最後說明《臺東殖民地豫察報文》的內容構成與田代安定知識體系的關係。

本文使用的資料，在田代安定方面，主要是田代自己的著作，臺大所藏的「田代文庫」與「伊能文庫」中相關資料，以及《臺灣總督府公文類纂》中田代安定的履歷書、調查復命書等檔案文書。在說明總督府政策方面，主要是《臺灣總督府公文類纂》，以及「後

---

4 Bernard Cohn, “The Census, Social Structure and Objectification in South Asia”, in Bernard Cohn, *An Anthropologist among the Historians and Other Essays* (Delhi: Oxford University Press, 1987), pp.224-254.

藤新平文書」中 1898 年殖產課長木村匡所編《民政局殖產事務要項》的日本領臺初期殖產業務發展報告等。

二、臺灣總督府民政局殖產部的「殖民地」調查

（一）近代日本的「殖民」思想[5]

田代安定的《臺東殖民地豫察報文》是臺灣總督府早期「殖民地」撰定計畫中的成果之一，同時也是唯一專書出版的「殖民地」調查復命書。而臺灣總督府統治的「殖民地」調查構想，其實與當時的「殖民」思想關係密切。因此，我們有必要先回顧作爲背景的近代日本殖民思想的發展。

日本爲解決國內自幕府末期以來的人口與農村問題，從德川時代末期開始有「開國」、「開業」論的提出。明治維新後銜接著以西方自由主義殖民思想爲主的「殖民」思想，主要關心的議題是移民與國內人口與農村問題的解決方案[6]。同時，隨著明治國家建立，國土範圍的確立與海外發展，也有所謂「內國殖民」與「外國殖民」的實際「殖民」活動。在明治政府的現代國家建構過程中，日本的

[5] 本文討論中所使用的名詞「殖民」與「殖民地」，在近代日本並非一般性用語，而是專有名詞，指稱日本海外移民擴展等特別的概念或事情。本文行文中，加「」以為當時用語，以之與本文的分析行文語言區別。例如，本文將論及的臺灣總督府的「殖民地調查計畫」中的「殖民地」，即為當時的專有名詞。關於近代日本的「殖民」與「殖民地」概念以及如何成為臺灣總督府的政策實踐，見本節之討論。

[6] 這些言論參見桑原真人，《近代北海道研究史序說》，（札幌：北海道大學圖書刊行會，1982），頁 24-29 的製表「明治期北海道開拓論與海外移住論」中所整理的明治 14 年至明治 34 年日本國內的「殖民論」。

南北國土範圍逐漸確立。北方的北海道（蝦夷地→北海道）與南方的沖繩（琉球→沖繩）先後併入日本帝國的領土範圍。針對這些「國內」的新領土以及海外布哇（夏威夷）、南美、南洋等地展開關於移民的討論，或者進行實際的移民活動。當時有關移民開拓的思想或活動，其用語皆稱「殖民」。基本上，明治初期的「殖民」構想，是不區分「移民」（immigration）與「殖民」（colonization）[7]。

明治 28 年（1895），隨著日清戰爭的結束，日本領有臺灣，臺灣成爲繼蝦夷地、琉球之後的日本帝國新領地。自明治初期以來即續行不斷的「殖民」討論與實際活動，有了新的展開場域。雖然在殖民統治初期（1895-1898），對於如何規範日本與臺灣關係的臺灣統治政策仍然搖擺不定，有許多種統治構想在互相較勁。對於是否將內地法律、制度施行臺灣，在制度上是否將臺灣當成內地等問題，仍是統治政策中未確定的問題[8]。雖然對臺灣的統治政策猶未定案，但是各方的統治構想，亦都一致地考慮將臺灣作爲移殖內地人的場所。而這種考慮，基本上是延續自明治初年以來日本以「殖民」行動作爲解決國內的人口與農村問題的思想脈絡。1895 年 6 月，臺灣總督府於臺北開府之後，在實際統治政策上，有關「殖民」（移住內地人）的構想即在臺灣的發展政策中，有重要的位置。

---

[7] 林呈蓉，〈近代初期日本的移殖民論與移殖民活動〉，發表於文化大學主辦之「史學、社會與變遷學術研討會」，1997。

[8] 關於日治初期日本的臺灣統治政策的形成過程，見吳密察，〈明治三五年日本中央政界的「臺灣問題」〉，《臺灣近代史研究》，（臺北：稻鄉，1990）；以及小林道彥著、鄭天凱譯，〈1897 年臺灣高等法院高野孟矩罷職事件—「明治國家與殖民地領有」〉，《臺灣風物》47（2）（1997.6），頁 129-157。

（二）臺灣總督府的「殖民地」調查

1895 年 9 月臺灣總督府民政局長水野遵，在整理當年 6 月開府以來至 8 月底的民政施政報告《臺灣行政一斑》中，在「殖產」項下提出「內地人移住、樟腦業、山林原野、農產改良」等數項殖產事業發展的構想[9]。這些殖產事業發展構想，基本上是認爲臺灣土地肥沃、物產豐富，但是開發不足，可資經營富源仍多，如果能擬定一些發展方法，以興未開之利，「此爲經營臺灣之急務」[10]。這些殖產發展計畫中，在土地取得與使用方面，不論是「蕃民撫育」、「林野放領」、「樟腦業」、「礦山劃借」甚至在一般的農業、農產改良上，當時總督府認爲臺灣林地與平原上的荒地，只要釐清土地的權利關係，即可展開上述的種種殖產計畫。而「移住內地人」則是計畫實現的重要核心，除了引進內地資本家從事產業的發展之外，內地一般農民更是移民（「殖民」）的主體。如上一節的討論，在 1895 年日本領有臺灣之後，臺灣也成爲日本紓減人口成長壓力解決方案之一。同時內地的移民除了從事山林平原荒地的開墾之外，也可以作爲臺灣農業舊慣改良的示範，進一步更可作爲將臺灣內地化的策略。

在水野遵的計畫中，殖產計畫的展開，牽涉到土地取得與內地人移住的問題。但是隨著 1895 年日軍遭受到臺灣住民的反抗，殖民政府自 8 月起改行軍政統治，相關的計畫也就暫時終止[11]。這期

---

[9] 水野遵著、陳錦榮譯，〈臺灣行政一斑〉，收於洪敏麟編《日本據臺初期重要檔案》，（臺中：臺灣省文獻會，1978），頁 143-150。

[10] 水野遵著、陳錦榮譯，〈臺灣行政一斑〉，頁 143。

[11] 臺灣總督府民政局，《臺灣總督府民政事務成績提要 第一編（明治 28 年度）》，（臺北：臺灣總督府民政局，1897）。

間有關土地關係整理的殖產計畫，只有明治 28 年 10 月 31 日，以日令第 26 號頒佈的「官有林野及樟腦製造業取締規則」而已[12]。至 1896 年 4 月結束軍政時期，開始進行民政統治時，臺灣總督府設計了一套山地與平地分隔的行政架構，平地爲縣廳制的地方行政制度（三縣一廳），山地爲撫墾署（十一署）。而有關森林開發與樟腦業的管理，全由撫墾署主管[13]。在臺灣總督府官制的區劃方面，則是頒佈「臺灣總督府民政局各部分課規程」，殖產計畫的主理機關是「殖產部」，其下又分農商課、拓殖課、林務課、礦物課四分課。在日治初期主掌土地整理與發展計畫爲拓殖課、林務課兩課，其執掌事務如下表。

殖產部拓殖課、林務課事務執掌

	拓殖課	林務課
一	有關撫墾署事項	有關森林施業及森林事業取締事項
二	有關移住開墾事項	有關森林之保護繁殖事項
三	有關原野之賣拂及貸渡事項	有關森林之賣拂及貸渡事項
四	有關原野之官民有區分事項	有關森林及立竹木官有區分事項
五	有關原野之區域及境界事項	有關森林區域及境界之調查事項
六	有關原野台帳事項	有關林野台帳事項

資料來源：臺灣總督府民政部文書課編，《臺灣總督府事務成績提要 第二篇（明治 29 年）》，（臺北：臺灣總督府民政部文書課，1898），頁 8-19。

[12] 李文良，《日治時期臺灣林野整理事業之研究》，（臺北：臺大歷史所碩士論文，1996）。「日令」為軍政時期之法源，日令即指軍事命令，於軍政時期由臺灣總督府發佈，見王泰升，〈日治時期臺灣特別法域之形成與內涵〉，《臺灣法律史的建立》，（臺北：臺大法律系，1997），頁 129。

[13] 王世慶，〈日據初期臺灣撫墾署始末〉，《清代臺灣社會經濟》，（臺北：聯經，1994），頁 475-546。

在 1896 年 4 月民政施行開始之後，民政局長水野遵的殖產構想逐漸展開。在具體殖產政策施行上，將臺灣全島的土地區分爲兩種類型：「原野」與「森林」，並在制度設計上，區分不同的主管機構。在確立土地官有民有之區分方面，就山地森林調查這一部分而言，主管機構是殖產部林務課，將軍政時期發佈的日令 26 號的「出願期限」（證明土地所有的證據書類提出期限）延期至 1896 年 8 月 31 日，同時因爲臺中縣管下土匪蜂起之故，再延期至同年 10 月，埔里社則是延至 1897 年 3 月 31 日止[14]。同時，延續自軍政時期，派遣殖產局技師至各地視察林況[15]。並於 1896 年 11 月以民殖第 577 號制訂「森林調查內規」，派遣技師、技手等至各地進行森林調查，至 1898 年中，一共進行 29 次的森林調查，並將其部分成果發表在《臺灣總督府民政局殖產部報文》內（參見附錄一「林業」部分）。

在平地荒地（原野）的部分，主管機構則是殖產部拓殖課，就原野的調查與發展，制訂「殖民地調查方針」。殖產部於 1896 年 11 月制訂了針對山林的「森林調查內規」的同時，亦於 12 月依據「殖民地調查方針」以民殖第 700 號，制訂「殖民地選定並區劃施設假規程」，進行島內適於「移植農民」處所的調查[16]。若我們比

---

[14] 木村匡編，〈第九章　林政〉，《民政局殖產事務要項》，「後藤新平文書」R7-80，（1898）。

[15] 木村匡編，〈第十章　森林調查〉，《民政局殖產事務要項》。

[16] 木村匡編，〈第六章　殖民地調查〉，《民政局殖產事務要項》。另見臺灣總督府民政部文書課編，《臺灣總督府民政事務成績提要　第二編（明治 29 年度）》，（臺北：臺灣總督府民政部文書課編，1898），頁 90-91。另見《臺灣總督府公文類纂》M30 甲種永久保存，00063，8，38，M291219，「殖民地選定及區劃設施假規程」，12 門：殖產：雜。

較「殖民地調查方針」的內容與拓殖課的業務，我們發現，可以說拓殖課在 1896 年時，幾乎就是爲了執行「殖民地調查方針」而成立的。殖產部在「殖民地調查方針」中將殖民地調查事業分爲三個部分[17]：一、殖民地撰定。二、原野官民區分。三、區劃施設。

臺灣總督府制訂「森林調查內規」後森林調查概況（1896-1898）

年度	官職	人數	日數	回數	巡迴地方
M29（1896）	技師	4	262	5	五指山、南庄、大湖、東勢角、大嵙崁、叭哩沙
	技手	2	155	2	五指山、Morrison 山（玉山）
	屬	1	30	2	五指山、南庄、大湖、東勢角、大嵙崁
	雇	1	98	1	南庄
	計	8	545	10	
M30（1897）	技師	8	454	10	五指山、大湖、叭哩沙、東勢角、鳳山、臺南、澎湖島、埔里社、蕃薯寮、恆春
	技手	6	368	6	五指山、東勢角、大湖、蕃薯寮、埔里社
	屬	2	140	2	五指山、鳳山、臺南、澎湖島
	雇	1	84	1	大湖
	計	17	1046	19	

資料來源：木村匡編，〈第十章　森林調查〉，《民政局殖產事務要項》，「後藤新平文書」R7-80，1898。

說　　明：日治初期「年度」為會計年度，每年 4 月至翌年 3 月，因此此表顯示的森林調查是至 1898 年初的調查概況。

具體的計畫則是，在「殖民地撰定」中，提出：

先對於蕃民棲息的蕃地姑且置之不論，由西部的原野荒地著手，期能完成漸及於臺東地方的調查。以明治二十九年度至三十三年度五個年間充之，每年派遣二或三組調查員，從事八個月的

[17] 木村匡編，〈第六章　殖民地調查〉，《民政局殖產事務要項》。

野外調查。測定原野的面積之外，調查地形、土質、水利等其他於移住民必要之諸般事項。

「原野官民區分」則是

雖認為與殖民地撰定有關，有盡速實行之必要，但是如土地制度之習慣，殊極易染紛糾，在本島不可輕忽地處分之，此為勿論之事。於時機上，不許有急成之事。故暫與殖民地撰定事業同時進行調查，鑑乎沿革，省於習慣，待充分熟知土地關係之日，信可不加計，而得徐徐實施之。若夫對全島一般或是某一地方，特認有實施之必要時，則預與關係局課相商定之，期慎重無錯誤之舉。

至於「區劃施設」方面

對於企業者或是移住者之出願申請，為避紛難，有預置區分一定地積之必要。故其於撰定後原野內，認為能有足以容納將來三十戶以上移民處所之土地，對之施行以耕地九千坪、宅地三百坪為標準之區劃，並製作地圖，期為將來土地劃分敏活與畫一之計。

雖然，在「殖民地調查方針」中區分了三項事業計畫，但是這其中特別以「殖民地撰定」最爲重要，當時殖產部門認爲是「刻下之急務」[18]。就「殖民地調查方針」看來，我們可以說是 1895 年水野遵的臺灣殖產發展計畫構想的成形與實踐。整個「殖民地」的調查與撰定，是以將來內地之農業移民爲目的，因此除了選擇適當的臺灣島內平原荒地之外，進一步確定「荒地」內的土地發展條件、

[18] 木村匡編，〈第六章 殖民地調查〉，《民政局殖產事務要項》。

更重要的是區分官有民有的土地權利關係。在確定爲無主荒地，並劃爲官有地之後，再進行官有地內的社區都市計畫的設計（三十戶以上爲單位）、土地重劃（耕地、宅地）、排水灌溉工程等「殖民地」內的區劃施設工程，以引進日本內地的企業家與農民，一方面發展產業，另方面作爲將臺灣日本化的種子。

（三）「殖民地」調查的展開

臺灣總督府從 1896 年 4 月，施行民政之後的新會計年度（明治 29 年）開始，就已經開始計畫「殖民地」調查。但是由於適當的技術官與調查所需的器具器械設備未齊全之故，直到 1896 年 10 月制訂「殖民地調查方針」後才正式展開調查[19]。「殖民地調查方針」中區分了三項事業計畫，其中以「殖民地撰定」爲總督府最重要的工作。原先在計畫中預定爲五個年度的計畫(1896.12—1901.4)，每年派遣專業技師二組或三組，進行長期的野外調查。但是調查專業官僚不足，原擬由北海道有殖民地調查經驗之官僚來臺，由於經費在立案之初，已被刪去大半，於是原先 5 年計畫，最後於 1898 年 6 月停止，僅執行二個年度（1896、1897）而已[20]。

就具體調查的展開而言，在「殖民地調查方針」立案之前，殖產部就已先於 8 月派遣技師田代安定進行臺灣東部的調查。「殖民

---

19 木村匡編，〈第六章　殖民地調查〉，《民政局殖產事務要項》。

20 臺灣總督府民政部文書課編，《臺灣總督府民政事務成績提要　第三編（明治 30 年度）》，（臺北：臺灣總督府民政部文書課編，1899），頁 137，150-154。同樣的，殖產部的另一項調查計畫，「森林調查」也在經費不足等的原因之下，無疾而終，見李文良，《日治時期臺灣林野整理事業之研究》，頁 63-64。

地調查方針」立案後，以殖產部拓殖課的官員爲擔當主體，於 11 月 26 日派遣技手二名（町田永五郎、松尾萬喜）至新竹縣苗栗及臺中縣地方，調查月眉、壢西坪與水底寮三原野。另於 12 月 26 日派遣技手二名（藤根吉春、森貞藏）至宜蘭廳管內，自叭哩沙原野附近沿南澳生蕃界一帶進行調查。1896 年底，臺灣總督府軍務局進行「關於臺灣東西橫貫鐵道線路探險計畫」，組織兩探險隊。其中的第一隊（屈尺—新城線）於 1897 年 1 月 29 日出發，由陸軍步兵大尉鯉登行文爲隊長，殖產局亦派遣技師橫山壯次郎同行，途中發現並調查新店溪上游蕃地有將來足以容納移民之土地[21]。3 月 5 日派遣屬一名（佐藤法潤）、技手一名（小花和太郎），調查鳳山縣管內十八份庄與尾寮附近的原野。3 月 15 日，派遣技師一名、技手兩名就之前調查過的月眉，進行灌溉溝渠的設計與調查土地所有權官有民有的區分。5 月 14 日則是派遣調查員三組，一組技師、技手、雇各一名（橫山壯次郎、上領小太郎、森貞藏），調查埔里社附近的原野。一組技手二人、屬一名調查雲林管內麥寮附近虎尾、周仔二原野。一組技手二人調查苗栗三叉河附近關刀山西麓的牧場。11 月 11 日派遣技師一名（田代安定）、技手二名（森貞藏、松尾萬喜）調查鳳山臺南管內下淡水溪流域與枋寮恆春附近。另外派遣技師一名、技手二名再至臺東地方調查。實際的調查成果，參見附錄二、三、四。

---

[21] 木村匡編，〈第六章　殖民地調查〉，《民政局殖產事務要項》。並參照《臺灣總督府陸軍幕僚歷史草案》，頁 432-459。及文末附錄二：「《臺灣總督府公文類纂》中「殖民地」相關調查檔案目錄」。

臺灣總督府殖產部拓殖課與「殖民地調查」相關者（1896-1897 年度）

官職	姓名	調查地域	調查時間
殖產部長	押川則吉		
拓殖課課長	柳本通義		
技師	柳本通義		
	岡田眞一郎		
	橫山壯次郎（兼）	1.新店溪上游 2.埔里社	1.1897-1-29→？ 2.1897-5-14→1897-6-21
	成田安輝		
	田代安定	1.臺東（臺灣東部） 2.鳳山、臺南	1.1896-8-14→1897-2-20 2.1897-11-11→1898-2-15
屬	米山俊信		
	佐藤法潤	1.鳳山	1.1897-3-5→1897-4-7
	山田新助		
	吉野熊太郎		
技手	藤根吉春	1.宜蘭	1.1896-12-26→1897-1-29
	町田榮五郎	1.苗栗、臺中	1.1896-11-26→1897-2-24
	森貞藏	1.宜蘭 2.埔里社 3.鳳山、臺南	1.1896-12-26→1897-1-29 2.1897-5-14→1897-6-21 3.1897-11-11→1898-2-15
	小花和太郎	1.鳳山	1.1897-3-5→1897-4-5
	松尾萬喜	1.苗栗、臺中 2.鳳山、臺南	1.1896-11-26→1897-2-24 2.1897-11-11→1898-2-15

資料來源：日本圖書センタ—編，《舊殖民地人事總覽 臺灣篇 1》，東京：日本圖書センタ—，1997。
木村匡編，《民政局殖產事務要項》，「後藤新平文書」R7-80，1898。

執行「殖民地」調查的兩年之內，進行了 9 次的調查。其中只有田代安定的臺東調查執行 7 個月之久，比較符合「殖民地調查方針」的規定，其他多則 3 個月，少則 1 個月而已。而「殖民地撰定」的地點依據這些調查來看，臺灣西部多為丘陵地與海邊沙洲澤地，只有臺灣南部的恆春與臺灣東部有比較多平原地區。兩年的 9 次調查中，多在進行「殖民地調查方針」的第一項「殖民地撰定」。其中只有一次苗栗的月眉，進行第二項的「原野官民有區分」與第三項「區劃施設」。其實在「殖民地撰定」的調查中，也都有針對原野荒地的官有民有問題，做了初步的區劃。此一「殖民地」調查計畫，不能長期執行的原因，除了前述總督府的財政考慮與專業技術官僚不足之外，調查區域的治安亦是一大潛在的變數。1895 年至 1900 年間，臺灣西部各地仍充滿各種武裝反抗行動，相對來說，東部臺灣算是比較平靜之處所，1896 年中清軍投降之後，除了稍後曾爆發新城事件的衝突外，有一段相對平穩的時期。經費、人員與設備的缺乏可能是日治初期「殖民地」調查中途停止的內因，而社會動亂情況則是外因。也因此，田代安定的臺灣東部調查，就成爲比較符合「殖民地調查方針」構想的「殖民地」調查。這或許也可以用來說明，何以在這 9 次調查，除其他調查成果部分發表在《臺灣總督府民政局殖產部報文》外（參見附錄一），只有田代安定的調查，在 1900 年以《臺東殖民地豫察報文》專書出版。

三、田代安定的生涯與臺灣調查

（一）田代安定的生涯

田代安定，日本鹿兒島人，1856 年出生，日本幕府末期薩摩藩藩校造士館出身，從學於鹿兒島蘭學家柴田圭三，學習博物學與法語，16 歲即擔任柴田圭三法語教學時的助教。明治維新初期，田代至東京遊學，1875 年進入新成立的博物局任職，擔任博物局長田中芳男助手，從事動植物學、植物辭書編纂以及其他諸調查[22]。他曾有機會進入東京帝國大學前身開成學校讀書，但是因爲家中事故，於 1880 年離開東京回鄉。當時田中芳男是明治維新後日本第一代的新學學者[23]。田中芳男是首先將近代的動植物學方法介紹入日本的人之一，在植物學方面先後介紹 Carl von Linnaeus 與 Augustin de Candolle 的植物分類法[24]。田代安定以其優異的外語能力，跟隨田中芳男學習到近代的動植物學知識。田中芳男不只對純粹博物學[25]

---

[22] 永山規矩雄編，《田代安定翁》，（臺北：故田代安定翁功績碑表彰記念碑建設發起人，1930），頁 2。

[23] 日本幕末時期，在西方勢力進逼下，為因應新局，在學問的探究上，由原先專注的「蘭學」進一步全面性地展開對西方新學的學習。於安政 2 年（1858）設立「洋學所」，翌年（1859）改稱「蕃書調所」，1863 年「蕃書調所」改名「開成所」。1862 年蘭學大家伊藤圭介的學生田中芳男進入「蕃書調所」擔任「物產學」的調查研究工作。曾於 1867 年整理日本的動植物標本參加於法國巴黎舉辦的第四回萬國博覽會。1868 年明治維新之後，「開成所」成為明治國家進行殖產興業近代化工程中「求知識於世界」（五條誓文）的重要機構，相關人員相繼引續。田中芳男亦進入「開成所」，成為明治維新後第一代的博物學家。田中專攻的領域為植物學、動物學與化學等。1870 年擔任新成立的「物產局」局長，「物產局」隨後改名為「博物局」。參見木通口秀雄、椎名先卓，〈日本の博物館史〉，收於古賀忠道、德川宗敬、木通口清之監修，《博物館學講座 2 日本と世界の博物館史》，（東京：雄山閣，1980），頁 49-55。上野益三，《日本博物學史》，（東京：講談社，1989），頁 191-196。以及鄭彭年，《日本西方文化攝取史》，（杭州：杭州大學，1996），頁 256-258，305-306。

[24] 田中芳男於博物局分別出版介紹 Carl von Linnaeus 植物學知識的《林娜氏植物綱目表》（1872）與翻譯 Augustin de Candolle 的《土至甘度爾列氏植物自然分科表》（1872、1875），參見上野益三，《日本博物學史》，頁 193-194。

[25] 「博物學」在當時意指今日學科分科下的動物學、植物學、地質學與人類學，用以翻譯西方自 15 世紀以來至 19 世紀的 natural history 的知識。

有興趣，對於如何將這些學問實際應用的可能性的「殖產興業」關懷，亦頗多關注[26]。田中芳男此種兼顧純粹與應用的學風，其實並不只是他個人於知識形成上的風格，而是當時日本知識人普遍的心態[27]。

在日本明治維新時期，學、用兩兼的風氣中，田代安定亦受感染。在此後的任官生涯，一直是以專業的技術官僚爲主，在日本中央的農商務省（自博物局時代開始）或地方的家鄉鹿兒島縣工作。1880 年離開博物局之後，曾多次展開博物學相關的調查。自 1880 年至來臺的 1895 年，15 年期間曾三次進行在 1879 年後納入日本明治國家體制的琉球群島調查，並提出五十多册關於琉球八重山群島的動植物、土俗、人類學調查報告書與八重山群島的舊慣革新的內地化發展計畫[28]。他並曾於 1889 年隨日本海軍訓練艦金剛號至布哇（夏威夷）及南太平洋一帶進行博物學與民族學調查[29]，也曾於 1891

[26] 樋口秀雄、椎名先卓，〈日本の博物館史〉，頁 49-55。

[27] 李永熾，《日本近代史研究》，（臺北：稻鄉，1992），以及 Carol Gluck, *Japan's Modern Myth： Ideology in the Late Meiji Period.*（Princeton：Princeton University Press, 1985）.

[28] 田代安定渡臺後在植物學上的業績，參見吳永華，《被遺忘的日籍臺灣植物學者》，（臺中：晨星，1997），頁 69-94。田代渡臺之前任職於農商務省，1882、1885、1887 三次的琉球群島調查與八重山舊慣改革計畫的討論，參見三木健，〈田代安定と近代八重山〉，《八重山近代民眾史》，（東京：三一書房，1980），頁 67-131。關於田代人類學研究業績的介紹，參見長谷部言人，〈田代安定氏に就いて〉，收於田代安定，《沖繩結繩考》，（奈良：養德社，1945），頁 1-13。關於田代安定經歷與簡傳，參見松崎直枝，〈隱れたる植物學者田代安定翁を語る〉，《傳記》1（1）（1934），頁 1-13。

[29] 田代安定，《太平洋諸島經歷記》，臺大總圖藏「田代文庫」，1890-1892。此書為田代安定隨軍艦進行完調查，回國後分回於《東京地學協會報告》上發表論文共 13 回的集結。

年進行北海道以南日本全島的調查[30]。除了進行博物學學問上的諸多調查之外，田代安定也如同其啓蒙老師田中芳男一樣，關注於應用博物學的問題，因此在進行調查同時，田代也對於該調查地域的自然物產環境，可以形成何種有利日本的產業發展方案多所關注，並在博物調查報告書中另外加以分析說明。就連 1889 年進行太平洋諸島非日本領土地域的調查時，亦曾討論日本可針對於不同的海外環境發展有利的產業，並依據區域物產的差異進行貿易[31]。

除了相關博物學調查與提出產業發展計畫之外，田代安定並且加入數個相關的學會團體，例如東京地學協會、東京植物學會、東京人類學會、東京園藝學會等。並曾於模仿英國皇家地理學會（Royal Geography Society）結成的東京地學協會擔任機關雜誌《東京地學協會報告》的報告主任與主編[32]。在當時博物學學風下，來臺之前其植物學與人類學的修爲與業績，已是廣爲周知的。這樣的名聲，也使他得以在 1895 時，得以不受軍事管制影響，前來臺灣。

1895 年，田代安定於 3 月底得知日軍已佔領澎湖的新聞時，向「知友」子爵榎本武揚表示從軍來臺進行調查之願望。榎本隨即向海軍大臣西鄉從道代爲說明田代之「素志」，准許以「東京地學協

---

30 永山規矩雄編，《田代安定翁》，頁 8。

31 田代安定，《太平洋諸島經歷記》。

32 參見石田龍次郎，〈「東京地學協會報告」（明治一二—明治三〇年）〉，《日本における近代地理學の成立》，（東京：大明堂，1984），頁 87-169。「東京地學協會」的參與者，除了相關博物學科的學者之外，也包括了許多貴族、政府官員以及高級軍官，因此在某種程度上言之，它也是當時東京的上層社交聚會機構之一。

會地理探險」的名義，至廣島大本營，隨軍出發[33]。隨後於 4 月，田代即隨軍隊渡臺，來臺時爲 39 歲之中年（關於田代安定一生的經歷，參見附錄五：「田代安定小傳（任官、經歷、調查）」）。

（二）技術官僚與調查

1895年4月，田代安定以陸軍雇員，比志島混成枝隊附的身分，隨軍隊渡臺，至當時已爲日軍佔領的澎湖。到澎湖之後免除比志島混成枝隊附，擔任新成立的官衙澎湖島政廳廳附。1895年6月渡臺，6 月 10 日進入臺北城，成爲最先進入臺北城的日本人之一（臺灣總督樺山資紀於 6 月 14 日進城）[34]。6 月 17 日日本於臺北城內舉行始政式，6 月 18 日田代安定被任命爲臺灣總督府民政局附，並擔任民政局殖產部農商務課的職務。8 月底臺灣總督府對所屬官僚進行人事任命的整理（由陸軍省→臺灣總督府）[35]，於 9 月 8 日，田代安定被任命爲臺灣總督府雇員。田代來臺後的第二年，1896 年 7 月 24 日被升任爲臺灣總督府技師，於民政局殖產部拓殖課任職，

---

[33] 參見田代安定《駐台三十年自敘傳》，轉引自三木健，〈田代安定と近代八重山〉，頁 126-127。於田代安定逝世後整理田代遺物的學生松崎直枝發現，田代遺物中有一《明治十九年知友名簿》，其中有榎本武揚、手島精一、花島義貞、伊東己代治、橋本綱常、賀田貞一、池田謙三、牧野富太郎、井上伯（井上馨）、芳川顯正、大山巖、桂太郎、曾我祐準、金子賢太郎等，這些包括政界、軍界、學界的人物幾乎都是當時明治政府的中堅份子。參見松崎直枝，〈隱れたる植物學者田代安定翁を語る〉，頁 116。另外，榎本武揚亦是當時擔任東京地學協會會長，見石田龍次郎，〈「東京地學協會報告」（明治一二—明治三０年）〉，頁 87-169。

[34] 永山規矩雄編，《田代安定翁》，頁 8-9。

[35] 見臺灣總督府民政局編《臺灣總督府事務成績提要 第一編（明治 28 年）》，頁 7-8。

並兼執殖產部林務課勤務。此後至1920年65歲從臺灣總督府退官，在臺灣任官職的時間 25 年內，一直是技師的身分，並擔任拓殖、林業等相關專業的技術官僚職務。

田代安定在來臺之前，曾三次調查「南海群島」（今沖繩群島），向日本農商務省提出龐大的沖繩八重山群島舊慣改革與產業發展的近代化計畫。田代的構想當時不爲農商務省所重視，因此，八重山的發展計畫並沒有實現。1895 年渡臺之後，田代的博物學應用實踐有了新的可能性，臺灣成爲他施展學用兼具學風的地方。在 1896 年中進行殖產部「殖民地調查」計畫的臺東之行前，田代早已在一年左右的時間中（1895.4~1896.8）進行許多地方的調查，並且提出許多個別處所的產業發展計畫。

1895 年 4 月，田代以陸軍雇員身分至澎湖後，即在澎湖島政廳工作，進行澎湖的博物學與地方風俗民情的調查，並向大本營提出《澎湖列島植樹意見》報告書[36]。1895 年 6 月進入臺灣總督府擔任民政局殖產部門的技術官員後，於 12 月曾就臺灣東部的管理與發展向總督府提出建議書，不過由於當時地方未靖，而且路途遙遠，對當時仍膠著於臺灣西部南下軍事行動中的總督府來說實無力顧及。因此不得總督府重視，田代感嘆猶如「廢紙」一般[37]。

臺灣總督府建立後，殖產部進行初步的臺灣殖產狀況的調查，除了進行整備相關殖產法令的工作之外，並派遣技術官僚外出調查。

---

36 三木健，〈田代安定と近代八重山〉，頁 127-129。吳永華，《被遺忘的日籍臺灣植物學者》。

37 田代安定，《臺東殖民地豫察報文》，（臺北：臺灣總督府民政部殖產課，1900），頁 4-5。

於 9 月初開始，進行三次調查。其中的第一次即是田代安定的宜蘭調查，其成果主要是〈宜蘭管內調查錄〉[38]。10 月底結束宜蘭調查之後，田代於該年底又至大嵙崁一帶蕃界進行森林與蕃地的調查。田代並將宜蘭與大嵙崁調查途中所蒐集的「生蕃」物品，寄給東京人類學會作藏品。

田代安定來臺的前半年，即迅速地初步調查過臺灣的許多地方。其博物學知識建構與應用實踐的熱情，在臺灣成爲日本的殖民地之後，可謂找到一發揮的場所。就東部臺灣的知識再現而言，同樣地也在日本殖民臺灣之初，即已進入田代博物學知識形成與實踐計畫的視野之內。1895 年 12 月田代提出臺灣東部的建議書時，當時東部仍是局勢未定。整個臺灣東部直至 1896 年初日本政府才壓服清朝在臺灣的最後一股軍事力量，在臺灣東部建立行政機構（臺東廳、臺東撫墾署）[39]。田代安定提及臺東調查的構想，是因爲臺灣東部在地圖上看來，仍然是一片荒地與蕃地，將來的發展未可限量，若不速於當時已稍稍平定的臺灣西部背面，即臺灣東部的「卑南奇萊地方」設置「急兵營」與「行政廳」，則「百里之長岸，空委蠻煙」[40]。1896 年當殖民政府施行民政開始後，在統治政策實際展開的殖產計畫之下，田代安定展開了他的臺灣東部調查。

---

[38] 其宜蘭調查的成果與分析，見陳偉智，〈殖民地統治、人類學與泰雅書寫—1895 年田代安定的宜蘭調查—〉，《宜蘭文獻雜誌》29（1997）頁 3-28。

[39] 參見王學新，〈日據初期臺東地區抗日戰事中原住族群向背之分析（1895-1896）〉，《臺灣文獻》47（4）（1996），頁 129-148。

[40] 田代安定，《臺東殖民地豫察報文》，頁 4-5。

四、1896 年田代安定的臺東調查與《臺東殖民地豫察報文》

（一）1896 年臺灣東部調查展開的過程

臺灣東部的調查，原來在「殖民地調查方針」的計畫中，於調查的順序上，應屬最後調查的地方。然而卻成爲殖產部「殖民地」調查計畫的開端呢？原因應是，在 1895 年水野遵的殖產計畫中，「殖產」項下的「內地人之移住」中曾提及：「臺灣土地肥沃、物產豐富、既開發之土地僅爲幾分而已，遺利尚多，尤其東部蕃地爲然」[41]。一方面臺灣東部被視爲荒地甚多，土地關係不若西部牽涉漢人複雜，在「殖民地」的撰定上應有可爲。另方面，從 1896 年 4 月到 10 月「殖民地」調查計畫研議的期間內，或許仍未如後來的「殖民地調查方針」所規定一般先以臺灣西部調查爲先，然後再及於臺灣東部。因此，仍在「殖民地」調查計畫研議期間就已出發的田代安定臺灣東部之行，我們可以看到水野遵的「殖民地」發展構想的初步實踐。待 12 月制訂「殖民地撰定及區劃施設假規程」後，才正式陸續派遣拓殖課員進行西部臺灣原野的調查。

1896 年 8 月 12 日，臺灣總督府民政局殖產部命田代安定進行臺東調查，田代於同月 14 日自臺北出發，自基隆搭乘輪船至花蓮。同行的有殖產部礦務課技師成田安輝與技手阪基，以及農商課的技手堀駿次郎，一行共四人。不過，成田安輝與阪基此行的任務，主要是在礦務課的「地質調查」計畫，進行臺灣東部的地質礦山調查

[41] 水野遵，〈臺灣行政一斑〉，頁 143。

[42]。阪基並負責進行臺東原野面積的測量，製作相關地圖。此次實際調查的路程，田代安定在《臺東殖民地豫察報文》中有一節〈豫察事項之顚末〉，說明整個調查的進行與分工，成田安輝負責「礦務之驗察與蕃界之查察」，堀駿次郎則是「農務上一切之調查」，田代則是總其成[43]。調查的臺東原野的範圍以北奇萊之新城庄爲起點，南至南卑南之太麻里溪，南北共 60 餘里（日里）間的範圍[44]。四人自花蓮港登陸後，以花蓮港爲起點，南下吳全城與水尾溪之間的平原，沿今日的花東縱谷，過璞石閣庄、新開園、務錄臺諸村落，經北勢溝社山路到卑南新街，到太麻里溪折返北上。然後一行再由卑南溪口轉走海岸路線，經成廣澳、大港口到花蓮港。最後由花蓮港北上新城庄，再折回花蓮港，結束調查。在巡迴的途中亦曾數次進入山地部落進行調查，如「木瓜溪蕃社」、「大魯閣社」、拔仔庄、新開園附近的「高山蕃」等等[45]。

1896 年 5 月，日本平定臺灣東部的紛亂之後，於 6 月設立臺東支廳與臺東撫墾署。設立行政機構時，曾引繼清代臺東州的檔案，並得到前清國官員陳英等人的協助瞭解當地的發展與沿革史[46]。撫墾署設立之後，亦曾進行多次的地方調查。因此在田代前往臺東之

---

[42] 永山規矩雄，《田代安定翁》，頁 10。成田安輝與阪基此行「地質調查」的成果，參見臺灣總督府民政局殖產課編，《臺灣島地質礦產圖說明書》，（臺北：臺灣總督府民政局殖產課編，1987）。

[43] 田代安定，《臺東殖民地豫察報文》，頁 4。

[44] 1 日里=4 公里，60 里（日里）=240 公里。

[45] 田代安定，《臺東殖民地豫察報文》，頁 1。

[46] 見《臺灣總督府公文類纂》明治 29 年乙種永久保存，00017，6，61，M290521，「舊臺東州緊要書類引繼」，4 門：文書：雜。

前，地方行政官廳已經有許多相關的檔案存在[47]。這些文書，成為提供田代瞭解臺灣東部地理、人口、產業狀況的概況的基礎。在田代實際進行的調查過程中，一方面至當地的行政官廳，即臺東支廳與臺東撫墾署查閱相關檔案與抄錄文書。另方面，田代則進行實地調查。其中，主要的助手與翻譯是居住在加禮宛瑤篙庄的粵籍人士林鳳儀[48]，以及卑南、奇萊各地村落的村庄長總理、熟蕃傳道師等地方頭人。透過進行筆談訪問的方式，得知各個村落的沿革、清代的稅收制度、額度、與周邊族群的族群關係，以及地方產業發展狀況。除了人文環境的調查之外，田代也依其專長，針對臺東地方的自然環境與物產，進行物產別與區域別的仔細調查。其中特別是針對臺東地方不同的族群，其民族植物學（ethno-botany）與各種特有的動植物利用方式，做了相當詳細的記錄。

1896年初，日本在臺東初步建立了行政機構，在田代調查之前，臺東撫墾署已先行調查過一次。田代安定在隨後不久又親至各村落，由於他是臺灣總督府內的官僚，層級又在地方行政廳屬之上，因此田代在臺東的調查與蒐集資料，常被當地人民當成是來自總督府的「大人」。《臺東殖民地豫察報文》「土民部」下篇的「土地關係書類」中，田代編錄「臺東各庄丈量濟田地概算表」，包括了田代

---

47 見《臺灣總督府公文類纂》明治29年乙種永久保存，00072，3，15，M290629，「臺東撫墾署開署ノ件報告」，2門：官規及官職：官衙。以及見《臺灣總督府公文類纂》明治29年15年保存，04507，10，1，M290811，「臺東地方往昔實況。臺東撫墾署管內各社名簿。各蕃社ニ給予セシ糧銀高及社長姓名。管內物見本採收。撫墾署長巡迴調查書。卑南新營花蓮港物價比較表。臺東北部巡迴日誌」，12門：殖產：撫墾。

48 關於林鳳儀的背景，見田代安定，《臺東殖民地豫察報文》，頁50-51。

實察村落「十六股庄」、「三仙河庄」、「新港街庄」、「農兵庄」、「加禮宛大庄」、「加禮宛瑤高庄」、「加禮宛竹林庄」、「加禮宛七結庄」、「加禮宛武暖庄」、「璞石閣庄」、「大高料庄」、「打馬燕庄」、「打馬煙庄」、「成廣澳庄」、「石雨傘庄」等村庄，田代調查時，紛紛由地方的總理與通事呈上田籍戶口清册，並幾乎都在清册起始處寫（黑體字爲筆者所加以強調之）：

〇〇庄田籍表

後山〇〇庄總理〇〇〇通事〇〇〇等謹將**良民歸順**各煙戶花名男女丁

口田園牛隻繕造具清冊呈電

總督府民政局大人察核施行須至冊者[49]

如果我們比較 1896 年中臺東撫墾署報告中相關人口田土的調查，例如「臺東撫墾署管內各社名簿」，當地人民亦以類似的文書格式呈給地方官署。我們會發現，隨後調查過程中的田代安定被當地人民當成更高位於地方廳官員的「臺灣總督府民政局大人」。這樣的身分，於當時地方初靖的情況下，自然有利於田代各種調查的進行。雖然，田代在回顧調查經歷時，頗爲抱怨當地的氣候、交通狀況與傳染病[50]。但是田代安定忘記說明的是地方人民對他「臺灣總督府民政局大人」身分的誤認，所帶來的進行調查時的便利。這樣的經驗在田代的調查生涯中，並不是第一次。當田代於 1885 年

49 田代安定，《臺東殖民地豫察報文》，頁 75-101。引用文字摘錄自頁 97-101 之「成廣澳、石雨傘兩庄田籍表」。

50 田代安定，〈預察事項ノ顛末〉，《臺東殖民地豫察報文》，頁 1-4。

代表日本參加於俄國舉行之萬國園藝博覽會時，途中乘軍艦，暫泊於布哇（夏威夷）時，也曾被認爲是「日本大官」的到來，而受到歡迎[51]。

在調查展開過程中所抄錄、訪問、觀察的成果，成爲田代回到臺北之後整理此行調查「復命書」的基本材料。然而這期間也曾發生意外，例如，田代在調查過程抄錄蒐集的丈單、地契以及訪問筆記等文書，預計將來作爲「殖民地」調查計畫中原野官民有區分的依據。不過這批文書檔案的一部分，卻在花蓮港街由於一場火災而燒失[52]。除了這些調查中與此行相關的材料之外，田代並將相關的參考資料一同編入，並進行比較。例如，將早年進行的沖繩調查與太平洋諸島調查時的資料，寫入復命書中，作爲有關項目的比較說明。

（二）臺東殖民地調查的成果

田代安定於 1896 年 12 月 12 日由花蓮港搭船乘「千田丸」南下經打狗、安平後北上，於 20 日經基隆回臺北[53]。回臺北之後，整

---

51 松崎直枝，〈隠れたる植物學者田代安定翁を語る〉，頁 113。夏威夷土人之所以誤認田代為「日本大官」的背景是，自 1860 年代以來，日本殖民思想盛行，海外殖民（=移民）亦很盛行，其中布哇（夏威夷）尤其是一個熱門的處所。日本政府與布哇國王間亦有官方協議在，因此田代當時才會被認為是「日本大官」，參見林呈蓉，〈近代初期日本的移殖民論與移殖民活動〉。

52 田代在奇萊調查復興庄的「田簿復寫與各事問答錄」以及「各庄丈單、舊撫墾署關係書類之謄寫」等資料，皆毀於火災，田代深覺遺憾，「遺憾無復可言」。林鳳儀另行撰寫的資料，見田代安定，《臺東殖民地豫察報文》，頁 52-53。

53 永山規矩雄，《田代安定翁》，頁 10。

理自臺東帶回來的資料，並與相關資料匯集比較，於 1897 年 1 月寫完，3 月增補一部分，並於 5 月提交殖產課[54]。最後於 1900 年 3 月，將此次「殖民地」調查復命書以《臺東殖民地豫察報文》爲名由臺灣總督府民政部殖產課出版。

在《臺東殖民地豫察報文》中，田代安定將報告書分爲「地理部」、「土民部」與「業務部」三部分。原先田代仍預計撰寫第四部「殖民部」，基於預察的基礎，針對「殖民上」相關之事，展述其施行上的相關計畫。但是由於與其他「殖民」相關處務機關牽涉事項頗多，最後並沒有完成「殖民部」的撰寫[55]。在構成此書的「地理部」、「土民部」與「業務部」三部中，臺東行政官署提供的檔案成爲復命書中「地理部」、「土民部」的基本資料[56]。當然田代也從實際的巡迴調查中更正了許多地方行政官廳的資料。例如，《臺東殖民地豫察報文》附錄的「臺東現在住民戶數人口統計表說明」中呈現的人口調查，田代原先預計對每一村庄編製詳細的人口簿，並製作詳密的「人族別」統計表。但是最後只有「支那人族」（漢人）與「加禮宛本庄」（自宜蘭遷移的 Kavalan）的部分完成實際調查過後的人口與族群別統計資料。至於「阿眉蕃部落」與「平埔人族」的部分則是未完成其材料之蒐集。未完成的原因有許多，有

---

54 見田代安定，《臺東殖民地豫察報文》，頁 8，244。以及《臺灣總督府公文類纂》明治 30 年 15 年保存，04532，15，10，M300513，「臺東調查報告地理部第一第二技師田代安定提出」，12 門：殖產：山林原野。另外，因臺灣總督府官制改正，原民政局殖產部，改為民政部殖產課。

55 田代安定，《臺東殖民地豫察報文》，頁 2。

56 筆者曾比較田代安定《臺東殖民地豫察報文》與臺東撫墾署在 1896 年 5 月、6 月調查的相關檔案，一些關於人口、田土等資料，其基本結構是相同的。

僅止於做總人口的統計而已，或是只抄錄戶籍簿人口資料的也有，也有雖經歷其村落但未能做調查的情況，甚至也有許多未親歷過的村庄部落[57]。至於實際調查過的村落，則以當地人民呈上的文書與筆談訪問的資料爲主，但是仍將地方官署的調查資料以小字作爲附註呈現。田代安定並不是均質地調查過臺灣東部平原的每一個村莊部落，而是以總合地方官廳的檔案與個人實察的資料完成他的人口調查與村落沿革調查。田代並將此一差異在出版的復命書中做了附註說明。不過以往的研究，似乎都只使用他所製作的表格而已，並沒有進一步注意其間田代對於調查經過的說明。

作爲殖產部「殖民地」調查計畫之一的臺東調查，田代安定當然記得在「殖民地」調查計畫中，有關「殖民地」的撰定是優先的問題。田土與人口以及村落的沿革調查是爲了進一步區分臺灣東部奇萊卑南之間的原野土地所有權歸屬的情況。亦即區分臺灣東部原野的官有民有，以便進一步撰定「殖民地」，進行內地人民的移民。若說「地理部」與「土民部」是作爲「殖民地」調查計畫臺東調查的基礎，「業務部」則是田代安定進一步考察，臺灣東部自然環境與物產狀況以及各種「人族」（族群）的物產生產與利用情形，並提出將來可以發展的產業計畫。田代認爲「臺東之利源，可大別爲林產、農產、礦產、水產四部門」，林產以樟腦、木材加工爲主。農產以糖業爲主，並旁及其他經濟作物，如茶、藍靛、麻、橡膠等。礦產不論，水產亦有很大的發展空間[58]。

---

[57] 田代安定，《臺東殖民地豫察報文》，頁 245。
[58] 田代安定，《臺東殖民地豫察報文》，頁 1-3。

調查結束後，田代在復命書中整理臺東平野面積，並計算可作爲「殖民地」的土地規模。將調查的「中央路線」（縱谷區）與「海岸路線」（海岸）的臺灣東部平野，區分爲「草野即荒蕪原野」、「砂礪地各川敷沙洲」（沙地、河川地）、「耕宅地」、「市街地」、「丘陵」、「平林地」（平地林地）六種類型的土地，其分別面積爲，草野 24,183 町步，砂礪地 16,946 町步，耕宅地 9,737 町步，市街 92 町步，丘陵 7,958 町步，平林 2,910 町步，總面積爲 63,927 町步左右[59]。其中「耕宅地」與「市街地」爲臺東地區各族群的擁有土地，「砂礪地各川敷沙洲」爲砂石混合地，無法耕作與居住，不過其中仍有部分土地在改良之後可供利用。「草野即荒蕪原野」、「丘陵」、「平林地」三種類型土地面積共 36,681 町步，在調查時爲荒蕪地，可供將來作殖民地之用。此 36,691 町步的「荒地」，被計畫爲「官有」，也就是後來 1898 年 2 月殖產課長木村匡在《殖產事務報告事項》中整理全部「殖民地」調查計畫成果時換算成 120,000,000「坪」「官有地」的依據[60]。田代並依據「殖民地調查方針」中「區劃施設」中一戶 9,000 坪耕地之計畫，初步估計若一戶有 3 町步（=9,000 坪）規模的土地，則整個臺灣東部將可以移民一萬餘戶之多。但是田代更有信心地認爲，實際的趨勢將不只如此而已，由「地勢、土性、位置、水利、及全區的廣袤」的條件來看，

59 同上註，頁 28-31。土地面積單位為「町」，1 町步約等於 1 甲，另外上列土地面積省略小數點以後數字。

60 1 町步約等於 3000 坪。

可「殖民之程度」不只容納 10 萬人以上猶有餘裕，甚至可達 30 萬人以上的人口[61]。

除了土地性質與面積的調查，以及初步的區分官有民有之外，田代在復命書中亦曾具體地提出「殖民地」撰定的計畫。當田代從卑南北上花蓮港時，臺東支廳預計在花蓮港設置出張所，有兩名廳員隨行北上，因此在復命書中即初步設計了花蓮港出張所附近的「充爲我新移民之市街用地」的撰定。除了初步完成花蓮港街市街用地的撰定之外，於調查完成之後，亦準備進行拔仔庄與新開園處的市街用地的劃定工作。

1896 年的調查除了於 1900 年正式出版的復命書《臺東殖民地豫察報文》之外，田代安定也運用此行豐富的田野調查資料，撰寫了一些專題論文。例如 1896 年調查同年，田代即曾運用在調查時所獲得的語言材料，與 1895 年調查宜蘭時所獲得「熟番」的語言材料進行比較，以〈生蕃熟蕃語の性質及びマレ－語系に屬する言語との比較〉爲題投稿《東京人類學會雜誌》[62]。不過，這篇文章最後不知道因爲什麼原因並沒有登載出來。我們只能從《臺東殖民地豫察報文》中在「土民部」中運用語言學的分析部分，以及田代的朋友與同志伊能嘉矩所留下來的片段資料，瞭解此文的狀況。伊能留下的筆記〈平埔蕃語（北投社に於ける）とマレー語との關係〉，

[61] 田代安定，《臺東殖民地豫察報文》，頁 31。
[62] 見伊能嘉矩，〈臺灣通信（第 6 回續）：新店地方に於ける生蕃の實察（續）〉，《東京人類學會雜誌》122（1896.4），頁 272-278，中提及的「投稿」。

有可能是聽田代談論其文章的一部分[63]。主要是對比馬來語與北部「平埔蕃」語的基本語料，並非論文的全部。至於「土民部」中的分析則是在討論「加禮宛人族」時，詳細比較「奇萊加禮宛語」、「宜蘭熟蕃語」、「阿眉蕃語」、「馬里亞納群島（語）」、「薩摩亞群島（語）」以及「馬來語」六種語言，在「身體部」、「人倫部」（主要是親屬）、「雜部」（主要是自然現象）上基本語料的比較，用以說明其「語質之一斑」[64]。比較之下，田代認爲加禮宛人與 1895 年在宜蘭調查時所得的熟蕃用語相同，「宜蘭熟蕃人語」，其音調「流暢悠遠」，「由平聲構成，期間交織著上聲、去聲」，聽起來令田代聯想起宛如「羅甸民族語（拉丁民族）」一般，而且「用語之轉動自在」令人印象深刻。在語法上則是無動詞之變化，人稱格詞有特殊的語律。至於「阿眉蕃語」，田代認爲比起「加禮宛語」更爲流暢圓滑，宛如「佛郎西人語（法語）」一般。而且更認爲比起加禮宛語中發現的某種「聲癖」，阿眉蕃人語言的優點更多[65]。至於加禮宛語的「文法組織」，雖有成稿，但是田代預計日後作爲「人類學上之材料」，而將該部分省略[66]。另外，復命書

---

63 此文見臺大所藏「伊能文庫」，編號 M026《拔虎鬚（プィホオチウ）》。伊能與田代的關係是很密切的。他們同是東京人類學會會員，伊能嘉矩於 1895 年 10 月來臺後，於 12 月兩人共同成立「臺灣人類學會」，隨後並同是「蕃情研究會」的重要成員。初期，伊能也常常將田代安定論說的調查經驗與成果整理，發表在《東京人類學會雜誌》上。伊能來臺之初的泰雅報導人「アイ」亦是經由田代的介紹而認識。

64 田代安定，《臺東殖民地豫察報文》，頁 58-62。

65 田代安定，《臺東殖民地豫察報文》，頁 59。熟習法語的田代，這裡應該是他的個人偏好吧！

66 此篇應就是前面提及田代語言討論的論文〈生蕃熟蕃語の性質及びマレー語系に屬する言語との比較〉。

《臺東殖民地豫察報文》中有關臺灣東部「平埔族」的討論，伊能嘉矩則將之從新整理，以〈臺東方面の移植ペイポ族〉爲題發表在《蕃情研究會誌》第四號上[67]。此文發表於 1900 年 5 月，與田代的臺東調查復命書同時出版。與田代安定不同的是，田代在書中區分的原先自宜蘭移來的「加禮宛人族」、來自鳳山的「平埔人族」，在伊能嘉矩的整理中，伊能依據自己的「平埔族」族群分類理論全部整合成「平埔族」[68]。其他具體的敘述，則是依據田代的復命書中「土民部」的材料。

（三）田代安定博物學民族誌風格下的《臺東殖民地豫察報文》

如果我們將田代安定的《臺東殖民地豫察報文》與其他的「殖民地調查」復命書做一比較的話，其撰寫的風格相當不同。在「地理部」與官有民有的區劃上，與其他的復命書是一樣的。但是在「土民部」與「業務部」中的撰寫，呈現的是交織著田代廣泛的動物學、植物學、人類學、語言學、園藝知識體系，再從其中提出可能的發展計畫。這種風格上的差異，其實與田代自己的博物學成學脈絡有

67 此文的原稿見臺大所藏「伊能文庫」中的《觀風蹉跎》M037。「伊能文庫」中以《觀風蹉跎》為名的檔案有兩件，一是本件，另一件則是《觀風蹉跎》M038，內容是較為學界所知的平埔族 Pezzehe 的風俗文化語言的記錄。此外，「蕃情研究會」是 1898 年 3 月，為因應理番機構「撫墾署」即將廢撤，由殖產課長木村匡與拓殖課長柳本通義所倡議成立的半官半民「蕃務」研究團體，成員除相關官員之外，有軍人、商人、士紳以及像田代安定與伊能嘉矩等人。同時，原先的「臺灣人類學會」也併入此組織。參見陳偉智，〈「蕃情研究會」的周邊〉（未刊稿），1998。

68 有關伊能的「平埔族」理論，見陳偉智，〈殖民地人類學與「平埔族」的誕生〉，發表於中研院「平埔族研究會」，1997。

關[69]。除了與其他復命書的風格差異之外，如同之前的分析，田代在討論「加禮宛人族」的語言時，其實是將之放在一個比較語言學的架構之下。除了與之前調查的宜蘭熟蕃以及同樣東部的阿眉蕃比較之外，更將先前 1889 年調查的「馬里亞納群島」(主要是關島)、「薩摩亞群島」(Samoa islands)以及馬來語的語言資料進行比較。其實不只是「土民部」語言的討論是如此，復命書中其他部分我們也可以看到田代的博物學體系相互參照的書寫方式。除了所習得的博物學知識之外，更重要的是田代以前曾經調查過的地域，如果有相關資料可以參考，或比較的部分，紛紛在《臺東殖民地豫察報文》中登場。這裡我們將進一步討論其博物學體系與《臺東殖民地豫察報文》的構成。

如果回顧田代安定來臺之前的生涯，我們會發現近代西方的博物學(natural history)知識一直是田代早年關注的重點。同時所經歷的數次遠行調查經驗，一方面爲其博物學體系的實踐，另方面亦漸漸形成田代的調查方法與書寫風格。田代的遠方調查，很少只針對單一項目、單一學科，幾乎都是進行綜合性的調查，並且也反映在其博物學報告的書寫內容中。其實這種綜合性的調查風格，是 19 世紀西方博物學的典型風格。

田代的綜合調查的風格，事實上是有一個當時博物學相關學科欲求知識統一與體系化的脈絡背景存在。例如，明治 22 年(1889)

---

[69] 其他的「殖民地」調查復命書，大多只針對調查該地土地性質的描述、土地所有的概況以及土地區劃的建議等合於「殖民地調查方針」所規定的內容。參見附錄二:「《臺灣總督府公文類纂》中「殖民地」調查相關目錄」中所收之其他「殖民地」調查復命書。

3 月日本海軍水路部與東京地學協會共同翻譯出版的《學海探究之指針》[70]。此書爲英國海軍委託博物學家 Sir J.F.W.Herschel 編輯的 *A Manual of Scientific Enquiry：Prepared for the Use of Her Majesty's Navy and Travelers in General*（1845 年 London 的 John Murray 出版）[71]。此書是當時西方博物學爲求結合海外調查與國內理論研究之綜合的一系列手册中的著名的一本[72]。書中體系化的呈現當時植物學、動物學、地理學、地質學、人類學、天文學、氣象學、海象學等自然史相關學問的知識，與調查時應注意的方法。這是當時西方爲求將海外各地，由軍人、傳教士、旅行者、商人等傳回中心國的各種自然史知識標準化，以提供理論發展的策略。田代當時已爲東京地學協會會員，同年又同海軍訓練艦金剛號遠行太平洋諸島進行調查。田代此行亦受東京地學協會與東京帝國大學委託調查，田代有可能將此書隨身攜帶以便查考，如同英國海軍遠行時艦上隨行

---

70 臺大總圖所藏的「田代文庫」中亦收有田代安定藏書《學海探究之指針》及《學海探究之指針（追補）》二冊。

71 John Fredrick William Herschel（1792-1871），為英國 19 世紀著名天文學家與博物學家，皇家學會員，受封為爵士，為當時博物學領導人之一，相關資料及早年活動參見 Jack Morrell and Arnold Thackray, *Gentlemen of Science：Early Years of the British Association for the Advancement of Science*, （Oxford：Oxford University Press,1981.）以及 *Dictionary of National Biography* 中 Herschel,John Fredrick William 的條目。

72 除此書之外，當時還有一般的 *Hints to Travellers* 以及專門人類學調查指南的 *Notes and Queries on Anthropology* 等。見 James Urry, *Before Social Anthropology：Essay on the History of British Anthropology.*（Switzerland：Harwood Academic Press,1993），以及 George W. Storcking,jr., *Victorian Anthroplogy.*（New York：The Free Press,1986）中的討論。

的博物學家一樣，調查遠方的博物學知識[73]。田代跟隨海軍軍艦的遠航練習，途中經歷布哇（夏威夷）、以及南太平洋諸島。其中太平洋群島中的的斑仁具島(Fanning islands)、關島(Guam islands)、斐濟群島（Fiji islands）、薩摩亞群島（Samoa islands），田代曾做了調查報告，自回國後於 1890 年至 1892 年(明治 23—明治 25 年) 連續發表在《東京地學協會報告》上，後結集成《太平洋諸島經歷報告》。在《太平洋諸島經歷報告》中田代分別針對個別的島嶼，進行地理環境、土民、風俗、語言與物產狀況的調查與討論。在分析各島的土民狀況時，田代除了描述各島土民的體質、語言、遷移之外，特別注意這些人與日本的關係，數度論及有些土人與日本人的相似之處，並引用《古事記》等文獻與島嶼傳說神話對照，證明這些人可能爲日本漂流遠方之後裔[74]。在語言與風俗方面的討論也論及與日本的關係，在物產方面，更是論及將來日本可以與這些島嶼發展何種貿易。如果說，西方在 19 世紀中葉隨著帝國主義的擴張，需要更細緻地掌握遠方的各種知識。博物學知識體系化的發展，將系統化的知識調查成爲一種有效將遠方知識回報中心的方法，在西方中心國建立了掌握世界的知識體，成爲一種西方殖民主義擴張的文化形式(cultural form of colonialism)。田代轉譯的博物學系統，以及在其歷次的調查實踐之下，則成爲 19 世紀下半日本建構新的國家體制時，日本國族主義（nationalism）海外擴張的文化想像，

---

[73] 隨英國海軍出航的博物學家中最有名的一位，非達爾文（Charles Darwins）莫屬。附帶一提，達爾文也是《學海探究之指針》中「地質篇」的作者。

[74] 見田代安定，〈第七回報告〉，《太平洋諸島經歷報告》，頁 2-17。

借用 Miller and Reill 的話來說，則是田代在博物學遠航中實踐「帝國的視野」（visions of empire）[75]。

在《臺東殖民地豫察報文》中田代多次徵引此次的太平洋調查的經歷報告書，因此我們將這二次的調查報告書進行比較。

田代安定《太平洋諸島經歷報告》與《臺東殖民地豫察報文》章節比較

《太平洋諸島經歷報告》（東京地學協會報告）		《臺東殖民地豫察報文》	
第一回	緒言		豫察事項ノ顛末
	班仁具（フハンニンク）島實撿誌		將來殖民ノ程度
			（附 花蓮港新市街用地劃定圖）
	總說		山林ノ概況
			附 郵便線路布設用地參考意見
	考說	第一項	地理部
	（三）用水		地理總況
			（附 臺東平野山岳區分地圖）
	（四）添備品		臺東殖民地概算面積總括表
第二回	「ガム」島實撿誌	第二項	土民部
			臺東土民住棲區域色則圖（臺東平野各種族播布區域圖）
	（一）地勢		第一章 支那人族
	（二）水利		第二章 加禮宛人族
	（三）港灣		第三章 平埔土人族
	（四）アガナ邑		第四章 土地關係書類
	（五）役員	第三項	業務部
	（六）郵便	上篇	水利港灣ノ現況
			附 官設土木事業ノ急要
	○島民並物產篇序記	中篇	土民ノ現業
第三回	「ガム」島實撿誌第二		第一章 農業ノ程度
	土民篇ノ一		
	總說		第二章 園藝ノ程度
	○「チヤモロ」民族		

[75] D. P. Miller and P. H. Reill, *Visions of Empire：Voyages,Botany and Representation of Nature.*（Cambridge：Cambridge University Press,1996）.

《太平洋諸島經歷報告》（東京地學協會報告）		《臺東殖民地豫察報文》	
	風俗		第三章 畜牧業ノ程度
	○日本トノ關係並考說		
	（一）儀丈上ノ事		第四章 水產業ノ程度
	（二）農業ノ事	下篇	殖民事業ノ目途
	（三）器具ノ事		第一章 殖產事業ノ方針
	○「メキシコ」トノ關係		第二章 製板事業
	○「マニラ」トノ關係		第三章 樟腦製造業
第四回	「ガム」島實撿誌第三		第四章 製糖事業
	土民篇ノ二		
	言語部		第五章 農林副產業ノ業途
	○固有語ノ性質		第六章 果實栽培業
	○「チヤモロ」民族ノ名義	附錄	臺東現住民戶數人口統計表說明
第五回	「ガム」島實撿誌第四		
	物產篇		
	總括		
	附述		
	小笠原列島ニ就テ		
	南洋航士ニ就テ		
	○麻利亞那群島物產ノ釋說		
	物產概略表		
第六回	グアム島實撿誌第五		
M23-10	物產篇ノ一		
	○物產各品ノ釋說		
	雜用植物類		
	果實類		
	○參考部		
	動物類		
第七回	グアム島實撿誌第六		
	土民篇ノ三		
	諸島飄著人考證ノ部		
	○日本人關係ノ條		
第八回	非支（フイジー）群島實撿誌第一		
	地理概況		
	物產工業ノ部		
第九回	非支（フイジー）群島實撿誌第二		
	物產工業ノ部（續）		

《太平洋諸島經歷報告》 （東京地學協會報告）	《臺東殖民地豫察報文》
貿易上ノ概況 輸出物品總表（1888 年） 第十回 非支（フイジー）群島實撿誌第三 農產物ノ部	
第十一回 サモア群島實撿誌第一 土人考說言語篇 總說 土人考說 言語篇 サモア群島言語簽 第十二回 サモア群島實撿誌第二 土人言語篇	
第十三回 サモア群島實撿誌第三	

資料來源：田代安定，《太平洋諸島經歷報告》，東京：東京地學協會，1890-1892。
田代安定，《臺東殖民地豫察報文》，臺北：臺灣總督府民政部殖產課，1900。

說　　明：《太平洋諸島經歷報告》各回的標題，依照其順序，更正實撿誌回數。另外《臺東殖民地豫察報文》目錄中附圖「臺東土民住棲區域色則圖」在書中名為「臺東平野各種族播布區域圖」，以括號呈現於其後。

這兩次調查，一次在 1889 年，一次在 1896 年，前後相距 8 年。但是我們可以發現在《太平洋諸島經歷報告》中各島的博物學寫作形式，幾乎可以在臺東調查的報告書中發現同樣的形式，都是以地理、住民（包括沿革、風俗、語言）、物產等部分作為某處調查報告的文本構成結構。在結構相似之外，知識內容的構成與論證上亦然。1889 年太平洋的調查，由於是隨著海軍軍艦遠航，並沒有在各島停留很久，只有進行初步的調查記錄而已。雖是如此，田代還是詳細地參考了當時日本海軍翻譯的英國作成的海洋與島嶼的記錄，例如《寰瀛水路誌》等記錄。這些報告其實也是當時英國海軍運用博物學作成的記錄。除了這些記錄與當地西方殖民地官署的報告之外[76]，田代的實地調查亦是非常重要，之前所提及的語言比較（島嶼語言與日本語）以及土民傳說與日本漂流的記載的對照，田代用以推論土民的來源地。並用這些推論，進一步說明觀察到日本人與土民的體質特徵上的類似之處。這一種方法，田代也在討論琉球的考古出土物質文化時使用過，田代認爲琉球出土的一種玉器，與日本古代記載中神器之一的「曲玉」類似，在當時熱門的日本人種來源的討論中，推論南來的可能性[77]。除了以物質文化與語言、傳說等「文化特質」（culture traits）的項目與體質特徵，以及這些特徵的比較作爲推論族群移動與文化構成的方法之外，「日本」也一直是田代比較方法中必備的比較項。在臺東調查中，田代雖然說明臺灣東部的「蕃人」是「馬來派族之人類」沒錯，但是在討論「人族特徵」時，「日本」也成爲一種比較架構。例如田代認爲 1895 年在宜蘭調查時，蒐集的當地宜蘭「熟蕃」仍在「生蕃時期的衣服、頭飾、弓矢」等物品，與「阿眉蕃」的物質文化相似。從物質文化來看，田代推論同是「平地蕃」，奇萊與宜蘭都爲同一種的沖積土壤，成爲「諸國漂流人最易住之生蕃地」[78]。但是「阿眉蕃」與「加禮宛人族」、「宜蘭熟蕃」並不是「同一人種」。在體質上，「加

[76] 西方在南太平洋的發展經過參見 E. S. Dodge, *Islands and Empires：Western Impact on the Pacific and East Asia.*（Minneapolis：University of Minnesota Press,1976）.

[77] 富山一郎，〈國民の誕生と「日本人種」〉，《思想》845（1994.11），頁 37-56。

[78] 田代安定，《臺東殖民地豫察報文》，頁 57-58。

禮宛人族」與臺灣東部各個族群都不同，與「宜蘭熟蕃」相同，「骨架大、肩寬、四肢長、手指巨大，男子額骨突出、眼球明顯」，比較之下「阿眉蕃」的「體格顏相」與日本人相似[79]。在相似與差異的比較法中，文化上「日本」的想像被以隱諱的方式埋入田代安定博物學民族誌般的「殖民地」調查報告書中。

田代安定《臺東殖民地豫察報文》的寫作風格與內容構成，我們發現與田代安定的博物學知識系統有很密切的關係。同時也與當時田代作為一個關心近代日本國家未來發展計畫明治時期知識人的意識型態關係密切。在寫作中，田代除了延續以往遠航調查的方法與風格，在人文與自然的觀察記錄之外，更進一步地在論述中以或顯（日本漂流海外後裔）、或隱（日本作為論證上必要的比較項）的方式，實踐「日本」的文化想像建構。臺灣東部在知識上首次體系性的再現，就在這些脈絡中交織構成。

五、結論

近代日本隨者國內農村問題與人口問題的出現，以及明治之後西方「殖民思想」（或移民思想）的引進，「殖民」的討論與實踐成為近代日本很重要的課題。1895 年領有臺灣之後，日本之前將近 30 年的北海道的「開拓」計畫與「殖民」（移民）經驗，成為 1895 年統治臺灣後的參考模式。「殖民地」調查計畫中，原先計畫引進北海道廳有經驗的技術官僚來臺從事「殖民地」的撰定，同時，「殖民地調查方針」中「區劃施設」的土地規模，基本上也是如同北海

[79] 田代安定，《臺東殖民地豫察報文》，頁 58。

道一般，以農場爲主。這一點，我們在田代安定《臺東殖民地豫察報文》中「殖民用地」的區劃規模也可以看到。三萬多町步的土地，預計可移住一萬戶，每戶有三町步（=9,000 坪）的土地，幾乎是北海道農場規模在臺灣的再現。1896 年田代安定的臺東殖民地調查，其實即是在臺灣總督府進行近代日本「殖民」計畫實踐的脈絡下展開。

不過田代安定個人的博物學背景，使他的「殖民地」調查復命書，除了完成總督府指定的調查之外，與調查計畫中其他地域調查的復命書風格有很大的不同，田代的《臺東殖民地豫察報文》更像是一部博物學誌。除了在臺灣東部的調查成果之外，田代亦將以往的調查經驗與成果，交織呈現在書中。除了寫作風格在結構上類似之外。以往的調查，一方面，作爲熱帶區域殖產發展的參考，另方面，以往調查的南太平洋島嶼的資料，成爲比較說明的參照。然而，從田代的比較方法，我們也可以進一步發現，田代博物學的熱情，事實上也同樣實踐著明治知識人「日本」國族主義的文化想像。

田代安定 1896 年臺灣東部的調查，是在臺灣總督府內地人移住的「殖民」構想中展開的第一次移民計畫。此後臺灣總督府也陸續展開內地人移民的計畫。這些計畫中，特別是「官營移民」，臺灣東部一直是很重要的移民村建設計畫中的據點。而臺灣東部也一直是臺灣總督府計畫發展熱帶產業重要的計畫地域。最近亦有相關的研究出現，如林呈蓉的研究考察了移民計畫的過程[80]，而施添福

[80] 林呈蓉，〈日據時期臺灣島內移民事業之政策分析〉，《淡江史學》（7、8）（1997.6），頁 165-188。

的研究則是說明臺灣東部的熱帶栽培業與區域發展的關係[81]。不過，這些研究主要都著眼於 1900 年代以後的發展。田代於日治初期的臺灣東部「殖民」與產業發展構想，有沒有影響到日後的殖產與移民計畫呢？這可能是未來值得進一步考察的問題。此外，田代安定個人的知識發展過程，在本文中，限於篇幅，並沒有進行很充分的討論，在政策調查、知識構成與實踐之間的關係，我想應該還可以做更進一步的分析。同時田代博物學體系中各分科如植物學、人類學等，也還可以進行更細緻的分析。這些都是未來研究田代安定時可以發展的課題。

參考書目

檔案：

1.《臺灣總督府公文類纂》（國史館臺灣文獻館藏）

00017，明治 29 年乙種永久保存，〈舊臺東州緊要書類引繼〉，4 門：文書：雜。

00072，明治 29 年乙種永久保存，〈臺東撫墾署開署ノ件報告〉，2 門：官規及官職：官衙。

00063，明治 30 年甲種永久保存，〈殖民地選定及區劃設施假規程〉，12 門：殖產：雜。

04507，明治 29 年 15 年保存，〈臺東地方往昔實況。臺東撫墾署管內各社名簿。各蕃社ニ給予セシ糧銀高及社長姓名。管內物見本採收。撫墾署長巡迴調查書。卑南新營花蓮港物價比較表。臺東北部巡迴日誌〉，12 門：殖產：撫墾。

04532，明治 30 年 15 年保存，〈臺東調查報告地理部第一第二

---

[81] 施添福，〈日治時代臺灣東部的熱帶栽培業和區域發展〉，發表於中研院臺灣史研究所籌備處、臺大歷史系主辦之「臺灣史研究百年回顧與專題研討會」，1995。

技師田代安定提出〉，12 門：殖產：山林原野。

2.「田代文庫」（臺大圖書館藏）

田代安定

1890-1892《太平洋諸島經歷報告》。

「ヘルセル」（John Fredrick William, Herschel）編

1889《學海探究之指針》，海軍水路部、東京地學協會譯，東京：水路部。

1889《學海探究之指針（追補）》，海軍水路部、東京地學協會譯，東京：水路部。

3.「伊能文庫」（臺大圖書館藏）

M026《拔虎鬚（プィホオチウ）》。

M037《觀風蹉跎》。

4.「後藤新平文書」（臺大圖書館藏微捲）

R7-80　木村匡編，《民政局殖產事務要項》（1898）。

專書論文：

三木健

1980〈田代安定と近代八重山〉，收於氏著《八重山近代民眾史》，東京：三一書房，頁 67-131。

上野益三

1989《日本博物學史》，東京：講談社。

小林道彥

1997（1983）〈1897 年臺灣高等法院高野孟矩罷職事件—「明治國家與殖民地領有」〉，鄭天凱譯，《臺灣風物》47（2），頁 129-157。

水野遵

1978（1895）〈臺灣行政一斑〉，陳錦榮譯，收於洪敏麟編《日本據臺初期重要檔案》，臺中：臺灣省文獻會，頁 143-150。

王世慶

1994（1987）〈日據初期臺灣撫墾署始末〉，收於氏著《清代臺灣社會經濟》，臺北：聯經，頁 475-546。

王泰升

1997〈日治時期臺灣特別法域之形成與內涵〉，收於氏著，《臺

灣法律史的建立》，臺北：臺大法律系，頁 101-158。
王學新
1996〈日據初期臺東地區抗日戰事中原住族群向背之分析（1895-1896）〉，《臺灣文獻》47（4），頁 129-148。
日本圖書センター編
1997《舊殖民地人事總覽 臺灣篇 1》，東京：日本圖書センター。
永山規矩雄編
1930《田代安定翁》，臺北：故田代安定翁功績碑表彰記念碑建設發起人。
田代安定
1900《臺東殖民地豫察報文》，臺北：臺灣總督府民政部殖產課。
石田龍次郎
1984〈「東京地學協會報告」（明治一二—明治三０年）〉收於氏著《日本における近代地理學の成立》，東京：大明堂，頁 87-169。
伊能嘉矩
1896〈臺灣通信（第 6 回續）：新店地方に於ける生蕃の實察（續）〉，《東京人類學會雜誌》122，頁 272-278。
吳永華
1997《被遺忘的日籍臺灣植物學者》，臺中：晨星。
吳密察
1990〈明治三五年日本中央政界的「臺灣問題」〉收於氏著《臺灣近代史研究》，臺北：稻鄉，頁 109-148。
李文良
1996《日治時期臺灣林野整理事業之研究》，臺北：臺大歷史所碩士論文。
李永熾
1992《日本近代史研究》，臺北：稻鄉。
林玉茹
1998〈「東臺灣世界」的研究史及史料評估〉，《東臺灣研究》2，頁 17-29。

林呈蓉

1997〈近代初期日本的移殖民論與移殖民活動〉，發表於文化大學主辦之「史學、社會與變遷學術研討會」，臺北：1997-5-2~4。

1997〈日據時期臺灣島內移民事業之政策分析〉，《淡江史學》（7、8），頁165-188。

松崎直枝

1934〈隠れたる植物學者田代安定翁を語る〉，《傳記》1(1)，頁112-131。

長谷部言人

1945〈田代安定氏に就いて〉，收於田代安定，《沖繩結繩考》，奈良：養德社，頁1-13。

施添福

1995〈日治時代臺灣東部的熱帶栽培業和區域發展〉，發表於中研院臺灣史研究所籌備處、臺大歷史系主辦之「臺灣史研究百年回顧與專題研討會」，臺北：1995-12-15~16。

桑原真人

1982《近代北海道研究史序說》，札幌：北海道大學圖書刊行會。

陳偉智

1997〈殖民地人類學與「平埔族」的誕生〉，發表於中研院「平埔族研究會」，1997-6-15。

1997〈殖民地統治、人類學與泰雅書寫—1895年田代安定的宜蘭調查—〉，《宜蘭文獻》29，頁3-28。

1998〈「蕃情研究會」的周邊—日本的殖民地統治與臺灣原住民研究的展開〉（未刊稿）。

富山一郎

1994〈國民の誕生と「日本人種」〉，《思想》845，頁37-56。

臺灣總督府民政局編

1897《臺灣總督府民政事務成績提要 第一編(明治28年度)》，臺北：臺灣總督府民政局。

臺灣總督府民政部文書課編

1898《臺灣總督府民政事務成績提要 第二編(明治29年度)》，

臺北：臺灣總督府民政部文書課編。

1899《臺灣總督府民政事務成績提要 第三編(明治30年度)》，臺北：臺灣總督府民政部文書課編。

臺灣總督府民政局殖產課編

1897《臺灣島地質礦產圖說明書》，臺北：臺灣總督府民政局殖產課編。

鄭彭年

1996《日本西方文化攝取史》，杭州：杭州大學。

樋口秀雄、椎名先卓

1980〈日本の博物館史〉，收於古賀忠道、德川宗敬、樋口清之監修，《博物館學講座2日本と世界の博物館史》，東京：雄山閣，頁49-55。

Leslie Stephen and Sidney Lee ed.

1892 The Dictionary of National Biography. London: Smith, Elder & Co.

Cohn, Bernard

1986 "The Census,Social Structure and Objectification in South Asia," in *An Anthropologist among the Historians and Other Essays.* Delhi：Oxford University Press.

1996 *Colonialism and Its Forms of Knowledge： The British in India.* Princeton： Princeton University Press.

Dodge, E. S.

1976 *Islands and Empires： Western Impact on the Pacific and East Asia.* Minneapolis： University of Minnesota Press.

Gluck, Carol

1985 *Japan's Modern Myth： Ideology in the Late Meiji Period.* Princeton：Princeton University Press.

Miller, D. P. and P. H.Reill eds.

1996 *Visions of Empire： Voyages, Botany and Representation of Nature.* Cambridge： Cambridge University Press.

Morrell, Jack and Arnold Thackray

1981 *Gentlemen of Science：Early Years of the British Association for the Advancement of Science.* Oxford： Oxford University Press.

Storcking,jr., G. W.
1986 *Victorian Anthroplogy.* New York： The Free Press.
Urry, James
1993 *Before Social Anthropology：Essays on the History of British Anthropology.* Switzerland： Harwood Academic Press.
Vicziany, M.
1986 "Imperialism, Botany and Statistics in early Nineteenth-Century India," *Modern Asia Studies*, 20（4）, pp: 625-660.

附錄一：《臺灣總督府民政局殖產部報文》目次

卷期	類屬	篇名	作者（調查、編纂）	備註
1卷1冊 M29-11 臺灣總督府民政局殖產部	林業	新竹及苗栗管內林況	技師 八戶道雄 技手 橋口兼一	
		臺中縣管內林況一斑	技師 八戶道雄 技手 月岡貞太郎	
		續臺中縣管內林況一斑	技師 八戶道雄	
		新竹地方　林況	技手 月岡貞太郎	
		（澎湖列島檢查報文）殖樹意見	技師 田代安定	M28，向大本營提出
	鑛業	瑞芳金山	技師 石井八萬次郎	
		續瑞芳金山	技師 石井八萬次郎	
		基隆溪川沙金	技師 石井八萬次郎	
		板橋新店地方碳坑	技師 石井八萬次郎	
		諸鑛物	技師 横山壯次郎 技手 木村榮之進	
		分析表	農商省地質調查所	M29-2
	商工業	臺南管內商工業	屬 白尾國芳 屬 小川將澄	
		臺灣澎湖商工業	各地方廳報告	
	農業	春蠶試育成績	技師 岡田眞一郎	
	雜	宜蘭管內調查錄	技師 田代安定	
1卷2冊 M31-4 臺灣總督府民政局殖產課	農業	臺北縣擺接堡茶葉	技手 藤江勝太郎	M29調查
		臺灣包種茶	技手 藤江勝太郎	
		製茶試驗成績	試驗技手 藤江勝太郎	M29
		養蠶試驗成績	試育技手 野間常彥	M30
		臺北附近鴨卵人工孵化	調查技手 木村利建	M30
		蝗蟲被害驅除及蝗蟲　性質解剖試育	各地方官衙及六殖產部員出張復命	M29
	水產	臺北輸入重要水產製造物	技手 高田平三	M29
		淡水河漁業	技手 萱場三郎	M29

卷期	類屬	篇名	作者（調查、編纂）	備註
		基隆附近漁村狀況	技手 高田平三 技手 鎌田彌十郎	M29
		基隆蘇澳近海鱶及鰹漁撈試驗	元殖產部農商課水產掛員試驗報告	M29
		臺南縣管內水產業	技手 高田平三	M29
		安平鹿港間水產業	技手 萱場三郎	M29
	林業	臺北臺中兩縣下林況	技師 有田正盛	M29
		宜蘭奇萊兩地方林況	技手 月岡貞太郎	M29
		新竹縣南庄地方林況	技手 西田又二	M30
	鑛業	宜蘭地方地質及鑛物	技師 石井八萬次郎	M29
		臺北臺中臺南三縣下地質及鑛物	技師 石井八萬次郎	M30
2卷1冊 M32-2 臺灣總督府民政部殖產課	漁業	澎湖列島水產業	澎湖廳報告	M31
		新竹縣管內水產業	新竹縣報告	M31
		鳳山縣恆春地方水產業	鳳山縣報告	M30
		鳳山縣恆春枋寮地方水產業	技手 岸元納次郎	M31
		臺東廳管內水產業	技手 岸元納次郎	M31
		龜山島水產業	宜蘭廳報告	M30
		紅頭嶼並火燒島水產業	技手 萱場三郎	M30
		澎湖島水產製造物試驗	技手 岸元納次郎	M31
		打狗以南　鰡漁及蠟子製造	技手 岸元納次郎	
	鹽業	新竹縣管內鹽業	新竹縣報告	M30
		鳳山縣管內鹽業	鳳山縣報告	M30
		新竹臺中兩縣下鹽田	技手 鎌田彌十郎	M30
		嘉義臺南鳳山三縣下鹽田	技手 高田平三	M31
		新竹外三縣下鹽業經濟	技手 萱場三郎	M31
		養蠣業	各地方廳報告	M30
		附錄　臺灣水產統計		
2卷2冊 M32-2 臺灣總督府民政部殖產課	林業	臺灣森林一斑	技手 鐸木直之助	M30
		臺北縣大嵙崁地方林況	技師 有田正盛	M30
		新竹縣五指山地方林況	技師 小西成章	M30
		新竹縣大湖地方林況	技師 西田又二	M30
		臺中縣東勢角地方林況	技師 志和池容介	M31
		澎湖列島及臺南鳳山兩縣下林況	技師 有田正盛	M30
		腦業調查	技師 有田正盛	M30
		樟腦混和物	林圯埔撫墾署報告	M31

卷期	類屬	篇名	作者（調查、編纂）	備註
		臺中縣東勢角地方製腦業	技手 村山正隆	M31
	農業	臺北外二縣下茶葉	技手 藤江勝太郎	M30
		嘉義以南畜產業	調查技手 木村利建	M31
		藍靛製造試驗	試驗技手 田村熊治	M29
		養蠶試驗	試育殖產課員 野間常彥	M31
		臺南縣農事試驗場試作成績	臺南縣報告	
	拓殖	臺南鳳山兩縣下殖民地豫定地	技師 田代安定外二名	M31

附錄二：《臺灣總督府公文類纂》中「殖民地」調查相關目錄

1. 永久保存

╲	原檔號	卷	號	年代日期	文件名	類別
M30甲	00063	8	38	M291219	殖民地選定及區劃設施假規程	12 門：殖產：雜
乙	00179	35	12	M301102	臺東地方殖民地調查方照會	12 門：殖產：山林原野
乙	00302	44	2	M310409	埔里社地方殖民地調查橫山「壯次郎」技師外二名「上領小太郎、森貞藏」報告	12 門：殖產：雜
乙	00302	44	3	M310517	臺南、鳳山兩縣下殖民地調查田代「安定」技師外二名「森貞藏、松尾萬喜」報告	12 門：殖產：雜

2. 十五年保存

╲	原檔號	卷	號	年代日期	文件名	類別
M29	04509	12	10	M291228	臺中縣管下ニ於ケル殖民地及牧場地報告	12 門：殖產：雜
M30	04519	5	1	M301027	苗栗管內殖民地調查ノ爲出張藤根吉春外一名？復命書	2 門：官規官職：出張
	04533	16	23	M300510	蕃地探險報告技師橫山壯次郎提出	12 門：殖產：撫墾
	04532	15	8	M300510	臺中縣管下殖民地調查技手町田永五郎同松尾萬喜復命書	12 門：殖產：山林原野
	04532	15	9	M300512	宜蘭廳管下殖民地調查技手藤根吉春同森貞虎？復命書	12 門：殖產：山林原野
	04532	15	10	M300513	臺東調查報告地理部第一第二技師田代安定提出	12 門：殖產：山林原野
	04532	15	11	M300710	臺南縣管下殖民地調查屬佐藤法潤技手小花和太郎復命書	12 門：殖產：山林原野
	04532	15	14	M301111	殖民地ノ名稱位置面積等取調送付方拓殖務次官照會	12 門：殖產：山林原野

附錄三：日治初期臺灣總督府「殖民地」調查成果表（1896-1898）

單位：坪

縣廳	堡	原野	應可直接開墾之地	無法直接開墾之地	砂礫地	牧畜適地	計	調查年月	摘要	調查者與復命書
宜蘭	浮洲堡	叭哩沙	300000				300000	M29-12-26 → M30-1-29	將分處各地之農耕地合算入面積中	
	紅水溝堡	武荖坑	60000				60000	同	同	
	利澤簡堡	蘇澳			120000		120000	同	表土僅一吋，下為砂礫地，不適農耕地但可為宅地之用	
新竹	第三堡	月眉	2802500				2802500	M29-11-26 → M30-2-24	需要灌溉用水之施設	
	第三堡	壢西坪	450000				450000	同	同	
	第三堡	竹橋頭		12220000			12220000	同		
臺中	揀東上堡	水底寮	1710800				1710800	同		
鳳山	港西上堡	十八份庄	1050000	750000			1800000	M30-3-5→ M30-4-7		
	港西上堡	尾寮	318200		（120000）		318200（120000）	同	120000坪並無算在合計內	
臺東		臺東諸原野	110000000				110000000	M29-8-14 → M30-2-20	合計草野、土林、丘陵、丘野之數	田代安定
M29年度合計			116691500	12970000	120000		129781500			

縣廳	堡	原野	應可直接開墾之地	無法直接開墾之地	砂礫地	牧畜適地	計	調查年月	摘要	調查者與復命書
臺中	埔里社北角堡	蜈蚣崙	102000		305200		307200	M30-5-13→M30-6-21	原野中薪炭材多，附近亦不乏建築材料	
	埔里社北角堡	眉溪	42400		159200		201600	同		
	埔里社東角堡	五港泉	288800				288800	同	樹林草原殆相半	
	埔里社東角堡	長崙坑	82800	101200				同	樹林鬱蒼，有蕃害之虞	
	五城堡	內加道坑		192400				同	接南蕃地界，有蕃害之虞	
	五城堡	過坑		447200				同	有蕃害之虞	
嘉義	大坵田堡布岐東堡	虎尾		6252500				M30-5-13→M30-6-20	降雨後浸水有及全體之虞，其全面積內2025000，有洪水之虞	

縣廳	堡	原野	應可直接開墾之地	無法直接開墾之地	砂礫地	牧畜適地	計	調查年月	摘要	調查者與復命書
	大坵田堡布岐東堡	周仔		1705000				同		
新竹	第一堡	關部山				11791457	11791457	M30-5-13→M30-7-7		
	第一堡	南勢坑				4937700	4937700	同		
	第二堡	公館山			3000000		3000000	同		
臺南	楠梓仙溪東堡	埔角	561436				561436	M30-11-11→M30-12-20	本面積中101599爲平地,267921爲丘陵平地、156580爲丘陵，其他爲休耕地	
	楠梓仙溪東堡	桂竹坑	191270				191270	同	本面積外有既墾地4760	
	楠梓仙溪東堡	陳埔坑	65185				65185	同	本面積外有既墾地9670	
	楠梓仙溪東堡	中庄	1018560				1018560	同	本面積中30623爲平地，791937爲丘陵地，其他爲休耕地，此外有既墾地104990	

縣廳	堡	原野	應可直接開墾之地	無法直接開墾之地	砂礫地	牧畜適地	計	調查年月	摘要	調查者與復命書
	楠梓仙溪東堡	枋寮	1125913				1125913	同	本面積中129678爲平地，其他爲丘陵地，此外有既墾地49890	
鳳山	咸昌里	石門雙口溪	319659				319659	M30-12-21 → M31-2-15	悉爲丘陵地	
	咸昌里	石門圓山埔	148109					同	同	
	永靖里	射麻里	2594786				2594786	同	同	
	至厚里	籠仔埔				236967	236967	同	同	
	至厚里	墾丁庄				428910	428910	同	同	
	至厚里	鵝鑾鼻	170616				170616	同	悉爲平地	
	卷慶里	牡丹灣	457467				457467	同	本面積中172211爲平地，其他爲丘陵地	
	嘉禾里	枋寮	6047827		645447		6693274	同	砂礫地外2334556爲平地，713271爲丘陵地面，另外有既墾地41800	
	港東下里	石光見	7216145		9583466		16799611	同	砂礫地外5225624爲平地，1990521爲丘陵地面，另外有既墾地1904180	

縣廳	堡	原野	應可直接開墾之地	無法直接開墾之地	砂礫地	牧畜適地	計	調查年月	摘要	調查者與復命書
	港西下里	觀音山	273445	1806599			2080044	同	直適於開墾土地內有 242745 爲平地，30700 爲休耕地	
	港西中里	南崁坪	2227250				2227250	同	本面積外另有既墾地 15000	
	港西中里	二關坪	454400				454400	同	本面積爲丘陵平地，此外有既墾地 6000	
	港西中里	科科	4532000				4532000	同	本面積悉爲平地，此外有既墾地 10000	
M30年度合計			27866068		13593313	10201633	60358314			

資料來源：木村匡編，《民政局殖產事務要項》，「後藤新平文書」R7-80，以及《臺灣總督府民政事務成績提要 第三篇（明治三十年度）》。

附錄四：日治初期臺灣總督府「殖民地」調查官有民有區分表（1896-1898）

單位：坪

縣廳	堡	原野	官有地*	官民有關係未定	民有地	計	摘要
宜蘭	浮洲堡	叭哩沙		300000		300000	
	紅水溝堡	武荖坑			60000	60000	
	利澤簡堡	蘇澳			120000	120000	
新竹	第三堡	月眉		2527015	275485	2802500	
	第三堡	壢西坪	450000			450000	依日令第 26 號出願中處分未濟之分
	第三堡	竹橋頭	12220000			12220000	依日令第 26 號出願中處分未濟之分
臺中	捒東上堡	水底寮	1710800			1710800	
鳳山	港西上堡	十八份庄	1800000			1800000	
	港西上堡	尾寮	318200			318200	
臺東		臺東諸原野	110000000			110000000	
M29 年度合計			126499000	2827015	455485	129781500	
臺中	埔里社北角堡	蜈蚣崙	307200			307200	未於日令第 26 號的期限內任許出願者
	埔里社北角堡	眉溪	201600			201600	未於日令第 26 號的期限內任許出願者
	埔里社東角堡	五港泉	288800			288800	未於日令第 26 號的期限內任許出願者
	埔里社東角堡	長崙坑	129000			129000	未於日令第 26 號的期限內任許出願者
	五城堡	內加道坑	192400			192400	
	五城堡	過坑	447200			447200	
嘉義	大坵田堡布岐東堡	虎尾	6252500			6252500	無民有之確證
	大坵田堡布岐東堡	周仔	1705000			1705000	
新竹	第一堡	關部山（三叉川）		2791457		2791457	包含無民有之確證者
	第一堡	南勢坑		4937700		4937700	
	第二堡	公館山		3000000		3000000	

縣廳	堡	原野	官有地*	官民有關係未定	民有地	計	摘要
臺南	楠梓仙溪東堡	埔角		561436		561436	
	楠梓仙溪東堡	桂竹坑		191270		191270	
	楠梓仙溪東堡	陳埔坑		65185		65185	
	楠梓仙溪東堡	中庄		1018560		1018560	
	楠梓仙溪東堡	枋寮		1125913		1125913	
鳳山	咸昌里	石門雙口溪		319659		319659	
	咸昌里	石門圓山埔		148109			
	永靖里	射麻里		2594786		2594786	
	至厚里	籠仔埔		236967		236967	
	至厚里	墾丁庄		428910		428910	
	至厚里	鵝鑾鼻		170616		170616	
	眷慶里	牡丹灣		457467		457467	
	嘉禾里	枋寮		6693274		6693274	
	港東下里	石光見		16799611		16799611	
	港西下里	觀音山		2080044		2080044	
	港西中里	南崁坪		2227250		2227250	
	港西中里	二關坪		454400		454400	
	港西中里	科科		4532000		4532000	
M30 年度合計			9524700	50833614		60358314	

資料來源：木村匡編，《民政局殖產事務要項》，「後藤新平文書」R7-80，以及《臺灣總督府民政事務成績提要 第三篇（明治三十年度）》。

說　　明：*原文為「無民有之證據，或雖有憑證書類，但不認可為民有地」，此表為「官有民有」之區分，故改成「官有地」。

附錄五：田代安定（任官、經歷、調查）

西元	時間	年紀	事蹟（任官、經歷、調查）	「翁自註」
1856	A3-8-22	1	於鹿兒島市加治屋町出生，又名直一郎。	
1869	M2-5	13	入鹿兒島市外「柴田塾」，修「普通學」。	
1872	M5-3	16	塾長柴田圭三任造士館フランス語（法語）教官，隨之入造士館第二校。	爲中學科席，並兼法語助教員
1874	M7-3	18	附隨塾長柴田圭三由造士館第二校退學，入開物社，任法語翻譯助手。	
1875	M8-4-19	19	御雇申付月俸 20 圓給與候事（內務省）。 博物局係申付候事（內務省）。	隨博物局長田中芳男先生修習植物學，即從事助手之勤務。因家中事故，不得入開成學校。 自翌年（1877）至 13 年 4 年間，續勤於博物局，爲田中芳男助手，從事動植物學、植物辭書編纂以及其他諸調查。
1880	M13-5-4	24	至鹿兒島縣出向申付候事。	因家中事故，離開東京回鄉。
	M13-6-3	24	御用係申付月俸 20 圓給與候事但取扱准判任（鹿兒島縣廳）。 勸業課陸產係申付候事（鹿兒島縣廳）。	
1881	M14-8-14	25	內國勸業博覽會事務委員申付候事（鹿兒島縣廳）。	
	M14-11-12	25	農務係申付候事（鹿兒島縣廳）。	
1882	M15-4-18	26	農商務省御用係兼勤申付候事（農商務省）。 農務局事務取扱陸產係申付候事（農商務省）。 御用有之沖繩縣下出張申付候事（農商務省）。	右爲東京西ヶ原、農商務省試驗場、育養中之規那樹轉送上、移植試驗專任用。
	M15-4-28	26	大書記官大島出張、隨行申付候事（鹿兒島縣廳）。	右沖繩縣出張之途次，大島郡島規那樹移植兼用，最後於沖繩縣國頭地方山中各處栽植規那樹。 爲將來規那樹繁殖用地選定，巡歷宮古、八重山各島，寫成復命書，向農商務省提出。
	M15-12-27	26	御用係兼務差免候事（農商務省）。	
1883	M16-7-3	27	庶務課文書係兼務申付候事（鹿兒島縣廳）。	

西元	時間	年紀	事蹟（任官、經歷、調查）	「翁自註」
1884	M17-1-16	28	農商務省御用係申付候事但取扱准判任月俸 25 圓給與候事（農商務省）。	
	M17-2-7	28	博覽會事務取扱兼博物局事務取扱申付候事（農商務省）。	
	M17-2-11	28	露國彼得府博覽會事務官申付候事（農商務省）。	
	M17-2-19	28	任農商務省七等屬（農商務省）。	
	M17-2-24	28	露國彼得府差遣候事（農商務省）。	露國彼得府開設萬國園藝博覽會，派遣爲委員。 博覽會結束後，依農商務省的命令，停留露國，同露國大學院植物學教授マキシモウイツ*講習植物學，受領同大學院學士會友證狀。歸途中於白耳義、獨逸、佛蘭西等停留，從事園藝術及熱帶植物栽培等研究。同年末返國。
1885	M18-3-11	29	書記局及農書編纂博物局兼勤申付候事（農商務省）。 書記局第三課勤務申付候事（農商務省）。	
	M18-5-4	29	沖繩縣出向申付候事（農商務省）。	
	M18-5-11	29	山林局兼務申付候事（農商務省）。	
	M18-6-15	29	兼任沖繩縣六等屬（沖繩縣廳）。 勸業課勤務申付候事（沖繩縣廳）。	
	M18-6-18	29	御用有之八重山各島巡迴申付候事（沖繩縣廳）。	
	M18-7-20	29	庶務課常務係兼務申付候事（沖繩縣廳）。	自歐洲歸朝之際，提出關於沖繩縣八重山、宮古諸島外交問題的建議書後，從事戶籍、地理、宗教、租稅、其他舊慣制度改革上的準備調查，兼及各島周圍面積測量作業。同年 7 月開始至翌年 5 月約 11 個月期間滯留。
1886	M19-9-4	30	御用有之出京申付候事（沖繩縣廳）。	八重山島滯在中，前山縣（有朋）內務大臣同島巡視之際，連同依直接命令調查之事項，編成復命書 50 餘册。並將之由前沖繩縣知事內務省土木局長西村捨三氏之關係，向同氏（山縣）提出，仰其處置。

西元	時間	年紀	事蹟（任官、經歷、調查）	「翁自註」
	M19-10-30	30	免事務取扱。	
	M19-11-20	30	依願免本官。	上京後，基於最初歐洲歸朝時之素志，向當時的內閣各大臣建議八重山島施設上之意見。六個月間、傾注全力，但以外交上之關係，遂被否認，感畢生之絕望，辭職。
	M19-12-23	30	囑託半年間南海諸島植物及人類學上之取調，交付費用金550 圓（帝國大學總長、文部省總務局長）。	
1887	M20-5-2	31	昨年 12 月中南海諸島取調囑託候處，右期限延期六個月，並金 350 圓贈附候也（帝國大學總長、文部省總務局長）。	
1888	M21-1-13	32	囑託編纂沖繩其他南海諸島人類學及植物學取調上之考說，手當一個月金 40 圓交附候事（帝國大學總長、文部省總務局長）。	期間中，於理科大學人類學及植物學教室，從事沖繩及南海諸島植物及史蹟、宗教、言語系統其他的考說報文之編纂。
1889	M22-1-1	33	人類學及植物學考說編纂仍需繼續至 2 月 14 日，一個月手當金 60 圓交附候也（帝國大學總長、文部省總務局長）。	
	M22-3-31	33	理科大學解雇（帝國大學總長、文部省總務局長）。	
	M22-5-22	33	囑託於南洋諸島人類學及植物學上之取調，金 400 圓交附候事（帝國大學總長、文部省總務局長）。	
	M22-7-17	33	東京地學協會囑託今般由帝國大學命巡迴南洋諸島的田代安定氏，從事植物及人類學上之調查報告，交附酬金 100 圓（東京地學協會）。	
	M22-8-3	33	今般受文部省之囑託，乘軍艦遠洋航海，囑託如左之各件，給與手當金一個月金 20 圓(農商務大臣井上馨印）。 一農務相關調查。 一布哇國糖業狀況。 一布哇國牛馬之狀況並本邦輸入牛馬之諸費。 一於布哇國等地製茶需用之	自明治 22 年 8 月至翌 23 年 2 月 7 個月間，便乘海軍省練習艦舊金剛號，經歷ハワイ、ブアンニング、サモア、フイジー、グアム諸島。

西元	時間	年紀	事蹟（任官、經歷、調查）	「翁自註」
			有無。（以下略） 一於フイジー島等地稻作草棉狀況。 一ガム島山羊之狀況及對本邦輸入之諸費並工務相關調查。 一布哇產蠟燭木製油之產額性質等。 一布哇產タマニー材之調查。 一ブレツド、フルート樹皮織布之產額用途等。 一フイジー島民之日用物品中應可由本邦製出之物等。（以下略）	
1890	M23-5-31	34	囑託南海諸島植物取調，手當金一個月 40 圓給與（農商務省）。	
	M23-6-26	34	解除南海諸島植物取調囑託（農商務省）。 任命爲雇員，月俸 40 圓下賜（農商務省）。	
1891	M24-3-20	35	依願解除雇員之任（農商務省）。	
	M24-5	35	受橫濱植木商會囑託，爲外國輸出用植物取調，經歷北海道、青森、仙臺、廣島、山口、長崎、熊本地方。	自明治 24 年 5 月至明治 25 年 9 月。
1892	M25-10	36	擔任東京地學協會事務及報告編纂主任。	自明治 25 年 10 月至明治 26 年 4 月。
1895	M28-4-2	39	任命爲雇員，但月俸給 30 圓（陸軍省）。 同日任命爲混成枝隊附（陸軍省）。	同年 4 月 4 日從廣島大本營出發，經佐世保軍港，同月 15 日至澎湖島附屬比志島混成枝隊部下。於司令部從事澎湖島地理、民情及植物調查，向大本營提出檢察報文、植樹意見。
	M28-5-5	39	免混成枝隊附，命爲澎湖島政廳附（陸軍省）。	6 月 3 日臺灣受渡濟，離開澎湖島，前往基隆。 6 月 5 日樺山總督到基隆，於就稅關內臨時設立總督府，同日上陸。 6 月 10 日舊政府火車試運轉之際，與同僚四、五名先出發，進入臺北城，滯留在舊撫台府構內廳舍。 6 月 14 日樺山總督一行到臺北，同日開始執行事務，17 日舉行始政式。
	M28-6-18	39	任命爲民政局附（臺灣總督	

西元	時間	年紀	事蹟（任官、經歷、調查）	「翁自註」
			府）。 任命殖產部勤務（臺灣總督府）。	
	M28-9-8	39	任命爲雇員，給月俸40圓（臺灣總督府）。	
	M28-9-12	39	命至宜蘭出張（臺灣總督府）。	
1896	M29-2-22	40	命至臺中、臺南管內巡迴（臺灣總督府）。	
	M29-7-24	40	任命爲臺灣總督府民政局技師（內閣總理大臣）。 敘高等官七等（內閣總理大臣）。 十級奉下賜（臺灣總督府）。	
	M29-8-8	40	殖產部拓殖課兼林務課勤務任命（臺灣總督府）。	
	M29-8-12	40	任命至臺東地方出張（臺灣總督府）。	8月17日與拓殖兼礦物課技師成田安輝、技手阪基、農商課技手堀駿次郎三氏共同出發，經基隆，於20日到花蓮港。同日（20）開始從事各人擔當之調查。12月12日於花蓮港搭乘汽船千田丸，20日經基隆港歸府。
1897	M30-5-29	41	御用有之滯留東京任命（臺灣總督府）。	
	M30-10-10	41	任臺灣總督府技師（內閣）。 敘高等官七等（內閣）。 十一級奉下賜（臺灣總督府）。 民政局殖產課勤務任命（臺灣總督府）。 殖產課拓殖係兼林務係任命（臺灣總督府）。	因一般官制改革而改令。
	M30-11-6	41	任命至臺南、鳳山兩縣管內出張（臺灣總督府）。	
1898	M31-4-28	42	爲植物調查，任命臺北縣管內出張（臺灣總督府）。	
	M31-8-1	42	植物調查囑託（宮內省）。	爲新宿植物御苑植物調查及採集，年給200圓。
	M31-9-16	42	任命爲拓殖事務並林業視察，至臺南縣及澎湖廳管內出張（臺灣總督府）。	
1899	M32-4-5	44	農物係兼務任命（民政局殖產課）。	

西元	時間	年紀	事蹟（任官、經歷、調查）	「翁自註」
	M32-4-19	44	爲森林調查任命至臺北縣出張（民政局殖產課）。	
	M32-4-27	44	民政部物產陳列館兼務任命（內閣）。	
1900	M33-3-16	45	任命至臺南縣及臺東廳出張（民政部殖產課）。	
1901	M34-3-26	46	任命至宜蘭廳出張（民政部殖產課）。	
	M34-4-23	46	任命至臺北臺中兩縣管內出張（民政部殖產局）。	
	M34-8-31	46	任命自看護歸省地鹿兒島至東京府鹿兒島縣及沖繩縣出張（臺灣總督府）。	
	M34-10-31	46	任命至恆春廳出張（民政部殖產局）。	爲以前所建議的恆春熱帶植物殖育場創設之件，著手準備之。
1902	M35-3-7	47	任命至臺南恆春二廳管內出張（民政部殖產局）。	
	M35-3-8	47	任命爲博覽會委員（臺灣總督府）。	
	M35-8-2	47	任命至恆春廳管內出張（民政部殖產局）。	
	M35-11-1	47	任命恆春熱帶植物殖育場兼務（殖產局）。	恆春在勤，爲殖育場主任。
1904	M37-10-2	49	田代安定君，篤志於人類學研究，大益學界，代表本會顯彰其功績，贈與功牌（東京人類學會長坪井正五郎）。	
	M37-10-17	49	命經嘉義廳管下出府（殖產局）。	
	M37-11-21	49	任命至基隆、深坑、桃園各廳管內出張（殖產局）。	
1907	M40-7-11	52	任命上京（臺灣總督府）。	
1908	M41-12-3	53	解除植物調查囑託（宮內省）。	
1911	M44-4-4	56	囑託爲講師，年手當金 300 圓給與（鹿兒島高等農林學校）。	
	M44-5-16	56	民政部殖產局附屬熱帶植物殖育場規程廢止，殖育場兼務消滅。	
	M44-10-27	56	任命至鹿兒島縣出張（臺灣總督府）。	高等農林學校兼用，農學科熱帶農業講師擔任。
1913	T2-6-3	58	任命至鹿兒島縣出張（臺灣總	高等農林學校兼用，農學科熱帶農業講

西元	時間	年紀	事蹟（任官、經歷、調查）	「翁自註」
			督府）。	師擔任。
1914	T3-4-8	59	爲林業並林產利用狀況調查，任命至東京、京都、大阪、神奈川、千葉、兵庫三府三縣出張（臺灣總督府）。	
	T3-4-25	59	任命爲大正博覽會審查官（農商務省）。	
	T3-5-15	59	以至東京外二府三縣出張之際，任命至鹿兒島縣下出張（臺灣總督府）。	高等農林學校兼用，農學科熱帶農業講師擔任。
1915	T4-3-18	60	囑託林業相關事務調查，手當金一個月金200圓給與（臺灣總督府）。 民政部殖產局勤務任命（臺灣總督府）。 林務課勤務任命（殖產局）。	
	T4-4-8	60	林業試驗場兼務任命（殖產局）。	
	T4-4-28	60	商工課兼務任命（殖產局）。	
	T4-5-12	60	任命至鹿兒島縣出張（臺灣總督府）。	高等農林學校兼用，農學科熱帶農業講師擔任。
1916	T5-3-30	61	解除講師囑託（鹿兒島高等農林學校）。	
	T5-4-4	61	任命爲臺灣勸業共進會審查官（臺灣總督府）。	
	T5-7-15	61	囑託林業相關事務（營林所）。 自今給與月手當金150圓（營林所）。	
1919	T8-6-28	64	自今給予月手當金200圓（營林所）。 御用濟，解除林業相關囑託（殖產局）。	
1921	T10-8	66	爲規那樹栽培適地調查，委託爪哇之視察，但於高雄州潮州郡下蕃地ライ社開設農場，開始從事規那樹的種植與苗木養成（星製藥株式會社）。 囑託指揮監督規那栽培之試驗，月手當金200圓（星製藥株式會社）。	大正10年9月18日基隆出帆，同11年1月30日歸臺。
1926	T15-7	71	因故解除囑託，同時轉爲會社之顧問，月手當金100圓（星製藥株式會社）。	

西元	時間	年紀	事蹟（任官、經歷、調查）	「翁自註」
1928	S3-3-16	73	上京途中於鹿兒島死去，同 23 日遺骸葬於祖先之塋域。	

資料來源：永山規矩雄，〈田代安定翁小傳〉收於《田代安定翁》，臺北：故田代安定翁功績表彰記念碑建設發起人發行，1930，頁：1-17。

符號說明：1.A=安政、M=明治、T=大正、S=昭和。

2.事蹟欄中( )內之記載，為田代安定履歷中的主管官署機構。

3.「翁自註」為田代安定自註之說明。

4.* = Carl Johann Maximowicz（1827-1891）。

導讀二

田代安定1896年臺灣東部調查史料介紹*

陳偉智
中央研究院臺灣史研究所助研究員

一、前言

1895年6月，日本博物學家田代安定(Tashiro Antei, 或 Tashiro Yasusada，1856-1928) 隨著軍隊來到臺灣，任職於臺灣總督府民政局殖產部。同年8月曾前往臺灣東部調查。隔年8月奉民政局殖產部進行殖民地調查之命，再度前來臺灣東部調查，從8月到12月在臺灣東部停留了前後約四個月，於12月中返回臺北，並於隔年初向總督府提出調查復命書。1896年此行的臺灣東部調查的成果，於1900年，由臺灣總督府民政部殖產課出版了《臺東殖民地豫察報文》。

田代安定是日本明治時期博物學家，鹿兒島出身，於鹿兒島造士館隨柴田圭三學習法語與博物學。後至東京，任職於內務省博物

* 夏黎明老師於2014年9月邀請筆者將多年前發表於《東臺灣研究》上的一篇分析田代安定與《臺東殖民地豫察報文》的文章，作為本書之解題。與夏老師討論後，決定再另為一文，就新出土的臺大圖書館藏「田代文庫」手稿，介紹其中有關田代安定此行調查的手稿檔案，以為前文的補充，並希望能向世人呈現田代手稿的豐富性。在前文寫作當時，曾使用臺大圖書館所藏的「田代文庫」藏書，當時田代的手稿仍未見。前文的出版，也是夏老師在1998年4月第一屆花蓮研究學術研討會後的邀稿。筆者關於田代安定與臺灣東部的相關討論，皆深受夏老師的提攜與鼓勵，謹此致謝，並以此文紀念夏老師。

館，與博物館長田中芳男、職員小野職愨，調查日本植物、整理標本、編輯博物學書籍。後奉農商務省、鹿兒島縣、沖繩縣、帝國大學、東京地學協會等明治政府中央與地方機構委託，調查日本本土各地植物、薩南諸島、吐噶啦列島、奄美列島、琉球列島、八重山列島、南太平洋諸島，留下爲數龐大之植物學、動物學、民族學相關調查書類。曾出席 1884 年於聖彼得堡舉行之萬國植物博覽會，問學於俄國植物學家 Carl J. Maximovich，並受邀加入俄國皇家學會，並以其植物學之業績獲得十字騎士勳章。在 1895 年來臺灣之前，田代安定已經是一名經驗豐富的博物學田野調查學者。

1895 年甲午戰爭後清朝政府與日本簽定了馬關條約，日本領有臺灣。田代安定隨軍來臺，任職於臺灣總督府民政局殖產部、擔任技師，先後負責臺灣各地的殖民地、農業與林業調查與規劃，並曾任恆春熱帶植物殖育場主任，開闢各種熱帶植物苗圃，培植本土與外來引進具有經濟價值之熱帶植物。晚年，曾多年度獲聘返鄉於鹿兒島高等農林學校短期任教，退休後並曾任職於民間公司星製藥會社。1928 年去世後，其一生中所留下的龐大的藏書、與在來臺前與來臺後在各地的調查日記、田野筆記、報告書草稿以及田野中所蒐集的文件資料，由其在鹿兒島高等農林學校任教時的學生松崎直枝整理後，經家屬同意，捐贈給臺北帝國大學，列爲專藏「田代安定文庫」。藏書的部分，在臺北帝國大學時代，即已整理（http：//tulips.ntu.edu.tw/screens/cg.html？t=12）[1]。手稿的部分，臺灣大學

[1] 田代安定藏書的部分，見臺灣大學圖書館整理的「田代文庫」藏書目錄 http：//tulips.ntu.edu.tw/screens/cg.html？t=12。（檢索日期 2015 年 7 月 29 日）。

圖書館特藏組自 2004 年開始整理，進行了數位化整理典藏，同時陸續公開使用（http：//cdm.lib.ntu.edu.tw/cdm/landingpage/collection/Tashiro）[2]。這些收藏在臺大圖書館中的田代文庫，其中也包含了田代安定於 1896 年下半年在臺灣東部長達四個月調查期間所留下來的日記、田野筆記，田野期間蒐集的地方檔案，以及返回臺北之後提出報告前撰寫復命書的手稿資料。

本文介紹田代安定於 1896 年臺灣東部調查前後所留下的相關史料，以臺大圖書館所典藏的「田代文庫」中的手稿檔案爲主，同時也旁及現在收藏在國史館臺灣文獻館的臺灣總督府公文類纂中田代安定在調查結束後提交的復命書部分檔案。

二、田代安定 1896 年臺灣東部調查相關檔案史料

（一）田代文庫

目前保存在臺大圖書館的「田代文庫」的文書資料中，與田代安定 1896 年的臺灣東部調查有關的，一共有 37 件，以下先就田代文庫手稿資料的分類、編號與題名進行說明。這些手稿資料，成爲田代安定於 1897 年撰寫提交給總督府的復命書，以及稍後 1900 年正式出版調查報告《臺東殖民地豫察報文》的撰寫過程中，所依據的重要基礎資料。

2 參見國立臺灣大學數位典藏館「田代文庫」，http：//cdm.lib.ntu.edu.tw/cdm/landingpage/collection/Tashiro。（檢索日期 2015 年 7 月 29 日）。「田代文庫」手稿在 2004 年的發現與整理經過，參見吳密察，〈「發現」田代安定的歷程〉，收於吳永華、陳偉智編《異鄉又見故園花：田代安定宜蘭調查史料與研究》，（宜蘭與臺北：宜蘭縣史館、臺灣大學圖書館，2014），頁 6-9。

與田代安定臺東調查有關的手稿資料，其手稿分類「N」代表田代安定的田野筆記本資料，「T」代表其臺灣調查的手稿資料，而各分類後的編號則是臺大圖書館整理檔案時給予的編號。各件的題名，除了田代安定生前自訂題名外，主要是 1930 年代捐贈臺北帝國大學前松崎直枝整理田代遺物時所給予的題名。另外，有部分當時松崎直枝的題名標籤脫落，則由臺大圖書館在 2004 年重新整理進行數位化期間就手稿資料內容給予適當的題名（題名加符號[ ]，如編號 N150 的《[明治廿九年田野筆記]》，是根據內容重新給予題名）。

其中田代生前自訂或是松崎直枝整理時的部分手稿資料，其題名與內容不一定完全符合，其原因是（1）部分檔案以該件文書中第一件資料題名，但其全件內容仍包括其他的手稿文件，如編號 T016 的《卑南王史》，在全件第一件〈卑南王史〉外，亦包括了其他在臺東撫墾署所蒐集的文書資料。（2）田代安定手稿混合記錄了不同類型的資料，如編號 N046 的《阿眉番語》，此件雖是田代安定自訂題名，除了包含田野中記錄的阿眉番（阿美族）語料調查外，也包含了當時的部分田野日記。（3）題名與內容不符，如 T081《高山蕃語》，內容實爲田代安定於 9 月中在公埔、大埤的田野筆談記錄，其中的語料記錄，並非是高山蕃語，而是平埔語。

以下將田代文庫中臺東調查相關的檔案分成五類，並分別介紹：1、田野日記與田野筆記。2、田野中蒐集的文書史料。3、復命書草稿。4、語言調查史料。以及 5、其他。

臺灣大學圖書館特藏田代文庫所藏有關臺東殖民地調查檔案：

	手稿類型	臺東調查相關手稿
1	田野日記與田野筆記	N046《阿眉番語》 N081《高山蕃語》 N103《臺東殖民地豫察巡回日誌》 N104《臺東殖民地豫察巡回日誌》 N150《[明治廿九年田野筆記]》 N225《[臺灣東部調查日記]》 T051《臺東生蕃事項》 T055《臺東調查報告》
2	田野中蒐集的文書史料	T008《各生蕃社長等給銀錄》 T016《卑南王史》 T053《臺東要書綴》 T090《謹將後山新城等庄戶籍姓名清册呈送》 T102《[番社丁口調查表]》
3	復命書草稿	N062《紅頭嶼土人語其他》 T052《臺東巡回報告住民部》 T054《臺東現在住民人口表》 T055《臺東調查報告》 T056《臺東調查報告地理部第一綴》 T057《臺東調查報告地理部第二綴》 T058《臺東調查報告地理部附錄：臺東平野面積表》 T059《臺東調查報告業務部》 T060《臺東調查報告業務部上篇》 T061《臺東調查報告業務部下篇》 T132《臺東調查報告土民部上篇》 T133《臺東各庄丈量濟田地槩表》 T134《臺東旧揭諭書類說明》
4	語言調查史料	N011《卑南、阿眉社土語》 N046《阿眉番語》 N047《阿眉蕃語筌　卷二》 N048《阿眉蕃語》 N100《臺東卑南蠻語筌》 N101《臺東阿眉番語筌》 N108《臺灣雲林高山蕃支族語》

	手稿類型	臺東調查相關手稿
		N132《蕃語》 N150《[明治廿九年田野筆記]》 N193《[字彙記錄]》 N225《[臺灣東部調查日記]》 T074《臺灣島臺東阿眉蕃語篇卷一、卷二》
5	其他	T010《臺灣島東南海岸管理廳設置ノ件》 T073《臺灣島東海岸地方管理廳設置之件》 T075《臺灣島諸標本說明》

1、田野日記與田野筆記

田野日記的部分，1896 年 9 月 5 日到 9 月 16 日（N046《阿眉番語》），9 月 17 日到 10 月 17 日（N103《臺東殖民地豫察巡回日誌》），11 月 6 日到 11 月 16 日（N225《[臺灣東部調查日記]》），11 月 17 日到 12 月 8 日（N104《臺東殖民地豫察巡回日誌》），最後從 12 月 8 日到 12 月 17 日（N150《[明治廿九年田野筆記]》）。T055《臺東調查報告》雖然是復命書的一部分，但其中的「臺東地方豫察顚末事項」田代說明了調查經過，從 8 月 14 日受命調查，17 出發，從基隆港搭船，20 日抵達花蓮港至 12 月 12 日搭乘汽船千代田號，從花蓮港離開，於 20 日抵達基隆港，返回臺北爲止之經過。

就目前留存的田野日記來看，有兩段期間的「巡迴日誌」未見，分別是從 8 月 20 日到 9 月 4 日剛抵達花蓮港的期間，以及自 10 月 18 日到 11 月 5 日，離開卑南由海岸路線北上，經成廣澳與大港口至貓公的這段期間。這兩段未見的田野日記，或許是田代在《臺東殖民地豫察報文》中提到的在花蓮港遭遇了火災所燒失的一包資料中吧[3]。

在田野日記中，除了逐日記載所經歷的村落、地理、風俗、氣候、物產、民俗之外，在村落中也透過翻譯、通事、與當地的頭人筆談，或是抄錄地籍與人口資料。除了兩册田代安定自己題名的《臺東殖民地預察巡回日記》之外，也有記載在其他田野筆記簿上的田野日記，依序記錄田野中每日的經歷。除了田野日記中的筆記外，在 N081《高山蕃語》中，記錄了在公埔庄、大埤庄的田野筆談，以及記錄當地平埔族的語料。另外 T051 的《臺東生蕃事項》，則是收錄了田代就「卑南各番社、阿眉番人、大魯閣生番社、新城庄」等風俗、產業、歷史、族制筆談題目「諮問事項」，以及當地通事筆寫之「秀姑灣拔子庄至廈羅灣社止其處番社風俗埋葬婚姻族制等事」的部分筆談答覆。

2、田野中蒐集的文書史料

田代安定在田野中，除了記錄親眼所見的自然地景與各村落的人類學特徵外，在各村落中也多次要求記錄抄錄當地村莊頭人、通事所保存的該村落的田籍簿與人口簿，因此田野中蒐集的文書資料中，包含了臺灣東部各村落的人口與土地資料。另外，在臺東撫墾署的停留期間，多次抄錄撫墾署所保存的當地的各種官方與民間的文件，其中也包含了清末的撫墾檔案與日治初期，在田代抵達花蓮

[3] 田代安定在《臺東殖民地豫察報文》中曾言，10 月 18 日回到花蓮港後，停留期間曾遭遇火災，損失了抄寫的田簿、各事問答錄、各庄丈單、舊撫墾書關係書類謄寫、土民農產記事、史跡訪談錄、海岸地方日曆等。田代遭遇火災事故的災損敘述，見《臺東殖民地豫察報文》，頁 52、125。

開始調查前，臺東撫墾署員於 1896 年 7 月巡迴臺灣東部中央與海岸路線各地村落的調查資料。例如 T008《各生蕃社長等給銀錄》、T053 的《臺東要書綴》、T090《謹將後山新城等庄戶籍姓名清册呈送》以及 T102《[番社丁口調查表]》。

3、復命書草稿

復命書草稿的部分，其中 T055《臺東調查報告》，說明全部調查經過與提交的復命書目錄。其他則是臺東調查報告的土民部、地理部、業務部各部的報告書草稿，人口、土地測量資料，以及部分規劃移民所需土地面積資料等。

田代所編定的這些手稿，應是田代安定在提交給總督府復命書時的草稿，或是自己存稿。目前總督府檔案公文類纂中，只留存地理部的復命書（《臺東調查報告地理部第一、第二技師田代安定提出》，後詳），因此田代的這些復命書手稿，足以顯示其在調查完畢後，所整理報告的大致樣貌。

4、語言調查史料

田代安定此行的調查，雖然是執行總督府移民地（殖民地）的規劃案的前期基礎調查計畫，在田野中，田代依據自己的興趣，在行經不同族群部落時，也透過當地的通事調查該地族群的語言，除了在田野日記中留下了語言調查的記錄外，在調查期間，田代另外將各族群的語言寫在專用筆記簿。這些語言調查，包含了東部各族群語言中的基礎語料，以及部分文法與例句的說明。花蓮阿美族的部分，有 N046《阿眉番語》、N047《阿眉蕃語筌　卷二》、N048

《阿眉蕃語》、T074《臺灣島臺東阿眉蕃語篇卷一、卷二》。臺東卑南阿美族的部分有 N011《卑南、阿眉社土語》、N101《臺東阿眉番語筌》。花蓮布農族的部分，有 N108《臺灣雲林高山蕃支族語》。臺東卑南族語的部分，有 N011《卑南、阿眉社土語》、N100《臺東卑南蠻語筌》等。雖然田代的語言調查，主要是透過通事的翻譯進行，在表意與記音上不一定準確，但也初步留下了東部臺灣各原住民族群語言語料的第一次普遍調查資料。

5、其他

編號 T073 的《臺灣島東海岸地方管理廳設置之件》與 T010《臺灣島東南海岸管理廳設置ノ件》兩件，是田代安定出發前往臺灣東部調查之前，曾經於 1895 年底與 1896 年初先後兩次向臺灣總督府提出的對於臺灣東部管理與發展的建議書。這兩件建議書所顯現的是，田代的臺東調查志向，早於總督府的「殖民地」調查構想。其中所關心的東部發展的議題，也延續到 1896 年的臺東的田野中。這兩件建議書，因此也可以視為田代臺灣東部調查的發案構想。

另外編號 T075 的《臺灣島諸標本說明》一件，是田代安定於 1897 年前後，將其來臺灣後，在宜蘭（1895）、花蓮、臺東（1896）等地田野調查期間所蒐集的民族學標本，寄給東京帝國大學人類學教室時，針對各項標本所寫的說明文字底稿。其中包含了「臺東阿眉蕃、臺東木瓜高山黥面蕃、臺東大魯閣高山黥面蕃、臺東卑南平地蕃、臺東熟蕃人加禮宛人族」的物質文化標本 16 件，以及「臺東生蕃」的農產標本 3 件，共 19 件的田代安定在臺灣東部調查期間所採集的人類學、農產標本。

（二）臺灣總督府公文類纂

除了臺灣大學圖書館典藏的「田代文庫」中的圖書與手稿資料外，目前在國史館臺灣文獻館典藏的臺灣總督府公文類纂檔案中，亦收藏有一件田代安定在臺東調查後向總督府提交的復命書，即《臺東調查報告地理部第一、第二技師田代安定提出》（《臺灣總督府公文類纂》V04532-10，1897）。

三、史料價值

（一）重建田代安定 **1896** 年臺東調查的經歷

從田代安定所留下來的這些數量頗多的東部臺灣的田野調查的資料，我們可以透過其田野日記，重建調查的田野歷程，以及知識生產的社會史過程。在田野中一行人透過分工調查不同的項目，田代除了依賴當地的官署，以及前清官員外，主要是在田野中透過各地的街庄頭人或部落的漢人通事，進行調查。日記中留下了不少的筆談記錄。例如，在臺東調查期間，與前清官員陳英筆談，並數度由其陪同調查周邊區域。在筆談中，田代向陳英表示：

> 我們這般自花蓮港至卑南地方，四五日以前新來，猶未通曉這地方民情風俗，幸請教示，聊可得知此地舊慣習俗乎。敢乞貴下說明。
>
> 貴兄先月所作臺東史篇，我前日誦讀，曉知貴兄宏才博識，更就先生欲所詢諮也。

> 先年臺東舊撫墾局創立之時，卑南社、阿眉社各番既已知耕地作米方法乎如何[4]？

陳英的協助，顯示了田代的東部臺灣調查中，多少也引繼了前清官方關於臺東的知識。

另外 9 月 11 日田野日記中，有一則筆談，田代向受訪者出示：

> 我所記草木則歸去後，清國本土、番名、西洋名、日本名、其他各國名稱登記。臺灣島內幾千種類草木有之事在登記。臺南、臺中、臺北、臺東、奇萊全部非是今回旅行之重用。今回之專用，則在見地形、庄民實狀、衣食住等，向岸則原野、各溪、砂地等要看見[5]。

田代所言的「今回之專用」，即是此行的移民地調查計畫的要點，調查現地的自然環境、地理地質條件、物產、居民狀況等。當然除了這些官方計畫的項目外，田代自己也同時進行植物學、人類學、語言學的調查。

（二）報告書的生成

從田代文庫所藏的田代安定在田野調查中記錄與蒐集的資料、返回臺北後撰寫的報告書稿，在臺灣總督府公文類纂中的提交給總督府的報告書，以及最後由臺灣總督府殖產部出版的報告書。這些資料，有助於我們瞭解從田野到正式出版報告書的過程。在成書的

---

[4] 田代安定，《臺東殖民地豫察巡回日誌》，臺大圖書館藏田代安定文庫，N103，1896。

[5] 田代安定，《阿眉番語》，臺大圖書館藏田代安定文庫，N046，1896。

過程中，如何從零碎、紛雜的田野資料中，逐漸形成章節分明的報告書，乃至最後出版《臺東殖民地豫察報文》的文本產製過程。

田代安定於 1897 年 1 月中提出的《臺東調查報告》中，說明復命書計畫內容分爲四項[6]：第一項土民部。第二項業務部上下兩篇。第三項地理部。第四項殖民部。目前所留下的《臺東調查報告》手稿中，並未包含「第四項殖民部」。「第四項殖民部」的內容，應是此行的目的，亦即「殖民地」（移民地）的面積與規劃方案。在 1898 年木村匡編的《民政局殖產事務要項》，其中〈第六章殖民地調查〉整理了臺灣總督府於 1896 年與 1897 年全臺灣殖民地調查與規劃面積方案，其中亦包括田代安定 1896 年臺東調查的部分[7]。

若與後來在 1900 年正式出版的《臺東殖民地豫察報文》的目次比較，則可發現內容經過了重新調整。

---

[6] 田代安定，《臺東調查報告》，臺大圖書館藏田代安定文庫，T055，1897。

[7] 木村匡編，〈第六章 殖民地調查〉，《民政局殖產事務要項》，「後藤新平文書」R7-80，1898。

《臺東調查報告》與《臺東殖民地豫察報文》目錄比較

《臺東調查報告》（1897.1）		《臺東殖民地豫察報文》（1900.3）	
臺灣島臺東調查報告總目錄		目次	
第一冊	復命書		預察事項ノ顛末
	臺東地方豫察顛末事項		將來殖民ノ程度
			（附 花蓮港新市街用地劃定圖）
	將來殖民事業之意見要略		山林ノ概況
			附 郵便線路布設用地參考意見
	山林概況	第一項	地理部
	附錄 臺東郵便布設見込用地參考表		地理總況
			（附 臺東平野山岳區分地圖）
第二冊	報告第一項ノ一		臺東殖民地概算面積總括表
	臺東調查報告土民部第一綴	第二項	土民部
	住民總敘		臺東土民住棲區域色別圖（臺東平野各種族播布區域圖）
	支那人族		第一章 支那人族
	加礼宛人族（熟蕃人）		第二章 加禮宛人族
	平埔人族（熟蕃人）		第三章 平埔土人族
第三冊	報告第一項ノ二		第四章 土地關係書類
	臺東調查土民部第二綴	第三項	業務部
	土地關係書類	上篇	水利港灣ノ現況
			附 官設土木事業ノ急要
	臺東現在住民戶數人口表	中篇	土民ノ現業
第四冊	報告第二項ノ一		第一章 農業ノ程度
	臺東調查報告業務部上篇		第二章 園藝ノ程度
	臺東土民ノ業務現況		
	農業		第三章 畜產業ノ程度
	園藝品		第四章 水產業ノ程度
	畜產業	下篇	殖民事業ノ目途
	水產業		第一章 殖產事業ノ方針
第五冊	報告第二項ノ二		第二章 製板事業
	臺東調查報告業務部下篇第一綴		第三章 樟腦製造業
	臺東將來業務上ノ目途		
	官設土木事業ノ急要		第四章 製糖事業
	附		第五章 農林副產業ノ業途
	臺東諸海灣海軍測量ノ急要		

《臺東調查報告》（1897.1）		《臺東殖民地豫察報文》（1900.3）	
	成廣澳港況諮問錄 大港口景況資問錄		
第六冊 第七冊	將來事業上ノ方針大意 附臺東民業上ノ豫定生產力 樟腦製造業ニ於ケル意見 製板事業ノ急要 報告第二項ノ三 製糖事業 農林副產物ノ業途 果實栽培業 報告第三項 臺東調查報告地理部第一綴 地理總況 臺東ノ舊地方區劃 奇萊地方各原野說明	附錄	第六章 果實栽培業 臺東現在住民戶數人口統計表說明

出　　處：田代安定，《臺東調查報告》，臺大圖書館藏田代安定文庫，T055，1897。田代安定，《臺東殖民地豫察報文》，（臺北：臺灣總督府民政部殖產課，1900）。

（三）日本統治初期的臺灣東部地方社會狀況

田代安定在臺灣東部調查期間，在各個村莊中，常向地方頭人或是蕃社通事，提出「詢問事項」，進行筆談調查。這些詢問事項與回答，是瞭解缺乏文獻記錄的清末日治初期臺灣東部的地方社會狀況的一手資料。

例如 1896 年 11 月 12 日，田代回到花蓮後訪問新城庄，向當地的頭人李阿隆提出了「新城庄詢問事項」六條，田代的提問如下：

第一條　新城庄開闢距今幾年前，乃該當清國曆何年間乎又該庄創立者姓名並其經歷，乃始初自何處移來此地，創開新城庄之事由要示說。

第二條　新城庄創時人口若干，乃比現今多孰寡要示說人口增減之次第並風土病乃熱病其他各病比宜蘭地方多寡之件。

第三條　這庄年年所產出各農產品，山內產品，海中產物各名稱。乃麻糸、藤、薯榔、獸皮、乾魚其他諸產品名稱。

第四條　此地每年所產出麻糸共計約幾担又昨年中一担價幾銀，現今一担價幾銀。籐並薯榔一担價幾銀且昨年中所產出各品約幾担。

第五條　新城庄現今所有三板船並各小船共計幾個。

第六條　琉球人其他外國人此海岸漂到之事有否。若有先年漂到者要示說其年月並當時狀況。

右各條要詳細記送，今所問諸件，只為我們參考要知其大略年不敢有別意而尋問之也，故要記示現在事實，切切至囑。

明治二十九年十一月十二日 民政局技師 田代安定

臺東新城庄

李阿隆机下[8]

李阿隆針對田代的提問，逐條筆談回覆：

第一條　新城庄開闢距今四十餘年該庄創立者李春等來此開闢乃始初概是宜蘭人來此地創開新城庄。

第二條　新城庄創開時丁口壹百餘人乃現今居住等庄丁口七十餘人乃後山病者寒熱之症多他各病症少論後山比宜蘭後山病多宜蘭病少。

---

[8] 田代安定，《臺東要書綴》，臺大圖書館藏田代安定文庫，T053，1896。

第三條　新城等庄早詳概是荒埔無出產品生蕃山有土產物乃蓏竿籐薯榔鹿皮山羊皮羌仔皮鹿角鹿觔鹿鞭鹿腳地瓜小米姜金瓜東瓜詩瓜抱仔李仔王菜柑仔柑蔗塗豈概□□件。

海中之產物各無收也。

第四條　此地每年所產出蔴糸好年冬者四百餘担呆年冬者參百餘担籐薯榔所出產者無定幾担蔴糸每担抵銀壹拾員籐每担抵銀貳員貳角薯榔每担抵銀□□？

第五條　新城庄無造三板船有三板船者是宜蘭海邊耕網挐魚為業之三板船來此地買蔴糸并各貨物又并載柴回宜蘭往基隆買賣之三板船者無定幾隻亦三五隻亦二三隻。

第六條　不見琉球人并他外國人無來此地方[9]。

從「新城庄詢問事項」的問答中，可以重建新城庄的移民史，風土病、村落規模、生活環境、農漁經濟、族群關係、與北部宜蘭基隆之間的往來情況。這些的詢問事項，可以作爲進一步的開發史、社會史、經濟史，以及人類學研究與田野調查的基礎。

（四）原住民相關史料

田代在此行，雖然主要目的是移民地相關項目調查，但同時亦調查臺灣東部各族群，除了留下各族的語言語料記錄外，對各族的族群的起源傳說、遷移、文化特質等，也有所記錄。在田野中，在

[9] 田代安定，《臺東要書綴》，臺大圖書館藏田代安定文庫，T053，1896。原件部分文句蟲蛀難以辨識以□表示。

人類學調查外，田代也蒐集物質文化標本。例如，同樣在新成庄調查期間，調查漢人社區外，也透過李阿隆，調查了太魯閣的原住民，透過翻譯訪談的部落頭目，並當場獲得頭目提供的服裝。

田代所蒐集的標本，之後寄給東京帝國大學人類學教室，作爲臺灣人類學標本。田代安定文庫中的 T075《臺灣島諸標本說明》，即有這些在東部臺灣原住民部落採集的標本說明，包括在新城採集到的「臺東大魯閣高山黥面蕃」番衣、胸當及耳管共五件。

就太魯閣原住民頭目提供的「番衣」，田代安定還特別寫了感謝狀，透過李阿隆翻譯表示感謝，並說明其進行人類學調查的目的。田代的感謝狀，寫著：

感謝狀

啟言你今日所送大魯閣番衣二領我實心肝歡喜。今茲攜去臺北示總督府諸士而後欲送附我帝國大學，以永久保存焉。

我帝都東京有高等大學館，名曰帝國大學，黌內有數學科萬學皆完備矣。其中有一學科，名曰人類學，乃是研究世界萬國人類自然之原理之學科也。人類學所包含區域極浩繁，乃各國人種、風俗、言語、宗教、人類性情等之檢覆亦皆在此學科中。好學之諸紳，為斯學捐資設立一學會，名曰東京人類學會，吾亦其會員也。

抑臺灣島生番者，右於人類學最有價值之人族也。我昨年臺灣赴任以來日夜孳孳汲汲檢究各社生蕃人之狀態殆無餘日矣。想察該生番之風態猶羲皇以前之民，又彷彿釋門所謂原人之人族也。居常攻究之趣味極深遠，我亦愛好此學科，猶饑渴於飲食也，嘗聞大魯閣番之名而今眼前見之實不堪（甚）歡喜。你今送我特以番衣二領，蓋你曉知我意，以要供我學科之參考者乎哉。吾性原硬頑，不喜受收諸人送品，你若送我以他物，我固不欲受納焉，即時必可送回也。但此番衣者則不然。欣然受收以欲傳于不朽也矣[10]。

李阿隆或是太魯閣原住民頭目是否能瞭解田代安定在感謝狀中所表達的意思，無從得知。但是田代的感謝狀，提示了日本殖民地人類學知識生產網絡，以及標本採集的目的，更重要的是，表現了當時人類學在「發現」研究對象時，尋求保持原狀的「原人之人族」的文化觀。而這一點，是當時田代安定與其他人類學家如伊能嘉矩、鳥居龍藏等人所共享的。田代安定的臺灣東部的人類學調查的部分，一方面呈現了東部臺灣原住民的文化特質，另一方面也呈現了殖民地人類學自己的問題意識與知識生產網絡。

田代安定的臺灣東部殖民地調查過程中，由東京帝國大學派遣來臺進行人類學調查的鳥居龍藏也同行。田代在田野日記中，數度記錄著與鳥居龍藏一同到部落調查語言、起源傳說、遷移歷史、文化特質等，並拍攝照片。1896 年 10 月 7 日，在卑南時，田代在田野日記中寫著：

過十時，到撫墾署，如同昨日，尋問呂家社通事生蕃事情。十二時回宿舍。

午後二時半，赴阿眉社，至頭目宅。鳥居氏亦同行。久永氏、

[10] 田代安定，《臺東要書綴》，臺大圖書館藏田代安定文庫，T053，1896。

安井氏亦同往，與呂家社通事同伴而行。拍攝頭人家族並社民照片（真影ヲ寫サル）[11]。

田代安定、鳥居龍藏、與同行的臺東撫墾署官員永井與安井，一行人前往卑南阿眉社（今臺東馬蘭阿美族），並由呂家社的通事同伴。在卑南阿眉社，田代透過呂家社通事的翻譯，召集頭人家族與一些部落內的原住民，齊集拍照。在現場時，記錄田代的田野日記留下了透過通事與當地頭人筆談的記錄，田代安定寫了以下的文字給通事看，要求通事協助召集部落的人來，除了拍照之外，並調查卑南阿眉的起源傳說，以及蕃社風俗：

今欲攝影番社風俗，要番人男女數人集來

我聞此老人約九十歲，因欲問伊，阿眉社舊事。

此阿眉社創立幾年前要問伊

問阿眉社祖宗名叫甚麼

要詳話今所講伊

可告此通事，此候伊所講，要詳細譯話，不論其講話之要不要，一一傳話是請[12]。

鳥居龍藏返回日本後於 1897 年發表的臺灣東部調查的論文，即是根據與田代安定同行調查田野所完成的[13]。

11 田代安定，《臺東殖民地豫察巡回日誌》，臺大圖書館藏田代安定文庫，N103，1896。

12 田代安定，《臺東殖民地豫察巡回日誌》，臺大圖書館藏田代安定文庫，N103，1896。

13 鳥居龍藏，〈東部臺灣に於ける各蕃族及び其分布〉，《東京人類學會雜誌》136（1897），頁 378-410。鳥居在論文中特別感謝田代安定在田野中的協助。

四、結論

1896 年臺灣總督府進行「殖民地撰定」調查，規劃將來的可能移民地，就其選址、自然環境資源、現地的氣候、社會情況、族群關係、有經濟潛力的產業等，在臺灣各地進行適合區域的調查。其中最先執行的，是由田代安定所負責的臺灣東部。在調查結束後，田代安定提出了復命書給總督府，隨後總督府殖產局根據復命書出版了《臺東殖民地豫察報文》。田代安定的《臺東殖民地豫察報文》成爲日後我們瞭解十九世紀末臺灣東部社會的重要參考資料。

隨著田代安定此行調查資料的出土，透過田代安定文庫的調查日記、筆記、手稿與文書等，我們可以更瞭解其田野調查的歷程、田野調查的進行方式、與現地官署與當地被調查的各族群的關係、在田野中收集的資料、採集的人口與地籍資料、乃至田代有意圖採集的各族群的語言資料，以及最後的復命書草稿。田代安定文庫的臺東調查資料，除了就田野調查過程、田代安定學思經歷、知識與政策形成這些調查端的部分，有很好的史料價值外。更重要的是，在《臺東殖民地豫察報文》外，在田代安定的日記、筆記、語料、筆談等一手的田野資料中，似乎讓被調查端，也就是當時生活在東部臺灣的各族群原住民、漢人、乃至於自然環境，能夠有進一步被看見並重建當時東部臺灣生活世界的可能性。至於這個可能性將是如何呢？就有賴於之後的讀者與研究者們，帶著各自的問題意識，進一步地探索田代安定所留下來的手稿檔案了。

譯書凡例

（一）本譯書根據明治 33 年（1900）3 月 25 日，臺灣總督府民政部殖產課出版與發行之《臺東殖民地豫察報文》（現國立臺灣圖書館所藏）一書，翻譯爲中文。原書名之意爲臺灣東部殖民用地的事前考察報告書，唯本譯書保留其原書名。

（二）原書無標點符號，本譯書之標點符號均爲譯者與譯註者所加。

（三）原書目次包括三項（地理部、土民部、業務部），下分各章，各章之下詳列各類細目標題。因各類細目標題數量繁多，爲求精簡以便一目瞭然，本譯書目次僅列項與章，各章之下的各類細目標題列於內文。唯原書目次與內文標題不儘相符，或目次存錄者未見於內文，或內文存有標題者未見列於目次。本譯書依照原書之內文標題，翻譯列述。

（四)本譯書頁 157-159 之「臺東住民各種族播布區域圖凡例」爲原書「圖 3 凡例」之地圖文字，夏黎明教授指出圖 3 之凡例簡明扼要，敘述東部原住民族群由來與分布，具有重要意義，故譯述於正文。

（五）本譯書作爲史料參考之用，在不影響文意情況下，保留田代氏寫作當時之用字遣詞。以下情形保留原書用語：

1.「生蕃」、「蕃社」、「蕃地」等字詞，作爲史料用語予以保留。同此，「平地蕃」、「平埔熟蕃」、「高山蕃」、「加禮宛熟蕃」、「阿眉蕃」、「卑南蕃」等指稱，或「生蕃語」、「熟蕃語」等語詞亦保留原書寫法，唯作爲史料用語，不指涉其他意義或價值判斷。

2.「清國」、「支那人」、「支那人族」、「加禮宛人族」、「平埔人族」、「土人」等現今不常見用語，作爲史料用語保留，不另行譯寫。

3.原書所記年代、數字、人口數、戶數等皆以漢字書寫表示，本譯書予以保留。唯漢字年代後括弧中的阿拉伯數字年代，爲譯註者所加。

（六）爲符合現今時代背景與常用文字，在不影響文意情況下，以下情形將原書用語加以更動：

1.田代氏依照官職階級而書寫之「本官」、「卑官」等用語，改爲「本人」等常見文字。田代氏於文中有時自稱「安定」，亦改譯爲「我」。

2.原書寫作期間臺灣爲日本統治，田代氏因而使用「我國」、「我帝國」、「內地」等用語，本譯書改爲「日本」，以避免混淆。

3.原書提及之當時外國地名或用語，如「布哇」、「茄菲業」等，改譯爲現今使用之地名及用語。

4.原書混用秀「孤」巒與秀「姑」巒之用字，本譯書統一使用現今之「秀姑巒」一詞。

5.原書記錄尺貫法面積單位用「町」或「町步」，前後文用語不一，本譯書統一改爲「町步」。長度單位用「町」。

（七）本譯書「業務部中、下篇」內文當中，關於農作物、蔗作、魚貝類、林木等名稱，英文譯名或學名爲譯註者補充。唯尚有不少物產未及查出英文譯名，或爲原住民語之日文譯音，仍依照原書，以日文片假名表示。

（八）本譯書初稿由張勝雄校長翻譯，初稿校譯由吳玲青負責緒言至業務部上篇，業務部下篇以下由李啓彰負責。譯書註腳由吳玲青及助理張靖委、楊晴惠、吳菁萍、林芳丞等人完成，唯掛一漏萬或重複贅述，忙中有錯，尚祈方家指正。

臺東殖民地豫察報文（明治二十九年調查）

緒言

本書係自明治二十九年（1896）八月至十二月之間我考察臺東地方，針對這一殖民用地的疆土性質，將來以何種方針經營等各點，逐項檢覈所完成之結果，亦即是當時進行事前調查的所見記錄。遺憾的是其調查範圍有所限制，包括整體事項無法一一詳敘，亦即此次考察的主旨屬於事前調查，因而無法就實行準備的要點深入計算與規劃。然而事前調查的責任原本也不容輕忽，舉凡制定一地方的業務發展目的，在事前調查之際，即應考量將來，廣泛參照各國的先例，在這次的機會當中將大概的基礎加以計劃制定。因而當時我認爲，遵照一般的慣例，不過就其地質、水利、里程、草木、物產等實際情況做一普通的調查，即可以復命的形式了結，事情看起來似乎順利，實際上對於我們新入版籍的土地與人民，並未盡到適切的眞正義務，倒不如專注於其內部眞相的觀察，深究審查將來專門的實施方法。爲了回應這一任務，即使有所僭越，我認爲不是應該顧慮這些譴責的時機，決心孜孜矻矻，完整地將自己的所見加以繁複綴述，做成這一報告書。尚有地基整理方案、生蕃人事務及森林利用目標、新村落及新市街設立用地、官署設立蒸汽機製材業、樟腦製造以及其他各類特殊的見聞，當時皆有上呈陳述的預定，但是一則恐怕遷延時日，一則又怕徒然畫蛇添足，終於因光陰倏忽而過，自行代作序文。一想到機會一旦失去，事跡便難以追尋，寤寐之間輾轉反側，於心不無愴然。尤其有關殖民這一點，報告書上更擬加設「殖民部」一項，詳述其施行上各件事項的預定，但是與其他各處理機關多有關聯，因而暫且中止。

本島的東海岸僅僅除了宜蘭的一部分之外，正巧包含了產生臺灣中的第二個臺灣的元素，與將來的利弊得失實在關係鉅大。東海岸的疆土空曠，所謂的蠻獠雜處之鄉仍然佔有半數之多，此處的開發也不得不以非常手段。曾經聽聞當地人士所言，「以前日本興兵平定恆春牡丹社[1]時，當時撫臺幾位官員曾經深思熟慮，即於翌年由臺灣南路駐軍統領吳光亮[2]、北路統領羅大春[3]共同帶兵數千，進入

---

[1] 今屏東縣牡丹鄉牡丹村牡丹。排灣族語以 Sinbaujan 稱牡丹社部落名，原意為「葛藤砍伐痕跡之地」，漢人以其訛音稱為「牡丹」，後人以此地多有一開花植物野牡丹而附會稱之。施添福總編纂，《臺灣地名辭書，卷四屏東縣》（南投：臺灣省文獻委員會，1999），頁 873。

[2] 吳光亮，廣東省韶州府英德縣人。出生年不詳，15、16 歲即已投軍，曾隨粵軍征剿太平軍，同治 6 年（1867）署閩粵南澳鎮總兵，9 年（1870）實任。同治 13 年（1874）因牡丹社事件日軍侵臺，吳光亮奉命調臺，參與開山撫番、招墾後山及內山埔里社一帶，光緒 5 年（1879）實任臺灣鎮總兵，任內因與臺灣道劉璈不合，被調省另用。光緒 21 年（1895）乙未割臺之役，吳光亮接受唐景崧徵召，募集「飛虎軍」舊部渡臺抗日，唯此時吳光亮已年邁，日軍器械精銳，因此幾至全軍覆滅，只得黯然內渡而銷聲匿跡。參考林文龍，《吳光亮傳》（南投：臺灣省文獻委員會，1994），頁 11-18，129-134。

[3] 牡丹社事件之後，清廷命福建船政大臣沈葆楨前來臺灣籌辦防務，沈葆楨認為「開山撫番」為臺灣防務與後山番地治理之要務，積極著手以兵工開闢通往後山的番界道路，同治、光緒年間的後山番界道路開鑿分為北、中、南三路進行，其中的北路由革職留任福建陸路提督羅大春，督率兵工開鑿由蘇澳往南至吳全城一帶。參考潘繼道，〈光緒初年臺灣後山中路阿美族抗清事件之研究〉，收於《臺灣原住民研究論叢》第三期（臺北：臺灣原住民教授學會，2008），頁 143-186。

後山，開啓官府開發臺東的端緒。吳統領由南方橫貫中央山脈，途中披荊斬棘，生蕃畏懾其武威，各社皆降。羅統領越過南澳險嶺，穿通奇萊新路，大魯閣[4]、加禮宛[5]等各蕃連同南勢阿眉蕃[6]共同抵抗，

---

[4] 太魯閣族在過去的人類學分類上，屬於泰雅族的一支賽德克群，移往東側者又分為「太魯閣」(Truku 或 Taroko)、「道澤」(Tauda)與「塔克達雅」(Tkdaya)三群。「塔克達雅」(Tkdaya)自原居地 Tkadaya-Truwan 向東遷移進入花蓮木瓜溪流域者，稱為「木瓜番」，其中先移至木瓜溪中游以西者稱為「內木瓜番」，另外隨後來到木瓜溪下游的則稱「外木瓜番」。參考《續修花蓮縣志(民國七一年至民國九〇年)族群篇》(花蓮：花蓮縣政府，2005)，頁 5。

[5] 臺東的平埔族其中一支主要由宜蘭三十六平埔蕃社中的加禮宛社南遷而來，因此採用其社名，稱之為加禮宛蕃。清道光年間遷徙南下的宜蘭平埔族雖然包括溪南、溪北的幾個村社，但其中加禮宛社的人數較多，且大多由加禮宛港(今冬山河接蘭陽溪出口)移出，在花蓮美崙山附近的海岸上陸，佔居奇萊平原，被統稱為加禮宛人。參考伊能嘉矩、粟野傳之丞著，《臺灣蕃人事情》(東京：草風館，2000 年復刻版)，頁 237；詹素娟、張素玢撰，《臺灣原住民史--平埔族史篇(北)》(南投：臺灣省文獻委員會，2001)，頁 72。

[6] 南勢阿眉蕃即「南勢阿美」，為阿美族五個群(南勢阿美、秀姑巒阿美、海岸阿美、臺東阿美〔或稱為卑南阿美、馬蘭阿美〕、恆春阿美)中最北的一群，原主要分佈地在今花蓮市南邊與吉安鄉境內。夏獻綸的《臺灣輿圖》中載：「鯉浪溪(即美崙溪)南者，統名曰南勢，凡七社……」，並在〈附錄番社〉中提到：「南勢七社：巾老耶、飽干(今花蓮市主權里德安一帶)、薄薄(今吉安鄉仁里村)、斗難(即荳蘭，今吉安鄉南昌村、宜昌村一帶)、七腳川(今吉安鄉太昌村、慶豐村、吉安村、福興村靠山邊一帶)、理劉(即里漏，今吉安鄉東昌村一帶)、脂屘屘(又名集集社；現附入飽干，位於今花蓮市福安一帶，即主學、主和、主安、主農等里)」。其中，巾老耶即是撒奇萊雅，而飽干是撒奇萊雅族其中的一個部落。後來撒奇萊雅族在「加禮宛事件」戰敗後，竹窩宛社改成「歸化社」，且漸漸被附近的阿美族人同化(飽干社亦同)。參考夏獻綸，《臺灣輿圖》，(臺北：臺灣銀行經濟研究室，1959)，頁 75-77；潘繼道，《國家、區域與族群—臺灣後山奇萊地區原住民族群的歷史變遷(1874-1945)》(臺東：東臺灣研究會，2008)，頁 49-50。

爲官兵討伐，致使加禮宛人四散，不再逞其兇頑。於是清廷設立臺東直隸州，督導與獎勵移民事業，試圖擴張墾殖。之後知州歐陽駿專注於經營大港口[7]，將州廳移到水尾平原[8]，企圖心雄厚，卻於光緒十三年（明治二十年）中途病歿，不復有繼承其志業者，因此景觀依舊，而當地委之於空曠，正爲歸屬於日本帝國版圖之日，回顧往事，也是明治二十年（1887）以前的往事了。當時的人不論是吳光亮或歐陽駿，其經營規模可謂壯大，我在臺東視察之際聽聞此事，每次無不羞愧、嘆息不已。

臺東地方爲蕃界聞名之鄉，其居民十之七、八爲所謂的生蕃種族所構成，然而在本篇拓殖業當中，一句話也不曾涉及生蕃人，想必引起讀者奇異的感覺，這並不是我敢於忽略生蕃人，而是我們的先決問題是只以殖民爲目的及其所包含的問題，然而關於生蕃各種族的性情、行爲與其習俗等，期待乘機另外收錄在參考資料之中，加以敘述，不得不與其他事務有輕重緩急之分，暫且將此項目省略。

在此針對臺東將來的發展，簡約地在其殖產方面敘述我的看法。臺東的利源，大致上區分爲林產、農產、礦產、水產四大資源。林產爲樟腦與木材，農產實際上以糖業爲主，茶葉、藍靛、苧麻、橡

---

[7] 今花蓮縣豐濱鄉港口村大港口（lanun）。大港口位於秀姑巒溪口北岸，阿美族語將位處河畔低地的下面村子稱為 lanun，清光緒 13 年（1887）改稱為大港口，清末開山撫番時，來自廣東汕頭的客家移民成為豐濱鄉內最早的漢人聚落。施添福總編纂，《臺灣地名辭書，卷二花蓮縣》（南投：國史館臺灣文獻館，2005），頁 250。

[8] 今花蓮縣瑞穗鄉。秀姑巒溪、清水溪、塔比拉溪、馬蘭鉤溪、紅葉溪等在水尾一處匯合而有此名，阿美族語稱為 Kuko，表現平原遼闊之意。施添福總編纂，《臺灣地名辭書，卷二花蓮縣》，頁 253。

膠、咖啡、水果、藥草、煙草、草綿、米穀、牛、馬等適合作爲副產物。大家常以煙草應當作爲臺東的主要產物，擬議實施菸草專賣制度，我以往並未考究其方法，雖然無法達到和錫蘭的茶葉、印度的藍靛業、爪哇的咖啡業等一樣地興盛，也不能和呂宋的煙草業相提並論，但是應當能如同夏威夷[9]的糖業，佔有主要收益來源的地位。礦產則暫且不提，水產應該發展捕鯨等遠洋漁業，至於其他工業上的利源開發，不限於今日所言。

領有本島之初的明治二十八年（1895）八月，我曾寫下有關臺東的看法，在同年十二月向總督[10]提出，其要點爲現今臺灣南部已漸次平定，懇切建言其背後的卑南、奇萊地方非常急迫需要設置兵營及行政官署，然而因爲路途悠遠，枉然成爲廢紙。其中一節提到，一般認爲新舊臺灣地圖中，畫有生蕃地界線的部分全爲生蕃人住居的區域，這樣相信的人應該是有的。雖然其中的曠野已經開發，形成若干清國人民建立的各處村落，與若干歸化的蕃人混住，也有開闢爲市街等地方，這些明顯是不爭的事實，特別是卑南、奇萊兩處地方就是如此。日本戰勝[11]之後，歐洲人的意向及清國人的舉動，應該好好加以回顧，一念及此，每當翻閱地圖，但見本島東南海岸一帶空曠，仍然屬於蕃地的界線之內，自宜蘭南端的蘇澳至恆春，百里的長岸空曠，委之於蠻荒，這也是明治二十八年十二月之情景。當時的人看來認爲是沒有根據的妄說，然而在今日，卻是連年幼無知的兒童也能知曉的一般尋常之事。現今本報告書中所述諸事，與

[9] 此處用“布哇”係當時用詞，指“夏威夷”。原著頁 194 亦有“布哇國”字樣。
[10] 時任臺灣總督為樺山資紀。
[11] 此處所謂日本戰勝，指的應是光緒二十年（1894）中日甲午戰爭。

二十八年時的說法同樣，或許不免強加給衆人一種空想見解的感覺，然而從今再經四、五年之後，或許會成爲衆人的一般說法，如同氣運消長、連環不斷。在此翻閱舊稿之際，不禁百感交集，悵然甚久。

明治三十三年（1900）春三月

田代安定 識

事前調查之始末

謹述本人於明治二十九年（1896）八月十四日奉命出差至臺東地方，同月十七日與拓殖兼鑛務係技師成田安輝及技手阪基、農商係技手堀駿次郎三人一起自總督府出發，經基隆港，二十日抵達花蓮港[1]，同日展開各自擔任的調查工作。十二月十二日於花蓮港搭乘汽船千代田號，二十日經基隆港返抵臺北，茲將本次調查所得事項報告如下。

此次我們巡迴的區域，北以奇萊[2]之新城庄[3]爲起點，貫穿得基黎溪[4]稍北，南以卑南[5]之大麻里溪[6]爲終點，南北約六十餘里爲範圍。

---

[1] 花蓮為「洄瀾」的諧音，為來自今宜蘭的漳州人南下，見到花蓮溪口的溪水與海浪衝擊，呈現迴旋狀時的稱呼。清代漢人將花蓮溪入海口的北側聚落稱為花蓮港，延續至日治時期，花蓮港一直是地名的稱呼。施添福總編纂，《臺灣地名辭書，卷二花蓮縣》（南投：國史館臺灣文獻館，2005），頁 4。

[2] 奇萊為花蓮縣眾多舊名之一。昔日有一自稱為撒奇萊雅（撒基拉雅，Sakiraya 或 Sakizaya）的原住民族群居住於今花蓮市區，後來的漢人以「奇萊」或「澳奇萊」等相近發音記錄，奇萊因而成為花蓮早期地名之一，清代文獻中也有「均榔」、「筠郎耶」、「巾老耶」等稱呼。施添福總編纂，《臺灣地名辭書，卷二花蓮縣》，頁 3-4。

[3] 今花蓮縣新城鄉新城村。咸豐 7、8 年（1857-1858）粵籍墾民李阿春、錦昌父子前來立霧溪口南側開墾，之後李阿香、阿隆父子也轉到新城居住，新城之名最遲在 1860 年代出現。施添福總編纂，《臺灣地名辭書，卷二花蓮縣》，頁 136。

[4] 即今立霧溪，為花蓮縣秀林鄉四大水系之一，上游有塔次基里溪等十條支流，流域最為廣大。施添福總編纂，《臺灣地名辭書，卷二花蓮縣》，頁 344。

[5] 卑南或指臺東地區或是指稱卑南社。臺灣東部在清代統稱後山或山後，康熙年間崇爻與卑南覓往往成為花蓮與臺東的概稱，也是兩地番社的總名。卑南覓的卑南社與前山有許多貿易往來，「卑南」一名成為臺東地區的別稱。施添福總編纂，《臺灣地名辭書，卷三臺東縣》（南投：臺灣省文獻委員會，1999），頁 15-16。

巡迴的順序以花蓮港爲出發地，首次路程自花蓮港南進，越過吳全城[7]與水尾溪[8]間的溪野，沿璞石閣莊[9]、新開園[10]、務錄臺[11]各庄社的中央路線，經北勢溝社[12]山路抵達卑南新街[13]，至大麻里溪爲止，爲

---

[6] 今太麻里溪。太麻里為排灣族語 Chabari 音譯而來，清代文獻中又記為大麻里、大貓狸、朝貓籬等，日本統治臺灣後，將大麻里改稱為太麻里。施添福總編纂，《臺灣地名辭書，卷三臺東縣》，頁 313。

[7] 今花蓮縣壽豐鄉平和村吳全社區。清道光 5 年（1825），淡水人吳全自噶瑪蘭招募 2,800 人前來開墾，構築土堡抵禦番人，因而稱其地為「吳全城」。施添福總編纂，《臺灣地名辭書，卷二花蓮縣》，頁 196。

[8] 水尾為瑞穗鄉舊名，原本指稱紅葉、富源二溪等下游的村莊，位於秀姑巒溪、清水溪、塔比拉溪、馬蘭鉤溪、紅葉溪等溪會合之處，為平原遼闊之意。施添福總編纂，《臺灣地名辭書，卷二花蓮縣》，頁 253。

[9] 約為今花蓮縣玉里鎮泰昌、永昌、啟模、國武、中城里，以及源城里北方山腳一帶。璞石閣為玉里鎮的清代舊稱，在光緒元年（1875）中路開通，到光緒 3 年（1877）4 月吳光亮駐軍的三年之間，璞石閣成為後山中路的軍事重地與主要漢墾聚落。施添福總編纂，《臺灣地名辭書，卷二花蓮縣》，頁 83-84。

[10] 今臺東縣池上鄉錦園村。清光緒年間原名「新開園」，指新開發園地之意，隸屬於臺東直隸州，為現今池上鄉最早開發的地區。詳見施添福總纂，《臺灣地名辭書，卷三臺東縣》，頁 109。

[11] 今臺東縣鹿野鄉永安村永昌。務祿臺又稱務祿干、務祿甘、鹿寮社，為恆春阿美族的部落，阿美族語稱為「pakuriyan」。施添福總編纂，《臺灣地名辭書，卷三臺東縣》，頁 176。

[12] 今臺東縣卑南鄉初鹿村、明峰村、嘉豐村、美農村一帶。北勢溝社又名北絲鬮（Pasikao），為卑南八社之一 Ulipulipuk 部落的所在。安倍明義認為，北絲鬮一為卑南語 Pasikao 的竹子之意，另一為 Ulipulipuk 的山間背風處之意。清光緒 20 年（1894）屬臺東直隸州埤南撫墾局北絲鬮社，昭和 12 年（1937）將其改為初鹿（Matsushika）。施添福總編纂，《臺灣地名辭書，卷三臺東縣》，頁 210-212。

[13] 今臺東縣臺東市。清代道光、咸豐年間，漢人和平埔族由屏東枋寮一帶，逐漸移居卑南溪口南岸，出現寶桑庄之名。光緒元年（1875）清廷設置卑南廳官衙，光緒 14 年（1888）升格為臺東直隸州，移居的商民漸多而具有市街型態，被稱為卑南新街。施添福總編纂，《臺灣地名辭書，卷三臺東縣》，頁 227。

南進路程終點。再自新街起程，渡過卑南溪下游進入海岸路線，經成廣澳[14]、大港口[15]，出花蓮港街到達新城庄，再返花蓮港，結束本次調查的巡視。此次巡視的沿途曾進入木瓜溪蕃社[16]，抵達大魯閣蕃社[17]，其他如拔仔庄[18]、新開園等各高山蕃社亦進行了踏查。

---

14 今臺東縣成功鎮忠孝里小港。原名「蟳廣澳」，後轉為「成廣澳」，形狀類似螃蟹左右兩箝圍成的海灣。因此地有深水港灣，很早就有小型中國船出入，同治年間宜蘭地方的閩人以番產品交易和農耕目的移居於此。施添福總編纂，《臺灣地名辭書，卷三臺東縣》，頁 56。

15 今花蓮縣豐濱鄉港口村大港口（lanun）。大港口位於秀姑巒溪口北岸，阿美族語將位處河畔低地的下面村子稱為 lanun，清光緒 13 年（1887）改稱為大港口，清末開山撫番時，來自廣東汕頭的客家移民成為豐濱鄉內最早的漢人聚落。施添福總編纂，《臺灣地名辭書，卷二花蓮縣》，頁 250。

16 賽德克群移往臺灣東部者，又分為「太魯閣」（Truku 或 Taroko）、「道澤」（Tauda）與「塔克達雅」（Tkdaya）三群。其中的塔克達雅群又稱「巴雷巴奧」群，自原居地「Tkdaya-Truwan」向東遷移，進入花蓮木瓜溪流域居住，為文獻中所稱的「木瓜番」。《續修花蓮縣志（民國七一年至民國九０年）族群篇》，頁 5-6。根據潘繼道的研究，東賽德克群的口傳歷史中敘述其祖先原居住在托魯望（Torowan，今南投縣仁愛鄉霧社以東 10 餘公里）一帶，狩獵時發現山脈東邊原野廣袤、水草肥美，因而遷徙至東臺灣北部的立霧溪（得其黎溪）、木瓜溪等流域。「木瓜」（Vaguai、Bakuai 或 Mokui，目怪）之稱，乃得自於賽德克語的音譯，意思是「山後面」或「後面」。潘繼道，〈近代東臺灣木瓜番歷史變遷之研究〉，《東華人文學報》第 16 期（2010.1），頁 102、104-106。

17 太魯閣族在過去的人類學分類上，屬於泰雅族的一支賽德克群，移往東側者包括「太魯閣」（Truku 或 Taroko）、「道澤」（Tauda）與「塔克達雅」（Tkdaya）三群。《續修花蓮縣志（民國七一年至民國九０年）族群篇》，頁 5-6。

18 今花蓮縣瑞穗鄉富源村、富興村、富民村一帶。原為秀姑巒群阿美族的古老部落 Molotsan，漢人譯為人仔山、巫老僧。清光緒年間漢人聚居在部落鄰近成庄，循音稱為拔仔庄。施添福總編纂，《臺灣地名辭書，卷二花蓮縣》，頁 278。

臺東之地理，之前陸軍測量隊曾經費時多日，製成檢測圖。這次我們的巡迴主要是事先調查原本的殖民用地，自然也清楚這與臺東的全面檢測有所重複，而非急要之事。雖然在制定殖民上的目的時，村落的位置、地勢、水利、水害以及土地所有權等，都是以殖民本身爲主而製作特殊用途的地圖，依據這些地圖來劃定目標的方向。在這個必要之外，其結果是全面持續製作了檢測地圖，原本供作選定殖民用地的參考，以這份概測圖，得以進行原本以來的地理測量，但是無法得到和這次主旨相同的地圖。若以地理精測圖視之，或者有無法滿足閱覽者的部分，然而作爲拓殖上的參考圖，應當能補足幾分用處。臺東原野土地面積的檢測及其製圖由同行的阪基擔任，該員排除水災及其他各類危險障礙，歷經無數艱辛而終於完成。

巡視的天數超過原先的預定，不勝惶恐，疏漏之罪本來就難辭其咎，現在在此細訴事情經過並非我的本意，只是想要開始敘述經過的大概。其起因與先前臺北出發之際有關，中途已無法改變，不幸其間遭逢種種天災，到了形勢無法挽回地步。如果當初以卑南港[19]爲登陸點，由此作爲巡迴行程的起點，北進花蓮港，自奇萊原野到新城地方調查，再從花蓮港沿海岸路線南下，依照上述的方法由卑南港踏上歸程，即使汽船航班中斷，依照郵政路線仍然可以踏上返途。

[19] 位於今臺東縣臺東市成功里中正路底，又稱臺東港。卑南港位於臺東平原與縱谷南半段，為商品與旅客的主要出入口岸。施添福總編纂，《臺灣地名辭書，卷三臺東縣》，頁 241。

此次的踏查首次在奇萊原野進行調查，沿著本島的中央山脈[20]與海岸山脈[21]之間的長形峽谷間南進，經二十天抵達卑南新街，完成卑南原野的調查。在即將進入海岸路線北上之際，大約有二週之間遭逢暴風雨，海陸路均無法通行，尤其卑南大溪[22]溪水暴漲，竟連從來熟悉涉水的卑南蕃亦多日停止渡溪，加上一行中多人患病，不幸事件接連發生。一行人冒著暴風雨，在漲水時艱困地強渡卑南大溪，已是十月十九日了。海岸路線的各項調查結束，到達花蓮港時已遠遠超過預定日期，而是十一月九日。次日起程繞回新城途中，抵達石空社[23]海岸，爲原野盡頭的中央山脈後側，背山而坐，高聳挺立於海邊。我們這次負責的調查並沒有急用，由於一步也不能前進，於是從花蓮港踏上歸途。加上十一月十八日從基隆出發的汽船預定到達，守備隊也期待這班船來辦許多要事。我們一行爲了準備搭船而將遠處各地的巡迴工作停止，最終因爲船隻看來似乎不會前來，再等候同月二十八日預定由基隆出發而入港的船，由於上述兩次的航海阻隔，船突然停止入港，因而決定全體搭乘當地土著的船隻北返。有一天花蓮港的舢舨船即將出港之際，因爲猛浪的緣故，

---

20 中央山脈北起宜蘭烏岩角，自北北東向南南西延伸，止於臺灣南端的鵝鑾鼻，全長二百五十餘里，為臺灣島的脊樑山脈。《續修花蓮縣志（民國七一年至民國九０年）自然篇》（花蓮：花蓮縣政府，2005），頁72。

21 海岸山脈位於臺灣東部海岸，北起花蓮溪口，與臺東縱谷平原並行，東臨太平洋，西隔縱谷平原與中央山脈相對。《續修花蓮縣志（民國七一年至民國九０年）自然篇》，頁75。

22 卑南溪（卑南大溪）上游為新武呂溪，發源自脊樑山脈關山與三叉山，順向東流，至池上突然轉折向南，流灌臺東縱谷平原，途中在瑞源南方與鹿寮溪合流，再於龍田南方合併鹿野溪，由臺東市附近入海。《重修臺灣省通志卷二土地志地形篇》，頁342。

23 即石硿、實空，今秀林鄉崇德村清水部落。潘繼道，《國家、區域與族群—臺灣後山奇萊地區原住民族群的歷史變遷（1874-1945）》（臺東：東台灣研究會，2008），頁71。

其中一艘翻覆，船員一人股部貫穿負傷去世，又因爲裝載的行李大半泡水，就算無事順利出發，在新城與蘇澳之間反而又浪費多日，恐怕更加遷延返抵日期。既然已到這種地步，倒不如等候汽船，甚至不得已取消。又，之前長野陸軍後備中尉[24]首次穿過拔仔庄與埔里社[25]之間的小路，但一行過半的人屢次罹患瘧疾，大家身體疲勞，沿著小路北返一事難行，以至無人敢於提議。在各種苦思焦慮之中，終於在十二月十二日搭上汽船千代田號。上述新城地方調查結束之後，經常爲汽船到來就能即時搭乘而做準備，一行人之中有的人檢視木瓜蕃[26]、大魯閣蕃等資料，有的人修訂增補奇萊原野的測量與調查，大家在調查工作上幾乎不得空閒之日。這段期間幸運地與在其管內巡察的兩名臺東支廳員相遇，他們特地爲了在花蓮港附近選定出張事務所的建設用地而來，於是會同上述兩員，選定以前的花

---

[24] 長野義虎，1896 年 1 月擔任情報參謀，組織「義勇蕃隊」，首次闖入臺灣蕃界，成為橫越中央山脈的第一人。吳密察，《臺灣史小事典》（臺北：遠流出版事業股份有限公司，2000），頁 101。

[25] 埔里社又稱埔社、蛤美蘭社，簡稱「埔番」。埔社被認為屬於布農族系統或是邵族系統，生活在眉溪以南與南港溪以北地區，「埔里」鎮名即源自於該社社名；南港溪以南為邵族生活領域。施添福總編纂，《臺灣地名辭書，卷十南投縣》（南投：臺灣省文獻委員會，2001），頁 79。

[26] 賽德克群移往臺灣東部者，又分為「太魯閣」（Truku 或 Taroko）、「道澤」（Tauda）與「塔克達雅」（Tkdaya）三群。其中的塔克達雅群又稱「巴雷巴奧」群，自原居地「Tkdaya-Truwan」向東遷移，進入花蓮木瓜溪流域居住，為文獻中所稱的「木瓜番」。《續修花蓮縣志（民國七一年至民國九０年）族群篇》，頁 5-6。根據潘繼道的研究，東賽德克群的口傳歷史中敘述其祖先原居住在托魯望（Torowan，今南投縣仁愛鄉霧社以東 10 餘公里）一帶，狩獵時發現山脈東邊原野廣袤、水草肥美，因而遷徙至東臺灣北部的立霧溪（得其黎溪）、木瓜溪等流域。「木瓜」（Vaguai、Bakuai 或 Mokui，目怪）之稱，乃得自於賽德克語的音譯，意思是「山後面」或「後面」。潘繼道，〈近代東臺灣木瓜番歷史變遷之研究〉，《東華人文學報》第 16 期（2010.1），頁 102、104-106。

蓮港街西側、往北長四百八十間[27]範圍的土地，作爲殖民市街用地，在這一區域內併設出張事務所，警察、憲兵屯所及診察所等，其中一部分可以建設爲市街，又有可以作爲農耕用地的多餘土地。在其他土地的性質等方面，尙有調查日數不足的感覺。成田技師負責鑛務的查驗與蕃界的考察，沒有空閒之日。堀技手殫精竭慮調查農務上的一切，這是此次臺東地方巡迴途中大略的實際情況。

這次我們巡視的任務專爲臺東整體有關殖民用地，以及其他各種特殊事項的事先調查，因此調查的區域浩繁，隨著報告的事項也是複雜多端，終究無法在短短時日當中詳述，因此將踏查上的諸事分成下列數項，著手編寫報告書，不拘泥於其綱目的次序，希望在每一篇册完成時一一提出。事情的進度緩慢，如果急於完成，恐怕難免粗糙與實際上有誤，尙請諒察。報告事項如下：

第一　地理總況

第二　土著居民部　現住人民生計的狀況

第三　業務部上篇　水利港灣的現況及意見

同　中篇　土著居民的營業現況

同　下篇　殖民事業的目標

以上各項中，地理部列舉陳述了此次同行人員所調查的二萬五千分之一概測地圖的說明與各原野的概況等，希望供作他日在同一地方各項經營上的參考，但是地理部一項專爲現況的描述，在各項計算與測量上不得不多加愼重，因此會比其他項目的篇册較晚提出，現今暫且以地理總況置於此篇。

27 「間」為長度單位。一間為6尺，一尺為0.30303公尺，每間約1.81818公尺。參見臺灣旅行案內社編，《臺灣鐵道貨物運送規則竝細則昭和十七年》（臺北：臺灣旅行案內社，1942），頁40。

土著居民部分是就向來居住於臺東地方、在此從事多年的墾拓而成爲臺東人民的各族群種類、性情、想法以及土地相關的人口、田籍等各種情況加以敘述。

就將來臺東的殖民而言，依我的看法，雖然尚未精確計算，但是敢說約二萬五千戶、亦即十萬人的新移民並不困難。未來容納住民的程度在未經精算之前無法明言，但想來應該是可以容納約三十萬以上人口的一塊疆土，然而爲達成這一目標，本來就不得不採用非常的方法。對照總人口數三十餘萬人的鳳山支廳，也知道非如此不可。在臺東實施市街殖民爲當務之急，花蓮港與卑南港爲特別適當之地，其他尚有數處，期待日後再做整體的表列陳述。根據現今的殖民方案，初期實施的官營移民在奇萊原野與卑南原野之間，合計應當可以容納二百戶。然而臺東將來如果成爲殖民上重要所在地的話，官營移民應該要加以嚴密稽查，因爲作爲衆所注目之處，應當可以期待在不久之後大量出現希望移民者，因而又不得不等待其他地方的地盤整理完成不可。或者說，臺東的土地不經過一次全面性的整理，改正河床、排水及開通道路等官營土木事業的話，難以達成拓殖上的目標，亦即應該將這一官營土木事業作爲臺東初期的事業，官民必須同心協力參與，否則無論如何也無法達成開闢上天賦與有利資源的期望。在此所述的各項事情或者僭越我的職責，難以持續達成，雖然只是對於臺東實際狀況的前言敘述，即使受到譴責處罰也在所不辭。

業務部從現在住民的營業種類與農業的實際狀況，對於將來牽涉殖民的殖產目標等做一陳述。在此事先概述臺東的產業目標，農產方面以糖業爲主，苧麻、黃麻、煙草等屬於副產物，旁及於努力栽培熱帶地方的各類植物。在果樹的種植培育方面，特別是能取得適當土壤的話，講求各類水果的輸出方法，向來是爲了安定我國新入殖移民在此定居的一條捷徑。畜產業方面，墾拓適當的沃壤特別充當牧場用地，也可以進行所謂的休耕地農業法，或者採用以往夏威夷各島所進行的山林放牧等簡便方法。林業的目標是最有希望的，可以作爲將來鞏固移民者永住的一方便之法，自不待言，本島主要產物之一的林業也是出自於這一中央山脈的背面。至於各類工業，由於富含較其他地區更爲豐富的水利，因而具備了特別適合的要素，尤其是糖業，過半以上必須借助工業之力才能完成。在這裡所說的糖業是以夏威夷等國爲模範的蒸汽機製糖廠，也包含其他多項工業上的期望，亦即著手殖民時所伴隨的事業。

在此略敘臺東山林的概況如下，臺東的樹林幾乎全是斧斤未入的密林，樹林藤蔓纏繞，除了獸徑與樵夫小徑之外，簡直無從進入。因此若欲進入密林之內，不得不事先讓多數工人開闢道路，如同此次專程入山，非得耗費時日不可，否則無法達成。這次在方便所及的各種調查之餘，進入數處山林，對樹木的種類略作檢查，臺東的林木自新城到卑南方面，不論何處都是同一樹種，其茂密繁盛到了讓人眼目爲之驚嘆的程度，但沒有特別奇特的樹種，過半爲普通的臺灣林木，只是有著同一種類衆多叢生的這種特殊景象。這與西海岸各山中相比，可以說是普通的，跋涉在埔里社山中之際，引人注目的珍奇異木不多。再者，關於熱帶植物，卑南以南的大麻里溪岸的林木，雖然與西海岸的枋寮、恆春地方大異其趣，其種類與北緯二十四度界線內的奇萊地方沒有太大差異。但在臺東方面，若登上三千尺以上的高山，松柏科植物叢生，尤其在雲林深山之處的阿里山及玉山附近，有許多被稱爲扁柏屬的大樹，其中也不乏與花柏品種相近的樹木，奇萊與水尾間的拔仔庄以及水尾溪西岸璞石閣山中多有這類樹木，這是依據陸軍後備中尉長野義虎一行踏查的談話所得知的。加上我們親眼目睹海岸山脈中也生長了一些松樹，阿眉蕃、卑南蕃經常拾取漂流木來製成板材。然而這種木材畢竟屬於輕軟材質，在殖民上不應當說是完全的建築材料。臺東各山一般數量較多的林木有下列數種：

（一）楠木（日本名爲犬樟，又名椨木）

（二）茄苳木（琉球稱之爲赤木）

（三）九芎木（日本名島猿滑木，明治十五年田代所稱之舊名）

（四）樟科各種樹木

以上四類樹木，不管何者在臺東均爲適當的建築材，尤其將來日本內地人殖民用的建築材料可以採用這四類，想來不虞缺乏，其中應該可以將楠木視爲本地的杉柏。各地方的建築必須隨著地方各自的情況，假若如同臺東的建築材木採用內地的杉柏的話，反倒是脆弱而不夠實用。楠木由於過於堅硬，裁切時一般爲日本木匠所嫌惡並且多所批判，然而不得不說這眞是膚淺的看法，使用硬木自有其方法，只能設置蒸汽機製材場，不過用作爲移民的建材是綽綽有餘的，應當可以成爲臺東的一項物產輸出。如同著名的水尾溪大港口，便是搬出硬木的適當場所，又除了楠木之外，也有種種硬木如櫸木，以往就是本地人一般的貴重木材之一，實在是本地有發展希望的木材。我對於林木活用的看法，將於「業務部」中陳述。殖民所需的薪炭木材實在是取之不盡，只要海岸山脈一座山頭即能維持數十年，應該不虞匱乏。我原本不是極端的愛惜山林主義者，在此提出這樣的看法加以陳述。

民政局殖產部技師　田代安定

明治三十年（1897）一月十五日

臺灣總督男爵 乃木希典[28]閣下

[28] 乃木希典，山口縣人，第三任臺灣總督，任期為 1896 年 10 月至 1898 年 2 月。

花蓮港新市街用地圖說明

花蓮港附近市街暫定地圖是去年（二十九年）十二月在花蓮港巡視，會同臺東支廳員將臺東支廳出張所建築用地加以合併，也就是在這一規劃區內建設辦公廳、警察署等，其東南角落接近現今花蓮港街的部分，可以作爲新移民的市街用地。以這個目標所選定之處，其測量面積爲四百八十間平方[29]，其面積爲二十三萬四千坪[30]，相當於七十八町步[31]。預定其中的五十町步作爲市街殖民用地，以一戶約五段步[32]大小分配給一百戶。這五段步中除建築住屋之外，其餘可當作屋後的菜園及果園等。該測量區內，有三分之一屬於南勢七社[33]阿眉蕃人的園圃，因而召集該區各社社長及總通事，發布這一示諭，均無異議且隨即同意，因此在其周圍設置臺東支廳用地的標示牌，預料在實施之際可能加以擴充。進一步就我所提的花蓮港市街用地問題來做實際設計的話，一定要用二百町步以上的用地劃充爲全區，這也是臺東首邑應該具有的地勢和位置。在設計上連

[29] 一間為 6 尺，一尺為 0.30303 公尺，每間約 1.81818 公尺。

[30] 一坪=6 尺平方。

[31] 一町步=3,000 坪。

[32] 一段=300 坪，依據《岩波國語辭典》（東京：岩波書店，2016 年 2 月 10 日版）。張勝雄解釋文中的面積計算為下：300 坪×5=1,500 坪/戶；1,500 坪×100（戶）=150,000 坪；150,000 坪÷3,000 坪=50 町步；78 町步×3,000 坪=234,000 坪。

[33] 南勢七社為組成南勢蕃之七腳川、荳蘭、薄薄、里漏、屘屘、飽干和歸化社，分布於奇萊平原西北部，為相對於北勢蕃（太魯閣蕃）而稱為南勢蕃。七社之中的七腳川社曾因反抗日本殖民政府被迫散居，日治時期臨時臺灣舊慣調查會於大正 2 年（1913）進行調查時，僅存六社。參考中央研究院民族學研究所編譯，《蕃族調查報告書（第一冊）》（臺北：中央研究院民族學研究所，2007），頁 9。

同其他施政方針，本人的意見已經相當確定，就算連著用數十張紙也難以寫完，因此在這一報告中省略。又，關於卑南港市街[34]用地，因爲必須與臺東支廳協議，同樣在此省略。其他如拔仔庄、新開園，都有設置爲一大市街用地的預定。

臺東郵政路線設置用地參考表說明

（此項係受當時通信部之委託所作）

（一）附件地名表的大麻里社，位於現今由卑南新街與鳳山所轄枋寮通往恆春的郵政海岸路線一站。再沿此海岸路線南進約八里半多，抵達巴塱衛[35]，向西可以到達枋寮。大麻里的位置預料將成爲臺南與臺東之間郵政路線的要衝，因此可考慮作爲郵政繼立所（張勝雄按：流動郵車的臨時郵局）的所在地之一。而且該社位於大麻里溪的海岸地帶，預定將來可成爲殖民用地。

（二）卑南新街具備了自然成爲臺東首府的地理條件。現今設有臺東支廳、臺東撫墾署、守備隊本部以及臺東郵局，與花蓮港同樣作爲汽船的停泊港口，也是臺東的首要港口。現在的市街有一百九十餘戶，雖然僅有臺灣商人住居在此，不久日本人開始移居之後，

---

[34] 今臺東縣臺東市，施添福總編纂，《臺灣地名辭書，卷三臺東縣》，頁227。

[35] 今臺東縣大武鄉大武村大武橋以南。「巴塱衛」（Palangoe）原本來自排灣族地名，其地名之字根 pangwu 為「拿棒子打」之意，意指當地為沼澤地，為生活必須打拼之意。原「巴塱衛社」所在地（大武橋以南）的排灣族地名為 Banwei。施添福總編纂，《臺灣地名辭書，卷三臺東縣》，頁 362。

很明顯將來可以成爲一大市街，因此臺東的郵局主要可以設置於此。

（三）新開園庄在清代即爲僅次於卑南新街和花蓮港，與璞石閣及拔仔庄同列爲主要地區之一。自該庄有一山路通往臺南的蕃薯寮[36]，將來此山路拓建之後，應該可以成爲郵政路線的一主要地點，而且擁有可容納衆多移民的廣闊原野。目前沒有設置繼立所的必要，但是將來會成爲一主要地點。

（四）璞石閣莊位於卑南新街與花蓮港街之間的正中間，在行政和警備上都有必要的部分，將來應該會成爲一處重要地區。又，自該處有一路線可經由八通關[37]，到達雲林的林圯埔[38]。

（五）拔仔庄在清代設有秀姑巒撫墾局[39]，自該庄有一山路可通埔里社。在這次的調查，臺東與西海岸方面相通的路線當中，據說這一山路是最被希望開拓修建的，在殖民上也是一主要區域，但在大巴塱庄[40]設置繼立所目前並不方便吧。

---

36 今高雄市旗山區，施添福總編纂，《臺灣地名辭書，卷五高雄縣（第二冊）》（南投：國史館臺灣文獻館，2008），頁 585。

37 今南投縣信義鄉東埔村，施添福總編纂，《臺灣地名辭書，卷十南投縣》，頁 560。

38 今南投縣竹山鎮市街一帶，施添福總編纂，《臺灣地名辭書，卷十南投縣》，頁 209。

39 光緒 13 年（1887），臺灣正式建省，14 年正式改卑南廳為「臺東直隸州」。為了繼續進行招撫工作，乃於卑南設撫墾局，秀姑巒、花蓮港則各設分局，以加強撫番的工作，使墾務得以順利推展，於是後山墾地漸廣。

40 大巴塱亦稱太巴塱，今花蓮縣光復鄉東富、西富、南富、北富四村（以上四村舊稱富田）地區。有一傳說是豐濱貓公山的阿美族至此建社，稱為「司馬塱」，意為「下山」，後人以諧音稱為太巴塱。另一說是阿美族先祖定居今日的東富村後，到東邊山下溪中捕魚，卻只捕捉到白色的螃

（六）花蓮港與卑南港同樣作爲臺東汽船停泊港口之一，地勢平坦廣闊，具備將來可容納衆多移民的要素。目前將臺東支廳出張所設於花蓮港，將來可能成爲與卑南港不相上下的臺東一主要都市。又，臺東守備隊本部的所在地，也應該設在和卑南相對的花蓮港。

（七）新城目前雖屬荒涼的草原，爲僅有十五戶臺灣人的小村落，若宜蘭與臺東新路開通的話，便將成爲進出臺灣東部的門戶。

以上七個地方暫定爲臺灣東部中央路線的郵局事務所預定地，在此附加海岸路線中的成廣澳及大港口兩處暫定設置地點，其說明附記於另册地名表當中，共計九個處所。其中一處爲本局，一處爲支局，七處預定爲繼立所。

又，自卑南新街到花蓮港街的中央路線目前爲四十一里，經由海岸路線假設爲五十一里，但如果以實際測量的里程數來計算，應該多少會有差異。

根據臺東的地理實況，預定將來郵政事務的經辦局處位置，提供各位參考如下：

蟹而沒有魚，阿美族語稱此為「阿巴塱」，並作為地名。清光緒 14 年（1888）將此地劃為奉鄉，並在太巴塱部落設置一名通事，負責管轄，漢人移民集中在大巴塱部落附近墾區，總共不到 70 戶，人數未超過 300 人。施添福總編纂，《臺灣地名辭書，卷二花蓮縣》，頁 208-209。

地名	目前		將來	
	街庄區別	郵政事務種類	街庄區別	郵政事務種類
（一）卑南新街	市街	郵局	市街	郵局
（二）花蓮港	暫定市街	郵局	市街	郵局
（三）大麻里社	蕃社	郵政繼立所	村落	同繼立所
（四）務錄臺社	同	同	市街	同
（五）新開園庄	庄	同	市街	同
（六）璞石閣莊	莊	同	同	同
（七）拔仔庄	庄	同	同	同
（八）成港澳庄	同	同	同	同
（九）大港口庄	同	同	市街	同
（十）新城庄	同	同	村落	同

以上是爲了目前正當軍政時期，現在辦理郵政業務之地點，將來作爲郵政業務地點，不論著手進行的遲早，都被認爲是必須設置的地方。

將來部分成爲市街及村落的地方，主要是爲了內地移民而新設標示的。附件地名表的里程皆以日本里程計算。

臺東郵政路線設置用地參考表

地名	現在戶數	里程	設局用地	備考
大麻里社	八十餘戶（平地蕃）	距知本社南方大約二里 距卑南新街南方約六里	郵政繼立所	
知本社[41]	二百餘戶（平地蕃）	距卑南新街南方約三里		
卑南新街	一百九十戶（支那人族）	距花蓮港街南方四十餘里	本局用地	現設有臺東郵局、臺東廳等
馬蘭俄社[42]	二百餘戶（平地蕃）	距卑南新街西北方約八丁		
卑南社	一百餘戶（平地蕃）	距卑南新街西北方二十餘丁		
檳榔世格社[43]	六十餘戶（平地蕃）	距卑南新街北方約二里		

自知本社至檳榔世格社之間有射馬干社[44]、呂家社[45]、阿里擺社[46]等，雖然都位於卑南原野西側山邊地帶，但以其遠離卑南新街的中央路線，因而省略，僅記載其接近之庄社。

---

41 今臺東市知本里、建興里（部分）。原為卑南族八社番之一的知本社，在清光緒年間劃歸臺東直隸州卑南撫墾局下。「知本」為漢人所稱之名，以原住民語有「移住大武山附近又歸來的一群人」，以及另一含義，指稱知本蕃社勢力最強，附近各番社每年向其納貢，因而知本蕃社穀倉的穀物經常堆積如同山崖。施添福總編纂，《臺灣地名辭書，卷三臺東縣》，頁 267-268。

42 今臺東縣臺東市中心里、新生里及馬蘭里一帶。清代為臺東直隸州南鄉馬蘭坳社，原為阿美族大社「馬蘭社」，阿美族語 baragau 或 buaragao（馬蘭坳）的意思是指稱卑南山（今鯉魚山）。部落原先位於鯉魚山旁，光緒年間才自鯉魚山附近遷徙移住。施添福總編纂，《臺灣地名辭書，卷三臺東縣》，頁 232-233、253。

43 今臺東縣卑南鄉賓朗村。先後出現過的檳榔、檳榔樹格、賓朗等名稱都是卑南八社之一 Pinasiki 的音譯。卑南語 Pinasiki 原本的語意為「坡」，Pashikish 意指「傾斜緩緩而上」。施添福總纂，《臺灣地名辭書，卷三臺東縣》，頁 219。

地名	戶數	里程	設局用地	備考
北勢溝社	二百餘戶(平地蕃)	距卑南新街北方約四里		
務錄臺一名鹿寮[47]	四十餘戶(平地蕃)	距卑南新街北方約七里 距北勢溝社北方約三里	郵政繼立所	

卑南新街與務錄臺之間有利基利吉社[48]及擺仔擺社[49]，雖然皆位於卑南大溪之旁，利基利吉社在卑南溪東岸，擺仔擺社在西岸，時常因爲漲水造成通行危險。上述北勢溝社的路線爲山路，不必擔憂

[44] 今臺東縣臺東市建和里。射馬干為漢人所稱之名，原住民語為「凹地(盆地)」之意，指稱自大武山歸來的那群人又移居到離此不遠的凹地（カサバカン)，成為射馬干社之名，為卑南族八大社之一。施添福總編纂，《臺灣地名辭書，卷三臺東縣》，頁 264-265。

[45] 今臺東縣卑南鄉利嘉村。先後曾出現呂家、呂家望、利家、利嘉等名稱，都是卑南八社之一 Likapon(或 Rikabun)的音譯，自古寫為力踞(Lika)社，指稱植物生長茂盛之意。施添福總編纂，《臺灣地名辭書，卷三臺東縣》，頁 221-222。

[46] 今臺東縣卑南鄉賓朗村頂永豐。阿里擺為卑南八社之一 Alipai 的音譯，原為螞蟻很多之意。施添福總纂，《臺灣地名辭書，卷三臺東縣》，頁 220。

[47] 今臺東縣鹿野鄉永安村永昌。鹿寮社為恆春阿美族的部落，阿美族語稱為「pakuriyan」，又稱務祿干、務祿甘、務祿台、務祿臺。光緒 20 年(1894)胡傳所著的《臺東州采訪冊》中記有南鄉「務祿干社」，日人改稱為鹿寮社。施添福總編纂，《臺灣地名辭書，卷三臺東縣》，頁 176。

[48] 今臺東縣卑南鄉利吉村。利基利吉是阿美族語 Liki Liki 的音譯，恆春阿美族的 Liki 社最早遷移來此，將此地命名為 Liki Liki，以示懷念。施添福總編纂，《臺灣地名辭書，卷三臺東縣》，頁 215。

[49] 今臺東縣鹿野鄉鹿野村和平社區。「擺仔擺」或「擺那擺」為阿美族語 barayabai 的譯音，意指雙手交換東西的動作。昔日阿美族以狩獵維生，與馬蘭阿美人、北絲鬮社卑南族交換物品，以物易物，因而以此為社名。另一說指擺仔擺社是同治末年至光緒初年，恆春阿美北遷形成的部落。民國 55 年（1966）由鄉公所命名為「和平」。施添福總編纂，《臺灣地名辭書，卷三臺東縣》，頁 165。

水害，雖然其間有數條湍急的溪水河川，但架橋無甚困難，因此中央路線在此處記載了北勢溝社，然而擺仔擺社路線與前述路線相比，距離較近約二里，若依以往的習慣，寧願選擇一般的路線。以下揭載其距離及戶數如下：

地名	戶數	里程	設局用地	備考
利基利吉社	三十六戶	距卑南新街北方約二里		目前無設局計畫
擺仔擺社	四十餘戶	距利基利吉社三里		同上
埔尾社[50]	十一戶	距卑南新街約八里		同上
雷公火社[51]	四十餘戶	距卑南新街約十里 距務錄臺北方約三里		同上

務錄臺至雷公火社之間偏離一般路線，西側山邊設有義安庄[52]及里壠庄[53]西村，假設自務錄臺經里壠庄直行新開園庄，可減少跨

[50] 今臺東縣鹿野鄉瑞和村。埔尾社這一阿美族部落還有大浦社、大埔尾社等名稱，起源於該社位在大埔原野的最東側以及東南方邊境。原址在今瑞源火車站東方，日治初期由於部分族人北遷而分為南、北兩社。施添福總編纂，《臺灣地名辭書，卷三臺東縣》，頁 166。

[51] 今臺東縣關山鎮電光里中興，關山東南方。清同治末年至光緒初年，恆春阿美族向北遷徙至卑南大溪東岸最大的河階地上，建立了雷公火社這一部落。「雷公火」地名的起源，與里壠居民望見對岸地區和部落在夜晚紅火滿天（可能是沼氣或石油瓦斯所引起），因而稱之為「雷公火」。施添福總編纂，《臺灣地名辭書，卷三臺東縣》，頁 139-140。

[52] 今臺東縣鹿野鄉瑞豐村景豐，關山鎮月眉南方、加拿典溪南岸沖積平原上。清光緒 19 年（1893）平埔族人劉文觀、吳添觀、潘三枝、趙順來等墾戶，承墾卑南新街張義春號本無人居的樹林埔園。為求新墾土地能夠長居久安，這一村莊稱為「大埔庄」，又稱「義安庄」或「萬安庄」。施添福總纂，《臺灣地名辭書，卷三臺東縣》，頁 179。

[53] 今臺東縣關山鎮中福里關山，位於崁頂溪沖積扇的扇端。里壠庄為清代平埔族最早開發之地。一說本地昔日蕁麻叢生，原住民語稱蕁麻為

渡卑南大溪的危險，也沒有漲水阻隔道路的顧慮。附記其位置、戶數等如下：

地名	戶數	里程	設局用地	備考
義安庄(支那人族)	二十七戶 支那人	距雷公火社西南方一里 距卑南新街北方九里		
里壠庄[54](支那人/平地蕃)	五十九戶 平地蕃/支那人	距雷公火社西方一里半		
新開園庄(平埔熟蕃)	五十餘戶 平埔熟蕃	距卑南新街十二里半 距雷公火社北方二里半	郵政繼立所	
大陂庄[55](平埔熟蕃)	六十餘戶 平地蕃/支那人	距卑南新街十三里 距新開園庄北方十八丁		
躼埔庄[56](平埔熟蕃)	九戶 平埔熟蕃	距蕃港庄約十餘丁		

terateran，漢商聽成 riran 而命名為里壠。另一說是本地群山環繞，地勢低窪，恙蟲很多，原住民稱之為 lilan，里壠為近音譯字。施添福總編纂，《臺灣地名辭書，卷三臺東縣》，頁 127-128。

[54] 今臺東縣關山鎮中福里關山。清光緒 7 年（1881）前後，大庄（今花蓮縣富里鄉東里村）平埔族人狩獵至此，見有湧泉，水源充足且土壤肥沃，因此南遷建立里壠庄，為大庄平埔族拓展的南界，也是關山鎮最早開發地區之一。光緒 14 年（1888）完成的《臺東州清丈圖冊（魚鱗圖冊）》中，記錄了 10 位潘姓平埔族人作為業主，顯示本庄田地與建地原屬平埔族所有。施添福總編纂，《臺灣地名辭書，卷三臺東縣》，頁 127。

[55] 臺東縣池上鄉大坡村、慶豐村。清末有恆春阿美族人移入。施添福總纂，《臺灣地名辭書，卷三臺東縣》，頁 104-105。

[56] 今花蓮縣富里鄉富南村躼躼埔。清代雖無躼埔庄的記錄，但是本庄在清末應該已經存在，因而日明治年間得以沿用庄名，稱為「躼埔」或「轆落埔」，為一平埔熟蕃村落。庄名中的「躼」（Lou）字，原是福佬語稱身材高大或長型物體的意思，由於本地為新武呂溪和秀姑巒溪沖積出的一片狹長平坦之河階臺地，故稱為「躼躼埔」或「躼埔」。施添福總編纂，《臺灣地名辭書，卷二花蓮縣》，頁 331。

地名	戶數	里程	設局用地	備考
蕃港庄[57]（平埔熟蕃）		距新開園庄北方約一里餘		
公埔庄[58]（平埔熟蕃）		距卑南新街北方十五里半 距新開園庄北方三里		
槺仔蓁庄[59]		距公埔庄北方三里		
石牌庄[60]		距公埔庄北方一里		
利仔坑庄[61]		距公埔庄北方一里		

57 今花蓮縣富里鄉富南村堵港埔。堵港埔是新武呂溪山洪暴發，沖積成高起的河床，導致溪流改道在富南社區西北方形成一片新生浮覆地，福佬語稱這一宛如築堤的過程為「堵港」，被引為地名。在清末成庄，日治初期被稱為「蕃港埔」或「著港埔」。施添福總編纂，《臺灣地名辭書，卷二花蓮縣》，頁 331-332。

58 今花蓮縣富里鄉富里村。富里舊稱「公埔」，其地名有幾種傳說：（一）昔日此地為公家團體或平埔族的公共牧場，用以放飼牛羊與置放柴草，稱為公埔。（二）清光緒元年（1875）設立卑南撫墾局時，規定未著手墾殖的預備地稱為「公埔」，之後築屋成庄而稱為公埔庄。（三）此地原是阿美族人獵場，後來平埔族人遷入相爭，最後協議將此地作為兩族共有的獵場，遂稱「公埔」。（四）清廷開山撫番後，約略劃為南路卑南、中路秀姑巒及北路奇萊三區，中南兩路劃地分野，約定每三年會師或在此地操練兵馬，二路防營便稱此地為「公埔」。施添福總編纂，《臺灣地名辭書，卷二花蓮縣》，頁 287。

59 今花蓮縣富里鄉石牌村槺仔寮（中興）。日治初期才出現此地名。施添福總編纂，《臺灣地名辭書，卷二花蓮縣》，頁 316。原文中記為「槺仔蓁庄」，其「槺」字應為「槺」字之誤植。

60 今花蓮縣富里鄉石牌村。清光緒年間就有石牌這一地名，為來自臺南西拉雅族本群移居的村落，清光緒 7 年（1881）已經設有長老教會禮拜堂。石牌村第三鄰後山有一「公埔遺址」，為史前巨石文化人曾經居住遺留的大石板，狀如牌匾，清代因而以石牌為庄名。施添福總編纂，《臺灣地名辭書，卷二花蓮縣》，頁 315。

61 今花蓮縣富里鄉羅山村。原為來自南部西拉雅平埔族人所建村落，建庄於清光緒元年（1875）前後，舊稱「黎仔坑」、「螺仔坑」。臺東直隸州

地名	戶數	里程	設局用地	備考
頭人埔庄[62]		距公埔庄北方二里半多		
麻加錄庄[63]		一般路線偏東		
挽興埔庄[64]		同上		
大庄[65]		距卑南新街約十九里 距公埔庄北方三里半		
璞石閣庄(支那人族)		距卑南新街約二十一里 距公埔庄北方二里	繼立所	設有守備

成立時，為卑南廳新鄉轄下一庄。施添福總編纂，《臺灣地名辭書，卷二花蓮縣》，頁 312-313。

62 今花蓮縣富里鄉竹田村竹田 1 至 7 鄰一帶。清同治 3 年（1864）前後，平埔族人遷居此地，常為西方山區布農族人出草殺害，因此稱山崙附近埔地為刣（tai）人埔。由於環境危險，平埔族人遷到靠近海岸山脈山腳之處，仍稱該地為「刣人埔」。光緒元年（1875）在此設庄，以「刣」字諧音改稱「頭人埔」。施添福總編纂，《臺灣地名辭書，卷二花蓮縣》，頁 310。

63 今花蓮縣富里鄉新興村。本地原是名為「馬加祿」的卑南族人所擁有之獵場，清同治元年（1862）大庄（今富里鄉東里村）平埔族人以豬、牛向地主換得本處山野，開墾定居，故稱為馬加祿。施添福總編纂，《臺灣地名辭書，卷二花蓮縣》，頁 306-307。

64 今花蓮縣富里鄉萬寧村。清道光 25 年（1845）大庄和舊庄平埔族移居此地開庄，庄名最初為「拔燠埔」一名，光緒 5 年（1879）之後的文獻都記為「滿興埔」，清末則出現「萬人埔」的稱呼。地名的起源一說是本地原為郡蕃 Banhin 的獵場，另一說為昔日布農族與阿美族在此爭鬥，因而命名為另一稱呼「蠻人埔」。施添福總編纂，《臺灣地名辭書，卷二花蓮縣》，頁 303-304。

65 今花蓮縣富里鄉東里村 1 至 9 鄰一帶。原為阿美族人「Basai」社舊部落所在地。大庄的出現有幾種說法，一說為清道光 9 年（1829）南部鳳山縣下淡水溪之武洛、搭樓、阿猴等馬卡道平埔族人移居玉里鎮長良里，三年後再招來大傑巔、大武壠社人共四十餘家，因人數眾多，分居於對岸（東里村），稱為大庄，為富里鄉內最早開闢成庄之處。另一說是道光 25 年間（1845），舊庄平埔族因同族遷來人數漸多，由 20 餘名族人溯新武呂溪至高雄旗山荖濃附近招募同族移住，形成大部落而稱為大庄。施添福總編纂，《臺灣地名辭書，卷二花蓮縣》，頁 297-299。

地名	戶數	里程	設局用地	備考
				分遣隊
迪街庄[66]		距打馬烟庄南方約三里 距璞石閣庄北方約三里		

從璞石閣至水尾庄之間，水尾溪東岸的璞石閣及水尾庄，其對岸有觀音山[67]、殺牛坑[68]、節老社[69]、玲仔濟社[70]、蛇竹窩社[71]等數村，

66 今花蓮縣玉里鎮三民里。迪街又稱觸階、迪佳，清光緒元年開山撫番後，始有福佬人入墾山腳一帶，最遲在光緒 4 年（1878）間已有這一地名。光緒 7 年（1881）大庄平埔族遷入，建立迪佳部落。清末日治初期，再有阿美族馬太鞍、織羅（春日）、馬久答（宮前）等部落遷入。施添福總編纂，《臺灣地名辭書，卷二花蓮縣》，頁 114-115。

67 今花蓮縣玉里鎮觀音里。清光緒 7 年（1881），由南部東移的平埔族移住觀音山東方山腹，之後漢人相繼而來，見臨溪突出的山丘狀似觀音，稱之為觀音山。施添福總纂，《臺灣地名辭書，卷二花蓮縣》，頁 100。

68 今花蓮縣玉里鎮東豐里一帶。東豐里南端的石公溪右岸，原為「刣牛坑」庄舊地，清光緒 5 年（1879）的《臺灣輿圖》中記為「璞石閣平埔八社」之一。「刣牛坑」又有梯牛坑、雙牛坑、大牛溪之稱。施添福總編纂，《臺灣地名辭書，卷二花蓮縣》，頁 98。

69 花蓮縣玉里鎮春日里。節老為識羅（Ceroh）的諧音字，原為秀姑巒阿美族 Ceroh 社部落所在地。近代的拓墾先有阿美族 Pacilal 氏族由瑞穗鄉拔仔社遷來本地拓墾，清光緒 7 年（1881）又有大庄平埔族因水患北遷至春日北端外圍一帶。施添福總編纂，《臺灣地名辭書，卷二花蓮縣》，頁 89、108。

70 花蓮縣玉里鎮德武里苓雅（Cilengacay 部落）。玲仔濟社音近於苓仔濟社，位於苓雅溪（Balaneu）北岸河階地。清光緒年間，瑞穗鄉內的秀姑巒群阿美族遷來苓雅溪一帶開墾，又有海岸群 Kiwit、Papiyan 人以及卑南群 Rarangus 等相繼遷入。阿美族語稱當地許多野生的月桃為 Urugaci，後轉音稱為 Lengacay，漢人模擬其音為苓仔濟。施添福總編纂，《臺灣地名辭書，卷二花蓮縣》，頁 113。

71 花蓮縣玉里鎮德武里下德武（Satefo 部落）。位於秀姑巒溪與苓雅溪匯流口的東側河階地。最初為清光緒 8 年（1882）左右，瑞穗鄉拔子社人遷來現今部落東北方 Cilitongan 溪上游高地一帶定居，後來再遷社至下

雖然都偏離於卑南、花蓮港間的路線之外，因而省略。從迪街[72]到水尾庄，若是經過打馬烟庄[73]，在舊加納納社[74]遺址的高臺原野上有一便道可循，全無水害的危險，想來可以得到往來之便，將來郵政路線的開闢也必定選擇這一路線。

地名	戶數	里程	設局用地	備考
水尾庄	六戶	距花蓮港南方約十五里 距打馬烟庄南約一里半多		
打馬烟庄	十三戶	距卑南新街約二十七里 距拔仔庄南方二里		
拔仔庄	二百餘戶（平地蕃） 約三十戶（支那人族	距花蓮港街南方約十二里 距大巴塱庄南方三里	繼立所用地	

方臨溪的河階地從事水稻耕作，很快吸引秀姑巒群和海岸群阿美族陸續遷來。施添福總編纂，《臺灣地名辭書，卷二花蓮縣》，頁 112。

[72] 今花蓮縣玉里鎮三民里。舊稱觸階、迪佳或迪街。清光緒元年（1875）開山撫番，始有福佬人入墾山腳東側，光緒 4 年（1878）間已經出現這一地名。清末大庄平埔族遷入，建立迪佳部落，之後陸續有阿美族馬太鞍、織羅（春日）、馬久答（宮前）三社遷入。為漢人、阿美族、平埔族混居拓墾之地，今三民里北端的三民社區為清代迪佳庄舊地。施添福總編纂，《臺灣地名辭書，卷二花蓮縣》，頁 114-115。

[73] 花蓮縣瑞穗鄉瑞北村。打馬煙（Tamayan，又稱打馬燕、打麻園）源自噶瑪蘭族語「煮鹽」之意，最初有阿美族人（Ciwidian 是族）聚居為社，後因布農族威脅而廢社。清光緒 3 年（1877）漢人羅阿兆、張芳茂等招漢民入墾，打馬煙很快成為漢墾聚落。翌年（光緒 4 年、1878）加禮宛平埔族人（噶瑪蘭族）在加禮宛事件後遷居至此，建立打馬煙社。施添福總編纂，《臺灣地名辭書，卷二花蓮縣》，頁 271-272。

[74] 花蓮縣瑞穗鄉舞鶴村加納納（Kalala 部落）。清光緒 19 年（1893）年有拔子社與馬太鞍社人移住，部落位於舞鶴臺地東北一處山坳裡。由於舞鶴山東北脊嶺東側為一高臺，狀似籃子，阿美族語稱籠（籃子）為 Kalala，因而引為社名。施添福總編纂，《臺灣地名辭書，卷二花蓮縣》，頁 262。

自水尾庄至拔仔庄間的東側山腳下有烏鴉立[75]、高溪坪[76]、化良社[77]，周塱社[78]等，然而與一般路線隔離，若同時並記，恐生紛雜，因此省略。

地名	戶數	里程	設局用地	備考
大巴塱庄	二十三戶	位於卑南新街北方 距花蓮港南方約九里多		
大巴塱蕃社	百三十餘戶			

大巴塱社西方一帶，沿著本島中央山脈東麓附近有一蕃社，名爲馬大安社[79]。

---

[75] 花蓮縣瑞穗鄉鶴岡村烏雅立（Olalip 部落）。烏鴉立（Olalip）原指野生的一種荳類植物。17 世紀時本地已有 Ouro（烏漏）、Tervelouw 兩個阿美族部落，此後又有從拔子社遷來的 Papiyan、Talakop 等氏族，聚居成社，在清光緒 5 年（1879）的《臺灣輿圖》中被列為秀姑巒 24 社之一。清末日治之初為阿美族部落，尚無漢人定居。施添福總編纂，《臺灣地名辭書，卷二花蓮縣》，頁 274-275。

[76] 花蓮縣瑞穗鄉鶴岡村烏漏（Olao 部落）。烏漏社之名首見於 1647 年，直至光緒 4 年（1878）之間仍然存在，由於部落東北方的山脈土色黝黑，阿美族語稱為 Olao（黑色之意），漢人擬音為烏漏。田代安定所繪的〈臺東住民各種族播布區域圖〉中，烏漏社現址記為「高溪坪社」，與胡傳《臺東州采訪冊》中所記「高溪坪社：在水尾東北六里」之地的記載相符，可見清末的高溪坪社即是烏漏社，為秀姑巒阿美族部落之一。施添福總編纂，《臺灣地名辭書，卷二花蓮縣》，頁 274-275。

[77] 花蓮縣瑞穗鄉鶴岡村。潘繼道，〈清光緒初年臺灣後山中路的「烏漏事件」〉，《東臺灣研究》第 17 期（2011），頁 41。

[78] 花蓮縣瑞穗鄉富興村至鶴岡村一帶。潘繼道，〈清光緒初年臺灣後山中路的「烏漏事件」〉，《東臺灣研究》第 17 期（2011），頁 10。

[79] 花蓮縣光復鄉大安、大同、大平、大馬、大進、大全等六村村境。阿美族先祖移住於此地，見樹豆甚多，便以樹名「馬太鞍」稱之（阿美族語「樹豆」之意）。清光緒 13 年（1887）設置臺東直隸州時被劃入奉鄉，

地名	戶數	里程	設局用地	備考
六階鼻[80]	無人家	距花蓮港南方約五里		
象鼻嘴[81]	無人家			

六階鼻與吳全城之間，大半爲沙礫荒原，全無村落。唯山腳下有二處可用於露宿，一處稱爲草鼻嘴[82]，另一處稱爲象鼻嘴。

地名	戶數	里程	設局用地	備考
吳全城舊兵營跡		距花蓮港南約三里 距大巴塱庄北方約六里		
花蓮港街	約七十戶（支那人族）	距卑南新街中央路線四十餘里，海岸線五十餘里	支局用地	與卑南港同爲臺東首邑之一
米崙山[83]兵營	約二十戶（寄住者）	距花蓮港街北方約一里半多		

馬太鞍社為阿美族人住戶數最多的部落之一。施添福總編纂，《臺灣地名辭書，卷二花蓮縣》，頁 208-209、215。

[80] 花蓮縣鳳林鎮山興里六街鼻（六階鼻）。清末臺東直隸州設有鎮海後軍左營的前哨駐地，其中三隊分防於「鹿甲皮」兵站，但在光緒 21 年（1895）之前，並未形成聚落，原住民部落只分佈在近山高地。施添福總編纂，《臺灣地名辭書，卷二花蓮縣》，頁 75-77。

[81] 據胡傳《臺東州采訪冊》中所記：「鎮海後軍左營……前哨五、六、七、八隊分防象鼻嘴」，可知象鼻嘴與清領後期「臺東直隸州」的兵站「鹿甲皮」，大巴塱同為鎮海後軍左營前哨的駐地，為今花蓮縣壽豐鄉月眉村。施添福總編纂，《臺灣地名辭書，卷二花蓮縣》，頁 202-203。

[82] 今花蓮縣鳳林鎮山興里中興國小一帶。清末時稱為草鼻嘴或簡稱「草鼻」，日治初期馬太安系阿美族人自 Cingaran 移來此地。施添福總編纂，《臺灣地名辭書，卷二花蓮縣》，頁 78。

[83] 花蓮市國光里美崙山。美崙山有鱉龜山、八利山、八螺山、米崙山等舊稱。清光緒 4 年（1878）加禮宛社事件之後，清軍營官吳立貴曾在米崙山（美崙山）北端西側設立義塚，碑文中寫為「鰲魚山義塚」，可見清末時有此稱呼。施添福總編纂，《臺灣地名辭書，卷二花蓮縣》，頁 47。

花蓮港與米崙山之間原有一般路線，亦可經由此路線到達新城庄。花蓮港與米崙山之間另有七處蕃社，其位置均遠在西邊，經此蕃社亦可往來米崙山，但原本的路途較爲迂迴，因此現在將其排除於郵政路線之外。另外新港街[84]主軍、軍威庄[85]、農兵庄[86]、十六股庄[87]、三仙河庄[88]有數個臺灣人部落，但都偏離在一般路線之外。

---

[84] 花蓮市國威里新港（新港街）。日治初期原本設治於俗稱為「南濱仔」（今吉安鄉）的花蓮溪口，後來遷移到今國治、國威里的鯉浪港，本地因而稱為「新港」或「新港街」。施添福總編纂，《臺灣地名辭書，卷二花蓮縣》，頁 49。

[85] 花蓮市國盛里，花蓮新站之前。清嘉慶 17 年（1812）漢人前來今國聯、國民里（已併入國強里）一帶開墾定居，又稱「君威圍」。光緒初年清兵進駐花蓮，紮營於此，改稱為「軍威」。施添福總編纂，《臺灣地名辭書，卷二花蓮縣》，頁 50。

[86] 花蓮市國強里農兵橋附近。光緒初年清兵進駐花蓮，於「軍威庄」紮營，並屯墾附近一帶，稱為「農兵庄」。施添福總纂，《臺灣地名辭書，卷二花蓮縣》，頁 50。

[87] 花蓮市國強里。十六股位於今花蓮市美崙山西北側，接近奇萊平原的中心，為具有湧泉的肥沃地帶。原為撒奇萊雅人（Sakiraya）竹窩宛社的勢力範圍，咸豐元年（1851）臺北劍潭的黃阿鳳召集艋舺、大稻埕一帶 16 人出資，招募地方窮民 2 千 2 百餘人，由噶瑪蘭經由海路，在新城上陸，一部分留在得其黎溪畔開拓，黃阿鳳再率眾南下，在美崙山西北側建立十六股等聚落，成為漢人最早開發的地區，清末也是後山北路「撫墾局」設置之處。施添福總編纂，《臺灣地名辭書，卷二花蓮縣》，頁 54-55。

[88] 花蓮市國強里延平王廟西北側一帶。三仙河如同十六股，也是咸豐元年（1851）臺北劍潭的黃阿鳳招募漢人前來美崙山西北側，墾拓建立的聚落之一。「三仙」是指墾戶當中有地理仙、拳頭仙以及赤腳仙（用草藥幫人看病），共同訓練一批會武功者前往原住民附近的地區開墾。施添福總編纂，《臺灣地名辭書，卷二花蓮縣》，頁 55-56。

地名	戶數	里程	設局用地	備考
加禮宛庄[89]	百餘戶	距米崙山兵營約半里 距花蓮港街北方約二里多		
七結庄[90] 加禮宛的一分村	九戶	距花蓮港街約二里半多		
新城庄	十五戶（支那人族）	距七結庄約四里 距花蓮港街北方約六里多		

海岸路線

地名	現今戶數	里程	設局用地	備考
卑南郵局起程				
卑南大溪以北至花蓮港				
猴仔山社[91]	生蕃二十九戶	距卑南新街一里半		
加魯蘭社[92] 一名其南社	同 三十五戶	距猴仔山社一里半		

89 花蓮縣新城鄉嘉里村。來自宜蘭的噶瑪蘭族自1840年代起陸續遷來，先後建立六社，以加禮宛社人最多，因此稱此一新聚落為加禮宛。光緒4年（1878），加禮宛人聯合美崙溪南岸的撒奇萊雅人（巾老耶社）反抗清軍失敗，多數噶瑪蘭人因而離開加禮宛，由漢人林蒼安招佃墾拓，建立佳樂庄。清末因有太魯閣人南下，移墾人口隨之漸減。施添福總編纂，《臺灣地名辭書，卷二花蓮縣》，頁150-151。

90 花蓮縣新城鄉北埔村北埔火車站到福聖宮一帶。七結庄又稱「七結仔」，為宜蘭噶瑪蘭族南遷所建的加禮宛六社之一。施添福總編纂，《臺灣地名辭書，卷二花蓮縣》，頁151。

91 臺東縣臺東市富岡里。猴仔山社為阿美族部落，傳說該社有很好的打鐵屋，前來訂製鐵器的卑南族人被殺，卑南社人因而大舉攻來，怒埋打鐵的道具，之後地上便噴出火來，阿美族人認為這是祖靈（Kawas）所為，有神之地稱為Kawasan，為地名之由來。猴仔山又稱「加路蘭山」或「石山」。施添福總纂，《臺灣地名辭書，卷三臺東縣》，頁258-259。

92 臺東市富岡里加路蘭。加魯蘭社原為Wawan社的分社，Wawan社人每日在部落附近的溪裡洗頭，阿美族語的洗頭（karon）加上場所（an），便成為社名「Kararuan」。位於施添福總編纂，《臺灣地名辭書，卷三臺東縣》，頁259。

地名	現今戶數	里程	設局用地	備考
都巒社[93]	同 百四十八戶	距加魯蘭社三里		
八里芒社[94]	同 六十四戶	距都蘭社[95]一里半		
加里猛狎社[96]	同 四十戶	距八里芒社不到一里半		
大馬武吻社[97]	同 五十六戶	距加里猛狎社二里		

93 臺東縣東河鄉都蘭村。原居於知本社南方的阿美族部落「arapai」遷往北絲鬮社後，再於清道光 25 年（1845）左右遷來都蘭。開墾都蘭時，清理的大小石頭堆疊在田邊成矮牆的情形稱為「tolu」、「atolu」，另一說是阿美族語稱「堆石頭」「`atol」，「拾石砌牆之處」為「atolan」，漢人因而取其近似音稱「都巒社」。施添福總纂，《臺灣地名辭書，卷三臺東縣》，頁 94。

94 臺東縣東河鄉興昌村。八里芒（芒）社的社名由來，有一說法是該社曾流行傳染病，阿美族語以「pa`anifog」指稱曾經發生傳染病之地，故得其名。另一說是八里芒社原居猴子山一帶，清咸豐 4 年（1854）因不堪卑南族侵迫，輾轉遷來。當時此地有許多椰子，卑南族語稱椰子為「anibon」，取其諧音而有此名。第三說是該社為卑南族分社，卑南族稱椰林為「anibonibon」，後來轉化成「panibon」，為阿美族之部落名。施添福總編纂，《臺灣地名辭書，卷三臺東縣》，頁 93-94。

95 今臺東縣東河鄉都蘭村。都蘭社為阿美族重要聚落，200 多年前，原居住於知本社南方的 Arapai 遷往北絲鬮社，後來於清道光 25 年（1845）左右遷移到都蘭這一沖積扇地，開墾時必須清理沖積扇地的大小石頭，石頭堆疊在田邊成為矮牆的情景被稱為「tolu」、「atolu」，漢人遂以其近似音稱為「都巒」，日治時期改稱為「都蘭」。施添福總編纂，《臺灣地名辭書，卷三臺東縣》，頁 94。

96 今臺東縣東河鄉隆昌村。加里猛狎社原為阿美族人「ganiga`far」之名，該人於海邊捕魚時不慎在巨石間滑倒，頭部受傷而氣絕，後人以其名為地名加以紀念。施添福總編纂，《臺灣地名辭書，卷三臺東縣》，頁 93。原文記為「加里豬狎社」，其中「豬」字應為「猛」之誤植。

97 今臺東縣東河鄉東河村。該社為阿美族部落，最早稱為「貓武骨社」（babuku），其名係由阿美族語 labukuru（撒網之意）轉音而來。該社所在的馬武窟溪為東海岸最大的河流，漁產豐富，地名因而與撒網捕魚有關。光緒 13 年（1887）臺灣設省之後，改稱為大馬武吻社或大馬武窟社。施添福總編纂，《臺灣地名辭書，卷三臺東縣》，頁 92。

地名	現今戶數	里程	設局用地	備考
小馬武吻社[98]	同 三十戶	距大馬武吻社半里		
阿塱八灣社[99]	同 六十五戶	距大馬武吻社一里半 但位於路線之外的山腳下		
都歷社[100]	同 七十戶	距小馬武吻社		
小莪律社[101] 一名巴翁翁社	同 四十戶	距都歷社三里		
大莪律社[102]	同 三十一戶	距巴翁翁社二里		

98 今臺東縣成功鎮信義里小馬。小馬武吻社為清道光 10 年（1830）前後，自大馬武窟社分社而來的阿美族部落，又寫為小馬武屈社。施添福總編纂，《臺灣地名辭書，卷三臺東縣》，頁 71。

99 今臺東縣東河鄉泰源村。阿塱八灣社是日治初期的稱呼，在清光緒 5 年（1879）夏獻綸的〈後山總圖〉中則稱為「阿那八灣社」。「阿那八灣」有幾種說法，分別與人名、環境有關。和人名 harapawan 有關的傳說同時都有捕魚遇難的情節，而與環境有關的則是阿美族語 alapawam，指稱此社所在的泰源盆地群山環繞、森林茂密而容易迷失方向。施添福總編纂，《臺灣地名辭書，卷三臺東縣》，頁 86-87。

100 今臺東縣成功鎮信義里都歷。都歷社原為成功以南海岸最大的阿美族部落，亦記為「都律」，為阿美族語 dulik 的近音譯字。社名由來有兩說：一說為清乾隆 27 年（1762），有一名為 toreku（或 torik）的人和兩個小孩自知本社南方的部落移來此地，便以 toreku 為都歷社名。另一說為阿美族語稱「把東西固定綁好」為 dolik，一對年輕夫婦的太太向先生詢問小孩的命名，先生誤答正在 dolik（釘東西），小孩名也成為這一處地名。施添福總編纂，《臺灣地名辭書，卷三臺東縣》，頁 70。

101 社名不詳。清雍正 2 年（1724）臺灣鎮總兵林亮等人奏報卑南覓一帶 65 社時，曾記錄其中有一温律社，即是峨（莪）律社，即今臺東縣成功鎮和平里嘉平一帶。小莪律社或許與其他相關。孟祥翰，〈清代臺東成廣澳的拓墾與發展〉，《興大人文學報》第 32 期（臺中：國立中興大學文學院，2002.6），頁 885。續上，嘉平西南側臺地又稱「坎頂」，即阿美族語稱「高的地方」為 Fafugang。Fafugang 為早期被併入加之來社的「義律社」舊址。施添福總編纂，《臺灣地名辭書，卷三臺東縣》，頁 68-69。

地名	現今戶數	里程	設局用地	備考
一名加只來社				
大馬漏漏社[103] 一名阿羅姑海社	同 四十五戶	距加只來社三里		
小馬漏漏社[104]	同 十八戶	距大馬漏漏社不到一里		
八仕蓮社[105]	同 二十一戶	距小馬漏漏社不到一里		
微射鹿社[106]	同 十九戶	距八仕蓮社約一里		

102 社名不詳。清雍正 2 年（1724）臺灣鎮總兵林亮等人奏報卑南覓一帶 65 社時，曾記錄其中有一溫律社，即是峨（莪）律社，即今臺東縣成功鎮和平里嘉平一帶。大莪律社或許與其他相關。孟祥翰，〈清代臺東成廣澳的拓墾與發展〉，頁 885。續上，嘉平西南側臺地又稱「坎頂」，即阿美族語稱「高的地方」為 Fafugang。Fafugang 為早期被併入加之來社的「義律社」舊址。施添福總編纂，《臺灣地名辭書，卷三臺東縣》，頁 68-69。

103 社名不詳。大馬漏漏社疑與今臺東縣成功鎮三民里之麻荖漏社有關。施添福總編纂，《臺灣地名辭書，卷三臺東縣》，頁 62。

104 社名不詳。小馬漏漏社疑與今臺東縣成功鎮三民里之麻荖漏社有關。施添福總編纂，《臺灣地名辭書，卷三臺東縣》，頁 62。

105 社名不詳。八仕蓮之音近白守蓮，疑為阿美族白守蓮社，位於今臺東縣成功鎮三仙里。光緒 7 年（1881）左右長濱鄉大俱來社遷入居建社，當時南側小山（三仙台一帶）有山羊棲息，阿美族語稱山羊為 shire（或 siri），由此轉稱為 pisirian（或 peshirien、pechiarin、peshirean）社，漢人取其音稱為「白守蓮」。施添福總編纂，《臺灣地名辭書，卷三臺東縣》，頁 59-60。

106 今臺東縣成功鎮忠孝里美山。微射鹿社的社名，一說為光緒 10 年（1884）左右，原居秀姑巒溪上游的阿美族人為躲避高山番迫害，南下避難。其擇居地的溪流上游並列三個小丘，猶如三人相對蹲坐，阿美族語稱為 mararoong，作為社名，其近音譯字為「微沙鹿」。二說是，微沙鹿係阿美語 Misalo 的近音譯字，意為「蹲踞的小丘」。第三種說法是，此地的阿美族由花蓮港廳太巴塱社南方的 saro 社移來，「misaroku」是指「從 saro 社來」之意，轉成社名。施添福總編纂，《臺灣地名辭書，卷三臺東縣》，頁 57。

地名	現今戶數	里程	設局用地	備考
成廣澳庄	支那人族五十三戶	距微射鹿社半里	繼立所	

成廣澳從來就是臺東物產輸出港之一，應當作爲一小市街地，且爲卑南新街到大港口的中心點。

地名	現今戶數	里程	設局用地	備考
石雨傘庄[107]	熟蕃平埔 十三戶	距成廣澳庄約半里		
阿路姑米社[108]	生蕃 三十戶	距石雨傘莊約半里		
都滅社[109]	同 三十二戶	距阿路姑米社半里		
若通溪社[110]	同 三十五戶	距都滅社半里		
烏石鼻大小二社[111]	熟蕃 九戶	距若通溪社不到一里		

107 今臺東縣成功鎮忠孝里石雨傘。「石雨傘」為漢人稱呼之地名，指稱附近隆起的岩礁延伸入海，其中一塊大岩石狀如雨傘。石雨傘原為西拉雅平埔族居住地，清光緒 3 年（1877）東部第一所基督教堂「蟳廣澳教會」曾建立於此。施添福總編纂，《臺灣地名辭書，卷三臺東縣》，頁 56。

108 社名不詳。疑為位於今臺東縣成功鎮博愛里之阿龜堳社。「阿龜堳」社為阿美族語 arakomay 的近音譯字，「arakomay」發音與漢字阿路姑米似乎相通，存疑。都威溪與另一無名溪繞過本部落，阿美族語稱這一形狀如同突出的半島為 komay，由此轉成社名阿龜堳（arakomay），為光緒元年（1875）前後大港口的加納納社阿美族移來之部落。施添福總編纂，《臺灣地名辭書，卷三臺東縣》，頁 55。

109 今臺東縣成功鎮博愛里重安。都滅社位於都威溪北岸，據說清光緒 16 年（1890）前後，原居秀姑巒溪河岸的阿美族因不堪高山番迫害而移來，漸成一社。移住者因河岸上游岩石眾多，無法開鑿水路，阿美族語以嘆氣（tomeyatsu）來描述這種情況，轉為社名。另一說是部落北端有一瀑布（tomiac），漢人擬其音為都滅。第三說是附近海岸有許多圓石，踏在上面滑倒的阿美族語為 tametsu，後來轉為 tomiatsu，成為社名。施添福總編纂，《臺灣地名辭書，卷三臺東縣》，頁 54-55。

110 社名不詳。尚未查到相關資料。

地名	現今戶數	里程	設局用地	備考
知乃帶社[112]	生蕃 三十戶	距烏石鼻社一里半		
石連埔庄[113]	平埔熟蕃 七戶	距知乃帶社半里		
禮那魯挌社[114]	生蕃 六戶	距石連埔庄約半里		
彭仔存庄[115]	平埔熟蕃 十四戶	距禮那魯挌社半里		有山路往大庄但據說極爲險惡
大小竹湖庄[116]	熟蕃 十二戶	距彭仔存庄半里		

[111] 今臺東縣長濱鄉寧埔村北烏石鼻，位於石寧埔溪口南側。昔日阿美族用「radai」（月橘、俗稱七里香）樹燒成炭來染黑牙齒，烏石鼻社附近有許多月橘，因而花蓮港廳加納納社居民移來時，以此為社名（ciradayai）。漢人則以該部落東南方海中的黑岩石如同人的鼻子向外突出，命名為烏石鼻。施添福總編纂，《臺灣地名辭書，卷三臺東縣》，頁 46。

[112] 社名不詳。尚未查到相關資料。

[113] 庄名不詳。「石連埔」庄之音近於「石寧埔」，所指疑為今臺東縣長濱鄉寧埔村寧埔，為移居至花蓮的噶瑪蘭族加禮宛人所建聚落。施添福總編纂，《臺灣地名辭書，卷三臺東縣》，頁 44、46。

[114] 社名不詳。今臺東縣長濱鄉寧埔村光榮部落原稱「僅那鹿角」（kinanuka），與「禮那魯格」社之發音或許相關，存疑。「僅那鹿角」為清光緒 10 年（1884）左右自花蓮港大港口方面移來的阿美族部落。施添福總編纂，《臺灣地名辭書，卷三臺東縣》，頁 45。

[115] 今臺東縣長濱鄉寧埔村城山。彭仔存庄為東海岸僅次於加走灣頭庄（今長濱鄉忠勇村）的第二大西拉雅族聚落。地名由來的第一種說法為，清同治 6 年左右（1867）澎湖人因船漂流到此定居，取「澎湖人居住」之意，稱為「彭子存」。第二種說法是以前此部落海岸常有小戎克船停泊，船主姓彭，由稱其人的船為「彭仔船」，轉成「彭仔存」。第三種說法為「彭仔存」指一種較為大型的平底帆船。施添福總編纂，《臺灣地名辭書，卷三臺東縣》，頁 44-45。

[116] 今臺東縣長濱鄉竹湖村竹湖。掃別溪至石門溪之間原有阿美族部落掃別社與竹湖社，後來阿美族分往南、北移動，當地變為西拉雅族的聚落，包括大、小掃別庄和小竹湖庄等。原先部落周圍竹林繁茂，形狀

地名	現今戶數	里程	設局用地	備考
掃北社大小二社[117]	生蕃熟蕃 十三戶	距竹湖庄不到半里		
加走灣（三庄）[118]	平埔熟蕃 三十九戶	距掃北社不到一里		
城仔埔庄[119]	熟蕃 八戶	距加走灣庄半里		
通鼻庄[120]	熟蕃 十三戶	距城仔埔庄半里		
石坑社[121]	生蕃 二十戶	距通鼻庄十町步多		

恰似一湖，漢人因而稱為「竹湖庄」。施添福總編纂，《臺灣地名辭書，卷三臺東縣》，頁 41-42。

117 今臺東縣長濱鄉竹湖村永福。掃北社音近「掃別社」，所指應為原居於竹湖西側鹿寮溝一帶的阿美族。原本掃別社(原名 mornos，改為 sapya')和竹湖社（tanman）阿美族聚落同住於鹿寮溝一帶，因與西拉雅平埔族爭地，其中一部分族人往北移居者為「大掃別」，另一部分則往南移至南竹湖。施添福總編纂，《臺灣地名辭書，卷三臺東縣》，頁 41-43。

118 今臺東縣長濱鄉長濱村。加走灣原指位於海岸階地內側的三庄，包括接近海岸山脈、位於長濱平原沖積扇扇頂的「加走灣頭庄」、中間的「加走灣中庄」(以上兩庄為今忠勇村)，及海岸低處的「加走灣（尾）庄」（長濱），皆為清末西拉雅族系開墾的聚落。施添福總纂，《臺灣地名辭書，卷三臺東縣》，頁 36。

119 今臺東縣長濱鄉長濱村。城仔埔位於城仔埔溪南岸，地名由來不詳。原為西拉雅族及加禮宛平埔族所建聚落，南鄰阿美族石坑社（長濱村長光）。施添福總纂，《臺灣地名辭書，卷三臺東縣》，頁 36。

120 今臺東縣長濱鄉三間村統鼻。統鼻位於三間屋南側海岸突出之處，指其「突出如鼻」。清代為西拉雅族聚落「大通鼻庄」。通鼻庄和三間厝庄同為西拉雅族聚落，位置極為相近，如同一個聚落。施添福總纂，《臺灣地名辭書，卷三臺東縣》，頁 34。

121 今臺東縣長濱鄉長濱村長光。石坑社居民主要來自大港口、納納和奇美三社。該社祖先原居花蓮大港口溪岸，清光緒 12 年（1886）左右，有一名為 karitanpayo 的人與其他五戶移住城仔埔西方高地，光緒 16 年（1890）清兵進軍大港口時，karitan 和另外二人逃到城子埔南側的岩穴居住，漢人稱為石坑仔，阿美族人聽成 chokan，遂以為社名。另一說是，原部落位於岩石特多的石坑溪南岸，漢人見溪水從岩穴中湧出，稱之為石孔仔（或石坑仔）。施添福總纂，《臺灣地名辭書，卷三

地名	現今戶數	里程	設局用地	備考
		位於路線外的山腳下		
馬稼海社[122]	同 十一戶	石坑附近 位於路線外的山腳下		
三間厝庄[123]	熟蕃 一戶	距通鼻庄（路線）半里		
水母丁庄[124]	同 十二戶	距三間厝庄半里		
大坱來社[125]	生蕃 二十八戶	路線以外		

臺東縣》，頁 36-37。事實上，清軍進擊大港口時間應該是在光緒 3-4 年（1877-1878）。

122 今臺東縣長濱鄉三間村真柄。馬稼海社南端有一東流的馬稼海溪，降雨時濁水暴漲，雨停則又成乾溪，阿美族人認為如同綁在背上的草編雨具 karahai，因此取「雨具」為社名，稱為 makarahai 社，漢字譯音為「馬稼海社」。據傳清光緒 16 年（1890）左右，清軍舉兵大港口時，納納社（今花蓮縣豐濱鄉靜浦）與貓公社（今花蓮縣豐濱鄉豐濱）的兩社阿美族人離散，共 7 戶移住馬稼海溪兩側，北岸為馬稼海社，南岸為石坑社。施添福總纂，《臺灣地名辭書，卷三臺東縣》，頁 34-35。事實上，清軍進擊大港口時間應該是在光緒 3-4 年（1877-1878）。

123 今臺東縣長濱鄉三間村之統鼻溪及三間屋溪北側海岸。據說約在同治 11 年（1872），西拉雅人初到此地定居，只建了三間房屋（或三戶人家），後到者因而稱之為「三塊厝」。施添福總纂，《臺灣地名辭書，卷三臺東縣》，頁 32、34。

124 今臺東縣長濱鄉三間村水母丁，為西拉雅族部落。位於著名的舊石器史前文化遺址「八仙洞」口下方，而因又稱「仙洞」或「八仙洞」。「水母丁」為阿美族語「cifotigan」（cimudingai，意指「盛產魚類的地方」）的近音譯字，形容附近的水母丁溪為魚產豐富的地方，轉用為地名。施添福總纂，《臺灣地名辭書，卷三臺東縣》，頁 33。

125 今臺東縣長濱鄉三間村大俱來。清光緒 3 年（1877）左右，自花蓮豐濱貓公社北方的 patorogan 社移來的阿美族，建此部落。該處有泉水湧出，阿美族語以 Tapowaray（意指泉水冒出來的泡泡）為社名，近音譯字為「大俱來社」。光緒 8 年（1882）末有一大地震，本社其中 5 戶因而移至姑仔律（今長濱樟原），其他人遷至原地南方約一公里多的東側斜地上，亦名「大俱來」。施添福總編纂，《臺灣地名辭書，卷三臺東縣》，頁 33-34。

地名	現今戶數	里程	設局用地	備考
姑阿律社[126]	——	距水母丁庄不到一里		
大峯峯社[127]	熟蕃 十二戶	距姑阿律社半里		
大尖石庄[128]	同 五戶	距姑阿律社半里		
葵扇埔庄[129]	熟蕃 六戶	若干偏離於路線之外		
納納社[130]	同 二十五戶	距大尖石庄不到一里		
大港口社	支那人族 九戶	距納納社約半里	繼立所	

126 今臺東縣長濱鄉樟原村。姑阿（仔）律為阿美族語 gulalu'轉譯的地名，噶瑪蘭人說是 gulaalu'，為噶瑪蘭族和阿美族所共同組成的部落，以水溝為界，分居聚落南北兩側。施添福總編纂，《臺灣地名辭書，卷三臺東縣》，頁 28。

127 今臺東縣長濱鄉樟原村大峰峰黃金橋附近，為加禮宛人（移居花蓮的噶瑪蘭族）的部落。清光緒 17 年（1891）石寧埔（今長濱鄉寧埔村寧埔）的加禮宛人轉居移來，後又有貓公社（今花蓮縣豐濱鄉）西南三戶移來。本社南方有深溪，無法見底，只有水聲 honhon 作響，加禮宛人稱為 tanhonhon，後取溪深水流之音為社名，漢人以「大峰峰」稱之。施添福總編纂，《臺灣地名辭書，卷三臺東縣》，頁 30。

128 今臺東縣長濱鄉樟原村大峰峰。原為噶瑪蘭族大尖石庄（或記為「大金石庄」）所在地，庄名由來源自於該處海岸有一大塊石頭，直至日治時期仍稱此地為「大尖石」。後來位於南側黃金橋附近的噶瑪蘭族「大峰峰」社遷來合併，戰後才改名稱為「大峰峰」。施添福總纂，《臺灣地名辭書，卷三臺東縣》，頁 30。

129 噶瑪蘭族聚落，位於臺東縣長濱鄉樟原村大尖石一帶。《續修花蓮縣志（民國七一年至民國九０年）族群篇》，頁 81。

130 今花蓮縣豐濱鄉靜浦村。秀姑巒溪口南岸有一西倚織羅山，東臨太平洋岸的南北縱走海岸階地，早期阿美族舊社「旱亞 Cawi」位於東側較高的階地上。光緒 3 年（1877）發生「阿棉納納」事件，清統領後山各路總兵吳光亮為開鑿水尾通大港口的道路，派兵鎮壓與殺害了抵抗的阿美族壯丁 160 餘人，殘餘社眾南逃臺東，靜浦遂成為清兵駐紮的大港口營。事件結束後，社眾返回納納山東側臨海的 Dapudapu 山坡間定居，清代稱為納納社。施添福編，《臺灣地名辭書，卷二花蓮縣》，頁 251-252。

大港口庄亦即水尾溪的出海口，將來應當作爲臺東地方物產輸出的重要口岸之一，以及海岸路線的中心點。

地名	現今戶數	里城	設局用地	備考
北頭溪社[131]	生蕃　二十八戶	距大港口庄十餘町		
石梯坪社[132]	加禮宛熟蕃　三戶	距北頭溪社不到一里		
石梯庄[133]	同　七戶	距北頭溪社不到一里		
姑律庄[134]	同　十七戶	距石梯庄二里半		
貓公社[135]	生蕃　二十六戶	距姑律庄約一里		

131 今花蓮縣豐濱鄉港口村港口（Makutaai 部落）。位於秀姑巒溪口北岸約 0.5 公里處，因部落北側有一小溪，溪水每逢下雨變為混濁，阿美族語指稱溪水混濁為 Makutaai。漢人以此部落近溪，稱為北頭溪。施添福編，《臺灣地名辭書，卷二花蓮縣》，頁 250。

132 今花蓮縣豐濱鄉港口村石梯坪（Tilaan）。港口部落的阿美族人徒步到貓公一帶，回程因天色已暗，往往在此過夜，該社地名為「過夜之處」的意思。光緒 4 年（1878）之後，有噶瑪蘭族移入開墾。施添福總編纂，《臺灣地名辭書，卷二花蓮縣》，頁 249。

133 今花蓮縣豐濱鄉港口村石梯港（Morito）。田代安定所記的石梯庄有加禮宛熟蕃 7 戶，張振岳認為是石梯港的部落。石梯港位於秀姑巒溪口北方約 3.5 公里處，地名起源自阿美族紀念族人 Morito 涉溪不慎溺死。清代開路至此，見巨石排比如同階梯橫臥水中，因而稱為石梯。施添福總編纂，《臺灣地名辭書，卷二花蓮縣》，頁 249。

134 今臺東縣豐濱鄉豐濱村立德（Kulip 部落）。阿美族語中以「Makulip」指稱硓砧石很多的海岸，漢人將 Makulip 的發音簡略稱為「姑律」。清光緒 4 年（1878）噶瑪蘭族人因「加禮宛事件」遷居至此，但在翌年的《臺灣輿圖》中並沒有這一庄名，至光緒 20 年（1894）才有噶瑪蘭族居民 16 戶的記載。施添福總編纂，《臺灣地名辭書，卷二花蓮縣》，頁 246。

135 今花蓮縣豐濱鄉豐濱村豐濱（Fakong 部落）。清嘉慶年間，最早移居至此的阿美族 kakopa 氏族見河畔與海岸岩礁之間野生「貓公草」（文殊蘭）生長茂密，便以「貓公」（Fakong）為部落名。部落位於貓公溪與丁仔漏溪會合口南岸的弧形河階之上。光緒 3 年（1877）「阿棉納納」事件之後，港口的 Cepo 氏族以及秀姑巒群烏漏社等移入混居，光緒 5

貓公社與海岸路線稍有距離，出了西側山間，有自貓公社通往大巴塱庄及拔仔庄的山路。

地名	現今戶數	里程	設局用地	備考
新社庄[136]	支那人族 熟蕃 三十六戶	距貓公社一里多		
加老亂庄[137]	支那人族 三戶	距新社庄不到二里		

自大港口至花蓮港的海岸山岳聳立海濱，道路極爲險惡，人烟稀少，目前似無設置郵政路線之必要，然而如加路巒灣，向來舢舨船時常在此進出，成爲警備上不可或缺之地，遲早有配置憲兵的必要。

此外，上述自卑南新街經成廣澳至大港口之間，一半以上都是阿眉生蕃的村落散在之處，迄今尚未配置守備隊、憲兵等，然而將來當作殖民用地的場所增多時，自然產生郵政路線的必要，因此附言以供參考。

年（1879）《臺灣輿圖》將其列為秀姑巒 24 社之一。施添福總編纂，《臺灣地名辭書，卷二花蓮縣》，頁 229、242、245。

136 今花蓮縣豐濱鄉新社村。清光緒 4 年（1878）因加禮宛社事件，統領吳光亮將噶瑪蘭族移居至東側沿海一帶，重建部落，以福佬語命名為這一噶瑪蘭族聚落為「新社仔社」，歸為秀姑巒 24 社之一。施添福總編纂，《臺灣地名辭書，卷二花蓮縣》，頁 239。

137 今花蓮縣豐濱鄉磯崎村磯崎（kaluluan 部落）。清代又稱加路蘭，地名來自阿美族語的 Kaluluan，一說阿美族人在此製鹽，另一說是阿美族語稱獵人放狗追逐山羌、從山坡滾下來為 Lulu，Kaluluan 是指「滾下坡的地方」。清光緒 5 年（1879）加禮宛事件後，花蓮市豐川一帶的撒奇萊雅（Sakizaya、Sakiraya）族人輾轉難遷至此。光緒 5 年（1879），夏獻綸在《臺灣輿圖》中將「加露巒」列為秀姑巒 24 社之一。施添福總編纂，《臺灣地名辭書，卷二花蓮縣》，頁 236-238。

第一項　地理部

地理總論

臺東爲臺灣島中央山脈背面一帶的總稱。北邊是南澳的崇山峻嶺迂迴曲折，以突出海面，綿延約二十里的懸崖峭壁爲宜蘭、臺東之間的區界，得其黎溪爲其門戶，在新城原野的地勢漸漸開闊、原野環繞，沿著大魯閣山腳連接奇萊原野。花蓮港在奇萊原野的海濱而與卑南港遙遙相對，地勢開闊，佔有自行成爲臺東主要市鎮的地理位置。自花蓮港南端有一座海岸山脈，綿延南行到達卑南大溪口，連亙約五十餘里，屏障著海岸一帶。其西側與中央山脈東側的背面相對，其間形成長約四十餘里的峽谷平野，寬度二里乃至十八町左右的沖積層土，高低起伏，到卑南溪口被一分支山脈阻隔而鄰接卑南原野，以此峽谷平野作爲花蓮港至卑南新街之間的中央路線（張勝雄按：今日稱爲縱谷路線）。卑南原野西臨中央山脈，東南面海，爲臺東一主要市鎮，與奇萊原野遙遙相對，地勢略爲不同，卑南港即在其海濱。至於知本溪[1]，流入臺東平野，從中央山脈穿出，環繞海岸一帶，直至恆春的鵝鑾鼻岬約三十里之間均爲崖壁，以巴塱衛溪[2]爲舊臺東直隸州的南界。

---

1 知本溪發源自中央山脈霧頭山東南側山麓，流向由西向東，溪水出山地之後轉向東北，於知本東南方注入太平洋。河流主幹長 30.50 公里，流域面積為 198.45 平方公里。施添福總編纂，《臺灣地名辭書，卷三臺東縣》，頁 269。

2 今大武溪，為臺東縣大武鄉內主要河川之一。施添福總編纂，《臺灣地名辭書，卷三臺東縣》，頁 360。

中央路線地勢

臺東平野除了卑南、奇萊及新城三處原野之外，其餘皆爲中央山脈東側山麓與海岸山脈所包夾形成的長形峽谷原野，北自花蓮港南端的木瓜溪[3]起，南至擺仔擺蕃社附近，與卑南大溪兩岸相對而成一截然峭壁，平野至此爲止。務錄臺、北勢溝間爲山丘台地，隔著檳榔世格社與卑南原野接壤。這一峽谷迂迴曲折達四十里，遍布蕃社、民庄、田圃、草原、石礫原野、丘陵林木、溪澗、沙床等，尙且人跡荒涼，滿目悽然，正是所謂東部荒地未開之疆土，可成爲將來殖民地的一主要地區。而其西側一帶爲中央山脈的背面，層巒疊嶂、翠屏相連、林深菁密，亦即屬於高山蕃的住棲區域。大小溪流多發源於此山深奧之中，在峽谷原野之間縱橫亘流，形如羅網，水脈匯迴，或爲深川，或爲淺流，或爲乾溪。由多數支流湊合而成的溪流，一爲花蓮溪[4]，一爲秀姑巒溪[5]，一爲卑南大溪。水利伴隨著水害，對於將來各項經營大有關係。

---

[3] 木瓜溪發源於能高山、奇萊山之東麓，源頭標高 3,600 公尺，主流長度 41.78 公里，河床坡度陡急，落差極大，水量豐富，匯集支系水流向東南，至銅門進入平原。銅門以西為斷崖峽谷，銅門以東，河床擴大為沖積扇，為吉安鄉與壽豐鄉的交界，在吳全城北方匯入花蓮溪，為花蓮溪支流。施添福總纂，《臺灣地名辭書，卷二花蓮縣》，頁 157-158、187。

[4] 花蓮溪主流發源於中央山脈丹大山支脈的拔子山（標高 3,000 公尺），上游稱為嘉農溪，蜿蜒於山嶺之間，自光復鄉大富村北邊花東鐵路橋為始，以下稱花蓮溪。《續修花蓮縣志（民國七一年至民國九〇年）自然篇》，頁 72。花蓮溪為東臺縱谷三大水系之一，本流河長約 57 公里，流域面積 1,507 平方公里，主要支流有木瓜溪、萬里橋溪、馬太鞍溪等。陳正祥，《臺灣地名辭典》，頁 182。

[5] 秀姑巒溪為東臺縱谷主要河流，流域面積約 1,790 平方公里。陳正祥，《臺灣地名辭典》，頁 156。其流域跨越東部花蓮、臺東二縣，北以花蓮光復鄉與花蓮溪流域各地為鄰，南側於臺東縣池上鄉與卑南溪上游銜接，西

臺東三大河川概況

其一，花蓮溪發源於西南方，流向東北，在拔仔庄深山的分水崙發源，注入該庄稍北的平野，以一條溪流作爲最南的分水溪。馬大安溪[6]、馬錫山溪[7]、魚尾溪[8]等中游以下，皆匯流入本溪，木瓜溪的末游則於花蓮溪口注入。花蓮溪流貫於峽谷平原之間，到達海岸的距離，由於迂迴綜錯，甚難算定，然而自花蓮溪口沿著山脈溯流而上到拔仔庄分水崙的山腳，看來大約爲十五里。花蓮溪由多數流向東北的溪澗末流所匯成，自馬大安溪至行爐嘴原野[9]之間的溪脈尤其雜亂，有多處沿著山腳的廣闊乾溪，每逢山洪暴漲，便由山間流送出石灰岩、粘板岩等的片屑，層層堆疊在礫石曠原之間，遠望皎白，映入眼中，蔚爲奇景。馬黎馬憩原野[10]至吳全城間亦然，然而

背中央山脈，東沿海岸山脈，東北臨太平洋，匯集許多支流。《續修花蓮縣志（民國七一年至民國九〇年）自然篇》，頁 82。

[6] 又稱馬鞍溪、馬太鞍溪、瓦納納溪。發源於丹大山東北麓，匯集附近諸山溪之水，向東北經崙大門山北麓折向東流，至光復鄉之大馬村附近流出谷口，進入平原。《續修花蓮縣志（民國七一年至民國九〇年）自然篇》，頁 80。

[7] 尚未查到相關資料。

[8] 魚尾溪似為今壽豐溪。花蓮縣壽豐鄉位於鯉魚山南側，舊有「鯉魚尾」之稱。日治時期亦有「鯉魚尾社」位於壽豐鄉光榮村，推測魚尾溪與壽豐有關。壽豐溪又稱知亞干溪，發源於知亞干山與白石山之間東麓，向東南流出，進入平原後匯入花蓮溪。施添福總纂，《臺灣地名辭書，卷二花蓮縣》，頁 183、187。

[9] 今花蓮縣鳳林鎮山興里。鳳林鎮東傍海岸山脈的西側，日治初期原本因為全屬花蓮溪流，河邊乾燥沙土在冬季因東北季風而宛如烘爐上的火勢，沙土飛揚，因而以「行爐嘴原野」指稱，今特別指草鼻與山興之間的地帶。施添福總編纂，《臺灣地名辭書，卷二花蓮縣》，頁 78。

[10] 今花蓮縣鳳林鎮長橋里萬里橋一帶。本地為鳳林鎮地勢較高之處，舊稱「馬里勿」，有「上坡」之意。早期有一「馬利巴西」（Malibasi）社在此，與「馬黎馬憩」發音相近。日治時期興建東部鐵路時，此處有一道

沿其邊側，平常微微有潛流漏出，如遇大雨則暴漲，蔓延淹浸數里，在六街鼻[11]山角稍南邊漸漸成爲花蓮溪本流，在該峽谷平原的東側，亦即海岸山脈西側山腳匯流，沿草鼻嘴、象鼻嘴諸山角流至吳全城原野的東北端，與木瓜溪末流相會合，在花蓮港街附近形成一深潭而注入大海，其南北縱長約二百五十間乃至二百七十間，東西橫寬約三百間。退潮時中央露出沙洲，滿潮時深可達一丈以上。溪口沙洲曲迴環繞，僅留潮門可通，然而經常有三板（張勝雄按：舢舨）船入泊。又花蓮溪的寬度在吳全城附近約有百二十間，其稍上游草鼻嘴、象鼻嘴的河床寬百餘間，水流寬約八、九十間，六街鼻附近的河床寬大約可達二百間，河水流布的寬度平常爲七、八十間，然而此寬度四季隨水的增減而變更，枯水時溪中露出沙洲，豐水時則可淹浸河床附近的砂礫平原。概括來說，花蓮港的河床整體寬度可達一百五十間乃至二百間，其區域自海岸出海口至中游六街鼻山角附近約爲九里，此處平常水深可達三、四尺乃至五尺左右。

其二，秀姑巒溪又稱水尾溪，其水源分南北兩部分，呈交叉形狀。另源自海岸山脈各溪流的一部分亦湊合在此，也就是南部的水

鐵橋，取其近音，亦稱「マリバシ」，於是有「萬里橋」之稱。戰後為與臺北縣萬里鄉區別，改稱為「長橋」，但民間仍稱此地為萬里橋。施添福總編纂，《臺灣地名辭書，卷二花蓮縣》，頁 79。

[11] 今花蓮縣鳳林鎮山興里。清末臺東直隸州的兵站中，原有「鹿甲皮」為鎮海後軍左營前哨的駐地，但當時鳳林鎮的縱谷地帶並無人居，光緒 21 年（1895）之前，仍無聚落在此。田代安定前來東部調查時，列出海岸山脈西側的「六街鼻」一地有臺南地方移來的廣東人，指出晚清的太巴塱庄已經有客家庄的雛形，與太巴塱庄有關聯的「鹿甲皮」，為客語「六個陂」之意。施添福總編纂，《臺灣地名辭書，卷二花蓮縣》，頁 75-77。

源以從中央山脈山谷間向大庄正西方平原注入的清、濁兩溪水爲主。據 Morrison 山[12]探險者之說，濁水溪發源於玉山東北峰的山背，在客人城庄[13]稍南方約半里處流入臺東平野。由客人城庄南西方的深山處流出的濁水溪與清水溪在此處匯合，以急流之勢往北流去，稱大崙溪[14]。濁水溪寬度大約二百尺乃至二百五十尺左右，水勢滔滔、溪流湍急。由西稍偏北方流注而來的清水溪，其寬度大約二百尺左右，流經石澗，水質清澄可掬，向著南西方的山谷之間匯流而來，以緩慢水流與濁水溪會合，兩溪會合處形成丫字形，蔚爲奇觀。清水溪的南方有里巷庄[15]北邊的數條溪流匯合，其最南方的水源也是新開園原野的西北邊網綢山[16]的溪澗。自此處沿秀姑巒溪至大港口的距離尚未完成檢測，目前難以確定，然而概略估計約有十八里。

---

12 即臺灣第一高峰玉山。

13 今花蓮縣玉里鎮源城里客人城。客人城是早期漢人拓墾東部的區域之一，清咸豐 3 年（1853），越界前來此地墾拓的陳唐、沈私有、羅江利等 17 人為廣東客家人士，因而有此地名。開山撫番時的光緒 3 年（1877），臺灣巡撫丁日昌曾在廣東汕頭招募潮洲籍民 2 千餘人前來臺灣，其中一部分便是前來客人城開墾。施添福總編纂，《臺灣地名辭書，卷二花蓮縣》，頁 130。

14 大崙溪之源頭在小關山與卑南主山東側，昔日沿岸有許多布農族聚落。大崙溪在新武附近與主流新武呂溪匯流，為新武呂溪主流上游。施添福總編纂，《臺灣地名辭書，卷三臺東縣》，頁 187。

15 今花蓮縣富里鄉明里村。清代的「里巷」或稱「里哄」、「里行」，清光緒元年（1875），曾有南部平埔族潘琴元招募農民至此開墾，光緒 20 年（1894）潘氏眾人已經墾成 49 甲餘地，集聚 42 戶 250 餘人居住，不過清末文獻中卻未提及「里行」。施添福總編纂，《臺灣地名辭書，卷二花蓮縣》，頁 317。

16 尚未查到網綢山相關資料。「網綢」為今臺東池上鄉福文村萬朝之舊稱。施添福總編纂，《臺灣地名辭書，卷三臺東縣》，頁 102。

至於北方的水源，由拔仔庄後側阿都岸高山蕃社[17]之深山發源的馬鈴坳溪[18]是其中之一，沿周武洞社[19]附近向南流，匯入水尾的本流。另一爲從迪街、新墪庄[20]間的深山處發源的大美壢溪[21]，其末流至新墪庄南側與本流會合。另一發源自璞石閣深山處的一條溪流，至璞石閣北側分成數支分流，注入本流。

---

[17] 阿都岸為阿多蘭（Atolan）之近音，為今花蓮縣瑞穗鄉富民村阿多蘭（Atolan 部落）。阿多蘭部落為自臺東平原北上的 Raranges 氏族居多，是 Pailasen（拔仔庄）一帶最早建立的阿美族部落，原址在馬蘭鉤溪畔，後因布農族東遷至萬榮，經常下山「出草」，族人遂改遷至東方一帶田野之間，以石塊砌牆防禦，稱為阿多蘭。施添福總編纂，《臺灣地名辭書，卷二花蓮縣》，頁 284。

[18] 發音近似馬蘭鉤溪。馬蘭鉤溪發源於中央山脈，流至瑞穗鄉與紅葉、富源、鶴岡、安夜西溪等 5 條溪流匯流，形成河流的廣闊沈積平原，為今花蓮縣瑞穗鄉境內次要河川之一。施添福總編纂，《臺灣地名辭書，卷二花蓮縣》，頁 256。

[19] 今花蓮縣瑞穗鄉富民村。清代拔仔庄原本包括週武洞（阿多蘭 Atolan）、人仔山（拉嘉善 Lagasan）、烏漏四物、巫老僧（模路散 Molotsan）四社，位於多石的派士蘭（馬蘭鉤）溪畔，居民取石砌牆，阿美族語稱為 Atolan，因而引為社名阿多蘭。該部落的創社頭目「武洞」個性豪強，被社人尊稱為「知武洞」（知為先生之意），光緒年間移民至此的漢人誤將知武洞做為社名，稱當地為「週武洞」，惟阿美族仍稱為「阿多蘭」。施添福總纂，《臺灣地名辭書，卷二花蓮縣》，頁 278、282。

[20] 今花蓮縣玉里鎮大禹里信農。阿美族語稱此地為「Sedeng」，漢人譯為「針塱」，又譯為周塱、新塱、金塱等。19 世紀間，阿美族在此地拓墾，建立 Sedeng 社。清光緒 4 年（1878）福佬人士鄭玉華、黃連元、邱霖送等人在開山撫番的「官招民墾」政策下，以墾首身分招募一批臺灣西部移民前來開墾。不過清末的拓墾似乎並未成功，日治初期僅有居民 11 人。施添福總編纂，《臺灣地名辭書，卷二花蓮縣》，頁 116-118。

[21] 大美壢溪今稱豐坪溪、太平溪，為花蓮縣玉里鎮次要河川之一，發源於中央山脈，流經玉里鎮大禹里北端與秀姑巒溪匯流，形成沈積階地。施添福總編纂，《臺灣地名辭書，卷二花蓮縣》，頁 86、117。

發源自海岸山脈最南邊的溪流是大坡庄[22]、公埔庄之間的各條溪流，自崩坪山[23]中咸水坪瀑布[24]發源的一條溪流，與近武港山[25]發源的狗暗溪[26]，橫越過頭人埔庄之間的沼澤平原，分成數條支流與網綢溪[27]的下游會合，稱爲龍蓁溝溪[28]，由海岸山脈稍北的六十石山[29]深山之處流出，沿萬人埔庄[30]流到大庄附近的阿微溪[31]。另有發源

---

[22] 今臺東縣池上鄉慶豐村。大坡原名大陂，因位於大坡池畔得名。大坡池原名「大陂（埤、陴）池」，為花東縱谷平原上的主要濕地，周圍約 4 公里，因土地肥沃、引水方便，清光緒末年已有聚落，稱為大坡庄，與阿美族人大坡社相鄰。施添福總編纂，《臺灣地名辭書，卷三臺東縣》，頁 100、104。

[23] 尚未查到相關資料。

[24] 今花蓮縣富里鄉羅山村境內。本村因有溫泉及泥火山自地底湧出，水質略帶鹹味，稱為「鹽坪」。施添福總編纂，《臺灣地名辭書，卷二花蓮縣》，頁 314。

[25] 尚未查到相關資料。

[26] 似為今花蓮縣富里鄉竹田村九岸溪。由於溪流中盛產俗名為「狗甘仔」的蝦虎科魚類，多記成「九岸」，或許即為「狗暗溪」。施添福總編纂，《臺灣地名辭書，卷二花蓮縣》，頁 312。

[27] 尚未查到網綢溪相關資料。「網綢」為今臺東池上鄉福文村萬朝之舊稱。施添福總編纂，《臺灣地名辭書，卷三臺東縣》，頁 102。

[28] 尚未查到相關資料。

[29] 今花蓮縣富里鄉竹田村。六十石山位於平均海拔 600 公尺的高山臺地，目前最早關於地名起源的記錄是，日明治 41 年（1908）臺灣總督府派遣鹿子木小五郎率領電信調查隊前來，當時已有「六十石崙山」這一地名，可能與當地山區巨石甚多有關。施添福總編纂，《臺灣地名辭書，卷二花蓮縣》，頁 311。

[30] 今花蓮縣富里鄉萬寧村萬人埔（蠻人埔）。清道光 25 年（1845）有數十戶平埔族人移入開墾，並且在第 7 鄰山凹以及 6、7 鄰交界處，各設有一座福德神祠，都稱作「萬寧福德祠」。日治之後，陸續有阿美族、客、閩籍移民遷入，是本區住民最複雜一個區域。施添福總編纂，《臺灣地名辭書，卷二花蓮縣》，頁 305。

[31] 阿微溪之臺語發音與阿眉溪相近，似為指今花蓮縣富里鄉東里村之阿眉溪，阿眉溪為富里鄉次要河川。清代阿美族曾在此設立阿眉溪社，但南

自紅棗坑[32]的一處溪澗，以及由廈羅灣庄[33]深山發源而來的一條溪澗，與本流會合。

秀姑巒溪是由上述多數溪澗湊合而成爲一山川之間的溪流，其中流以上的溪流與村落顯得非常錯亂，散佈在極爲廣闊的曠野，流經的區域實屬不少。由網綢溪與源自海岸山脈的狗暗溪、阿微溪等匯流而成的龍蔡溝溪，其下游沿著海岸山脈的平野迴繞廈羅灣庄、殺牛坑庄、觀音山各庄的岸邊埔地，盤旋流貫臺東縱谷平原的東側。由於清、濁兩溪水的會合，以及大崙溪沿客人城、璞石閣及新墾庄的岸邊埔地，匯流於縱谷平原西側而分爲東西兩脈，中間形成一區沙洲，這個範圍南自萬人埔、北至迪街，長約六里。其中亙貫大庄、客人城的河床最爲寬廣，東西長達約一里。璞石閣、紅棗坑之間水脈最亂，沙洲與石礫平原之間不知有多少支流。璞石閣庄與廈羅灣庄兩岸，直徑約八百間左右，此處水勢專門集中於廈羅灣庄沿岸，

部平埔族大舉遷徙入居後，阿美族即傾社遷離，阿眉溪社的舊址已無法詳考。施添福總編纂，《臺灣地名辭書，卷二花蓮縣》，頁 300。

[32] 今花蓮縣玉里鎮樂合里安通地區。「紅棗」之漢語發音與「紅座」、「甕索」相近。「甕索」為清乾隆 5 年（1740）《重修福建臺灣府志》所記卑南覓 72 社中的一個部落，近代文獻多認為甕索社就是現在的安通。其地名來自於阿美族語以 Ancoh 指稱樂合溪上游溫泉的硫磺臭味，清代漢人入墾時，將其發音轉譯為甕索、紅座。施添福總編纂，《臺灣地名辭書，卷二花蓮縣》，頁 94-95。

[33] 今花蓮縣玉里鎮樂合里下澇灣（Halawan）。廈羅灣之漢語發音與下澇灣相近。清光緒 7 年（1881），原居富里鄉大庄的平埔族人因秀姑巒溪山洪暴發，沖毀田園，有部分平埔族人移居樂合，定居於今樂合國小下方一帶者，即是「璞石閣平埔八社」中下澇灣社最初的所在。施添福總編纂，《臺灣地名辭書，卷二花蓮縣》，頁 94。

其流水範圍約一百二、三十間，深約四、五尺左右。大狗寮庄[34]、觀音山庄的沿岸大概相同，與其西邊對岸新望庄之間，和上述各處同為一廣闊沙洲，其中的支流交錯宛如龜甲紋狀，至迪街之前，才成為秀姑巒溪一條流脈，至加納納山丘的東端，幾乎不見沙洲，水勢滾滾宛若天然的運河。水尾仙庄[35]與謝行武社[36]，其南北對岸的河川寬度約為三百二、三十間，自打落馬社[37]這一側轉折為山脈的東

[34] 今花蓮縣玉里鎮觀音里高寮（埔頂），位於高寮溪谷口北岸一處高位河階上。一說清代原居於秀姑巒溪畔的阿美族 Mrakes 部落遷入，居於高寮溪左岸山頂一處高山臺地，阿美族稱「高起之地」為 Takolyao，因而成為社名。另一說是大庄平埔族在此設陷阱捕鹿，所獲為觀音山庄漢人所畜的家犬嚙食，平埔族人怒而殺犬，因而此地稱「刣狗寮」，後轉音作「大料寮」，戰後改稱高寮。詳見施添福總編纂，《臺灣地名辭書，卷二花蓮縣》，頁 101。

[35] 今花蓮縣瑞穗鄉瑞美、瑞良村一帶。水尾之名是由於秀姑巒溪、清水溪、塔比拉溪、紅葉溪、馬蘭鉤溪等在此匯合，原為阿美族世居之地，但是清咸豐、同治年間，已有西部漢人來此和原住民交換物品並開墾土地。光緒元年（1875）漢人大量移入，形成漢墾聚落。光緒 3 年（1877）清廷設置中路飛虎軍在此為水尾營，由其負責中路璞石閣一帶的墾務，因此水尾埔庄大致是由飛虎軍中的士兵開墾而成，位於馬蘭鉤溪、紅葉溪與秀姑巒溪匯流口西岸的沈積平原。不過，因光緒 14 年（1888）的「大庄事件」，兵民合墾的漢墾聚落受創，屯務隨之廢弛。施添福總編纂，《臺灣地名辭書，卷二花蓮縣》，頁 253、266-267。

[36] 推測為謝得武社，今花蓮縣玉里鎮德武里下德武（Satefo 部落）。清光緒 8 年（1882）左右，先有瑞穗鄉拔仔社人遷居現今部落東北方 Cilitongan 溪上游高地，後因取水不易及習得水稻種植技術等因素，遷社到下方臨溪階地種植水稻，很快吸引了秀姑巒與海岸群阿美族，分別自拔子、馬太鞍、加納納、奇美、港口等地遷入，日治初期已經是秀姑巒東岸次於苓仔濟的第二大阿美族部落。施添福總編纂，《臺灣地名辭書，卷二花蓮縣》，頁 112。

[37] 今花蓮縣瑞穗鄉鶴岡村打落馬（Daluma 部落）。清代文獻中並未見有「打落馬」一名，但 17 世紀荷蘭人的紀錄中多次提到 Tervelouw（Tervello）社，Daluma 一詞有「舊部落」之意，因此有學者認為在瑞穗鄉的

邊。以其兩岸的斷崖峭壁，包圍住秀姑巒溪，沿著奇密社[38]的水岸屈曲回流，至大港口注入外海。自水尾仙庄到大港口的距離不太明確，大約在五里左右，其間河川寬度略減爲二百間至一百間上下，水流趨緩，水勢最足，平常水深平均超過一丈。

其三，卑南大溪位於新開園原野西南方，以源自於中央山脈高山蕃大溪社[39]的深山所注流的溪澗，作爲其北邊的源頭。又發源自海岸山脈的數溪，匯聚於新開園樹林庄[40]舊兵營附近的原野間，向南流至里壠庄前岸，匯集由東西兩座山脈而來的大小溪流，合爲本流。濁水滾滾，水勢洶湧。里壠前岸的河川寬度約一百間乃至一百五十間，至雷公火社前岸爲一百二、三十間，水勢相激，處處漩渦，涉渡危險甚多。稍向東折，繞過大埔[41]平原一側的岸邊，到達務錄

Tervelouw 可能是 Daluma 早期的部落。阿美族語的 Daloma 也有「回家」的意思，由於烏雅立部落人到此處的山區開墾，傍晚回社時會經過此地，因此稱為 Daluma。施添福總編纂，《臺灣地名辭書，卷二花蓮縣》，頁 276。

[38] 今花蓮縣瑞穗鄉奇美村。「Kiwit」為阿美族語指稱「蟹草」（中文名海金沙，學名 Lygodium Japonicum）」繁茂的意思，作為社名，漢人轉譯為「奇密」。清康熙 60 年（1721）藍鼎元《東征集》記有後山崇爻八社，社名為「機密」，直到光緒 5 年（1879）改稱「奇密」，為阿美族一個古老部落。施添福總編纂，《臺灣地名辭書，卷二花蓮縣》，頁 276。

[39] 尚未查到相關資料。

[40] 今臺東縣池上鄉萬安村。日治初期因為此地過去人口稀少、樹木茂盛，因而稱為「樹林」，更早期稱「萬安庄」，以客家人為主。施添福總纂，《臺灣地名辭書，卷三臺東縣》，頁 110。

[41] 依照文意所指，應為公埔。今花蓮縣富里鄉富里村。富里舊稱「公埔」，其地名有幾種傳說：（一）昔日此地為公家團體或平埔族的公共牧場，用以放飼牛羊與置放柴草，稱為公埔。（二）清光緒元年（1875）設立卑南撫墾局時，規定未著手墾殖的預備地稱為「公埔」，之後築屋成庄而稱為公埔庄。（三）此地原是阿美族人獵場，後來平埔族人遷入相爭，最後協議將此地作為兩族共有的獵場，遂稱「公埔」。（四）清廷開山撫

臺社的東北側，在竹腳坑山[42]與大埔山[43]的溪谷間向東流，與竹腳坑溪末流會合，在擺仔擺社南側亦有北勢溝溪這一急流注入，更添水流的湍急。自擺仔擺社的南邊到利吉利基社之間，東西相對，危巖聳立，平原野到此中斷改爲峭壁，只在其北岸利吉利基社的周邊留下一處平野，接下來斷崖聳列，直到猴仔山社的背面。南岸至卑南大社[44]的後側，峭壁才結束，沿著卑南平野旁側，山川分歧成爲大小六、七條，水勢集中在北方流脈，成爲最猛烈的急流，濁水激跳，注入大海。從卑南新街至猴仔山社之間，爲卑南大溪的分岐最顯著之處，露出數條砂礫堆積之沙洲，溪流繞迴其間，這一溪床的總寬大約一千六百餘間，若遇下雨，水勢暴漲，無法涉水渡溪達數十日之久。導致溪床如此寬闊的原因，在於每次漲水時岸邊崩塌所致。卑南原野的北邊，現在尚可見到逐漸崩塌所造成的景況。另一原因是沿著峭壁而來的水流，因爲突然流到布滿礫石堆疊的柔軟砂壤平野時，增加了其水勢衝擊的程度，所以岸邊易受侵蝕。再者，自雷

番後，約略劃為南路卑南、中路秀姑巒及北路奇萊三區，中南兩路劃地分野，約定每三年會師或在此地操練兵馬，二路防營便稱此地為「公埔」。施添福總編纂，《臺灣地名辭書，卷二花蓮縣》，頁 287。

42 尚未查到相關資料。

43 位於今臺東縣鹿野鄉瑞和村寶華山。日治時期鹿野鄉卑南大溪以東的海岸山脈地區皆泛稱為雷公火，戰後，大埔尾以東的山地才被稱為大埔山。施添福總編纂，《臺灣地名辭書，卷三臺東縣》，頁 167。

44 清代所稱的卑南是今臺東地區的泛稱，卑南覓為臺東平原一帶，日治初期改稱為卑南街。卑南（卑南社）是 Puyuma 群的大社，Puyuma 有「尊稱」之意。1800 年前後，卑南大頭目 Pinarai 聰明優秀，以「卑南王」的名義統領臺東縱谷平原，北起加走灣（今長濱）、公埔（今富里），南至恒春一帶，都向卑南社進貢粟、肉類及貝類。卑南是自許為地位最高的蕃人。施添福總編纂，《臺灣地名辭書，卷三臺東縣》，頁 207-208、257。

公火社到卑南新街的距離，沿著卑南大溪的利吉利基社路線約有十里，這一段的溪寬大抵在百間以上，利吉利基社的前岸幾乎達二百間，爲峭壁所挾，峭壁之間的峽間深度平常在四、五尺以上，漲水期間水深有時倍增。臺東三大溪之中，水勢最急劇的實爲這一卑南大溪，其次爲秀姑巒溪，花蓮溪平常水流較緩，而水量最豐沛的是秀姑巒溪。

臺東地方的舊區劃

且說臺東這地方，爲臺灣人所稱謂的後山。在此設置臺東直隸州，總轄北自新城庄、南至卑南的巴塱衛溪，其中爲了收稅的方便，劃分南鄉[45]，廣鄉[46]，新鄉[47]，奉鄉[48]，蓮鄉[49]五小區。南鄉指卑南地

[45] 清光緒 14 年（1888），臺東直隸州成立，轄下分為南鄉、新鄉、奉鄉、蓮鄉、廣鄉。其中的新鄉、奉鄉、蓮鄉全境，以及廣鄉北半部為今花蓮縣境內。潘繼道，〈晚清臺東直隸州的制度與運作〉，《國史館館刊》第 61 期（臺北：國史館，2019.9），頁 48、54。南鄉、即卑南覓，又名卑南堡，轄二街（新興街、馬蘭坳街）、一莊（寶桑莊）。《重修臺灣省通志》卷七政治志、建置沿革篇，頁 150。

[46] 廣鄉，又名成廣澳，轄一莊（成廣澳）。《重修臺灣省通志》卷七政治志、建置沿革篇，頁 152。

[47] 新鄉，即新開園，轄十四莊，包括新開園萬安莊、大陂莊、公埔莊、鱉溪、馬里汪、馬加祿、頭人埔、石牌莊、里行莊、螺子莊、萬人埔、大莊、里隴、新莊。《重修臺灣省通志》卷七政治志、建置沿革篇，頁 150。

[48] 奉鄉所轄的八莊為水尾埔、璞石閣、客人城、拔子莊、打麻園、麻志林、大巴塱、大港口。《重修臺灣省通志》卷七政治志、建置沿革篇，頁 150。約在今日花蓮縣玉里鎮、瑞穗鄉、光復鄉一帶。施添福總編纂，《臺灣地名辭書，卷二花蓮縣》，頁 60。

[49] 蓮鄉，即花蓮港，又名花蓮港堡，轄一街（花蓮港街）及六莊（復興莊又名十六股、三仙河、農兵莊、軍威莊、新港莊、佳樂莊）。《重修臺灣省通志》卷七政治志、建置沿革篇，頁 152。

方。廣鄉包括自卑南大溪北岸起至大港口海岸路線之間的各庄，以成廣澳庄爲其中點。新鄉以新開園庄爲中點，包括秀姑巒溪以南各庄。奉鄉則以拔仔庄爲中點，水尾溪（即秀姑巒溪）以北至奇萊爲界。蓮鄉則以花蓮港爲名，奇萊與新城之間諸庄均屬之。另在地理上的區劃，秀姑巒溪以北分爲秀姑巒與奇萊兩大區，秀姑巒一名泗波瀾，原有阿眉蕃二十四社[50]，即北自馬大鞍社[51]起、南至舊加納納社止。海岸路線則北起加露巒社[52]、南至阿棉山社[53]，即大港口沿岸的納納社，亦即花蓮溪與秀姑巒溪之間古來的總地名。加露巒社至

[50] 阿眉蕃二十四社即秀姑巒二十四社。秀姑巒阿美舊稱秀姑巒二十四社，其分佈區域較廣，主要村社包括太巴塱、奇密、拔仔、舞鶴等部落。李亦園，《臺灣土著民族的社會與文化》（臺北：聯經出版事業公司，1982），頁 275。

[51] 馬大（太）鞍社分佈於今花蓮縣光復鄉大安、大同、大平、大馬、大進、大全等六村村境。「馬太鞍」為阿美族語「樹豆」之意，為阿美族人主要澱粉來源，在這個區域的山丘溪壑中很容易找到，便以「馬太鞍」樹命名。馬太鞍社原居馬太鞍山丘以東的沖積平原，清光緒元年（1875）清廷將馬太鞍社劃歸卑南廳管轄，清末歸為奉鄉，「馬太安（鞍）」等部落稱呼才為官方正式使用。施添福總編纂，《臺灣地名辭書，卷二花蓮縣》，頁 208-211、215。

[52] 今花蓮縣豐濱鄉磯崎村。清光緒 4 年（1878）加禮宛事件之後，有一部分噶瑪蘭人移居此地。光緒 5 年（1879）夏獻綸在《臺灣輿圖》記有「加露巒」社，為秀姑巒 24 社之一，亦稱「加路蘭」。「加露巒」一稱據說是阿美族人 Kalulu 在此製鹽，因此用他的名字命名該地。第二個說法是本地原為阿美族獵場，獵人放狗追山羌，常從山坡滾下來，稱作 Lulu，Kaluluan 意即「滾下坡的地方」。施添福總編纂，《臺灣地名辭書，卷二花蓮縣》，頁 236-237。

[53] 為秀姑巒 24 社之一，為於今花蓮縣豐濱鄉港口村，amisan。潘繼道，〈「加禮宛事件」後奇萊平原與東海岸地區的原住民族群活動空間變遷探討〉，（臺灣原住民族研究；2 卷 3 期（2009/09/01），P25–60。施正鋒，《加禮宛戰役》（花蓮：國立東華大學，2010），頁 51。

新社仔社[54]之間，現今不是蕃社，成爲加禮宛熟蕃與支那人族混住的村落。奇萊指花蓮溪以北至新城庄間的地名，也有吳全城屬於奇萊之說。此兩大區域住居的平地蕃均屬阿眉蕃，居住在奇萊者稱南勢七社，秀姑巒以南則無明確之區劃地名，雖然北勢溝社以南亦無如此明確的區劃地名，然而北勢溝社以南到巴塱衛溪之間爲卑南蕃住居區域，亦即稱爲卑南地方。璞石閣，新開園以及務錄臺這一區，未聞有其他適當的總括地名，僅有前述所謂新鄉而已。自卑南大溪北岸的猴仔山社至大港口間，所謂廣鄉之外，應該也無其他總括地名。因此，現今在地理上的說明爲了避免紛雜起見，將自花蓮港經大港口至卑南大溪海岸一帶，暫且總稱爲海岸路線。自花蓮港港街，經吳全城、大巴塱、拔仔庄、秀姑巒溪、璞石閣、大庄、公埔、新開園及務錄臺至卑南新街之間，總括暫稱爲中央路線。

又，在清政府時期臺東撫墾局分爲三個區界，新開園以南至恆春大古文社[55]間的各蕃社由卑南撫墾局直轄，新開園以北至奇萊之間由秀姑巒撫墾局管轄。花蓮港與新城之間由花蓮港撫墾局管轄。清政府時期撫墾局的位置，於卑南設本局，秀姑巒撫墾局設於拔仔庄，花蓮港撫墾局原設於花蓮港街營內兼辦，之後設置於十六股庄內的城隍廟，現今則是與這些地方已無關係，僅是作爲地方區劃的參考，作爲附記。然而臺東地方區劃主要分奇萊、秀姑巒、卑南三地方，再以此細分如前述之五鄉。

---

54 今花蓮縣豐濱鄉新社村。清光緒 4 年（1878）加禮宛社事件之後，統領吳光亮將噶瑪蘭族移居至東面沿海一帶，重建部落，以福佬語命名為「新社仔社」，開山撫番初期被歸為秀姑巒 24 社之一。施添福總編纂，《臺灣地名辭書，卷二花蓮縣》，頁 239。

55 應指恆春半島排灣族大龜文社。

臺東平野面積表說明

下列面積表是同行視察的民政局技手阪基的檢測，以二萬五千分之一全面圖作爲原稿，重新製成的地圖。其土地面積，土地類別爲了不流於只是圖面的膠彩，經過實地對照。若計算上發現坪數過剩則將之刪減，若圖面上未加以表示，但現在確爲已耕地的部分，則不拘圖面所示，將之增加於耕地面積當中。此次我們事先調查並記錄臺東平野之時，實有語言無法表達的遺憾之處。且說此次巡視，正值掃平臺東匪賊之際[56]，因此殖產部爲了制定將來殖民及其他方針的參考而進行事先調查，派遣了部員若干名，最初的宗旨如同前述，我等一行在著手實地考察之初便有協議，即使此行屬於事前考察，但是各自非盡心盡力不可。阪基負責其事，非常勤奮，一步一步測量考察地形，終於全面連貫，製成二萬五千分之一與十二萬五千分之一的兩幅地圖。這些地圖完成之後，始見到陸軍測量隊的臺東檢測五萬分之一的地圖，兩相比較之下，出乎意料，其中吻合之處甚多，雖說是偶然，不如說是勤奮努力所致的結果，然而原先的目的不同，地圖之間多少會有差異，在所難免。

如前所述，在無法讓自己感到滿意的心情下，現今是盡力而爲，因此目前的實際狀況是對於社會的責任無可避免，有所失職。但自行編成此面積表，以作爲新村設立地的配置及其他與地勢互相關聯的各種參考。

[56] 張勝雄註：臺東匪賊，指的是清國殘留兵。

臺東平野總面積表

全部總面積	六萬三千九百二十七町步七八七
內	
草野即荒蕪原野	二萬四千百八十三町步七一五
中央路線之一	一萬一千八百八十四町步四九〇
同上　之二	七千九百〇七町步
海岸路線	四千三百九十二町步二二五
砂礫地各河床砂洲共	一萬六千九百四十六町步七〇三
中央路線之一	七千六百七十五町步一五八
同上　之二	九千二百七十一町步五四五
耕作及住宅地	九千七百三十七町步九八〇
中央路線之一	二千九百十七町步五〇〇
同上　之二	四千五百六十町步
海岸路線	二千七百〇九町步四八〇
市街地	九十二町步二五〇
花蓮港街	十二町步二五〇
卑南新街	七十町步
成廣澳	十町步
丘陵	七千九百五十八町步七三〇
中央路線之一	一千五百五十七町步〇八〇
同上　之二	三千三百四十四町步七五〇
海岸路線	三千〇五十六町步九〇〇
平原林地	二千九百十町步三一三
同中央路線之一	二千一百二十町步三一三
同上　之二	七百九十町步

上表中的丘陵與平原林地，實際上應該算入仍然適合開拓的原野之中。表內的丘陵、平原林地及山丘共計面積一萬二千四百九十七町步〇四三。若與上述草野面積二萬四千百八十四町步六八六合併，則墾拓用的荒蕪地區達到三萬六千六百八十一町步七二九，在比例上來說，佔了臺東全面積的二分之一強。然而在這計算之外的

尙有丘陵及樹林，將來適宜作爲殖民用地的部分，應該比本表所列面積增加好幾倍。

上表所列砂礫地即是砂石混合的堆積層，由於長年受溪水氾濫等原因,造成這一廣闊地區荒廢,其中含有面積數百町步的河床地，總面積一萬七千餘町步，當中約四分之一乃至三分之一強，或許不能盡如人意，但希望經由適當改良，期待能成爲拓殖用地。

此處算出的荒蕪地區總面積三萬六千六百八十一町步七二九，假定可用作將來新殖民用地，按規定一戶平均分配三町步，僅能期待一萬餘戶的移民。但實際情況並非如此，我針對其地勢、土質、位置、水利以及全區的廣袤等，稽核考察將來殖民程度，尙能非常充裕地容納約十萬人以上，甚至敢說是可以容納足足三十萬人以上人口的地方。但是這一目標的成敗與否，在於對該地方的一向施政方針，亦即政略這一點，即是採取特殊的方法，任用熟練外國各殖民地經驗的官員，應該可以期待其始竟其功。

臺東住民各種族播布區域圖凡例

一、臺東平野有五類族群的土著居民，爲支那人族、熟蕃平埔族、熟蕃加禮宛族、平地蕃阿眉族、平地蕃卑南族。

二、臺東平野的西側山中，即本島中央山脈的東側一帶的山區居住有四類高山蕃，即大魯閣黥面蕃、木瓜黥面蕃、雲林蕃支族[57]、卑南高山蕃。

以上總計爲九類族群，此外還有恆春地區的大麻里蕃族。

（甲）以藍色圓圈表示的是支那人族分布的區域，零星散布在臺東平野，但是人口稀少，占全數居民的十分之一左右，大多以半商半農維生。

（乙）以藍色橫線畫出的是平埔人族分布區域，北自秀姑巒溪兩岸起，南至卑南的里壠庄。在海岸方面，散住在北自大港口，南至成廣灣之間，屬於一般人民。原本是從臺南鳳山地方遷移而來的熟蕃，人口比支那人族爲多，僅次於平地蕃，自古以來不斷擴充其拓殖區域。

（丙）藍色棋盤形狀爲加禮宛人族之分布區域。加禮宛族以奇萊原野的北端爲其本的部落所在地，花蓮港街有少數混雜居住者，並延伸進入了大巴塱原野。海岸方面，北自加露蘭庄，南至成廣灣

[57] 布農族中的巒社群、郡社群（郡蕃）經常有舊社故址位於西部平原、地名語音近似鹿港、林圯埔（今竹山）、斗六及南投等地的說法，因而日人稱之為雲林蕃支族。馬淵東一著、楊南郡譯著，《臺灣原住民族移動語分布》（新北市：原住民族委員會，臺北：南天書局，2014），頁 130。

爲止，幾乎綿延了南北三十餘里。然而海岸路線的平埔族與阿眉蕃的村落交錯混雜，幾乎無法以顏色顯示。

（丁）以黃色圈表示的阿眉蕃，除了新城的原野之外，幾乎分布於全部的臺東平野之間，占總人口的三分之二，宛如居於臺東拓殖主導者的地位。

（戊）綠色圈所表示卑南蕃，如同具有卑南地方拓殖主角的資格，應該說是臺東平野居民的始祖，自有歷史以來即在這裡生活。

以上五類族群爲平地的居民。

（子）以黑色橫線顯示的大魯閣高山蕃，也就是與臺北、臺中地方的高山黥面蕃同一族群，具有先天嗜殺的特性。其居住區域北自南澳蕃界的新城起，南至奇萊加禮宛原野的山後之中。這一族群分爲五社，其內社更在木瓜溪北岸的深山之中，但尙未得到確切的證據。

（丑）黑色斜線表示木瓜高山蕃，其與大魯閣高山蕃屬於同族群的黥面蕃。其居住區域極爲狹小，北自木瓜溪南岸，南至魚尾溪邊，亦即吳全城背後山中一湖的周圍，散住於半山腰之間，分爲七小社。

（寅）以黑色棋盤狀表示的爲雲林支族的高山蕃，其居住區域頗爲廣大。北側鄰接木瓜蕃的馬大安溪附近，延伸至璞石閣的山中，越過新開園庄，直到里壠庄背後的高山之上。與大魯閣、木瓜兩類高山蕃在人種、言語上完全不同。這次的實際調查得知，這一族群遍布於雲林山中，綿延至嘉義及埔里社的南邊，占有一大區域。由於被認爲是沒有黥面的高山蕃向東遷徙，暫以雲林蕃支族稱之，大概是所謂「施武郡」[58]的這一族群吧。

（卯）以綠色線表示的卑南高山蕃是，北自卑南原野背後的北勢溝社以西起，南至恆春地區，居住在高山的族群。在這次的巡視中，雖然見到了其中一社，但是因爲尚未熟悉，因而無從得知其素質如何。

明治三十年三月十五日

田代安定　識

---

[58] 施武郡（シブクーン）即 Is-'bukun，為布農族郡社群。布農族郡社群傳說早期居住在語音近似鹿港、林圯埔、斗六及南投等地，後來移入山地。18 世紀左右，郡社群開始向陳有蘭溪畔的東埔社一帶殖民，至 18 世紀末葉越過中央山脈，向東南大移動。19 世紀下半葉，郡社群往南向今臺東縣延平鄉境內的內本路地方移動，進一步來到卑南族北絲鬮社傳統獵區的鹿野溪下游等地。馬淵東一著、楊南郡譯著，《臺灣原住民族移動與分布》（新北市：原住民族委員會、臺北：南天書局，2014），頁 130-153。

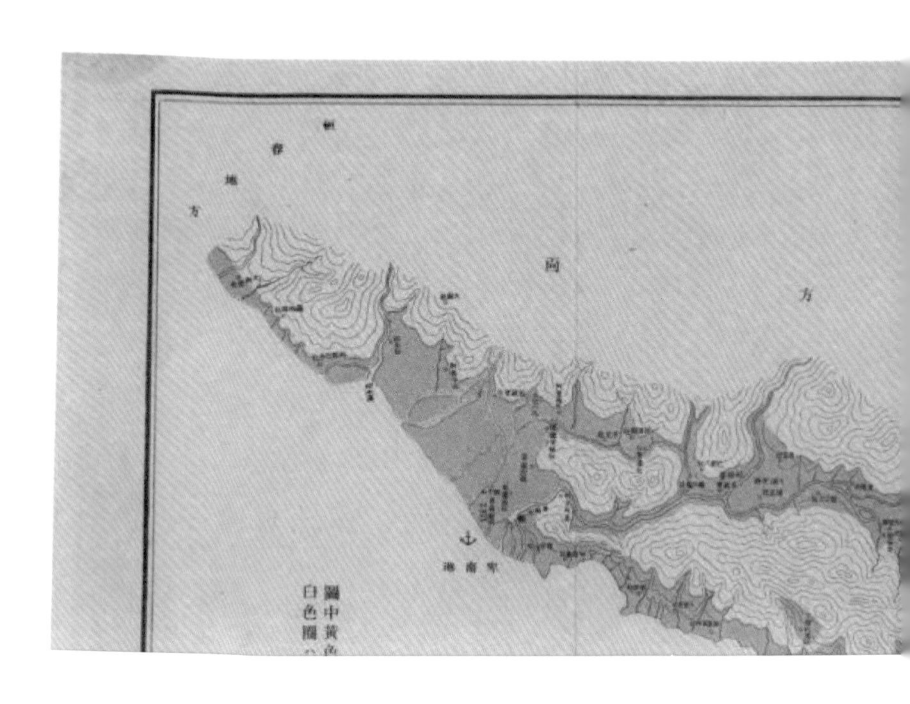
圖中黃色
白色圖

一丁黄色圏阿眉蕃人ハ新城原野ヲ除キ殆ン
ノニシテ總人口ノ三分ノ二位ヲ占メ臺東
レリ

一戊綠色圏卑南蕃人ハ卑南地方拓殖ノ宛モ
テ臺東平野住民ノ鼻祖ト稱スヘキ歴史ノ
シ

右五人族ハ平地住民ト爲ス

一子黑色横線圏大魯閣高山蕃ハ便チ臺北
シテ先天的嗜殺特性ヲ亨有スル人類ト爲
界ニ起リ南奇萊ノ加禮宛原野背後山中ニ
ルハ更ニ木瓜溪北岸山奥ニ亘ルノ說アレ

一丑全斜線圏木瓜高山蕃ハ大魯閣高山蕃人
區域ハ極テ狹少部分ニ居リ北木瓜溪南岸
城背後山中ノ一湖水ヲ周圍セル山腹間ニ

一黑色ゴバン圏雲林支族高山蕃ハ其住捿區
シ馬大安溪附近ヨリ礦石閣山中ニ亘リテ
上ニ至リ大魯閣、木瓜ノ兩山蕃トハ全ク人
ノ雲林山中ニ滿布シ嘉義及ヒ埔里社ノ南
黥面高山蕃ノ東遷シタルモノト認眠スル
是歐人ノ所謂「シブクーン」種族ナルモノ乎

一卯綠色線圏卑南高山蕃ハ北與南原野ノ背
ニ至ル高山上ニ住捿スル一種族ニシテ今
雖トモ猶未タ熟檢ヲ遂ケサルヲ以テ素質

明治三十年三月十五日

第二項　土著居民上篇

總　論

現今臺東全部居民約三萬人左右，由五種族群所組成，即(一)支那人族、(二)加禮宛人族、(三)平埔人族、(四)阿眉蕃人、(五)卑南蕃人。以上五類族群散住於臺東的平地，建立各村落，從事農業及其他行業，應當視爲本處的居民。其他有四個部族的高山蕃，皆散住於中央山脈背面山中，從來甚少與平地居民往來，而且與西海岸的高山蕃並未呈現相同的風貌，因此將這些高山蕃列爲臺東一般居民之外。阿眉、卑南兩蕃古來即住於平地，村落整然，以農爲業，其人種與一般臺灣人完全不同，亦即是與本島所謂的生蕃人屬於同一系統的人群，因此特別稱之爲平地蕃，與其他族群的判別並不容易，往往被記爲平埔蕃。剖析平地、平埔的字義，幾乎是可以歸於同類，雖然以往本島所稱的平埔蕃，係指熟蕃全體總稱的一種族群稱號，然而現今所謂的平埔蕃，往昔大多由生蕃人的歸化而列入一般的臺灣人，或者在數十年前或數百年前即已歸化。若尋其本源，現今所謂的平埔蕃正好具有臺灣島原有土著的性格，由於支那人族的渡海遷來，其生活狀況爲之一變，有的隱居至山邊地區，有的避住到沿海地帶，原本爲一個地方的大部落離散到各處，歷經種種的變遷，直到今日和一般人民具有同樣風俗，也仍然帶有平埔蕃的稱號，比起支那人族，往往被置於一般人民以外的地位。基隆、臺北、彰化、臺南、鳳山等也都存有現今平埔熟蕃仍是生蕃時期所遺留的地名，然而現今平埔熟蕃已多數歸化爲平地蕃，其詳細情形將在平埔熟蕃一章敘述。臺東阿眉、卑南兩平地生蕃似乎被混稱作一般的平埔蕃，在此敘述其概略。

臺東現在的住民三萬人左右，其中占最多數者爲阿眉蕃人，其人數達二萬，其他族群則各占其總數的一成左右。依各族人數而言，其次應爲卑南蕃。以平地住民而言，平埔熟蕃反而佔有多數，支那人族略居於伯仲之間，加禮宛熟蕃人數最少。關於各個族群的大略，敘述如以下各章。

第一章　支那人族

此處所謂的支那人族，即是一般的臺灣人。現今若僅以臺灣人表記，其中包含熟蕃等各種族群，在說明上恐與事實產生誤差，因此暫且借用這一稱呼。以往本島的居民大半由清國渡海而來，其中有戶籍移至本島、數代居住的純本島島民，亦有爲了經商等，自清國來到本島各處暫居者，倉促之間極難判別，尤其在像臺東這樣偏僻的地方，可以看成是這些人自行混雜居住。然而不論其在本島設有戶籍與否，本來在語言及其他特質上與日本人完全不同，與海外各國在特質上亦完全相異。對於這一族群，作爲我新版圖中人民的一個族群，不得不制定相稱的用語來稱呼。而爲了表記這一族群，徵之於各書，在廣義的意味上，將這一族群以支那人這樣的稱呼最爲穩當，但若只以支那人表記，恐怕引起讀者的疑慮，在此設定支那人族這一新名詞，希望在族群上有一明確的區別。

其一、居住區域

本島支那人族的過半數現今歸化爲本島人，此外，還有被視爲人民之外而治理的生蕃，與被認爲介於生蕃與支那人族之間的各類熟蕃。西海岸方面幾乎全住滿這一支那人族，成爲人民的全體，而在臺東其所佔比例完全相反，支那人族的分布仍然極爲稀少。雖然如此，支那人族的居住區域卻非常錯綜複雜，或獨居在山邊僻地，或者混居在各蕃社，如果不完成嚴密的戶籍調查，要列舉支那人族的統計頗爲困難。這次的調查就各庄現在居住的人數來說，無法達到充分的目的，雖然說計算上應該沒有極大的錯誤，但是我這樣熱衷於族群人口的調查，看似並非急迫的事務，和拓殖事業及其他各種事務也無關，但不能詳細知道該地方的人群特性與人口的話，絕對無法進行眞正的經營，因此堅信這是最緊要的調查事項。在各種負責的調查之餘，我也進行這一調查，然而對於在人事上至關緊要的支那人族調查工作，仍然留下隔靴搔癢的遺憾。

現今居住在臺東，以庄爲名稱的支那人部落約有二十三處，其他有數處看來是與蕃社混雜居住爲一庄的樣子，如同馬太安社[1]、微射鹿社，也有遠離支那人部落，在山間僻地的生蕃社中自古寄住的人。

臺東支那人族部落的組織與西海岸方面相同，村長有總理、甲長，小村落以甲長代替總理，但皆以總理稱之。另在無人知曉文字的極小村落之處，則囑托一位能辨別事理者處理村落事務，稱爲紳耆。然而，由舊臺東州府任命的總理皆各自按月支給口糧與俸銀，與生蕃通事同等待遇，其月支俸額大約平均五圓。在臺東的支那人部落如同下表：

---

[1] 馬大（太）鞍社分佈於今花蓮縣光復鄉大安、大同、大平、大馬、大進、大全等六村村境。「馬太鞍」為阿美族語「樹豆」之意，為阿美族人主要澱粉來源，在這個區域的山丘溪壑中很容易找到，便以「馬太鞍」樹命名。馬太鞍社原居馬太鞍山丘以東的沖積平原，清光緒元年（1875）清廷將馬太鞍社劃歸卑南廳管轄，清末歸為奉鄉，「馬太安（鞍）」等部落稱呼才為官方正式使用。施添福總編纂，《臺灣地名辭書，卷二花蓮縣》，頁 208-211、215。

庄地	戶數	
（一）新城庄	十五戶	純支那人族
（二）十六股庄	九十二戶	（內加禮宛熟番人十九戶）
（三）三仙河庄	二十八戶	（內加禮宛熟番人十八戶）
（四）新港街庄	七戶	（內加禮宛熟番人一戶）
（五）農兵庄	三十八戶	純支那人族
（六）軍威庄	十九戶	（內阿眉生蕃寄籍者十三戶）
（七）花蓮港街	六十七戶	（加禮宛熟番人四戶）
（八）加禮宛庄之內	支那人族三十五戶之外，七十八戶爲熟蕃人，總計一百十三戶。	

以上七庄一街屬奇萊地方。

庄地	戶數	
（九）大巴塱庄	二十三戶	（支那人族）
（十）鎮平庄[2]	二十二戶	同上
（十一）拔仔庄	二十七戶	同上
（十二）打馬烟庄	十三戶	同上
（十三）水尾仙庄	六戶	同上

另外，蕃社中支那人寄住者較爲明顯的是馬太安社中的十戶。

庄地	戶數	
（十四）迪街	三十三戶	（內平埔熟蕃二十戶、阿眉蕃七戶）
（十五）璞石閣莊	九十四戶	（內阿眉蕃八戶）
（十六）新塱庄	約十一戶	
（十七）中城庄	約八戶	
（十八）上城庄[3]	約十一戶	

[2] 今花蓮縣光復鄉大全村。原為阿美族馬太鞍社領域，清光緒 4 年（1878）加禮宛族的三戶（Tatai、A-An、Apsa）因參與加禮宛事件，被迫遷社，因而從卡來萬（與「加禮宛」音近，今嘉里）南遷至此。清廷為彰顯鎮服了戰亂，因而取名鎮平庄。施添福總編纂，《臺灣地名辭書，卷二花蓮縣》，頁 216。

[3] 今花蓮縣玉里鎮源城里苳藤坑。「苳藤坑」應是日治初期記錄的「上城庄」，明治 42 年（1909）間，可能因地方改制被併入客人城庄。雖然地

（十九）客人城庄	約十六戶
（二十）義安庄	二十四戶

此外，新開園另一名稱爲新開庄，是臺東各庄中較明顯屬於平埔熟蕃的庄，因此歸爲平埔熟蕃聚落之一。

以上屬秀姑蘭地方至卑南新街之間。

庄地	戶數
（廿一）卑南新街	百九十戶
（廿二）成廣澳庄	五十三戶
（廿三）大港口庄	九戶

上述爲卑南及海岸地方。

以上共計二十三庄，屬於支那人的部落。

此外，既是應該歸爲一般臺灣人的村落，又是帶有庄、社之名的平埔熟蕃人部落，有識羅庄[4]、媽汝庄[5]、觀音山庄、殺牛坑庄、臺教寮庄[6]、石公坑庄[7]，下勞灣庄[8]、蔴之林庄[9]、大庄、挽興埔庄、

方耆老的記憶中沒有「上城」這個庄頭，但當地流傳一則傳說，為清末、日治之初，曾有一名陳阿義的客家人，帶領眾人入墾（上城）山腳一帶。施添福總編纂，《臺灣地名辭書，卷二花蓮縣》，頁 130-131。

[4] 今花蓮縣玉里鎮春日里。清代時本地稱為織羅（Ceroh），為秀姑巒阿美族 Ceroh 社部落所在地。大約在百餘年前，阿美族 Pacilal 氏族從拔子社（今瑞穗鄉富源）遷移來此，清光緒 7 年（1881）之間，大庄平埔族人因水患北遷至此，日治之後才有漢人進入。施添福總編纂，《臺灣地名辭書，卷二花蓮縣》，頁 108-109。

[5] 今花蓮縣玉里鎮松浦里麻汝（萬麗）。由地名起源自阿美族語 Lohok，之後訛音轉為「麻汝蘭」，省略其尾音為「麻汝」，推測本地應是阿美族人先來開墾。不過在清末的記錄中卻未見有阿美族人，而是光緒 7 年（1881）大庄平埔族人因為水患而遷居到此，此時東側山坡上有一阿美族 Lohok 部落，兩者共同開墾秀姑巒溪溪埔土地。施添福總編纂，《臺灣地名辭書，卷二花蓮縣》，頁 104-105。

[6] 今花蓮縣玉里鎮觀音里高寮（埔頂）。「臺教寮」之臺語發音與「刣狗寮」相近，又有「大斛寮」、「打狗寮」等稱呼。地名來源說法之一是昔日大庄平埔族在此捕鹿，但鹿為觀音山庄漢人所畜家犬嚙食，平埔族人怒而

麻嘉錄庄[10]、頭人埔庄、新庄仔庄[11]、犁仔坑庄[12]、石牌庄、里巷庄、檨仔寮庄[13]、公埔庄、蕃港庄、躼埔庄、大坡庄、新開園庄、里壠

殺犬，因而有「刣狗寮」之稱。第二種說法是阿美族遷入時原居於秀姑巒溪畔，後因部落失火而移至高寮溪左岸山頂的一處高山臺地，阿美族人稱此「高起之地」為 Takolyao，並以此為社名。施添福總編纂，《臺灣地名辭書，卷二花蓮縣》，頁 101。

[7] 今花蓮縣玉里鎮東豐里石公坑（石光、石岡）。清光緒 5 年（1879）《臺灣輿圖》記錄「璞石閣平埔八社」時，本地只有「刣牛坑」一個庄頭，但是日治初期田代安定調查時，將石公坑、刣牛坑兩個平埔族庄頭並列，推測當時發展成兩個庄，合計 9 戶 56 人。石公坑庄位於今東豐里南端石公溪右岸，而刣牛坑庄應在今東豐社區一帶。施添福總編纂，《臺灣地名辭書，卷二花蓮縣》，頁 98-99。

[8] 今花蓮縣玉里鎮樂合里下澇灣（Halawan）。清光緒 7 年（1881），原居富里鄉大庄的平埔族人因秀姑巒溪山洪暴發，沖毀田園，有部分平埔族人移居樂合，定居於今樂合國小下方一帶者，即是「璞石閣平埔八社」中下澇灣社最初的所在。施添福總編纂，《臺灣地名辭書，卷二花蓮縣》，頁 94。

[9] 今花蓮縣玉里鎮樂合里南通。清代為麻志林（蔴之林）庄舊址，初為平埔族聚落。光緒末年，由東海岸沿紅座古道（安通古道）遷入的南部平埔族人，因當時新、奉兩鄉平埔聚落大多已經拓墾，較晚進入者只能在此短暫居留，日治中期，原居的平埔移民大多改遷大庄或他處。施添福總編纂，《臺灣地名辭書，卷二花蓮縣》，頁 95-96。

[10] 今花蓮縣富里鄉新興村馬加祿。此處原為一名叫「馬加祿」的卑南族人所擁有的獵場，其他人來此狩獵，一半的獵物必須交給地主，因而得名。清同治元年（1862），大庄平埔族以豬、牛與地主交換土地，得以在此開墾定居。施添福總編纂，《臺灣地名辭書，卷二花蓮縣》，頁 306。

[11] 今花蓮縣富里鄉東里村。日治之後，來自北部的客家人移民開墾定居，逐漸形成新的庄頭，為與原有舊聚落的大庄區別，遂稱為新庄仔。施添福總編纂，《臺灣地名辭書，卷二花蓮縣》，頁 302。

[12] 今花蓮縣富里鄉羅山村。「梨仔坑」又稱「螺仔坑」，清光緒元年（1875）前後建庄，光緒 14 年（1888）成立臺東直隸州時，屬於卑南廳新鄉。最初的聚落由南部西拉雅平埔族所建立，聚落的名稱和其南側的螺仔溪有關。施添福總編纂，《臺灣地名辭書，卷二花蓮縣》，頁 312-314。

庄的二十庄，屬於較明顯爲平埔熟蕃的村落。另外在海岸路線有石雨傘庄、三塊厝庄[14]、烏石鼻大小二社、石連埔庄、彭仔存庄、竹湖庄大小二處、掃北庄大小二處、加走灣三庄、城仔埔庄、通鼻庄大小二處、三間厝庄、水母丁庄等十八處，合計三十八庄。

加禮宛熟蕃人的部落，有加禮宛庄、媽佛社[15]、活仔寮庄[16]、姑仔律社[17]、大峯峯庄、大尖石庄、葵扇埔庄、石梯庄、那里奄庄[18]、

---

[13] 今花蓮縣富里鄉石牌村㨪仔寮（中興）。石牌村為來自臺南的西拉雅平埔族人遷入開拓，清光緒 7 年（1881）就已設有長老教會禮拜堂，也是東部基督教長老教發源地之一。㨪仔寮為石牌村 2、3 鄰一帶，現或稱為桑仔寮或中興。施添福總編纂，《臺灣地名辭書，卷二花蓮縣》，頁 315-316。原文將㨪仔寮庄的「㨪」字誤植為「樣」字。

[14] 今臺東縣長濱鄉三間村。「三塊厝」又稱「三間厝」或「三間屋」，阿美族稱「三間屋」是「sanibungang」，為「新社」的「海岸阿美」最早遷來，先至大俱來居住，為接近耕地又遷至此地；約清同治 11 年（1872）西拉雅族人也移入定居。施添福總編纂，《臺灣地名辭書，卷三臺東縣》，頁 32、34。

[15] 今花蓮縣光復鄉西富村馬佛。媽佛社為噶瑪蘭 36 社之一，舊社名為「飛去」之意。清光緒 4 年（1878），新城鄉的加禮宛族六社因抗清被迫遷社至此，位於今光復溪與嘉農溪匯合處南方。馬佛附近為馬太鞍與太巴塱兩族系的緩衝地帶，以東為太巴塱、以西為馬太鞍的勢力範圍，兩族為避免糾紛，相約不得到馬佛拓墾。施添福總編纂，《臺灣地名辭書，卷二花蓮縣》，頁 222-223。

[16] 今臺東縣長濱鄉竹湖村，《續修花蓮縣志（民國七一年至民國九０年）族群篇》，頁 81。

[17] 今臺東縣長濱鄉樟原村。「樟原」原名「姑子律」，為阿美族語 Gulalu' 轉譯的地名，嘎瑪蘭語發音為 Gulaalu'　。清光緒 4 年（1878）前後，花蓮港廳加禮宛社（噶瑪蘭人）和由拔仔庄移來的阿美族人，共同組成一小社，名為 Kurarutsu，清朝譯稱為姑仔律。施添福總編纂，《臺灣地名辭書，卷三臺東縣》，頁 28。

[18] 今花蓮縣豐濱鄉豐濱村大灣（Nalian），位於立德部落南方。阿美族語稱茅草為 Li，茅草很多之地為 Nalian（那里奄），為大灣舊名。清光緒 3 年（1877），港口部落由於抗清，Ciporan 阿美族人曾逃到此地，但幾

姑律庄、新社、加露巒等十二庄。在海岸路線一帶，加禮宛熟蕃混雜居住於平埔熟蕃各庄之中，又阿眉蕃社之中被認爲有九戶加禮宛熟蕃混居。

以上兩種熟蕃部落共有五十庄社（其中平埔三十八庄，加禮宛十二社）應該納入普通臺灣人的部落之一，其中有少數支那人混住。

關於支那人族的調查，第一、現在臺東有若干廣東人混住之情形必須注意，因爲廣東人與本島住民文化不同。在西海岸地方，靠近蕃地的山野墾拓者多爲廣東人，也就是新竹、苗栗、東勢角，其他在鳳山地方的沿山地區即爲廣東部落，所謂的客家常被認爲是驃悍滋事之民，往往讓原先的清朝官府苦惱，多數的客家屬於這一族群。第二、當初支那人族移入臺東地方大多來自何地，究竟是從宜蘭地方或臺南地方移來，何地較多，這點雖然試圖加以究明，但仍未能進行充分的調查，雖然如此，得到大略如同下表的結果。

<table>
<tr><th>庄名</th><th>人族名</th><th colspan="2">戶數、人口率</th><th>移出地</th></tr>
<tr><td rowspan="2">（一）新城庄</td><td>清國詔安縣、漳浦縣、龍溪縣</td><td>十四戶</td><td>六十七人</td><td>經宜蘭移來</td></tr>
<tr><td>同廣東大埔縣</td><td>一戶</td><td>五人</td><td>不詳</td></tr>
<tr><td rowspan="2">（二）加禮宛五庄之內</td><td>清國湖南等地及本島出生</td><td>十六戶</td><td>四十八人</td><td>宜蘭其他各處移來</td></tr>
<tr><td>廣東人</td><td>十九戶</td><td>六十三人</td><td>經臺南地方移來</td></tr>
<tr><td>（三）十六股庄</td><td>清國及本島、出生地混雜</td><td>七十三戶</td><td>二百七十五人</td><td>經各處移來，過半來自宜蘭</td></tr>
</table>

年後又遷回原社。自清代港口人遷走後，人口稀少，日治初期調查只有1戶人家。施添福總編纂，《臺灣地名辭書，卷二花蓮縣》，頁247。

庄名	人族名	戶數、人口率		移出地
（四）三仙河庄	同上	十二戶	四十七人	同上
（五）新港街庄	同上	六戶	十九人	宜蘭移來
（六）農兵庄	同上	三十八戶	百三十人	各處移來
（七）花蓮港街	同上	六十戶	二百六人	臺南、臺北各處移來
	廣東人	四戶	十二人	
（八）馬太安社	清國及本島出生	十戶	四十六人	各處移來
（九）大巴塱庄	同上	十戶	五十四人	同上
	廣東人	十三戶	六十一人	經臺南地方移來
（十）鎮平庄	清國及本島出生	二十二戶	七十一人	各處移來
（十一）拔仔庄	同上	十五戶	六十八人	同上
	廣東人	十二戶	六十四人	臺南其他各處移住
（十二）打馬烟庄	清國及本島出生	四戶	三十四人	同上
	廣東人	九戶	四十六人	同上
（十三）水尾仙庄	清國及本島出生	六戶	十六人	臺南其他各處移住
（十四）迪街	同上	六戶	三十八人	同上
（十五）新塱庄	同上	十一戶	不詳	同上
（十六）璞石閣莊	同上	三十九戶	一百五十二人	同上
	廣東人	四十一戶	一百六十人	同上
（十七）中城庄	本島出生	一戶	四人	同上
	廣東人	七戶	三十四人	同上
（十八）上城庄	同上	約十一戶		同上
（十九）客人城庄	同上	約十六戶		同上
（廿）識羅庄	同上（平埔雜	不詳		同上

庄名	人族名	戶數、人口率		移出地
(平埔人族)	住)			
(廿一)媽汝庄(平埔人族)	平埔熟蕃當中混住有本島支那人	不詳		同上
	廣東人	約三戶		同上
(廿二)大狗寮庄(多數爲阿眉蕃)	同上	一戶	六人	同上
(廿三)公埔庄(平埔村落之內)	同上	約三戶		同上
(廿四)新開園庄(同上)	同上	八戶	三十一人	同上
	廣東人	一戶	七人	同上
(廿五)里壠庄(平埔村落之內)		十一戶	三十七人	同上
(廿六)義安庄(支那人族部落)	本島支那人	二十四戶	一百廿九人	同上
(廿七)卑南新街(同上)	清國並本島支那人、廣東人混住	一百五十七戶	六百九十人	同上
(廿八)成廣澳庄(同上)	鳳山、臺北、彰化、如蘭、宜蘭、清國泉州、南路	四十三戶	一百四十六人	清國並本島各處
	廣東人	七戶	三十人	不詳
(廿九)大港口庄	同上、清國福建	五戶	三十三人	同上
	廣東人	四戶	十六人	

以上二十九庄之外，大庄其平埔熟蕃庄以及各蕃社內混住有少數支那人族，因爲不得查明追究而無法詳細知道，上表關於一般支那人族與廣東人之分別，統計如下。

族群別	戶數	人口
一般支那人族	六百三十一戶	二千四百二十六人
原籍未詳	一百九十二戶	三百七十九人
廣東人	一百二十一戶	四百九十八人
合計	九百四十五戶	三千三百〇三人

以上可知現今住在臺東的支那人族總計的大概，前表中有平埔人族混住之處，支那人族人口不確定的村落有四、五處，另有不確定的寄住者，上表總計二千九百二十四人，當中遺漏有七十四人，併計後大約三千人。誠如篇首所述，其居住區域頗爲雜亂，往往在意想不到的蕃社中或有二、三位或者五、六位寄住者，其中應該也有無戶籍者，或自清國渡航後即散住在各處者，這些人不經過精確的戶籍調查，其人數難以計算，雖然將這些人合併計算，應該不會超過一千戶以上。上述各庄的戶數與人口，過半村民的記錄乃是實地進行踏查的結果，未經實地調查之處，則以臺東支廳與臺東撫墾署的調查加以對照，再經進一步的質疑，想來應該沒有太多的遺漏。但遺憾之處是上述的村落中，因其位置偏遠阻隔，無法親自造訪完成調查的有四、五個村庄。

再依據上述調查的結果看來，廣東人的人數出乎意料只占少數，僅爲一般支那人族的五分之一強。雖然如此，關於臺東支那人族人口統計表的調查製作，這次我的重新調查，匆忙之中實在有不少隔靴搔癢的感覺，若再將之精確明究，前表的一般支那人的人口將會減少，而廣東人之人數應該會增加，尤其是關於卑南新街的住民所進行的族群別調查延後，其中應該還包括若干的廣東人（即客人）等。然而以現在所見，與西海岸的廣東部落大不相同，多數呈現平和的狀態。如果不逐一探尋其原本的籍貫，絲毫無法發現其區別而呈現同一狀態，婦女的容貌服裝亦然，究竟是廣東的出處不同或是地方風土所致，應該有其原因。例如打馬烟庄、璞石閣庄的廣東人超過半數，卻與鳳山地方廣東部落的風致大不相同，這裏是原籍地廣東，被稱爲本地人的族群。再者，奇萊地方以及秀姑巒地方，亦即自花蓮港附近至水尾溪邊的各村村民皆是自宜蘭地方移來的傳說，屢屢聽聞，但經實地就此加以調查，卻找不到這一傳說的憑證，幾乎不得其要領。但是如同十六股庄、新港街庄、新城庄等居民多來自宜蘭，而且常與宜蘭相互往來，也就是來自宜蘭的寄留者衆多。至於花蓮港街，則是來自臺北、臺南、宜蘭以及本島其他各地方移入者的集合，在此處形成一個部落，正可以說如同成爲支那人的一駐屯處所。現在我們停留期間，人口突然增加，其中來歷不明的流浪人士也不少。猜測原因的同時，守備隊也注意到這個現象，嚴格管理民衆的進出，同時著手人口的調查。去年(明治)二十九年(1896)七、八月間左右，討伐土匪結束之際的總戶數是四十五戶，同年九月我的調查爲五十九戶，直到十二月守備隊完成調查人口之時，成爲六十八戶。此後，流浪人士顯然絕跡，看得出花蓮港街人口增殖的狀況，明顯成爲各地的支那人集結移住之處，諸如十六股庄、農兵庄等，必定是與此有所關聯。然而自花蓮港南進到馬大安、大巴塱庄附近，與宜蘭地方幾乎沒有關係，自古由西海岸各地遷來定居多年的土著甚多。至於位在水尾溪和花蓮港中間的拔仔庄，試著尋找現今住民的舊時戶籍，得知如同下表的比例。

庄名	移出地舊籍地名	戶數	人口數
拔仔庄	廣東	十二戶	六十四人
同上	臺中彰化	七戶	男女四十人 另有工人二人
同上	臺北	一戶	男女六人
同上	嘉義	一戶	男女二人
同上	臺南府	一戶	男二人
同上	宜蘭	三戶	男女七人
同上	恒春	一戶	六人
同上	清國	一戶	二人
共計	以上八處地方	二十七戶	一百三十二人

關於上表水尾溪至奇萊之間的各庄，應該很明顯是集合來自各地方的人群，其他的各庄也很多，跟這個例子相同。拔仔庄的廣東人幾乎佔了二分之一，其次是來自臺中縣彰化的移民，爲總人口的三分之一，其餘僅止於三戶至一戶之間。卑南新街如同前述，這次的族群調查工作延後，假如加以詳細考究，應該也能看到類似上述的結果。而且在卑南新街的人口方面，比起其他各庄，混住很多卑南蕃與阿眉蕃的女子，也多少增加了一些平地蕃的人口。又，水尾溪以北的打馬烟庄有廣東人九戶，本地出生者四戶，其他也是這樣的比例。

臺東地方除了卑南新街及花蓮港街之外，較爲明顯的支那人部落各庄如同下表。

庄名	戶數	人口	位置
璞石閣莊	八十六戶	三百七十人	秀姑巒地方
拔仔庄	二十七戶	一百三十二人	同上
十六股庄	總計九十二戶之內的七十三戶	三百三十人之中的二百七十五人	奇萊地方
農兵庄	三十八戶	一百三十人	同上
成廣澳庄	四十九戶	二百二十一人	海岸路線

以上各庄當中，秀姑巒地方的璞石閣莊最具勢力，拔仔庄人口雖然較少，但也稍有勢力。奇萊地方支那人族的勢力最大者實爲十六股庄，也就是三仙河庄、農兵庄等如同其附屬的村落，恰與璞石閣莊南北對峙，花蓮港街爲其羽翼，支那人中稍有企圖心的也在十六股庄內群集，儘管如此，尚無應該記載的人物。十六股庄距米崙山兵營約爲十八町，北邊有加禮宛庄的熟蕃部落，南邊是歸化社[19]、七腳川社[20]等南勢阿眉蕃社約五千六百餘人，被兩側不同族群隔開，呈現孤立狀態。其餘各庄除了卑南新街之外，沒有其他具有勢力者。但是，現在具有與支那人同樣特性之秀姑巒地方的平埔熟蕃，雖然有從以往就對支那人族反感的，其中一半爲耶穌教信徒，詳細將在平埔人族一章中敘述。成廣澳庄被隔離在與其他的支那人族交通不連貫的海岸路線之間，孤立在平地生蕃的部落之間。卑南新街爲臺東地方的主要城鎮，最有勢力者純屬此處，資產穩固者也多居住於

[19] 今花蓮縣花蓮市國慶里達固部灣。本地昔日茄苳樹多，阿美族語稱茄苳樹為 Sakulu 或 Sakor。清光緒 4 年（1878），在 Sakulu 的竹窩宛社撒奇萊雅族，與加禮宛社的噶瑪蘭人聯合抗清，中路統領吳光亮率兵鎮壓，強制遷社，將本地改稱「歸化」。施添福總編纂，《臺灣地名辭書，卷二花蓮縣》，頁 53。

[20] 今花蓮縣吉安鄉。原為南勢阿美族人聚居之地，重要族社有七腳川、荳蘭、薄薄、里漏等社。清代屬於舊崇爻 9 社之一的 Chikatsuoan（或寫為 Chikasowan），「Chi」為接頭語，「Kasui」是木柴，「An」表現地方，用來指稱木柴很多的地方。光緒元年（1875）卑南廳設立，吉安被納入清朝版圖，光緒 4 年（1878）發生加禮宛地區噶瑪蘭族聯合撒奇萊雅族（Sakiraya）抗清的「加禮宛事件」，以及光緒 14 年（1888）花蓮南部平埔族人抗清的「大庄事件」中，七腳川社在清廷「以番制番」的策略下，都與清廷協力，協助清軍對付反抗的族社，成為南勢阿美族中最強大的族社。施添福總編纂，《臺灣地名辭書，卷二花蓮縣》，頁 155、171。

此，但在土地關係方面，其主權屬於卑南蕃，這一土地主權從來沒有被入侵的跡象，這是以拓殖爲目的的移居者稀少的原因之一。

其二、生計程度

臺東的居民當中還未有特別應該記載的資產家，也就是少有大商家、大農家之類的人，但商賈中稍具財富者除卑南新街的張義春[21]、謝源興、陳泉春之外還有三、四名，花蓮港街有二、三位小資產家。市街以外的居民中，則以新城庄的李阿隆[22]作爲資產家最受到好評，奇萊、秀姑巒地方都沒有像李阿隆那樣可以被舉出來談的資產家，然而其生活極爲儉樸，使人猶豫而幾乎無法判斷其是否爲資產家，而新城庄大多爲李阿隆的族人，經常頻繁往返宜蘭，其族人亦有分居在宜蘭者，家族常常住居於宜蘭。就其對大魯閣生蕃各社的勢力看來，一般的說法也不是毫無根據，李阿隆原本不是大資產家一事是在地居民都知道的，其名聲之大，與其說是財產，不如說是他對大家所畏懼的大魯閣山蕃人具有一部分的威勢。李阿隆爲人如同上述之外，由於所住地區偏遠，與他庄隔絕，因而其名不見評論。雖然臺灣土著的生活儉樸，經年累月增殖財產者如大港口庄的舊阿眉蕃通事、具有總理頭銜的蕭友隆，其他如里壠庄、璞石閣、拔仔庄、大巴塱、十六股庄、加禮宛庄等的總理、甲長以及稱爲紳

[21] 又稱為張儀春、張新才，客家商人，是晚清到日治初年後山南路重要的總通事。

[22] 宜蘭人，頗有勇略，好客輕財，太魯閣人聽信於他，為奇萊新城通事，是晚清到日治初年官方亟欲拉攏的對象。潘繼道，〈花蓮地區日治時期慰靈碑遺跡初探〉，《臺灣文獻》第61卷第1期（南投：國史館臺灣文獻館，2010），頁388-389。

耆者，當中稍有資產者，如十六股庄原本是三位墾主開墾種田的土地，林蒼和爲其遺產繼承者的其中一人，現在的總甲長林烘爐、黃和尙等作爲小甲長，都被認爲是擁有與其職位相符農產的人。林蒼和名下的田地在十六股庄有貳拾壹甲九分九厘餘，在三仙河庄則與林蒼安名下共有二甲餘田地，加禮宛庄內有八甲三分八六，合計爲三十甲三八二。林烘爐名下的田地八甲餘，黃和尙有五甲餘，另外林升高有二十八甲九二五。水牛屬林蒼和名下者約二十頭，林烘爐有十二頭，黃和尙有八頭，並不是大農家從來的生計，然而田地有二十八甲以上至三十甲的話，其收穫量總共可達九百石以上。再者，秀姑巒地方打馬烟庄的總理羅進福稍可說是大農家，在庄中有其勢力，其田地以暹石進的名義登記的約十餘甲。又加禮宛庄總理吳偉炳[23]名下水田爲八甲三分八四六，役使加禮宛人從事砂金的採掘，同樣可列爲地方資產家之一。整個臺東中等以上的資產者大多是如同此類，但是應該都比不上宜蘭地方的大農家與大租戶。居民大半爲小農、小商人、勞働者等，專門與生蕃交換爲業者居多，因而沒有特別應該記述的大宗物產，也沒有大資產家引人注目，沒有高水準的生計經營，因此與土地關係密切的事情不多，在清朝政府所丈量的田地之外，與土地相關的全屬平地蕃人，這是臺東之所以爲臺東的原因，日本拓殖上的眞正目標應該可以在這片疆土上達成。

[23] 客家人，加禮宛五庄的總理，擁有大批土地。

其三、土地關係

以往可以自由獲得拓墾權力的實是生蕃通事，生蕃通事均自支那人族當中選用，有任職一代或數代世襲，支給所謂的月支口糧銀，通常大致上是月額五圓，大社或兼管數社者，支給六圓乃至八圓，擔任總通事者月俸可達十餘圓。又有通事，擔任一村或者兼任數村的總理之職，且大多執有前撫墾署[24]的山野開拓許可證，驅使生蕃爲其拓殖營利者不在少數，因此，一旦當上通事，不管其所管的生蕃順服與否，在各庄均具有一種潛在的勢力，擅於營利者多少積有資產，而且享有比一般人更爲方便的拓墾權利而擁有若干田產，只要不是憨厚愚鈍者，無不擁有各自口糧以外的盈餘。從另一方面加以評論，首先難在於其心術不正，幾乎沒有忠良誠實、可安心委辦事務的通事，只有讓人長聲嘆氣而已。臺東的通事大致分爲三類，一稱高山蕃通事，一爲卑南蕃通事，另一是阿眉蕃通事，然而不論何者，均屬同樣的組織。阿眉蕃通事因其生蕃分布區域廣闊，人數衆多，各式各樣的人難以一概而論，雖然將來在土地處分上，應該特別需要具有決斷力的人作爲蕃社通事。萬一這些通事教唆蕃人，逞其反叛之意，所必須擔憂的不外是高山蕃，尤其去年以來阿眉蕃偏向於歸服我們內地人，即使有二、三教唆者也未必能輕易改變其意，這一點不能毫不加以顧慮，雖然只是對於與通事或前撫墾署多少有些關係的庶民的事實裁斷而已。暫且不論通事，在各土著居民之中若是逐一追溯以往的事情，其處置可能失於緩慢，說不定招致

---

[24] 晚清為了繼續進行招撫工作，於大嵙崁（今桃園大溪）設置撫墾總局，東臺灣則於卑南設撫墾局，秀姑巒、花蓮港則各設分局，以加強撫番的工作，使墾務得以順利推展。

臺東難以全面成爲一殖民地。換句話說，上述的臺東土地與一般庶民關係不大，歸於生蕃則所有的情形將爲之一變，即使生蕃無甚異議，持有通事、村吏及其他前撫墾署等相關印章的庶民反而可以各自陳述土地的來歷，難以裁斷是在這個環節。然而以往臺東沒有樟腦製造，同時在拓殖上資金的累積也不多，本身與西海岸方面的蕃地各處不同。在清朝，臺東的各項施政屬於特例，向來與西海岸方面完全不同，因此不能夠以強硬果斷的方針處理。

除了經過清朝政府丈量的田地及住宅地方之外，在臺東應該全部都屬於官有地，如此一來，現今在地居民持有丈單及繳納地租的只有水田而已，旱地的園在其耕作時爲其私人所有，有時其耕地也會交換或買賣，然而旱地不課任何地租，也不發給丈單，任憑其自由管理。因而就此正式討論的話，縱使這些已開發的墾地被認定爲充分具有官有地的本質，向在地居民詢問旱地的面積，不管在公私場合都得不到正確的回答。這並非有意隱蔽事實，而是因爲各自所有的旱地擁有幾甲幾弓的明確編號者極爲少數，只是沿襲以往隨其意願、就地耕作而來的這一習慣而已。

臺東以往的土地稅率全部是採取清國銀兩制的六錢六厘（大約是日本的九拾貳錢四厘）至六錢三分三厘，與其說是平均相當於西海岸方面的下下則田，不如說是沙田，適用最低的稅率。其收稅法依據臺東支廳及其他的調查如下：

稅區分成卑南、成廣澳、新開園、拔仔庄、花蓮港五處，又稱五鄉。每鄉設置冊書擔任稅務員，負責辦理收租的業務，又使各庄總理輔助其收租的事務。每年八月召喚冊書，在老串票上詳細登記土地號碼與租稅數額後，交給冊書，由冊書依照老串票製作徵租令書，向人民分配租賦，依照其規定徵收田租。在地居民開墾田地之前，必須向官衙申請許可，墾田完成之後，經過丈量其面積，登錄在官方簿冊，滿三年之內免租，第四年起依照稅則徵租。旱地種植旱稻可以免稅，居民的住宅地區也可以免徵地租。

以上收稅區域的五鄉稱號，爲南鄉、廣鄉、新鄉、奉鄉、蓮鄉，現今這些稱號已經不用。其平均稅率爲水田每甲徵收銀六錢六厘，比起本島一般地租徵收的等別屬於中則，沙田每甲應徵正供耗羨銀接近六錢八分一厘，然而還有七分五厘的差額。所謂沙田是指比下下則田等級更低，應該說是在等級之外的田地。由此看來，臺東的地租可算採用一種特別的最低稅率，原因之一可能出自於獎勵東部開荒殖民事業的政略吧，理由不詳。再者，檢視本島以前的租稅，臺東州地租全部數額爲一千一百四十二兩參錢二分。又，舊墾田有二千二百五十五甲五分，新墾田爲九百五十甲，其中免於納租的田有三百四十三甲，以舊、新兩種墾田所收的稅銀壹千八百五兩（每甲銀六錢三分三厘的比率），換算成日本國內貨幣爲二千五百七元（以上爲明治三十年三月臺東廳的調查）。也就是與西海岸方面埔里社的租銀一千九百六十兩四錢零五，以及恆春的一千九百五十六兩八錢三分五厘，大略相等。以面積而言，臺東州不用說比埔里、恆春兩地大上數倍，然而一概以東海岸生蕃地的名目徵收地租，眞是出人意外。但是對臺東而言，也可說是適當的租額。如果我在巡視當中有相當充裕的時間，關於人事方面還想精確調查，受制於某些原因無法達成，頗爲遺憾。

近來支那人族在土地關係上比較少與平地蕃有所關聯，偶爾有試圖購入生蕃所持有的土地，以布疋、豚與酒替代貨幣，取得其允諾而使用成爲一種慣例，其面積及物品數量等依當時場合隨機而定，因此這次無法探查得知其比例。只是聽說以往平地蕃在對支那人族的土地讓與權上頗爲強勢，支那人族不得恣意開價。現今奇萊原野耕地的重要部分全部爲南勢蕃所有，支那人族的開墾地只限於其區域，猶如外國人居留地一般。花蓮港附近也有支那人族的園圃，距離該街區不遠，緊接在花蓮港街旁，設有蕃人等的道路爲界。在這道路以內支那人族不得侵入墾拓，同時若發現支那人族擅自侵犯蕃人園圃的話，馬上會受到蕃人斥責。至於新港街庄、十六股庄等處，其鄰近與庄民所擁有的田園相接。加禮宛庄爲熟蕃混住，爲另一種獨自的型態。大巴塱庄附近的這種關係較爲緩和，往往能見到支那人族擁有大面積的園圃。阿眉蕃對於日本人的情感雖然平淡，但是猶如舊交親朋，跟阿眉蕃數人的接觸經驗，顯示他們胸襟開闊，對於事情往往很少唱反調。這次臺東支廳用地在取得大範圍的土地時，即使其中一半是阿眉蕃的現耕地，他們也即刻服從命令。至於與其他現住居民之間的土地關係，如同前述，以往南勢蕃拒絕支那人族收購買入土地的事實常常聽說，其事實在巡視途中讓所雇用的口譯員林儀鳳[25]加以筆錄，寫出下列的文章：

憶昔奇萊地方草昧未開，四無居民，皆屬蕃族。同治十三年、光緒元年間，清有居民至此開闢田地，名十六股庄，乃南勢七社蕃人，恃強橫霸，彼處曰伊之地方，此處曰伊之地方也，不

[25] 原籍廣東省鎮平縣橫田村的客家人，住在加禮宛瑤篙庄，即今新城鄉嘉里村國軍總醫院西邊，鄰近須美基溪。

准居民開墾田地，屢屢爭佔。及光緒三年間，加禮宛蕃反，有吳統領名光亮，羅統領名大春，營官吳立貴[26]攻擊加禮宛、竹篙宛[27]等社，後見居民地開墾田地，屢屢與番人爭佔，乃調集七社頭人以布五十疋、嗶吱赤布六疋、豬六隻、酒六罎，以買荳蘭溪[28]北邊之地，東至加禮宛溪為界，西至山為界，南至荳蘭溪為界，北至加禮宛山，以上為界。自荳蘭溪以北為官地，任居民開田，番人不得侵佔。自荳蘭溪以南為番人耕種，居民亦不得侵佔。乃此地居民愈久愈少，以不服水土，死者死、歸者歸，故居民零落，田地荒蕪。新港街地方亦有官買之地，東至溝為界，西至路為界，南至溝為界，北至溝為界，四至界址分明，後因少人耕種，其處田地有荒蕪者，有為番人爭回耕種者，此事在十八、九年間耳。我問之總理及花蓮港街眾，言亦僉同，今大人下問及此，謹詳錄其事焉。

---

[26] 光緒 4 年（1878）冬天，營官吳立貴收葬戰爭中陣亡兵勇及罹難居民的骸骨，於米崙山（即美崙山，又名鰲魚山）北端的西側作義塚，並立碑誌之，其碑文載:「鰲魚山義塚」，上款為「大清光緒四年冬月吉日穀旦」，下署「欽加統領銜統帶飛虎左營閩浙督標即補協鎮吳立貴敬豎」，可知吳立貴時任閩浙都標協鎮。

[27] 今花蓮縣花蓮市國慶里達固部灣。本地昔日茄苳樹多，阿美族語稱茄苳樹為 Sakulu 或 Sakor。清光緒 4 年（1878），在 Sakulu 的竹窩宛社撒奇萊雅族，與加禮宛社的噶瑪蘭人聯合抗清，中路統領吳光亮率兵鎮壓，強制遷社，將本地改稱「歸化」，今四維高中一帶原稱竹窩宛或竹高滿（Dagubuwan）。施添福總纂，《臺灣地名辭書，卷二花蓮縣》，頁 53。

[28] 荳蘭溪即今吉安溪，又稱七腳川溪。吉安溪發源自七腳川山與初英山附近，標高 1,357 公尺，主流全長為 11.4 公里，為花蓮市與吉安鄉的界溪，屬吉安鄉的次要河川，流域面積為 42.16 平方公里。施添福總編纂，《臺灣地名辭書，卷二花蓮縣》，頁 157。

林儀鳳（原籍廣東省鎮平縣橫田村、現寓居加禮宛瑤篙庄）謹錄。

其四、史跡

臺東史跡的主要部分全數根據舊知州衙門刑名官兼秀姑巒撫墾兼官陳英[29]以往收錄記述的《臺東誌》。這次也如同陳氏在《臺東誌》一書中關於其他踏尋詮釋之處，說明如下。最初支那人族進入臺東一地是在卑南地方，於清朝咸豐年間（爲日本安政年間，距今約四十年前後）。鄭尚[30]初次踏上抵達卑南探險之途，於是開啓了與臺東蕃人交往的端緒，逐漸開始物品的交換，與臺南地方往來頻繁，人群漸漸屯居聚集，成爲臺東殖民的開端。同治十二年（1873）（日本明治六年，距今二十四年前），寶藏[31]（即卑南）共有二十八戶，成廣澳共爲五、六戶，璞石閣共四十餘戶。與此同時，奇萊的花蓮港據說共有四十餘戶，這些都是根據《臺東誌》的記載及陳英的陳述。再者，璞石閣大庄方面的開創，已經是五十餘年前的事。

---

29 光緒 19 年（1893）擔任秀姑巒撫墾分局局長。

30 鄭尚來自於今屏東枋寮。據說「開山撫番」之前，臺東一帶只種植黃粟，並未生產禾麻菽麥，卑南王擔心農作，因而蒐集鹿茸、熊膽與各種獸皮，由壯蕃肩挑至前山枋寮交換各種農產物之種子。不過，因為不知悉栽種方法，因而邀請鄭尚來到臺東。鄭尚觀察土質並教導平地原住民耕種方法。不到數年，臺東一帶也成為禾黍繁殖的耕地。白川夜舟，〈臺東舊紀（一）〉，《臺灣經濟雜誌》21（1900），頁 5。

31 疑與「寶桑」音近，或為指稱「寶桑」，約略為今臺東市。昔日有卑南、阿美兩族定居，清咸豐年間，始有漢人與平埔族逐漸移居卑南溪河口之南岸，稱為寶桑庄。光緒 20 年（1894）時商民眾多，已具備市街型態，被納入南鄉，為卑南新街。施添福總編纂，《臺灣地名辭書，卷三臺東縣》，頁 227。

這次調查奇萊方面的發展過程，花蓮港街的開創太過久遠，無法詳細得知。闖入南勢蕃界，繼阿眉蕃之後，奠定拓墾基礎的是加禮宛熟蕃。支那人族的移入始於清朝武官羅大春開闢新城蘇澳之間的海岸新路，整備與宜蘭的道路聯絡，在此時開創了今天的十六股庄，於同治十三年（1874）與墾主達成約定，命名爲復興庄[32]，並記載於田籍簿册的序文當中，另外一個說法是開庄於光緒元年。但是這一田籍簿册的抄本以及相關事情的問答錄等一包文件，在停留時遭遇花蓮港街火災，各庄的丈單、舊撫墾署相關文件的謄寫付之一炬，遺憾之至，無復可言。因此關於史跡，無法詳細記錄，避免加以揣測。支那人族的一章到此停筆，但是以下列出雇用的通譯林儀鳳綜合陳述的說法，雖有失之簡約的遺憾，但是倉促之際所寫的文章，也有助於了解奇萊發展過程的一面。

當後山未闢之先，此地並無官民，惟有木瓜各社番、南勢七社番、加禮宛各社番、大魯閣各社番，分住此奇萊之地。其時諸番皆不相和睦，時交殺害，木瓜番與南勢七社番、加禮宛番[33]先

32 今花蓮市國強里。國強里位於花蓮市美崙山西北側，接近奇萊平原的中心，原為撒奇萊雅（Sakizaya、Sakiraya）竹窩宛社領域。清咸豐元年（1851），臺北劍潭的豪農黃阿鳳邀集艋舺、大稻埕等處 16 人出資，召募窮民 2 千餘人前來開墾。唯「十六股」的開墾經常與周遭原住民發生衝突，同治6年（1867）爆發大規模戰事，漢人因而逃散。光緒 2 年（1876）林蒼安由宜蘭招募移民，返回開墾，並將地名改為「復興庄」，以示復興墾拓決心。施添福總編纂，《臺灣地名辭書，卷二花蓮縣》，頁 54-55。

33 清道光年間由宜蘭南下遷移的噶瑪蘭後裔為加禮宛人。這群噶瑪蘭族人的原鄉，雖然包括今宜蘭溪南、溪北數個村社，但其中加禮宛社人數較多，而且大多由加禮宛港（今冬山河接蘭陽溪出口）移出，因而被統稱為加禮宛人。詹素娟、張素玢著，《臺灣原住民史·平埔族史篇（北）》（臺北：國史館臺灣文獻館，2001），頁 72。

時亦相殺害，後清國政府來，交相勸化，故至今和睦也。惟大魯閣番與木瓜番并南勢七社番、加禮宛番皆不和睦，殺奪不休。至同治十三年、光緒元年間，清國政府開闢後山，吳統領光亮由南入于後山，羅統領大春由北入于後山，取道蘇澳及新城至花蓮港，其時初開新城至蘇澳之路，大魯閣番甚然兇頑，時加殺害行人官兵，故羅統領率各營官陳飛紅、李英、李協臺、李大人、長大人、虎協臺等，帶兵數千攻打大魯閣番。平復後，羅統領回臺北，各營陸續散去，後調王大人帶兵五百名住新港街，王交于周大人，始移駐花蓮港。至光緒三年，加禮宛番反，有吳統領光亮、營官吳立貴、李光自南來，又有孫軍門統領酸〔按：原文如此〕大人、陳得勝自北路來攻打加禮宛番，平復後亦陸續回去。花蓮港周大人交于李英，次交于吳大人，又交于吳秉章，章交陳安邦，邦交劉金，金交劉永南，南交蕭協臺，以上皆未設撫墾局。至蕭協臺時，是光緒十四年，大庄各處平埔番反，後始有撫墾局官高大爺來，是一文官、一武員。其武員蕭協臺交陳華廷，廷交李大人，李交張升桂，張交汪準，準交邱光斗。其文官高大爺交劉大老，劉交陳大老，陳交袁繼安，袁交鄭大老，鄭交劉大老，劉交戴鴻柱，戴交袁繼安，此時光緒二十二年，文武官員兵馬錢糧均歸帝國矣。林儀鳳 錄。

第二章　加禮宛人族

其一、住居區域與人口概數

奇萊原野的北西一隅有不同族群的一大庄，分爲五小庄，擁有廣大的田園，與支那人族同樣生活的土著居民被稱之爲加禮宛人，這一族群逐漸往南遷移，將其分住的區域擴展到距離今花蓮港二十餘里之處。在中央路線方面，在秀姑巒地方大巴塱庄稍南的平野間有一加禮宛人的部落，名爲媽佛社（距離花蓮港約十二里）。從此處到卑南的中央路線，都沒有這一族群的蹤跡，反而是沿著海岸路線平埔熟蕃居住的區域向南擴展，也就是從花蓮港到大港口的海岸，以往都屬於加禮宛人的殖民區域。北自加露巒庄起，進入新社，開始在阿眉蕃部落的貓公社寄住，姑律、石梯兩庄爲其新開發的村庄，並渡過大港口，繼續往南到石連埔庄，進入成廣澳庄。然而，大港口以南，大多是寄住於平埔熟蕃及阿眉蕃的部落中，甚少獨立成爲村落，所以計算人口時，如果沒有逐一實地調查，其紛繁複雜的情形難以判別清楚。分散在這一海岸路線之間的加禮宛人部落，其戶數只是少數，大抵六、七戶乃至於三十戶以下，其部落大約十二、三處，全部的戶數爲一百五十戶，人口約六百人上下。加上媽佛庄的十五戶四十八人，加禮宛庄的七十餘戶三百餘人及十六股、三仙河、新港街、花蓮港街等三十餘戶一百五十人上下，合計其總戶數二百七十餘戶、人口一千餘人。然而大港口附近的記錄，因爲花蓮港火災而被燒燬，屬於自行調查的人口統計現在無法列舉，因此只有大概數目。奇萊地方現在是加禮宛人和支那人族混合居住，其中的大部落加禮宛庄戶數總計一百十七戶，其中支那人族有三十五戶（由這次總理所計算出的數目）混住，扣掉差額，純粹爲加禮宛人爲七十餘戶。再者，十六股庄是純然的支那人部落，全部的戶數爲九十二戶，其中十九戶爲加禮宛人以及少數的其他熟蕃。三仙河庄共二十八戶，其中的十八戶爲加禮宛人。花蓮港街有加禮宛人四戶十二人遷來暫時居住，新港街庄只有一戶加禮宛人寄住。加禮宛本庄有支那人寄住之外，其他都相反，加禮宛人分住各庄，這是光緒元年（1875）之後的事了。往南方移進時其勢力強大，但是探討加禮宛人擴充殖民區域時，卻得到相反的結果，他們寧願隱遁式的遷居，多少可以說是族群競爭的悲慘歷史，應該在史跡部再作概略的敘述。在他們分散遷居的地區上由於土地性質和氣候等自然的優勢，因此能夠安居樂業，如今這段歷史也如同所謂的黃粱一夢了。

其二、祖先出處

奇萊的加禮宛人是一類熟蕃，跟宜蘭熟蕃的語言、體格和面貌相同，屬於宜蘭熟蕃三十六社中之一，與加禮宛社熟蕃原本爲同一族群，因此他們所織的蕃布相同，婦人的髮樣、男子的服裝也都相同，聲音、性情、舉動也是同樣。昨年（明治二十八年[1895]）九月至十月，我在宜蘭管區內普遍巡回調查之餘，對舊稱爲蛤仔難人族[1]，也就是上述宜蘭熟蕃的性質曾經細心調查，巡回的途中儘量住

[1] 今宜蘭縣蘭陽平原。「蛤仔難」為原住於宜蘭平原的平埔族，即噶瑪蘭族（kavalan）的譯音。在清代〈番俗六考〉及《諸羅縣志》中都寫為「哈子蘭」，《鄭六亭集》寫作「哈仔瀾」，嘉慶年間閩浙總督方維甸奏報時

宿在熟蕃社內。前後三次抵達以往加禮宛港口的加禮宛社，從聰明的傳教士偕英元[2]（熟蕃人）處得知許多熟蕃的情形，有一日偕英元召集加禮宛社的老頭目以及社民到其教堂，向他們徵詢許多事情，包括人口增減的經過，當時問答的順序如下（回答由加禮宛社傳教士偕英元筆述）

問：今之所謂利澤簡即是古之所謂加禮宛乎？

答：利澤簡古年有利澤簡社[3]，歸加禮宛管界。

問：是幾年前之事乎？當時加禮宛社總人口約若干？古老口碑如何？

答：不知。

問：我聞加禮宛上下兩社，現在總人口百十七人，敢問此頭目幼小時，大約有若干人乎？

答：頭目曰數百人多。

問：現在總人口百餘人，而往年卻多，理由如何？

答：蕃社人心不喜，男女多去後山，開田曰後加禮宛社。

問：後山即奇萊乎？（予展示地圖，渠表情愕然悲痛，原來係當時脫走者。）

譯為「噶瑪蘭」。施添福總編纂，《臺灣地名辭書，卷一宜蘭縣》（南投：臺灣省文獻委員會，2000），頁9。

2 尚未查到相關資料。

3 今宜蘭縣五結鄉利澤村利澤簡。原為噶瑪蘭平埔族利澤簡（Hedecanan）社地所在，噶瑪蘭語稱 Hedecanan 為「休息站」之意。嘉慶16年（1811）噶瑪蘭設官治理後，溪南平埔族社地劃定加留餘埔，由漳籍承墾，漢佃依附該社聚居。本區為冬山河舊道旁的一處渡口所在，早已為商賈雲集的街市，咸豐年間原利澤簡社族人則北遷至加禮遠。施添福總編纂，《臺灣地名辭書，卷一宜蘭縣》，頁286-287。

答：然。

問：爾來時時相交通乎否？伊們生活之狀如何？

答：昔年有交通，近年此事止。

問：這社人民去後山，距今幾年前？

答：約六十年前乎。

近來這一口述常浮現腦中，因此想著遲早要考察這一事實。此次巡視臺東，果然過去在宜蘭所見的同類熟蕃在加禮宛庄看到，感覺如同他鄉遇故知。在宜蘭的巡視途中，搜集了加禮宛社及其他熟蕃的固有用語九百餘句，以及當時仍然記得的日常用語，其中恐怕仍有謬誤之處，未敢公諸於世。平時我就想要探究上述事項，因此帶著這一初稿在巡視途中加以修正，但是每一用語幾乎不需修正。他們自己也承認來自宜蘭，但無法確定移居的年代。雖然今日熟蕃的風俗進化到與支那人族大致無異，但其年齡的計算方式還不清楚。

或者有另一說法是，奇萊的加禮宛人在距離現今一百年前移居而來。關於加禮宛人在一百年前移來這一點是不需懷疑的，假定他們是自宜蘭移居而來，也就是有下述的矛盾：原本宜蘭的熟蕃在清嘉慶十五年（1810）（日本文化七年，距離現在八十七年前）仍然是今日臺東的平地蕃，爲分散居住在所謂蛤仔難曠野之間的生蕃，經過許多次族群的競爭，逐漸開化爲現今的三十六社熟蕃，加禮宛社便是其中之一。倘若其在一百年前從宜蘭移居而來仍然還是生蕃，而當時果眞是生蕃移居的話，和現在仍爲阿眉蕃、卑南蕃等應該是相同狀態的生蕃。因爲支那人族在奇萊原野設立村落大概在同治十三年（1874）乃至光緒元年（1875）之間，根據聽聞，當時加禮宛的人口比支那人多上數倍，勢力最爲強大，凌駕於其他族群之上，支那人族經常遭受加禮宛人的侵犯，更不用說怎麼可能急遽地改變他們的風俗。又，宜蘭加禮宛社的社蕃陳述心裏的不滿，過半的人口移往後山，這意味著原先居住地區受到支那人族的蹂躪，加禮宛人受到凌辱覺得不快而離開，這是從以前到歸化之後的傳說。再者，臺東的加禮宛人自己也說來自於宜蘭熟蕃的蕃社，這樣的說法，就是他們並非在歸化之後，以現在的樣貌移入此地吧。一百年前遷移而來的說法雖然難於認定，然而是否果真在更早就移住到此地而進化，屬於應該再加以研究的問題。

其三、族群名稱

奇萊地方的「加禮宛」一語，被認爲是指人種的一個用語，這種傳聞在我們日本內地人當中相信的人不少，殊不知這一用語原先是將由宜蘭管轄的加禮宛港口、加禮宛社移居而來者稱爲「加禮宛社之人」這樣的意思。近來自宜蘭地方移來的熟蕃，不管是三十六社中的哪一社人，都同樣習慣被稱爲加禮宛，而不是指由所謂的加禮宛一社移來的人。起初在奇萊開墾之際，如同口碑仍然存在似地，仍然專指由加禮宛社移居而來的人。米崙山附近的加禮宛庄中，有一附屬村稱爲武暖庄[4]，想來是由三十六社中的武暖社所移來的。又，

[4] 今花蓮縣新城鄉嘉里村嘉里一街、二街一帶及其北邊，亦稱埔仔。1840年代之後宜蘭的噶瑪蘭族南遷，先後建立六社，由於加禮宛社人最多，這一新聚落被統稱為加禮宛六社，武暖庄為其中之一。施添福總編纂，《臺灣地名辭書，卷二花蓮縣》，頁 150-151。

水尾溪附近的支那人村落有一打馬烟庄，與宜蘭三十六社[5]中的一大熟蕃社打馬烟社同名，爲沿用蛤仔難人的族語，然而現今僅有支那人居住而已，或者有一段歷史吧。

其四、族群特徵

宜蘭熟蕃的容貌服裝與支那人幾乎相同，因此許多觀察者往往誤認其爲生蕃與支那人的混血，或者認定是明末的流裔、甚至是文天祥時代的遺民等等揣摩的說法，殊不知這是宜蘭設廳以前所謂的噶瑪蘭原野上與野獸相逐、被髮裸體的生蕃。前幾年巡視宜蘭時採集了他們仍被認爲是生蕃時的衣服、頭飾、弓箭、箭矢，以及其他看來頗爲近似奇萊地方阿眉蕃的用具，僅以其用具推想兩者同是平地蕃。奇萊也好，宜蘭也好，位於同一沖積層土，是各國漂流者最容易居住的生蕃地。就其風俗近似而言，雖然未經過鑑定其原先應該是同一人種，廣泛說來，不管加禮宛或阿眉蕃，畢竟不離馬來族群的人，其出處應該各自不同，但也都具備自己族群的固有特徵，尤其在骨骼和面貌，與臺東的生蕃有所不同。奇萊的加禮宛人和宜蘭三十六社人同樣具有骨骼寬大、肩寬、四肢粗壯，手指尤其粗大，以及男子的額骨突出，眼球顯著凹陷，嘴巴較大等該族群的特徵。阿眉蕃則都沒有這些特徵，與日本人比較起來，其體格、面貌等都沒有多大差別，加禮宛人一見之下很容易區別。但是只有住在宜蘭

[5] 漢人對宜蘭平原住民的瞭解，是從所謂「蛤仔難三十六社」開始的。「三十六社」初見於清代文獻；相沿成習，自清代迄今一直是宜蘭平原住民村社的基本數量單位，進而成為族群敘述單位。詹素娟、張素玢著，《臺灣原住民史·平埔族史篇（北）》，頁 13-14。

的熟蕃婦人，有可能偶然比較像阿眉蕃吧。與臺東的生蕃相較之下，有這樣特徵上的差異，轉而與臺北附近的平埔熟蕃，或者以前散住彰化地方已久的一部分熟蕃相似的點較多。住居在基隆社寮島的所謂熟蕃，尚未曾實際調查，但是或許兩者近似吧。如果能試著對照爪哇及其他馬來群島土人的語言和風俗，包括宜蘭熟蕃的古代服裝，或許會有新的發現，然而尚未能完成。

其五、固有語言

加禮宛人與宜蘭三十六社人其用語均相同，既如前述。曾經在意料之外發現宜蘭熟蕃的語言與南洋諸島語言相當近似，幾近混淆而感到驚訝。之前曾做成一對照表，雖然稍屬冗贅，現在在其中一節加上奇萊的加禮宛語及阿眉蕃語，附載如下。我認爲在這裡分析加禮宛語反而較有意義。

宜蘭熟蕃的語言，音調流暢平遠，純粹由平聲組成，與上聲和去聲夾雜聽起來，讓人不禁覺得宛如拉丁民族的語言，其語音婉轉自在，不會刺耳，然而沒有動詞變化，用於人稱的代名詞有特殊的語法，這是蛤仔難生蕃語，也是宜蘭熟蕃語言的特殊標誌。

附述

這次完成臺東阿眉生蕃語的探查，得知阿眉生蕃語比加禮宛語發音更為流暢圓滑，猶如法語，而且發現加禮宛語有一種發音的傾向，也就是阿眉蕃在語言上更具優點。

下列爲兩三種本島生蕃語言，與馬來語以及南北太平洋群島土人語言的對照略表，顯示其語言性質的一部分。

第一表：身體部分用語

	奇萊加禮宛語	宜蘭熟蕃語	阿眉蕃語	馬里亞納群島	薩摩亞群島	馬來語
頭	Wulu.	Wulu.	Tûparh.	Wulu.	Wulu.	Hulu.
目	Mata.	Mata.	Mata.	Mata.	Mata.	Mata.
鼻	Wûnon.	Wûnon.	Hagushoan.	Guin.	Isu.	Hidong.
口	Muyo.	Muyo.	Muyush.	Patum.	Gutu.	Mulut.
齒	Banghau.	Banghau.	Wadishi. Nipun.歸化社	Nifin.	Nifo.	Nihi.
耳	Kâyarh.	Kâyarh.	Tangila.	Talanga.	Talinga.	Teringa.
手	Cima.	Cima.	Kamai.	Kanai.	Lima.	Lima.
乳房	Sisu.	Sisu.	Tutu.	Susu.	Susu.	Susu.
死	Mâtai.	Mâtai.	Mapatai.	Mâti.	Oti.	Mattai.

說　明：1.以上九個語詞當中，奇萊加禮宛語與宜蘭熟蕃語完全相同。
2.阿眉蕃語中與加禮宛語相同的只有「目」（Mata）一語，這一用語則是馬里亞納群島語，薩摩亞群島及馬來語都相同。
3.「口」（Muyush）則是加禮宛語的「Muyo」、馬來語的「Mulut」語源相關。
4.「手」（Kamai）與馬尼拉管轄的馬里亞納群島語反而一致（按：原文如此）。
5.「乳房」（Tutu）與馬來等地的（Susu）語源相關。「死」（Mapatai）也是如此。
6.九個語詞當中，阿眉蕃語與加禮宛語一致，在四個語詞中有一個語詞完全相同。加禮宛語當中，與馬尼拉管轄的馬里亞納群島、薩摩亞語及馬來語相同的有一語詞，語源相關的有五個語詞，其中「乳房」（Sisu）應為馬來等地語（Susu）的訛音。

第二表：親屬稱呼部分

	奇萊加禮宛語	宜蘭熟蕃語	阿眉蕃語	馬里亞納群島	薩摩亞群島	馬來語
人	Gârath.	Gârath.	Tamudau.	Tautau.	Tangala.	Orang.
男	Wunauai.	Wunauai.	Bainayan.	Tautau.	Tane.	Lakilaki.
女	Tezûgan.	Tezûgan.	Babahe.	Parawan.	Fafine.	Prempuau.
父	Tamâ.	Tamâ.	Ama.	Tata.	Tamâ.	Bapa.
母	Tinâ.	Tinâ.	Ina.	Nana.	Tinâ.	Sbu.
兄弟	Suani.	Suani.	Sarikaka.	Tyumelo.	Lauso.	Abang.
姊妹	Sasuani.	Sasuani.	Wnpntnn.	Tyumela.	Tuafafine.	Sudâra.
夫	Lappawan.	Lappawan.	Bainayako.	Ajagafo.	Tane.	Lâki.
妻	Pakuayan.	Pakuayan.	Babaheyako.	Ajagafa.	Avâ.	Bini.

說　明：1.以上九個語詞當中，加禮宛語與宜蘭熟蕃語根本是一致的。
2.阿眉蕃語的「父」（Ama）也就是加禮宛的「Tamâ」、「母」（Ina）也就是「Tina」的訛音，其餘沒有一致的。
3.然而宜蘭熟蕃的「父、母」（Tamâ）、（Tinâ）則與南太平洋的薩摩亞群島語相同。其餘各自的用語均不相同。

第三表：其他

	奇萊加禮宛語	宜蘭熟蕃語	阿眉蕃語	馬里亞納群島	薩摩亞群島	馬來語
天	Zuzran.	Zuzran.	Kakarayan.	Klaru.	Langi.	Langith.
日	Matann. Zuzrzn.	Matann. Zuzrzn.	Tirarh.	Addau.	Là.	Matahali.
月	Bûlan.	Bûlan.	Bûrath.	Pûlan.	Masiga.	Bûlan.
雨	W ū zan.	W ū zan.	Wûrath.	Wutyan.	Wvà.	Hûzan.
風	Bali.	Bali.	Vale.	----	Sabali.	Angin.
水	Lanum.	Lanum.	Lanum.	Lanum.	Hânum.	Ayer.
火	Lamârh.	Lamârh.	Lamârh.	Guafe.	Afi.	Api.
土	Mulanai.	Mulanai.	Sulâh.	----	Yereyere.	----
石	Battô.	Battô.	Bukoroha.	----	Fatu.	Bátu.
馬	Kabayu.	Kabayu.	Va.	Kabadyo.	----	Kuda.
豚	Babui.	Babui.	Babui.	Babui.	Pua.	Babi.
犬	Guasu.	Guasu.	Watyu.	Galago	Maile.	Anjing.
金	Plawau.	Plawau.	Bulawan.	----	Koi.	Kim.
銀	Pila.	Pila.	Pila.	Pila.	Tala.	Perak.

說　明：1.以上十四個語詞中，加禮宛語與阿眉蕃語有五個語詞相同，即水、火、豚、金、銀。並且與馬來語相近的是金、銀、豚、雨、月五個語詞（按：原文如此），月的這一語詞則完全相同。

2.馬、豚、雨、月、水五個語詞與馬尼拉管轄的馬里亞納群島語一致，其中月、馬、豚三個語詞等於是同一用語。

3.尤其在於家畜名稱中，宜蘭熟蕃一族將馬稱為 Kabayu，與馬里亞納群島語為同一用語，這一點不足為奇，因為同樣都是西班牙語現今使用中的語言。同時，宜蘭熟蕃語中豚的發音 Babui 與馬來語的 Babi 一致，不只是本島生蕃人的一般通用語言，和西班牙管轄的馬里亞納群島土人的用語相同，成為一項研究課題。怎麼說馬里亞納群島是偏處在日本小笠原群島海面的孤島，現在的土著居民大多是來自於菲律賓群島的移民。

對加禮宛人族的語言要加以詳述討論的話，還有文法組織的問題，即使再用數十張紙都無法說明其中之一，因而這一部分供作人類學研究上的材料，省略語言部分的篇章。

其六、性情與維生程度

加禮宛人的原籍地在宜蘭，當地熟蕃性情大多灑落，爽快活潑與天眞爛漫，從其現在的行爲可以發現他們心性純美，這一點遠讓我們感到羞愧。然而最近的聽聞則不一定如此，可以說是貪慾心大大增加了，也可以說由於其性情純樸簡素，接觸外界事物容易受到引誘應該是當然的，因此對於尙未開化的人民應予特別注意。然而其個性過於單純，缺乏貯蓄心爲其缺點，或者支那人族以往利用他們的戇直，運用種種狡滑的計謀，使加禮宛人的利源逐漸縮小，一如內地以往穢多民族[6]的遭遇，以致於加禮宛族群形跡現今尙存，但蹈海隱遁後山，想非偶然之事。

現今的加禮宛人與現住宜蘭的熟蕃相較，富有貯蓄心，對於田園的整理並不輸給支那人族，尤其散住於海岸的加禮宛人努力熱衷於拓殖，過著不輸於平埔熟蕃的生活。又加禮宛本庄的人，每一戶都擁有一兩頭水牛，勤勉於農耕，可以見到各家存有積蓄。其次，加禮宛人的風俗也與宜蘭熟蕃有所差異，有能夠從事營生與支那人族相抗衡者，可以稱讚這種移民是所謂的青出於藍，更勝於藍。

這些遠離宜蘭進入後山的加禮宛人，在此處擺脫了其他族群的羈絆，在有如仙鄉之處擴展新的新拓殖區，累積了耕稼之功，若干年之間已經習慣自由營生。一方面與平埔熟蕃競爭，一方面有支那人族的刺激，加上阿眉蕃汲汲於開墾，又有大魯閣蕃這一強敵，使得加禮宛人不得不改變他們原本寡慾淡泊的性情，也許是受到這些影響的結果吧。臺東的加禮宛人較少能如同宜蘭加禮宛社等其他熟

[6] 「穢多」（えた）是具歧視的字眼，「不潔」之意，指稱日本歷史上的賤民。

蕃各社，讓人發現使人感動的純粹懇切的美好人性，其只在人種和語言上有所差異，性情上和支那人族不相上下，物質也不短缺。但是在海岸各地建立村落，獨立生活的加禮宛人仍然保有原來誠實爽朗的忠實本性，並未失去熟蕃的本色。然而自古以來在族群競爭上的記憶，深刻留在他們的腦海裡，如同也曾經試著反抗清朝，即使當時他們有著充分的理由，但也不外是宿怨爆發的結果。如果問及原來本島各熟蕃的心情，恰如亡國之民，各有各自的感傷。正當此際，日本這一新的族群出現在他們眼前，頗能適應他們的個性，他們便以日本做爲他們的新主人加以歡迎款待，這是出於天眞吧，因此在臺東地方流傳著日本人偏愛加禮宛人這樣的說法。然而在奇萊的加禮宛本庄，支那人族混住者佔了將近三分之一左右，其中過半爲廣東人，總理吳偉炳也是廣東人，從事砂金的採掘，雇請加禮宛人充當勞役。再者，三仙河庄原本爲支那人的部落，然而現今支那人有十二戶，熟蕃卻有十九戶。然而先不問加禮宛本庄或三仙河庄的主導者是誰，明顯都是支那人，這是加禮宛人性情的變化及其隨之而來多少有所變異的原因吧。

其七、史跡

屢次試著尋找當初加禮宛人移住奇萊之時的經過，結果均未得要領，今日回想起來，我的方法過於拙劣，不禁深感懺悔。然而詢問他們移住之後的事情，以往加禮宛人的勢力頗爲強大，人口達數千以上，也就是東部荒野之地由阿眉蕃，加禮宛人，大魯閣蕃三族群各據一方，互相爭權，戰鬥不絕。現今的大魯閣蕃當時經常受到加禮宛人的欺凌。再者，木瓜蕃據有奇萊的南邊，與南勢七社以及加禮宛人相互對峙，殺奪不休。同治十三年清朝官兵初次進入奇萊，進駐花蓮港。光緒三年（即日本明治十年）加禮宛人反叛，正當此時，統領吳光亮由南而上，軍門孫開華及統領陳得勝等自北攻打加禮宛，平定後加禮宛勢力頓挫，族人離散，或往南逃或移住海濱，人口大量減少，以致於成爲現今的樣子，這在一般民眾之間普遍流傳。這次我讓雇請的通譯將住在加禮宛庄林儀鳳的口述加以記錄，附載於支那人族一章的史跡部，可以加以參照。

第三章　平埔人族

其一、居住區域

臺東中央地區的秀姑巒溪以南，往昔有一在此擴展拓殖地區的族群，本地人稱之爲平埔，也就是平埔熟蕃人。從字義而言，平埔、平地畢竟無甚差別，由於將以往居住在平地的熟蕃人命名爲平埔蕃，其實前章所提的加禮宛人也是平埔熟蕃，因此在其原籍地的宜蘭，上述所謂的加禮宛族單純被說成是平埔。又，在臺東地方，本章所提的這一族群也只被稱爲平埔，其整個村落則稱爲平埔庄。以平埔二字作爲一種族群的用語雖然不甚妥當，但採用的是本地人的用語，因而現今以平埔人族的代稱作爲與其他族群的區分。

平埔人族的分布區，在中央路線是北自迪街起，水尾溪南岸是起自謝羅庄[1]與媽汝庄之間，以大庄與大埔之間作爲中心點，南至新開園庄、遍及里壠庄，與卑南蕃的居住區域相接。在海岸路線，南自成廣澳起，北至大港口附近。

平埔人族的村落，約有四十二、三處，相對於支那人族的二十六庄以及加禮宛人的十二庄（其中加禮宛庄可以再細分爲五庄，共十六庄），其村落數目比起其他族群多了一倍以上，在臺東是僅次

[1] 謝羅庄疑似音近於識羅、織羅，今花蓮縣玉里鎮春日里。清代時本地稱為織羅（Ceroh），為秀姑巒阿美族 Ceroh 社部落所在地。大約在百餘年前，阿美族 Pacilal 氏族從拔子社（今瑞穗鄉富源）遷移來此，清光緒 7 年（1881）之間，大庄平埔族人因水患北遷至此，日治之後才有漢人進入。施添福總編纂，《臺灣地名辭書，卷二花蓮縣》，頁 108-109。

於阿眉蕃的村落數目。現今和支那人族以及加禮宛人雜住的村落也不少，其住居所在的地名列舉如下：

庄名	戶數		人口		所在位置
	平埔族	其他族群	平埔族	其他族群	
(一) 迪街	二十戶	支那人六戶 阿眉七戶	一百二十六人	支那人三十八人 阿眉三十九人	水尾溪北岸
(二) 識羅庄	平埔數不明 十六戶	支那人未詳			水尾溪南岸
(三) 媽汝庄	二十九戶	支那人二十三戶	二百四十六人		同
(四) 觀音山庄	舊三十戶				同
(五) 臺教寮庄	未詳	廣東一戶 阿眉若干			同
(六) 殺牛坑庄	三戶		二十人		同
(七) 石公坑庄	六戶		三十六人		同
(八) 達仔完庄	五戶		二十七人		同
(九) 蔴之林庄	三戶		十三人		同
(十) 大庄	九十五戶		五百八十八人		中央路線
(十一) 挽興埔庄	四十三戶		一百九十四人		同
(十二) 麻嘉錄庄	舊三十餘戶 現十戶		七十三人		同
(十三) 頭人埔庄	三十六戶		一百九十九人		同
(十四) 新庄仔庄	十五戶		六十六人		同
(十五) 犁仔坑庄	二十八戶		八十人		同
(十六) 石牌庄	三十三戶		一百七十七人		同
(十七) 里巷庄	三十一戶		一百六十八人		同
(十八) 樣仔寮庄	十餘戶		七十人		同
(十九) 公埔庄	六十九戶		四百二十三人		同

庄名	戶數		人口		所在位置
(二十) 蕃港庄	十一戶		三十七人		同
(二十一)躼埔庄	十二戶		七十一人		同
(二十二)大坡庄	三十戶		一百七十一人		同
(二十三)新開園庄	四十一戶	支那人九戶	一百七十八人	支那人三十八人	同
(二十四)里壠庄	四十九戶	支那人十一戶 生番三十戶	三百人	生番一百五十人	同
合計	六百七十五戶		三千三百二十三人		同
以上爲中央路線以及水尾溪岸二十四庄					
(二十五)成廣澳庄	未詳			支那人二百十一人	海岸路線
(二十六)石雨傘庄	十三戶		七十九人		同
(二十七)三塊厝庄					
(二十八)烏石鼻庄	五戶		二十八人		
(二十九)烏石鼻小庄	四戶		二十三人		
(三十)彭仔存庄	十四戶		六十一人		
(三十一)大竹湖庄	十二戶		五十二人		
(三十二)小竹湖庄	三戶		十七人		
(三十三)大掃北庄	七戶		三十一人		
(三十四)小掃北庄	六戶		二十二人		
(三十五)加走灣頭庄	十七戶		九十四人		
(三十六)加走灣中庄	九戶		五十七人		
(三十七)加走灣尾庄	十三戶		九十四人		
(三十八)城仔埔庄	八戶		四十八人		
(三十九)大通鼻庄	十三戶	加禮宛人未詳	六十人		
(四十)小通鼻庄	十一戶		五十六人		

庄名	戶數	人口	所在位置
(四十一)三間厝庄	一戶	二十人	
(四十二)水母丁庄	十二戶	六十四人	
合計	一百四十八戶	八百零九人	
以上為海岸路線十八庄			

以上平埔人族總計為八百二十三戶、四千一百三十二人。

前表為平埔人族的人口與居住區域的概略，如果能夠更詳細地調查，人口數目應該會有所增減，還有少數與支那人族混住。加禮宛人也在同庄之中有混住者，但是其住屋在村內另外的區域建造，如果每戶實際進行調查，就不會有錯雜的疑慮，但是按照簿册的記載，則不易得知實際情況。

其二、祖先出處

臺東的平埔人族皆從前山，即西海岸方面移住而來。質問他們關於原來祖籍地的問題，過半為距今三十多年乃至二十年前，自鳳山管轄地移住此處。舊臺東州府刑名官陳英編著的《臺東誌》，提及：「同治十二年寶藏（即卑南）共有二十八家，成廣澳共只五、六家，璞石閣共有四十餘家，花蓮港共有四十餘家（中略）。其時平埔于寶藏住三十餘年，徙居大庄、頭人埔、大坡等處」，敘述了五十餘年前平埔人族居住於卑南地方一事。在巡視途中，於公埔庄與傳道士鍾文振筆談的一部分如下：

安定曰：後山各庄平埔人原是由何地方移來之民乎？我欲知平埔祖宗傳來之口碑也，敢問平埔各庄創立距今約幾年前，且清國曆何年間乎。

鍾文振曰：平埔人多由山前臺南以及鳳山之平埔移來此居住，久者近約百年。

這一簡略的回答雖然不能說不滿意，但是因爲時間不允許而未加質疑。又在成廣澳庄召集數名平埔長老，向其質問來歷。有回答說二十五年前自鳳山遷來，又有說二十二年的。再於水尾溪南岸的媽汝庄詢問，得到的答覆如下：

鳳山縣人各位來。平埔此人在大庄底開分未開耕，大約二十年額。

迪街、觀音山、媽汝庄皆是自大庄移來之人也。

上述的文字雖然不太明確，但是起初自鳳山遷來大庄，再向北遷移，開拓各庄，已有所陳述。又，在新開園所得到的回答如下：

由前山南路各庄來，有來後山三十如年、有二十如年。

又，在大庄有五十餘年前自舊鳳山縣移來的說法。

其三、生計程度

平埔人族的生計如同在業務部農業一章所記，僅次於阿眉蕃而在臺東拓殖上佔有廣大地區，應該列爲臺灣農業的先師之一。平埔人族歷經數代，風俗進化的程度也隨之增加。其中在歸化之後，累積了數百年的固有生蕃語言已在其社會之間滅絕，甚至於除了臺灣的支那人族語之外，不知有其他語言，即使是臺東被稱爲土著的，都是這類的平埔人族。因而在其容貌服裝以及工作業務上等，比起加禮宛人較爲進步，乍看之下無法與支那人族區別，因此觀察者往往誤認爲支那人而說，某某庄的支那人膚色古怪但身體很強壯之類的話，毫不自知。我在巡回調查的途中，不知聽到幾次這樣的說法。他們在以前原先的祖籍地對農事已經熟悉，在新開拓的地方更累積了許多實際經驗，因此很能整理田園。

他們對於生計，即使勤奮於農事，但大概都是中等以下的小農，往往過著貧窮的生活，屬於資產家者並不多見，也就是一般人的生活是這樣。新開園庄的王必文是該庄的墾主，敢對大埔庄總理批評，應該值得加以思考。是不是對於他們生計有某種程度的影響？他們是不是不知道社會中有所謂的佃民？仍然不得而知。

依據此次在新開園庄調查的結果，現今共有四十七戶，水田一百餘甲，其他還未丈量的園地二十餘甲，水牛七十八頭，黃牛二頭。向每一戶查詢，其中水牛七頭的有兩戶，有一戶是有六隻水牛及黃牛一隻，擁有五頭水牛的有兩戶，其餘都是四頭以下。另外，假定水田有一百甲，其中有四十七戶的話，每戶平均有二甲水田，若改以日本的段別換算，每一甲大約爲一町步七、八段步，平均而言，他們的耕地不能說是太小。

此外，雖說海岸方面的加走灣在匆忙之際視察，得知有平埔村庄三處，共計戶數約四十戶。在這一近郊放飼的水牛被認爲有數百頭，而黃牛的數目根據庄長的記憶，甲庄爲十八頭、乙庄十頭、丙庄十二頭，也就是擁有符合村莊戶數的畜產。

其四、宗教及性情

臺東住民當中具有一定宗教信仰的，其實只有平埔人族而已，其他的族群大概對宗教冷漠，沒有固定的宗教信仰。宜蘭熟蕃三十六社都是耶穌信徒，屬於淡水所管的長老教派[2]。而移住奇萊的所謂加禮宛人皆無宗教，這些教會的設立是在移住二十年後之事。平埔人族是臺南所管的耶穌信徒，傳道總代表的鍾文振是舊雲林縣出生的支那人族，具有氣度與風骨，在公埔庄得以匆匆一見，與其筆談，內容如下：

安定曰：臺東人民中，奉教者漢人、平埔之間，孰是最為多乎？阿眉蕃亦曉得聖教者，有否？

鍾文振曰：平埔蕃居多，漢人稀有，阿眉蕃言語不通，故不從道。

問曰：平埔人中，聖教信徒若干？

答曰：奉教者計有四百餘人。

問曰：奉教者住在庄名甚麼，要列記其各庄名。

答曰：在此教民。

公埔、著港埔、樣仔寮、石牌、螺仔坑、頭人埔、挽興埔、大庄、觀音山、四老仔（即識羅庄）、馬汝壠（北尾溪南岸）、觸皆（即迪街乎）、里壠、蟳廣澳（即成廣澳）。

問曰：教會堂幾個所？

答曰：四位教堂[3]。石牌、里壠、觀音山、成廣澳。

問曰：平埔人中知字者多少？如何？又知羅馬字體者有否？

---

[2] 由加拿大人馬偕於同治 11 年（1872）開始在北臺灣藉由醫療與教育展開宣教。

[3] 原文為「四位教堂」，乃閩南語（河洛話）發音，應為四處教堂之意，不予更動。

答曰：平埔人不讀書者多，惟奉教者有授教看經書，亦有習白話字，甚大有用。

安定曰：我四、五日前到觀音山庄，全戶燒失，教會堂柱礎纔存矣。又今日抵石牌庄，全村委燒土，頗有酸鼻之狀，因問右諸庄放火者，抑係何人乎？要實情講明。

鍾文振忼然答焉，曰：觀音山及石牌教堂自正月廿日被劉幫統及邱光斗（共賊將名）賊兵燒去，以及平埔庄社多被害，人民慘不可言也。于近日，我即雇人，再築三間茅屋，在石牌可作安息日之用。

平埔人族的性情與加禮宛人有所差異，大概說來，眞摯剛樸而缺少瀟灑恬淡之風，在忠誠善良以及正直可以說沒有太大差別，但是面對事情會有所執拗、不會委屈自己意思的原本性格。前年，支那的除籍士兵非常跋扈，經常擅自搜索民家、剽掠財物，並且幫助所謂「城狐社鼠之徒」逞其狡計，恐嚇良民，乃至於凶逆暴戾。當此之際，剛強秉持正義者，不免受到歹徒的嫌惡，其住家房屋遭被燒毀，而圓佞狡滑、不違逆統領之意的人則可無事，平穩渡日。平埔人族平常除支那人族之外，與其他族群都無往來，而且聖教的信徒不喜與地方賊匪同夥，只能各憑力氣本事，斷然拒絕匪徒的要求，卻爲匪徒厭惡甚而遭受烽火之災。巡視途中，當地土民看到平埔人族，往往稱之爲惡漢，或者稱爲土匪。平埔人族好像是自己承認過去的罪行，如果被斥責則是面紅耳赤，無言以對。當地土民則自以爲是鄉村中的紳士，卻是動不動就看別人臉色，專逞奸巧諂諛，與平埔人族的心性清濁，不知相差多少。平埔人族的骨骼健壯，富有臂力，四肢粗壯，眼球圓闊、帶有血暈，具有凝視看人等特徵。男子比起支那人族，大多容貌壯偉，舉止沉著，不至於輕浮躁動。婦人多為圓眼，面貌嚴肅，肩寬，有四肢粗大等特點，應該和支那人族有所區別。男子一般穿著支那服飾，婦人多穿白色短窄袖上衣，宛如朝鮮婦人的上衣，住在大庄附近的特別是如此。這是以往歸化時出自於他們的發明，或是歐洲傳教士的新設計，並不清楚。住家屋舍與村落的形式和支那人的同一外觀，牛糞及垃圾堆積在庭院旁邊，令人作嘔，不清潔的這一點與支那人族的農家沒什麼差異。一想起他們原本屬於生蕃之時，經常注重室內整理與住居清潔，實在難以想像。一旦歸化之後，其住居變成像支那樣式，穿著支那服飾，飼養水牛，天天往返農地，甚至於連不清潔這一點也視為平常。但是西海岸方面的平埔村莊並不必然是如此，宜蘭的平埔（即加禮宛等）庄卻沒有對清潔怠惰，這可能是移居之後逐漸形成這一習慣也說不定。他們的工作專以農業為主，少有經營其他事業的。

其五、史跡

關於平埔人族遷移史跡的概略在本章「原籍地」的部分已有概述，在此列舉移居之後比較重要的事蹟。光緒十四年（即日本明治二十一年）大庄各處的平埔人族反抗清朝的事件，引起清軍官兵非常苦惱，這是臺東兵亂中較大的事件，人人皆知。陳英也記載了這件事：「雷委員收糧大刻，平埔起衅造反，張兆連督隊攻打，普調臺南、臺北兵隊掃平，因添兵二營，拔仔庄一營、新開園一營」等等。這次事件怎麼樣影響支那人族的程度，大概可見一斑。又，去年夏天，日本軍隊在討伐清國殘存官兵的途中，首先受到卑南蕃熱烈踴躍的迎接，阿眉、卑南混住的雷公火社，正位於清軍副統領劉德杓根據地新開園的要衝，蕃人各自攜帶槍枝，帶領日軍，表現靈活，至今仍傳爲一美談。向北進入平埔人族的居住區域，其住宅化爲灰燼，呈現破落殘敗。該處的平埔人族過半熱情迎接皇軍，壺漿迎之。特別是大庄籠罩在匪徒傳布的謠言之中，人心猜疑，隱然顯現危險之勢，嚴加斥諭之後，民心安定，回復平穩。這些匪徒即使並非平埔人族，卻也是混住在庄內、試圖逞其奸計的其他族群，也是自稱爲紳民之類的人，可以知道他們曾經在庄內散佈一些謠言。

附述

平埔人族原本為生蕃的子孫，與支那人族首先在人種上完全不同，由於原本的種族不同，所以想法也不會一致。而且他們骨格健壯，往往讓人欽佩與羨慕其顯現的強壯。其個性沉著，忠良憨直，遇到事情時執拗自信，不為所動，也就是具有剛強不屈的個性。因此就這一點而言，他們不僅是單純正直與公平，也是極為平穩、不生事端的純良百姓。加上其性情質樸單純，毫無巧佞陰險之氣，仍然不失原來熟蕃人的本色。在臺東與其他平地蕃同樣是最受人敬重的族群，應該將他們視為真正的子民。然而支那人族往往誣稱他們為惡漢或土匪，有些人受到影響，認為平埔是難以統治的百姓，是我們開拓土地殖民上的障礙這樣迷信的說法，可以說實在是極為迂腐，而應該還其公道。若是欺騙他們的話，則會招致強悍的對抗。他們豈是平素圓滑巧佞，窺人臉色而見風轉舵之輩可相比擬的啊。

土著居民下篇

第四章　土地關係文書

附件為臺東各庄的田地面積表，在巡視途中命令所到之處的各庄總理、甲長等，對照田簿與丈單，將現在的面積逐一記錄。奇萊方面，利用逗留期間親自檢查、閱讀田簿，再三詢問，才完成目的。秀姑巒地方的打馬烟庄及璞石閣莊也順利達成這一目標。平埔人族各庄，或者因為總理不在，或者沒有副通譯[1]可用，匆忙經過而未取得資料。又，海岸方面只有盡量仔細地詢問成廣澳庄總理各種事項，抄寫田簿，其他地方則未能達到當初的目標而無法編纂臺東的總田籍簿。雖然其餘的各庄，我在匆忙之際只就其田地面積做了大致上的記錄，然而璞石閣庄到卑南之間的平埔各庄當中，這次仍有數庄無法編輯，頗感遺憾，僅限於就其場合實地調查，在這裡記述面積而已。生蕃的田地，過去清廷實施丈量並試圖課稅，卻因為有許多抱怨而放棄，由管理的通事在人口簿上同時記載其土地的面積。奇萊南勢七社當中，薄薄社[2]和飽干社[3]記載有水田面積，其餘都是沒有水田的蕃社。

---

[1] 「副通譯」是日治初期官方的用語，在日本人與臺灣社會接觸過程，往往需要透過日文、官話、地方語言三方的翻譯，副通譯往往是地方上瞭解官話或會寫漢文的人，實際的接觸溝通常需要透過筆談。

[2] 今花蓮縣吉安鄉仁里村。南勢阿美族薄薄社原居於仁里村一帶。傳說昔日大洪水時，兄妹兩人乘坐 Papokupokan（臼）避難，抵達荳蘭之北（Magaru），並在此用臼的種子播種，後來人口增加，Magaru 的土地顯得狹小，轉向東方尋找的高地形狀像是臼，能夠順利排水，免去水災的

另外，埔園也就是旱地，雖然有總理的各庄也無法實際計算其全村旱地的面積，遠離了當初設定的目標，這次便不加以登記。

臺東各庄丈量完成田地表說明[4]

附件爲臺東各庄的田地面積表，在巡視途中命令所到之處的各庄總理、甲長等，對照田簿與丈單，將現在的面積逐一記錄。奇萊方面，利用逗留期間親自檢查、閱讀田簿，再三詢問，才完成目的。秀姑巒地方的打馬烟庄及璞石閣莊也順利達成這一目標。平埔人族各庄，或者因爲總理不在，或者沒有副通譯[5]可用，匆忙經過而未取得資料。又，海岸方面只有盡量仔細地詢問成廣澳庄總理各種事項，抄寫田簿，其他地方則未能達到當初的目標而無法編纂臺東的總田籍簿。雖然其餘的各庄，我在匆忙之際只就其田地面積做了大致上的記錄，然而璞石閣庄到卑南之間的平埔各庄當中，這次仍有數庄無法編輯，頗感遺憾，僅限於就其場合實地調查，在這裡記述面積而已。生蕃的田地，過去清廷實施丈量並試圖課稅，卻因爲有許多

恐懼，因此將定居下來像臼形的地方，取 Pokupoku 音，稱為薄薄社。施添福總編纂，《臺灣地名辭書，卷二花蓮縣》，頁 176-177。

3 今花蓮市主權里德安一帶。原為撒奇萊雅族（Sakiraya）的聚落，「飽干」是酋長之名，部落也命名為飽干社（Chibaugan）。在阿美族的傳說中，其祖先曾遭遇大洪水，有一對阿美族兄妹在洪水過後於砂婆礑溪上游居住，再移到 Narumaan（舊跡之意），即是飽干部落。施添福總編纂，《臺灣地名辭書，卷二花蓮縣》，頁 40。

4 按，本標題下的段落原文與前頁「土地關係書類」一節原文文字相同。暫予保留。

5 「副通譯」是日治初期官方的用語，在日本人與臺灣社會接觸過程，往往需要透過日文、官話、地方語言三方的翻譯，副通譯往往是地方上瞭解官話或會寫漢文的人，實際的接觸溝通常需要透過筆談。

抱怨而放棄，由管理的通事在人口簿上同時記載其土地的面積。奇萊南勢七社當中，薄薄社[6]和飽干社[7]記載有水田面積，其餘都是沒有水田的蕃社。

另外，埔園也就是旱地，雖然有總理的各庄也無法實際計算其全村旱地的面積，遠離了當初設定的目標，這次便不加以登記。

臺東各庄丈量完成田地概算表（田代安定編錄）

後山岐萊十六股庄總甲長林蒼和，小甲長黃和尚、林烘爐、賴添寶、林新營，謹將十六股田甲分厘毫絲，俱是註明，脩造花名清冊，理合呈送

總督府民政局大人臺前察校。伏乞

賞准施行，須至冊者。

---

6 今花蓮縣吉安鄉仁里村。南勢阿美族薄薄社原居於仁里村一帶。傳說昔日大洪水時，兄妹兩人乘坐 Papokupokan（臼）避難，抵達荳蘭之北（Magaru），並在此用臼的種子播種，後來人口增加，Magaru 的土地顯得狹小，轉向東方尋找的高地形狀像是臼，能夠順利排水，免去水災的恐懼，因此將定居下來像臼形的地方，取 Pokupoku 音，稱為薄薄社。施添福總編纂，《臺灣地名辭書，卷二花蓮縣》，頁 176-177。

7 今花蓮市主權里德安一帶。原為撒奇萊雅族（Sakiraya）的聚落，「飽干」是酋長之名，部落也命名為飽干社（Chibaugan）。在阿美族的傳說中，其祖先曾遭遇大洪水，有一對阿美族兄妹在洪水過後於砂婆礑溪上游居住，再移到 Narumaan（舊跡之意），即是飽干部落。施添福總編纂，《臺灣地名辭書，卷二花蓮縣》，頁 40。

庄名	所有者姓名	水田甲數	加禮宛庄內飛田	總計
十六股庄	林蒼安	廿一甲九分九六四一六	八甲三分八六	三十甲三八二四一六
	楊柳悅	一甲九分六〇九六		
	江早留	四分一厘一二		
	何其章	七分〇五六		
	顏調	一分八厘〇四		
	國聖王公	一甲九分七厘六七〇四		
	吳月德	七分〇一三一二		
	又田	七分二厘六四		
	吳加走	一甲七分三二四六	一甲一分四〇八	二甲八分七三二六五
	呂阿來	一甲二分五二四八		
	林武荖	一甲一分六一八五六		
	許有	二分八厘五二		
	黃火豔	一甲三分五五七		
	李子機	一甲二分四八		
	邱睦	三甲六分四一二八八		
	林紅	二分〇一六		
	林漢	五分五厘六		
	林屋	二甲九分五五二		
	羅阿芧	三甲三分九九八二		
	林升高	二甲八分八厘一七四四	二十六甲〇四三六	二十八甲九二五三四四
	邱瑪垰	一甲五分七九九四四		
	許仙	八分一厘五一六		
	林錫時	四甲〇三八八		
	黃鳥質	五分一厘五〇四		
	曾漏	二分一厘四四		
	林武丁	五分七厘八四		
	黃和尚	四甲二分六三九〇九	九分〇六八	五甲二三一九〇九
	何武丁	四分八厘一一六		
	賴添寶	一甲六分一二三三	八分八厘六	二甲四九八三三
	李本德	一甲五分九一五二	二甲〇三三二	三甲六二四七二

庄名	所有者姓名	水田甲數	加禮宛庄內飛田	總計
	何戌仔	一甲〇四二〇四		
	邱天才	二甲八分一一五八四		
	聖母會	五分六厘四四八		
	鄭清長	一甲一分〇四五八六		
	林　汶	二甲一分八二一		
	高瑞珍	一甲一分二厘九七六		
	盧有福	一甲九分三六五六		
	林老武哭	一甲七分九〇〇一六		
	林加走	三分八厘七五二		
	張　德	四分五厘一七		
	李和尚	四分二厘八八三二		
	黃蒼輝	六分三厘一五二		
	林新營	六分七厘五〇七二	二甲六分四六	三甲三二一〇七二
	張知不	五分一厘六四八		
	福德祠	三分二厘二四九二		
	黃　番	一分六厘八毫		
	先賢會	一甲五分七七五五三		
	林烘爐	一甲二分八一四	一甲六分一九六	二甲九分一一
	蔡　固	三分二厘九七六	一甲八八四九六	二甲一七九三六
	潘比抵	二分一厘二六四		
	李上結	四分〇〇四六		
	黃　流	一分八厘九四四		
	黃金振	四分〇三〇四		
	李嫣見	七厘一毫四二四		
	何　火	二分〇七三六		
	徐　宇	一分六厘八六四		
	杜　錦	一分〇三六八		
	復興公眾	六分七厘〇九		
	龜爺番	四分五厘四七二		
	武督沙寶	一分五厘一二		
	不老加走	一分二厘		
	不　打	三厘二毫		
	沙律馬栳	七厘九毫二糸		

庄名	所有者姓名	水田甲數	加禮宛庄內飛田	總計
	馬魯煙	三分一厘五二		
	德　甲	二分四厘五九二		
	媽腰加走	二分三厘二四		
	加走百万	一分一厘一毫		
	陳隆陣	九分六厘一二		
	許松治	二分八厘三		
	李　早	一分八厘一三		
	吳乞食	五分〇一八		
	胡罔德	一分一厘五三		
	里艾足足	七分一厘四五六		
小計	七十二佃戶	八十八甲二分二厘四毫二絲一忽七微	四十五甲五二一六	百三十三甲七分四厘五毫八絲一忽七微

庄名	所有者姓名	水田甲數	加禮宛庄內飛田	總　計
	友義會（公共田）		一甲二分四六八	
	廣澤尊王		六分一厘〇四	
	陳衣拜鴨母		一分五厘六八	
	李仕佑		六厘二毫	
	游心婦		一甲三分二三	
	林　慶		三分九厘二	
	嚴阿行		三分二厘六四	
	黃阿枝		三分　二厘	
	李石生		一甲六分五二四	
小計	九　戶		七甲〇六厘九毫八絲	

以上總計八十一戶，一百四十四甲八分一厘五毫六絲一忽七微，每甲田全年完納大租錢糧銀六錢六分。

庄　名	所有者姓名	水　田　甲　數
三仙河庄	林仕佑	二甲九分三六
	李子機	八甲二分四七七
	林蒼安	一甲五分六六
	林烘爐	四甲九分八四
	蔡杏來	一甲二分八六三
	陳大科番	二　分
	林亞毒	一分〇八絲
	林三進	三分七厘七二
	黃溫枝	四分六厘七
	徐　宇	四分四厘
	簡紅高	六分〇五三
	林錫時	一分八厘七二
	張　謙	一甲三分七七六
	黃林佳	一分八厘七二
	呂善文	六分三厘二
	嚴　鳳	五分三厘六
	黃心婦	一甲三分六八六
	黃武底	一甲一分一三六
	林大庄	六分二厘三二
	林都底	八分九厘五九
	林龜敏	六分八厘八八
	林姑未	九厘六毫
	林龜劉庄	二分六厘四
	林蒼和	八厘一毫三
	陳奴奴	三分六厘二一
	林火庄	二分二厘六六
	友義社	九分六八
	林德茂	四分三九八
	林慶元	一甲六分二四八
	李嫣見	二分二厘八五七
	盧有稿	一分三厘八三三
	洪亞嬌	三厘五二
	洪水木	一分七厘六
	阿老己	一分五厘八四
	劉明田	七厘七毫
	吳加早	一分三厘六毫
	林芥那	一分七厘九
小　計	三十七戶	三十三甲一分〇八毫二絲

每甲田全年完納大租錢糧銀六錢六分。

	飛田所有人名	加禮宛庄內飛田
	南市吱緯	一甲五分五〇八
	陳芥埒內西	一甲五分八〇五
	陳烏吉買亦	一甲四分〇八八
	陳武夕馬益	二分七厘七二
	黃阿佛	二分九厘九六
	邱天安	一甲一厘二八六
	天公會	六分五厘八四
	陳進貴	八分五厘四八
	陳德對	二甲八分三一六
	土地公會	二分一厘六
小計	十　戶	十甲八〇六三

以上總計四十七戶，四十三甲九分一厘四毫五絲。

後山岐萊新港街庄甲長吳新榮，謹將該庄田甲分厘毫絲，俱是註明，脩造清冊，理合呈送

總督府民政局大人察核。伏乞

賞准施行，須至冊者。

庄名	所有者姓名	水田甲數
新港街庄	吳新榮 吳世德	共田三甲六分四厘四毫四絲四忽八微
	同又田	一分八厘二毫四絲
	蔡牡丹	三分四厘三毫八絲八忽
	林水隆	八分三厘二毫八絲四忽二微
	陳宛吱	四分一厘五毫三絲四忽四微
	簡長裕	一甲八分一厘九毫四絲八忽八微
	林仕佑	五分〇三毫四絲六忽
	黃　埒	一甲八分三厘八毫四絲八忽八微
計	八　戶	九甲八分八厘六絲八忽

每甲田全年完納大租錢糧銀六錢六分。

庄名	所有者姓名	水田甲數
農兵庄	邱長瑞	二甲七分
	廬　洋	四分二厘
	黃　養	三甲三分
	劉阿水	一甲五分二厘
	林生高	二甲九分
	黃枚萬	六分六厘
	陳乞食	八分九厘
	施乞雨	二甲〇六厘
	黃　滿	三甲八分四厘
	黃　佛	四分二厘
	林　安	四甲四分
	張阿德	三甲二分
	林讚榮	二分三厘
	陳計升	四分三厘
	魏才生	五分七厘
	吳乞食	五分三厘
	古洋元	一甲
計	十七戶	三十甲〇六厘

後山岐萊加禮宛五庄總理吳偉炳、通事陳姑榴，謹將加禮宛田甲分厘毫絲，俱是註明，脩造花名清冊，理合呈送

總督府民政局大人臺前察核。伏乞

賞准施行，須至冊者。

庄名	所有人姓名	水田甲數
加禮宛大庄	吳偉炳	八甲三分八厘四毛六絲
	陳姑榴	九分〇五毛六絲
	陳阿蚊	二甲六分一厘二毛四絲
	陳龜乳其力	二甲八分〇三毛二絲
	陳武荖沙景	一甲四分一厘五毛六絲
	陳老溫包宇	一甲二分五厘九毛絲
	陳豆喜山	二甲〇六厘二毛四絲
	陳阿標那骨	二分四厘八毛
	陳斗言	九分三厘一毛二絲

庄名	所有人姓名	水田甲數
	陳阿毒咸乃	二分〇八毛八絲
	陳武夕龜日	七分四厘七毛二絲
	陳阿毒宛哎	六分三厘五毛二絲
	陳抵瑤龜乳	六分三厘五毛二絲
	陳八寶打立	二甲三分一厘六毛
	陳不達	一甲一分〇八毛
	陳肉毒	二分九厘三毛六絲
	陳阿返	三分五厘九毛二絲
	陳七腳川	六分〇六毛四絲
	陳不知沙	五分五厘二毛
	陳鹽夘	一分九厘二毛
	陳抵文老歪	一甲〇六厘九毛二絲
	李那里	六分四厘六毛四絲
	陳抵乃	一甲三分一厘四毛八絲
	陳阿比那爻	七分八厘八毛四絲
	陳阿比芥埒	一甲四分〇八毛
	陳芥擺	二甲八分四厘五毛六絲
	陳武夕加老	一甲〇四厘三毛六絲
	陳肉抵大肥	六分一厘二毛四絲
	陳老毛宛哎	四分二厘七毛
	陳瓦丹	一甲六分四厘四毛
	陳虎豹抵瑤	八分五厘三毛
	陳老溫武歹	二甲八分三厘七毛六絲
	陳瓜末武歹	九分三厘八毛四絲
	陳阿比那忘	一甲七分一厘九毛七絲
	李瓜末	三分八厘九毛二絲
	陳擺腳芥埒	四分八厘九毛六絲
	陳九來	二分四厘
	吳炳榮	四分七厘二毛七絲
	陳老毛來歹	七分二厘八毛
加禮宛瑤高庄	潘包社	二甲四分八厘八毛
	潘阿比芥埒	二甲二分八厘五毛二絲
	陳居荖	八分八厘二毫
	潘龜劉武連	八分五厘八毛八絲
	潘阿比打立	一甲二分九厘六毛

庄名	所有人姓名	水田甲數
	潘龜屘	九分六厘六毛
	潘茎毛包爵	一甲二分五厘九毛六絲
	潘虎豹武力	二分四厘五毛六絲
	潘那骨	三分七厘二毛八絲
	陳乃交	八分〇二毛四絲
	陳武連八寶	二分九厘九毛二絲
	潘卦一	二分八厘
	潘衣拜	四分〇八毛
	潘衣拜茎一	二分〇八毛
	潘那眉龜劉	三分五厘七毛六絲
	潘阿毒龜劉	八分六厘七毛
加禮宛竹林庄	朱買丹	一甲五分二毛六絲
	朱阿朱里本	一甲〇三厘一毛二絲
	朱杞茎	二甲九分四厘七毛六絲
	朱武禮斗珍	六分一厘八毛八絲
	朱里本	四分八厘二毛四絲
	朱皮來	三分六厘四毛四絲
	朱音吻榔交	三分三厘四毛四絲
	朱武禮光	二分八厘八毛
	朱阿末斗珍	二分一厘三毛五絲
	朱阿比斗珍	二分二厘四毛
	陳武枝母茎	一甲五分三厘一毛二絲
加禮宛七結庄	李龜劉	一分三厘一毛六絲
	李虎豹抵萬	二甲〇〇六毛
	李那眉	二分三厘〇四絲
	李芥埒	四分六厘
	李珠牛	四分〇三毛二絲
	李擺腳那爻	一分六厘九毛六絲
	李加走	一分一厘八毛八絲
	李老溫大謹	九厘九毛
	李把鄰	五分二厘二毛四絲
	李抵禮嫂	一甲四分九厘四毛四絲
	李瓜末草格	一甲三分六厘二毛
	李老毛	一分七厘七毛六絲
	李老溫鴨母	三分一厘五毛二絲

庄名	所有人姓名	水田甲數
加禮宛武暖庄	李烏吉	二分八厘八毛
	李老毛大我	一分一厘四毛
	胡抵瑤	三分五厘二毛
	胡那白	九分〇四毛四絲
	胡打立	六分一厘四毛四絲
	胡宛吵	五分四厘九毛二絲
	胡阿末龜敏	七分五厘九毛二絲
	胡阿末沙茎	八分三厘
	胡烏古禮夘	一甲五分〇九毛六絲
	胡烏古那眉	六分三厘五毛六絲
總　計	八十九戶	八十五甲九分九厘三毫七絲

後山臺東璞石閣莊正、副總理，謹將良民歸順居住花名、男女丁口、田園牛隻計記清冊，繕具送呈

民政局技師大人，察核施行，須至冊者。

庄名	所有者姓名	水田甲數
璞石閣庄	陳井利	一甲一分六厘七毛一絲
	賴秋輝	二甲八分〇五絲四忽
	吳阿頭	二甲九分四厘
	羅嬌枝	一甲四分
	林阿吉	一甲五厘六毛
	謝德標	一甲五分五厘四毛一絲
	張阿才	三甲四分五厘七毛九絲
	陳金源成	二甲四分五厘四毛
	黃錦芳	一甲
	林龜物	一甲五分四厘
	林阿德	六甲五分四厘又二甲
	賴百連	二甲五分六厘
	陳阿坤	一甲九分六厘〇四絲
	沈阿海	二甲五分三厘
	沈阿源	一甲一分六厘七毛九絲
	林太平	一甲五分
	劉阿恆	四分六厘七毛八絲
	田阿才	一甲三分三厘六毛
	田阿魁	一甲八分六厘九毛六絲

庄名	所有者姓名	水田甲數
	沈連桃	一甲一分八厘九毛三絲
	陳阿發	九分七厘二毛八
	吳玉成	五分四厘
	江武承	四分八厘三毛八絲
	朱　石	一甲三分六厘
	李　養	五分三厘六毛
	李　洒	三甲六分五厘一毫
	吳標香	一甲三分二厘
	吳乞食	一甲七厘七毛
	孫阿力	一甲五分三厘〇八絲
	宋德罔	一甲五分
	沈金玉	一甲四分六厘
	杜　桂	四分五厘
	葉葫爐	八分三厘
	陳　註	三甲〇四厘
	潘添丁	二甲〇九厘〇二絲
	杜致萬	一甲二分八厘六毛七絲
	陳　礌	一甲八分三厘二毛九絲
	邱　鄧	二甲二分二厘
	羅阿冉	四分三厘
	鄧家新	三分二厘
	范阿古	八分
	溫業長	七甲四分三厘六毛九絲
	楊阿二	六分四厘
總計	四十三戶	八十八甲六分七厘〇三絲四微

庄名	所有者姓名	水田甲數
大高料庄	吳其灼	六分〇三毛
	芳家早	八分〇九毛
	楠　木	一分〇二毛
總　計	三　戶	一甲五分一厘四毛

打馬烟庄田籍表

後山秀姑巒打馬燕上下庄總理羅進福兼管烏雅立通事，每月給口糧銀伍元等，謹良民歸順，烟戶男女丁口花名、田園牛豚，繕造具清冊，呈電

總督府民政局大人臺前核察施行，須至冊者。

計開：

庄名	所有者姓名	水田甲數	埔園甲數
打馬燕庄	羅石進	清丈十三甲一四四一四四 西邊山邊田三甲〇七三六七	二甲
	陳合金	一甲五分三三二 新丈田二分四厘	一甲
	林來興	一甲五分八一一三二 西邊山邊田一甲四四九六	一甲
	羅傳金	三甲六五〇二 新田三分三〇四	二甲
	湯杰榕		一甲
	曾老阿		二甲
	曾進貴	二甲九分八厘九毛四絲	一甲
	邱阿添		一甲
	徐阿義	九分九厘	
	林阿生		一甲
	傳廷順	三甲六分八厘六毛	
	傳接生	九分三厘一毛二絲	
總計	十二戶	二十二甲五分三厘二五四六	十二甲

附屬，此人名有田，我村人住別處居住。

庄名	所有者姓名	所有者住處	水田甲數
打馬烟庄（別冊田簿）	許　旺		一甲五分八六〇二
	林阿伍	水尾庄	二甲一分八六〇二
	林細連	花蓮港	四分六厘六八八
	李繼双	拔仔庄	一甲〇八五二
	張　瑞	同	五分八厘七六
	謝芳榮	同	六分七厘二
	張花溶	大肚壓社[8]	八分一厘六毛
	林萬福	烏雅立社	八分一厘六一
	廖云章	同	三分五厘六
	傳坤山	同	三甲二四
	陳　增		一甲六分一厘八
	熊上慶	拔仔庄	三分三厘六
	胡阿妹	同	一甲二分三二
	廟會（佛祖、關帝）		一甲八分
總計	十三戶一廟		十六甲六分八厘一八二

此田前清丈三分，直二具皆旱田，祈查算一分有水，此田無水，四年無耕。前官每甲收糧銀六錢三分三厘〇五亳。本庄左右埔園約有五十四甲，前官末清丈，不知多少，約計。

8 今花蓮縣瑞穗鄉富興村大肚滑（Taraaran），為富興村最南側山凹裡的阿美族小聚落。其地名之由來，一說是昔日在此耕作的阿美族婦人攜帶瓠瓜製成的容器，盛水吊掛樹間，瓠瓜墜地破裂，婦人連呼「大肚肚、大肚肚」，意思為「可惜」，因而作為地名。另一說是阿美族語的 Taraaran 為「瓠瓜」之意，原為 Pailasen 阿美族人早期居住之地，因位於山凹，福佬人稱為「大肚拐仔」，也記為大肚滑。施添福總編纂，《臺灣地名辭書，卷二花蓮縣》，頁 286，及許榮盛發行，《瑞穗鄉志》（花蓮：花蓮縣瑞穗鄉公所，2007），頁 68。

成廣澳、石雨傘兩庄田籍表

後山海傍成廣澳、石雨傘兩庄總理徐才普等，謹將良民歸順各煙戶花名、男女丁口、田園牛隻，繕造具清冊，呈電
總督府民政局大人，察核施行，須至冊者。

庄名	所有者姓名	水田甲數
成廣澳庄	徐才普	一甲
	鄧作宸	八分二厘
	溫大伍	一甲三分
	高戇和	一甲二分
	劉　井	四分五厘
	黃其賢	一甲五分
	黃甘木	一甲三分
	潘阿瑞	五分
	潘箕才	三分
	陳　木	一甲六分
	劉進來	一甲七分
	林　蕃	一甲五分
	劉　能	五分
	劉　生	五分
	林其全	三分
	楊　才	二分
	陳　旺	一甲五分
	劉金來	四分
	郭阿全	六分
	張	三分五厘
	李寶箕	七分
	鄭傳生	五分
	林文亮	一甲
	李來春	三分
	鄭伏生	六分

庄名	所有者姓名	水田甲數
	陳萬山（移居微沙鹿[9]）	二甲
	李紅玲（同上）	五分
	邱　貴（同上）	一甲
	潘　才（同上）	五分
	潘占魁（同上）	四甲
總　計	三十戶	二十八甲六分二厘

謹將石雨傘庄花名清冊送呈。

庄名	所有者姓名	水田甲數
石雨傘庄	林萬力	六分
	鄭　帶	一甲二分
	潘寶元	二分
	潘　陶	二分
	楊　甕	一甲
	楊寶才	一甲
	張福元	一分
	潘萬春	六分
	潘細元	五分
	潘　方	三分
	鄭東福	五分
總　計	十一戶	六甲二分

[9] 今臺東縣成功鎮忠孝里美山。微沙鹿社的社名，一說為光緒 10 年(1884)左右，原居秀姑巒溪上游的阿美族人為躲避高山番迫害，南下避難。其擇居地的溪流上游並列三個小丘，猶如三人相對蹲坐，阿美族語稱為 mararoong，作為社名，其近音譯字為「微沙鹿」。二說是，微沙鹿係阿美語 Misalo 的近音譯字，意為「蹲踞的小丘」。第三種說法是，此地的阿美族由花蓮港廳太巴塱社南方的 saro 社移來，「misaroku」是指「從 saro 社來」之意，轉成社名。施添福總編纂，《臺灣地名辭書，卷三臺東縣》，頁 57。

庄名	水田甲數
大巴壟庄	水田共計六十余甲
水尾仙庄	水田共計四十余甲
識羅庄	水田共計八甲
迪　街	水田共計五十七甲六分
新開庄	水田共計百余甲
大港口庄	水田共計四甲
葵扇埔	水田共計三甲五分
大尖石	水田共計五甲
大峯峰	水田共計四甲四分
姑仔律	水田共計三甲二分
水母丁	水田共計六甲七分
小通鼻	水田共計四甲
大通鼻	水田共計四甲五分
城仔埔	水田共計五甲
加走灣頭庄	水田共計六甲六分
加走灣中庄	水田共計五甲
加走灣尾庄	水田共計五甲五分
貓公社	水田共計十二甲
新社仔社	水田共計十六甲余
姑律社	水田共計十六甲
石梯社	水田共計十二甲

以上二十一庄社水田，總計四百〇六甲餘。

臺東舊揭諭書類說明

附錄二件爲秀姑巒地方奉鄉（拔仔庄、大巴塱地區之總稱，相當於堡）原北路鄉長兼大巴塱通事何清山所收藏，有關其轄區內諭示之類的文書。清代臺東轄區內分爲南鄉、廣鄉、新鄉、奉鄉、蓮鄉等五鄉，作爲地租徵收的區域，每鄉設置收稅委員，由其鄉內的總理兼辦，如同授與鄉長的職務，何清山即爲其中之一人，爲現今大巴塱庄的總理兼任通事之舊職。鄉相當於日本內地的鄉，在本島則如同西海岸地區的堡或者是里。然而，在臺東設置的時日尚短，現在還未運用至地區行政的區分規劃，專門用在收稅時進行配置委員的區域，這是根據各庄總理與甲長的說法。而且各總理擁有清朝所認可的職名印章，用此捺印在管轄區域之內的曉諭告示文書，如同附件，雖然只留下其中一份，但是爲了參考起見，抄寫如下：

奏調臺灣補用知府、候補直隸州知州、代理臺東州正堂胡[10]為

飭諭遵照事。

[10] 胡傳是官派最後一任知州，於同治9年（1870）以歲貢就職訓導。後因保奏，以直隸州知州補用而分發江蘇。光緒 17 年（1891），臺灣巡撫邵友濂奏調，胡傳由清廷委派來臺，並次年（1892）2 月抵臺，擔任全臺營務處總巡、臺南鹽務總局提調等職務；光緒 19 年（1893）5 月，胡傳被委派代理臺東直隸州知州，於 6 月 1 日到任代理，其後於光緒 20 年（1894）12 月 3 日補綬（由代理改為正式），直到光緒 21 年（1895）臺灣割讓給日本之後，於閏 5 月 3 日始行內渡；但內渡之際胡傳已經生病，結果於 7 月 3 日病逝於廈門。參考吳幅員，《臺灣文獻叢刊提要》，上冊（臺北：臺灣銀行經濟研究室，1977），頁 36；胡傳，《臺東州采訪冊》（臺北：臺灣銀行經濟研究室，1960），頁 13；林玉茹，〈白川夜舟《臺東舊紀》譯注與史料價值評介〉，收入氏著《殖民地的邊區：東臺灣的政治經濟發展》(臺北：遠流出版事業股份有限公司，2007)，頁 278；李文良等纂修，《臺東縣史．政事篇》（臺東：臺東縣政府，2001），頁 21。

照得臺東各鄉田畝，自經丈量、升科、完納糧賦以來，尚未設立冊書分司各鄉田畝、額賦、推收、過割之事。查各鄉民間或子孫分產，則一戶之額賦須分作二戶、三戶，或彼此買賣田畝，則須將此戶之額賦推出若干數，自收入彼戶，隨時過割，記載於冊，故謂之冊書。每年春初，各冊書按照上年推收、過割之數，各造一冊呈送州署，以便填寫糧卷，分別徵收，此乃清理額賦、官民兩便之事。為此，諭爾各鄉總理、通事、地保及各庄年高之人、曉事之等公同酌議。每鄉各保舉有家有業、公平正直之人充當冊書，管理一鄉額賦、推收、過割及造冊徵糧諸事，以清額賦，以免彼此含混，以杜將來各戶兄弟叔侄彼此盜賣，滋生事端。仰各遵即酌議保舉，務於三月二十後約齊到署，具結承領圖記，抄錄額冊并公儀章程，毋得違延，切切特諭。

大清光緒二十年三月（撤立冊書，收糧至今可也。）

右諭奉鄉大吧塱通事何清山　准此印

公舉松金榜為冊書，每年收糧賦所查金榜各田畝若干，盡知情形。

欽加知府銜、即補清軍府臺東直隸正堂高[11]，為札飾事。

照得璞石閣迤南至猴仔山之界，正現在劃為新鄉。璞石閣之北，自下勞灣、真朗[12]以至大港口新社仔、象鼻嘴、吧里�市[13]，正

[11] 高垚，光緒 15 年（1889）11 月初 7 日至光緒 16 年（1890）閏 2 月之間擔任臺東直隸州知州。

[12] 應指今花蓮縣玉里鎮大禹里信農。阿美族語稱此地為「Sedeng」，漢人譯為「針塱」，又譯為周塱、新塱、金塱等。19 世紀間，阿美族在此地

現在劃為奉鄉。除業經本州會同總領張軍門[14]，令吳金練為新、奉兩鄉者總管，並諭新園之趙文良為新鄉副都總管外，其奉鄉之北路鄉長，函應選人辦理，以便奉公。茲查有通事何清山，久住奉鄉，公勤服眾，堪以委辦奉鄉北路鄉長事務，合行札飭。札到該鄉長即便遵照，凡屬該鄉大小事務，合同副都總管、南路鄉長等妥為辦理，以期民蕃輯睦，荒土漸闢而日異新。果能踴躍奉公，本州每月各給口糧，正以為辦公之用。倘或始勤終怠，徒受虛名，於地方毫無起色，察出立予撤革，並加倍追繳領過洋元，以為奉公不力者戒，懍之、慎之，切切毋違。此札

右諭仰奉鄉北路鄉長何清山　准此印

光緒十五年十二月起建撤立後山分為五鄉，南、廣、新、奉、蓮為五鄉。

附件之一，屬於打馬烟庄佃首羅兆所擁有的文書，足以大概得知該地方開墾當時的情形，在此處同時附錄其文書的抄寫。

欽命

拓墾，建立 Sedeng 社。清光緒 4 年（1878）福佬人士鄭玉華、黃連元、邱霖送等人在開山撫番的「官招民墾」政策下，以墾首身分招募一批臺灣西部移民前來開墾。不過清末的拓墾似乎並未成功，日治初期僅有居民 11 人。施添福總編纂，《臺灣地名辭書，卷二花蓮縣》，頁 116-118。

13 馬黎馬憩，今花蓮縣鳳林鎮縱谷平原地區。

14 張軍門疑為張兆連。參考胡傳，《臺東州采訪冊》，頁 85。

記名提督統領、臺灣後山中南北三路諸軍辦理開山撫番事務、調補福建臺澎等處地方總鎮、試勇巴圖魯吳[15]為諭知事。

照得前據張芳茂稟稱，在于打馬烟北勢築圍試墾，羅兆人少，欲佔大地，請示前來。當經委勘公斷并批諭各去後，玆據都司蔡毓奇等稟稱，遵經前赴打馬烟地方傳齋兩造，勘查張芳茂等漢番佃人新築土圍在打馬烟之北，其羅兆等新築土圍在打馬烟之南，各該土圍橫濶各有一十三四丈，直長有一千丈。張芳茂等漢佃共三十二人，又膏盲社[16]番佃共一百四十一人，羅兆漢佃共四十七人，北至拔仔庄溪邊為界，東至馬漏社[17]前大溪為界，西至大山邊為界，南至膏盲社溪邊為界，荒埔荊棘未經開闢，難于丈量，共約有田一百數十甲之概，當堪秉公處斷。其北勢草埔遼濶，約三分之二可墾田畝壹百餘甲，斷合暫歸張芳茂漢番佃多墾闢耕種。其南勢草埔窄狹，約三分之一可墾田畝數十甲，斷令暫歸羅兆佃少墾闢耕種，倘再有招佃前來，仍不得改易。二比草埔墾田之埤圳，務須同力合作，公同灌溉，不得廢圳截流。其羅兆墾田居卜埤圳，係由北勢經過，斷令張家草埔隨圳通流，兩邊共留圳額二丈，以與羅家埤圳灌溉田園，上通下流之處，張家不得阻撓。若羅家水圳灌足，亦不得于圳

---

15 此處所稱應為光緒元年(1875)開山撫番時主要負責統領中路的吳光亮。潘繼道，《清代臺灣後山平埔族移民之研究》，頁 138-144。

16 膏盲社可能指高藥（Koyo）社，為阿美族之舊部落，其社名亦為地名之由來，位於今日花蓮縣瑞穗鄉瑞祥村。施添福總編纂，《臺灣地名辭書，卷二花蓮縣》，頁 264-266、272。

17 疑為阿美族部落烏漏社（Ouro 或 Olao 部落），位於今花蓮縣瑞穗鄉鶴岡村。施添福總編纂，《臺灣地名辭書，卷二花蓮縣》，頁 272、274-275。

額界外別扢溝圳，以廢張家田業，各宜和協并耕，同商妥酌。先于分界之中插石為記，兩造各皆喜色遵依，取具摹切，并點佃丁花名年籍，造冊繪圖，繳送請示到本鎮。據此查核公斷，尚屬平允，兩造且已遵依，自應照辦。惟如日久不耕仍作荒埔，諭除冊結圖說附卷備查，并分諭飭遵暨報明外，合行諭知。為此諭仰羅兆遵照辦理，從速開墾，切切特諭

右仰打馬燕南勢佃首羅兆　准此印

光緒三年十月十七日

附錄一件，抄錄新開園庄總理王必文所收藏之文件。王必文爲新開園庄的墾主，向其要求墾單或是可作爲開墾證據的文件，便是出示下列附錄的本文。對於上述的墾主，都以著手搜集這類文件爲目的，大概在抵達的村落都能收得材料。然而在停留期間遭遇花蓮港街的火災時，各庄田地丈單的抄本全被燒燬，又有些地方因匆匆經過，沒有時間調查，而且也不方便先行送到停留所在的臺東支廳，因而這一件附錄只能作爲幫助理解臺東州清代土地關係文書的一斑。

諭承墾芒綢埔[18]民人王必文

[18] 芒綢之臺語發音與「網綢」相近，應是指今臺東縣池上鄉福文村萬朝，舊稱「網綢」。施添福總編纂，《臺灣地名辭書，卷三臺東縣》，頁 102。

記名簡放總鎮、代統鎮海後軍等營兼各路屯兵、樸勇巴圖魯，後欽加提舉銜、代理臺東直隸州正堂兼帶安撫軍呂[19]，為諭飭承墾事。

光緒十八年十二月十六日，據民人王必文稟稱：竊文山有年在新開園農耕，茲本年十二月初有新到墾民六十餘名，住在本庄，因前山民多地窄，耕不足食，故相率而來，向文相商要在後山開墾農業，文同往踏勘，有土名芒綢地名方，東至大溪，西至大山，南至武洛溪[20]，北至芒溪為界，四至界址繪圖呈覽。該處係屬荒埔，並無有人墾過。今文願備資斧，督佃墾耕，稟乞諭以便承墾，一俟成熟，再行稟請丈量完課等情到州。據此當經委員勘復土名，圖至相符，應准先給印諭，日後墾熟成田，入額升科，即以承墾出本者為業主。至給諭承墾各墾民等，務須量力認地，不得於領諭之後，延不墾種。如果墾限年滿，並不報丈升科，定將此地別行給諭招墾，除稟批示外，合就給諭。為此，諭仰該墾首即便遵照，務將前開四至地方，督率各佃盡力開墾，並遵照例定限，一俟墾熟，即行赴州稟請丈量升科，均毋違切。此諭

新開園庄總理王必文

光緒十九年三月三十日

---

19 臺東直隸州知州呂兆璜於光緒 17 年（1891）12 月到任署事，光緒 19 年（1893）6 月卸。胡傳，《臺東州采訪冊》，頁 12。

20 武洛溪疑為新武路（呂）溪上游之霧鹿溪。霧鹿溪在霧鹿附近與利稻溪會合，成為新武路溪上游。至新武附近，又有大崙溪、武拉庫傘溪等，匯流形成較寬廣的平坦地帶，新武路溪繼續西流，成為卑南溪的北端支流。施添福總編纂，《臺灣地名辭書，卷三臺東縣》，頁 183。

第三項　業務部上篇

水利港灣的現況（附官設土木事業的急需）

林野荒廢現狀

臺東一地僻處臺灣島中央山脈後側，東邊瀕臨大海，北與宜蘭蘇澳港及南澳蕃地的群山峭壁間隔大約二十里，南以卑南轄區內的巴塱衛與琅璠[1]地方，也就是恆春轄區內沿海山脈蜿蜒至鵞鑾鼻海岬的背後相連。群山蒼鬱，從臺灣開闢以來斧斤未入，由茂密森林而成蒼茫的原野，大半仍然任其天然荒廢。其間民蠻雜處，部落遍布，可說是臺灣島中另有一臺灣的特別地區。以往清朝對於拓殖這一處疆土特別熱心，在此設置了直隸州，但是行政政績尚未普及，仍然人煙稀疎，滿目荒涼，見景傷情。加以瘴癘之氣猖獗，由中央山脈流注而來的溪流年年氾濫，造成平野堆滿石礫，不知有多少平方里。然而早先就有若干支那人族移居到此，開闢田園，有些部分已經和西海岸的村落景觀幾乎相同。分散住在這一平原地帶的生蕃族群也熱心於墾拓，以其居民營生的程度而言，具有已經脫離蕃地區域範圍的資格，可以適應在普通行政之下擴充其行政權，然而還是不免被稱為臺東蕃地，可能是由於其土地的景觀如同上述。清朝所遺留的景況，目前仍然處處可見。東部地方殘餘的反抗勢力掃蕩以來，時日尚短，加上其他急待興辦的事業千頭萬緒，所以仍然沒有閒暇可以開疆闢地，實在是不得已。現今逐步進展到在這一邊陲僻境設

[1] 今屏東縣恆春之舊名。陳正祥，《臺灣地名辭典》，頁 196。

置行政機關之際，然而臺東的景況如此，說是治療舊清國政府未治的遺傳疾病也不為過。也就是為了加以醫治，不得不添置行政機關這樣的業務機關。其業務機關的主要工作為了方便我內地人民的移住，換句話說就是殖民。為了順利達成殖民的目的，所需基礎工作的首要之急是土地地面的整理。土地地面的整理，主要是以土地的處分為主，必須伴隨著土地利益的整理，而地理上的整理，也就是官設土木事業。土木事業主要是道路的開鑿、河川流向的導正、港灣的修理等。在道路的開鑿上有兩種區別，一為新建開闢與西海岸交通的山路，現在這一設計正著手進行，另一為轄區內的道路，作為往返花蓮港到卑南新街之間的官道。

道路開鑿

其一為轄區內道路的修鑿。臺東轄區內的道路，原來僅是土著居民為了方便牛車往返，而在中央山脈與海岸山脈之間的縱谷平原地帶所形成的，幾乎難以說是正式的道路。縱谷中有許多溪流河川，堆積出數里的石礫平地。自花蓮港到卑南新街的四十餘里之間，因為道路未經整修，不僅不方便貨物運輸，在稀疏的村落之間有花蓮、水尾、卑南三大溪流橫貫，其支流均呈網狀漫流。即使是晴天水流平靜之日，過客也不得不冒涉水之險，遇到天氣不佳的多雨之日，各條河川暴漲，無法涉渡，交通阻行，急著出行的人只得滯留家中空等，耗費時日。加上平常因涉水之際，不慎溺死者不知其數，就在我巡視期間就接獲數次溺水的不幸報告，在此省略這些不幸者的所屬及姓名。因此，這一道路若不加以修鑿，基本上從郵政的交通，兵員與警官都缺乏行動的自由，更無法機動緊急應變，以上這些機會顯然都有所障礙，隨著殖民事業的擴展無法迅速達成目的，這是開鑿道路屬於緊急事務的原因。

治水業

其二為河川流向的導正。縱橫漫流於臺東平原的各條河川，大多是在中央山脈的溪谷之間，迴流匯集成溪流，以其天然縱貫的流勢，加上平常為旱溪，每遇下雨，水流往往流貫谿谷，灌注於平野之中，同時流送石礫而來，實在有不少面積的綠草沃野委之於荒廢。年年由於水害的累積，可以說造成國土經濟上鉅大的損失。畢竟人工的力量不足以完全阻攔水流，也就是該地的溪流是沿著一定的河床匯流，水流本身經常朝著便於灌流的部分注入，相混交錯，數條的水勢分歧，河床潰亂，因而土地荒廢。為了防範這些溪水的沖刷，在地面的整治上，普通的堤防應該是無法因應的。或者是臺東治水的主要目標不僅在防止水害，更應當利用其漲水，一方面考慮地面構造上的問題，其目的是表層土地被水浸蝕致使地面凹陷、地盤暴露在地面上的部分特意利用漲水，往往自山中流送砂石土壤，使其堆積此處，以轉化成沃野。這一方法在日本內地的一些老農們常行之有年，臺東也是如此，有許多地方特別適用這一方法。

因此，臺東治水方法的第二要務是構築堤防。河川流床的導正不得不優先著手。單從河川流床整治而言，似乎是違背自然地理環境，但是若能因地制宜，則不至於此。方法得宜的話，在臺東的實效不知優於堤防多少。河川流床的導正，主要應該是從事堤防的構築。例如花蓮溪是奇萊的一大河川，雖然目前在中游以上的河川水脈潰亂，使得本流的水勢深淺不定，不僅讓行旅客人增添涉水之苦，更不適合舟筏的實際使用。如果能將上游的河川水脈聚合，水勢集中一道的話，自然可以減少水害，增添本流的水勢，應該得以呈現運河的作用，顯示出完全不必架設橋樑的眞正價值。倘若花蓮溪可以達到運河功能的話，秀姑巒地方南北十五里之間的農產、林產等各項產物，應該都可以由此直接送到花蓮港。另外在這一運河沿岸的沃野，將可期待超出此報告書預定之外的增設製糖機械工廠等。

另外，橫貫奇萊平原南端的木瓜溪，其發源地遠在埔里社後側山中，清流滾滾，一路流注到奇萊平原之後，儘管河道分歧以致於水勢減少，但是每遇雨時，附近的平野爲之浸蝕，化爲石礫平原，達數百町步[2]以上。然而木瓜溪的溪流，向來是奇萊工業上必要的水源，事先導正其下游的河川流床，一方面可以遏止土地的荒廢，同時亦可調整爲水利應用的基礎建設。

水尾溪一名秀姑巒溪，是大港口的河川水脈，位於花蓮港與卑南港之間的正中央，十足具有成爲將來臺東重要運河的潛力。自大港口到水尾仙庄約五里間的河道，已經成爲天然的運河。自水尾仙庄以上，水流匯聚在璞石閣莊附近，上游仍是花蓮溪中游以上，水脈潰亂，浸蝕土地，平常呈現漫流的荒廢水澤狀態，遇雨則成一片泥水氾濫，成爲荒廢的土地不知達幾百町步。璞石閣是臺東當中的一重要地區，土地豐饒，也是殖民上的一個主要地區。連貫至對岸大庄數里之間的沃野，大半由於水害之故而荒廢。臺東中央地區的

[2] 町及尺貫法中的町步，為田園、山林以町步作為單位面積的用語。一町步=3,000 坪＝15 畝，約一公頃，或約 9917.36 平方公尺。

產業振興，與這一水尾溪運河大有關係，因此導正上游的支流最爲必要。

卑南大溪與新開園庄以南極有關係，這條河川的岸邊地基整治以及橋樑的架設，關係著能否充分經營，目前許多旅人苦於涉水，實在都是因爲這條急流的水脈流向之故。此外，卑南原野與奇萊原野大異其趣，其大半因爲水害而告荒廢，這些地基如不加以整治的話，完全難以當作農場。而且水害頻繁，沒有一定的河川流床，因而經常是乾涸的平原、毫無水氣，一旦遇到下雨，由周邊的山谷漲水而來，曠野因而氾濫，變成一片水澤，以至於阻絕大家的通行。換句話說，能夠因應地勢，構設二、三條河床疏通，以避免水害，才敢期待這一原野成爲安全的殖民地，認定爲疆土。

如同上述，直言臺東現況的話，臺東好像全部都是水害地區，缺乏安全的殖民用地，其實不然。目前完全沒有水害的殖民用地幾乎是全部面積的二分之一，其中的原野，不需要整修地基就可以充當農場。其中的四分之一多，或者應該說是三分之一，面積有數千町步以上，除此之外，還有一百町步以上的原野分散在數處，又有五百町步以下至二、三百町步的草野，不乏可以作爲大農場規模的殖民用地。其他預期可作爲小農的殖民用地也有數十處，而且沒有這種水害。純粹的殖民用地實際上爲住居所用，或者除了部分用地之外，大家的出入往來一定有上述涉水的困難。不得不依賴花蓮溪或者水尾溪，或是卑南溪等其他各河川溪流，也就是因爲其居住的地方在山區因而得以免除涉水。因此，一方面從事殖民的同時，一方面不得不從事土木工程的進行。

港灣修築

其三爲港灣的整修。臺東目前的汽船停泊場僅有花蓮港及卑南港二處，這兩處港口都是直接面對著外海的濱海口岸，原本應該列入三面環山的港口之中，沒有船舶停繫場所，只是迫於海岸陸地的需要而在這裡停泊船隻。其沿岸的海底成爲一處深淵，天候晴朗的日子，汽船可以接近海岸的陸地，順利停泊。但是海岸的波浪經常激騰洶湧，舟艇的裝卸極爲困難，稍遇風浪較大，往往無法裝卸貨物，即使偶爾有汽船來此停泊，常常是空船出港，因此連定期船班也無法達到其目的而過港不停。卑南港的海浪更爲洶湧，汽船停泊時，往往無法與陸地岸上交通。港灣的調查，原本非靠專家擔任不可，雖然如此，以我們的視察以及船員們的看法，認爲畢竟非徹底改建修築不可。然而爲了開展臺東交通的便利性，橫貫中央山脈，開通直達西海岸方面各地的新路，假如火車鐵道的建設完成，就算終究會廢止海運，我不認爲僅靠陸運足以完全取代海運，海運的必要性依然存在。

因此，應該由專家來進行這些港灣調查，實行因應當地需要的方法也是該地迫切的要務之一。即使並不安全，但已經足以讓汽船停泊，以上是海岸以及舟艇的困難之處，如同前述，雖然無法講究方便適合的方法，也值得一試。相較於外國的各停泊場，臺東的港灣更是不知險惡多少。爲了省卻舟艇危險的方案僅有一個，倘若徵引外國的例子來看，登岸場所的附近海中，釘設繫住船艇用的木樁，或者在險峻的海中架設相應的棧橋等，但是沒有辦法自行找到規範。只是目前，舟艇的改造與船員的選擇爲緊急要務，後述的兩個港灣並非現今汽船的停泊場，然而是東海岸當中較明顯具有海灣規模者，爲供參考而加以附載。

三棧溪[3]海灣

三棧溪海灣位於花蓮港稍北，環繞米崙山附近弦山原野[4]的海角，連接新城庄海岸的東邊並稍微向西，跟花蓮港同樣是弦月形的淺灣。弦山高臺平原的海角與新城庄的海岸遙遙相對，成爲其屏障，三棧溪在其中央點，因爲沒有其他的地名可以總括稱呼，現在暫時以三棧灣稱之。這一海岸在弦山海角與三棧灣之間，海浪衝激較爲平穩，或許較於適合汽船的停泊也說不定。若是如此，能在各處海岸中於加禮宛原野附近設一登陸點的話，對於向來的殖民工作應該可以增加一些便利之處。然而這只是眺望所得的感想，尚未在海中實際進行測量，或許會有怎樣的障礙也還不知道。這次將該處海灣標記出來，同行人員也有同感，因爲這是臺東海岸中較具可能性的一處地點，提供當局作一參考。

[3] 三棧溪位於花蓮縣東北岸，長 24 公里，流域面積 123 平方公里。陳正祥，《臺灣地名辭典》，頁 21。花蓮縣新城鄉的六個村中，新城與順安兩村位於三棧溪以北，康樂、北埔、嘉里和佳林四個行政村則位於三棧溪以南，三棧溪為新城鄉主要河川，其所產玫瑰石為新城鄉特產。施添福總編纂，《臺灣地名辭書，卷二花蓮縣》，頁 137-139。

[4] 疑為今七星潭、四八高地一帶。

成廣灣

成廣灣爲臺東著名的一處海灣，也是當地人舢舨船停泊地之一。然而，實際到當地一看，所謂的成廣澳偏處於該處海灣的一角，繫錨地的面積約爲直徑不超過六、七百公尺的一個半圓形小灣，低矮的礁岩爲其屏障，可以停泊積載一百石以上的船舶，但沒有港口。不過，作爲參考之用，應該在這裡記述，沿著該港口南邊海岸有一海灣，該海灣有三仙台[5]這一小岩嶼成爲半島的形狀，突出於南端海面上，北邊由成廣澳的一處側岸加以屏障，南北遙遙相對。東面是微微向西形狀的半月形，其直徑約一里半，沿岸一帶連著漫無邊際的坡地平原沙丘。北邊有微射鹿蕃社，從該社到成廣澳庄之間，不到半里就是自卑南港到花蓮港之間約五十餘里的海岸中間點，稍微明顯可以成爲海灣的就只有這裡。這處海灣在西南季風期間，與其說有卑南溪沖刷累積，反倒是海浪感覺較爲平穩。若是靠近海岸的海底沒有障礙的話，或許難以當作一處汽船停泊場。然而目前陸地的岸上還沒有這種必要，雖然成廣澳庄具有將來可以成爲一小市街的地勢，從這附近得以開鑿通往新開園庄或公埔庄道路的話，將可成爲該地區殖民的一處重要地點，不用說就會出現汽船停泊的必要。距離成廣澳海灣北方十餘里的大港口，雖然我暫且將此列爲運河之

---

[5] 今臺東縣成功鎮三仙里。位於成功鎮新港漁港北方約 3 公里處，有一突出的海岬和離岸小島，島上有兩個出入口的大山洞長約百餘公尺，高十餘丈，當地居民傳說「八仙過海」中的呂洞賓、李鐵拐及何仙姑三人曾在洞內暫住，因此稱為三仙洞。島上有都巒山層火山集塊岩所形成的巨大石塊，也被稱為「三仙台」。阿美族語稱三仙台為 Nuwalian，意思是最東邊的地方，也就是三仙台為海岸附近向東突出最遠之處。施添福總編纂，《臺灣地名辭書，卷三臺東縣》，頁 61。

一，避免將其記爲別的港灣，倘若將大港口當作一處汽船定錨的地點，將會成爲臺東物產輸出的一處重要地方。若是有幸能夠擴張此處的輸出業務，雖然該地地勢狹窄，海岸波浪沖擊甚強，經常淘揚起海沙而填塞住水尾溪出海口，築港竣工實在是不容易。因此現在在此預定設置一條運河，進而等候各位的高見及專家們的調查報告，也是不會太遲。

附述：港灣測量

我不顧言論的僭越，必須作一附述。本島東部海岸缺乏良港，因而使各位憂慮。蘇澳以南到恆春鵝鑾鼻海岬之間，目前汽船停泊場僅有卑南與花蓮港而已。然而臺東的海岸空曠，仍處於蕃境狀態，在這一空曠漫長的海岸，對外警備實爲當務之急，不可忽視，因此才作這一陳述。大致上，本島近海的測量在占領以前已經由日本船艦趁航海之便完成部分，應該就是目前正在檢討與測量的部分，也有其著手執行的順序。雖然我感到臺東海岸警備的迫切需要，深切期望警備艦隊之中能夠儘速測量該地方的海面，以應不時之需，做更好的準備。也就是從花蓮港、卑南兩港開始，加上前述的成廣灣、三棧灣，倘若能經過日本海軍的測量調查，對後來的幫助實在是不少。我的一片誠意，如果能夠被採納，實感萬幸。

以上所記爲臺東官設土木事業的一環。凡是實際到這個地方來的任何人，必定會有所同感，假若想要擴展臺東的行政事務，延伸殖產事業的目的，鞏固殖民事業的基礎，非事先進行這一地盤整理的土木工事不可。即使認定爲不需急迫，但也是遲早不免要施行一次的工事，道理已經非常明白，倒不如在開創初期當作首先必須著手的工作。這一官方事業當然需要大量的經費，若經過這一領域的專家調查設計後，精確編列預算金額，依特別法案作爲臺灣經營費用之一，也不得不由官民共同奮力贊助。

附：成廣澳港況諮問錄

謹將成廣澳港來往船艘等事，詳明呈送

臺灣總督府民政局大人察核施行。

一此地港最大之船約可容泊七、八百包米者，其更大船不能泊矣。

一此港有大形船同時到此繫錨，約可容三船也。

一三仙岩附近微射鹿社邊大灣，若南風則可泊船，若北風不能泊，又馬老漏社[6]大灣邊，南北風均可泊船。

一此港在清國時有火輪船碇泊，但泊在港外四十餘丈之遠，若近則不能泊火輪船。

一此港現今有三板船一艘，係大馬武窟社[7]張石知之船，自馬荖漏至成廣澳、石雨傘等處，住民皆無船。

---

[6] 今臺東縣成功鎮三民里。馬老漏社又名麻荖漏社，麻荖漏山為海岸山脈中段最高峰，標高 1,682 公尺，東南側山麓有阿美族部落「麻荖漏社」。社名由來一說是成功沿岸一帶的高臺地原為都歷社阿美族持有的旱田，後來丁仔漏社遷居此地時，將本地因 1850 年代海嘯導致草木枯死（raurau）的情形作為社名，稱為 mararau，音譯為麻荖漏。另一說是由花蓮境內遷移至此的阿美族，見此地草木枯萎如同被火烤乾，稱為 madawdaw，轉為社名。第三說則是清乾隆年間，有名為 souma 的麻荖漏阿美族人，因使茅草的家屋燒失，阿美族語形容其景象為 miraurao，引為社名。施添福總編纂，《臺灣地名辭書，卷三臺東縣》，頁 49。

一此港年年往來之船在臺南搬貨者有之，在基隆、宜蘭搬貨者有之，但自基隆來船更多耳。

成廣澳庄總理徐才普　謹錄

明治二十九年十月二十五日

大港口況諮問錄

敬稟

總督府民政局大人。

茲大港此處，滿潮水時加三尺，最漲時加五尺，餘旱天無雨時減少水七、八尺。上前年年亦有商船到此灣泊，每年有商船來幾次。此港南北濶約三百餘尺，東西濶廣三千餘尺。

又曰三板船[8]始初之時並無有到，於番人、老人無言有三板船到處。謂之商船，儎三、四百谷大之船到此。此地至秀姑巒來水之處，係璞石閣近上約有六十餘里（即日本拾里餘）。秀姑巒溪水始初不能進船，以至大港灣泊。為期所到之船由基隆來此，有南船東港船來此不多，而臺南船經埤南來者有之，不多，每年一、二次。到大港口不期，到烏石鼻不期。商船來時，儎有瓦器、農具、鐵鍋、布疋、瑪瑙、料器各項來此，與番人購買

---

7 今臺東縣東河鄉東河村大馬。大馬武窟社最早稱為貓武骨社(babukuru)，由阿美族語 labukuru（撒網之意）轉音而來，這一用語表現的是阿美族撒網捕魚的文化，以及東海岸最大河流馬武窟溪魚產豐富的特色。光緒13年（1887）後貓武骨社改稱為大馬武窟社、大馬武吻社，為阿美族重要聚落。施添福總編纂，《臺灣地名辭書，卷三臺東縣》，頁92。

8 張勝雄按：三板船即舢舨。

木耳、鹿茸、鹿皮、黃藤、薯莨[9]，儎至臺南、臺北發賣，儎來後山之貨無額。又曰秀姑巒溪水最漲之時，係七、八、九、十月，兼霖雨每年亦時，幾月最多。減水時，係每年四、五、六月最水少，十一、十二月水中的。又曰，我居此地起創之時，見暴風之期在八、九、十月間，諸船該在港內不得打破，抑在港外未進，必遭風害。又曰此港風色西南在五、六、四、三月，或東北風最多時在正、二月、十一二月。

[9] 薯蕷科(Dioscoreaceae)薯蕷屬(Dioscorea)，學名 Dioscorea cirrhosa Lour.，又稱裏白葉薯榔、薯榔等。楊遠波等編著，《臺灣維管束植物簡誌　第五卷》(臺北：中華民國行政院農業委員會，2001)，頁 38。

業務部中篇

現況：土著居民的現今產業

目前臺東土著居民的產業以農業爲主，工業未興，商業極不發達，貨物的進出口也不多，市面上僅有些生蕃交換用品，來自各地方寄居於當地的臺灣土人雖然常利用三板船往返臺南與宜蘭間，但也只是運進生蕃所需貨物，或搬運與生蕃交換所得的各種天然物產而已。工商業未發達，已大致如前述，因而此處不再贅述。以下將就農業、園藝、畜產、水產等現狀加以說明，以爲報告。

附述

本人並非專責農務，因而記述臺東的農業狀況，似乎有些逾越本分，但本篇主旨在於評估現行居民的產業狀況，同時對其產品種類做一說明，以作為將來拓展產業時的參考，將在業務下篇敘述。

第一章　農業的程度

此處將臺東農業暫時分爲兩大類，一爲臺灣的農業，一爲生蕃的農業。

其一、臺灣的農業

農業現狀

此處所謂臺灣的農業，乃指臺灣人普遍從事的農業。此次觀察臺東土著居民的農業時，雖然發現其開墾方法、農具、耕耘法、栽培等，與西海岸方面大致相同，但因其位於本島中央山脈東側，地處偏僻，自古以來，鮮少與其他地方交通，因而甚少受外來文化的刺激，民風純樸。因此雖然同樣是臺灣的農業，但在利鈍巧拙上，多少有所差別，物產也受此影響，自然難以與西海岸相提並論。若要列出臺東方面一般臺灣人聚落中較重要者，即有：

卑南新街、花蓮港街、璞石閣莊、拔仔庄、大巴塱庄、打馬煙庄、里壠庄、大埔、大庄、新開園庄[1]、成廣澳庄、十六股庄、加禮宛庄等。

其中，專門從事農業的聚落爲十六股庄、加禮宛庄、打馬煙庄、大巴塱庄、璞石閣莊、大埔、大庄、新開園庄等。其他聚落，在生計上需與生蕃交換物資者超過半數。而新城庄，其聚落四周不僅沒有田園，日常蔬菜全部仰賴生蕃供應，米穀則經常向十六股庄等採買。花蓮港街僅次於卑南新街，爲一般臺灣人聚落中較重要者，但其居民除菜園外，甚少擁有田園。卑南新街也大致相同。成廣澳庄雖是卑南、大港口間的主要村落，但主要還是因交換業而形成。整體而言，與其將居住在臺東的支那人族稱爲半農半商，不如說六分交換業、四分農民較爲適當。

---

[1] 張勝雄按：原文為「新開庄」，應為新開園庄，故譯文補入「園」字。

正如土著居民部中所敘述，臺東土著居民中，不論在服裝、風俗乃至生計等方面，平埔熟蕃與加禮宛熟蕃其進化程度幾乎與支那人族無異，農作也然，因此將其歸爲臺灣的農業之一。

加禮宛熟蕃自古以來即居住在奇萊原野的西北方，總數約百十餘戶，與十六股庄大致相同，居奇萊農民首位；另外，自該庄移居秀姑巒海岸一帶的各庄居民，也都從事農業。

平埔熟蕃原本住在鳳山地區，祖先常年從事農業，後代移居此處，從事開墾，因此較加禮宛人更熟稔農業，幾乎與支那人族同一水準。如新開園庄、公埔、大庄、里巷、石牌庄、觀音山庄等，皆是平埔熟蕃村落，其附近田園早已由該民族所開墾。

以上各族的農作均以稻作爲主，旱田所產者大多僅止於自家的需用品，很少以生產特產品作耕作的目的，這或許因爲交通不便等長期以來臺東的形勢所造成。

甲、稻作

不管何處，多少都有稻作。特別是奇萊的十六股庄，因爲是從原本就以種稻聞名的宜蘭移居而來，其稻田也幾乎與西海岸各地相同，經過前清政府的丈量，有租田共計八十八甲二分二厘餘。此外，附近的三仙河庄有三十三甲多，加禮宛庄一百四十八甲多；加上其他村落例如農兵庄、新港街庄、軍威庄及南勢蕃諸社[2]的田地，奇萊

2 「南勢蕃」是相對於太魯閣蕃「北勢蕃」的稱呼，為居住在奇萊平原蕃人的總稱，由七腳川、荳蘭、薄薄、里漏、屘屘、飽干和歸化等七社組成，共同團結對抗太魯閣蕃，因而稱為「南勢七社」。但因明治 42 年（1909）七腳川社反抗日本統治，被迫散居各處而僅存六社。臺灣總督府臨時臺灣舊慣調查會原著、中央研究院民族學研究所編譯，《蕃族調查報告書：

地區的田地共計五百餘甲。此外，秀姑巒地區水田較多者，爲大巴塱庄水田六十餘甲，打馬煙庄五十二甲，璞石閣莊約八十甲，迪街五十七甲多。另外，璞石閣以南地區新開園庄水田百餘甲；海岸地區成廣澳水田約三十甲，皆屬於水田較多者。大庄、公埔、里壠庄等地，水田雖然也不少，但因故無法查明。其他平地蕃，其田地面積也不在少數。此次所查得的諸庄社田籍表，已附載於土著居民部，此處省略。

臺東地方大抵一年兩作，過去十六股庄民回覆臺東撫墾署員之季節表如下：

春植		再作
下種	冬至前	夏至秋
耕犂及插秧	立春至清明	大暑前至立秋後
施肥	收完犂用後下肥	牛糞等
除草	插秧二十日後	
收穫季	五月中旬至六月	十月初旬
一甲收米	稻穀三十石乃至四十石	少收

有關稻田一甲的收穫量，我們初到奇萊時，在十六股庄的鄰村加禮宛庄訪查所得，結果大致相同。詢問其他各庄，也是如此。而這不僅是臺東地方，也是對臺灣全島各堡庄、各總理、各墾主、各農民等公布時的標準形式，正所謂千篇一律，幾無差別。但上表的石數，在其他地方爲水田一甲一年兩作的糙米收穫量，上表所示則僅是春季一甲稻穀的收穫量。秀姑巒地區查訪所得爲，上田一甲一年六十餘石，中田一甲五十石乃至四十石，下田一甲三十五石以下。

第一冊阿美族南勢蕃 阿美族馬蘭社、卑南族卑南社》(臺北：中央研究院民族所，2007)，頁 19。

但臺灣一石換算成日本內地爲五斗七升，以此換算成內地的石數如下表：

面積	等級	收穫量		
水田一甲	上則田	糙米四十石	日本	二十二石八斗
水田一甲	中則田	糙米三十石		十七石
水田一甲	下則田	糙米二十石		十石餘

這一收穫量畢竟只依過去以來本島的田租率[3]規定，無法作爲田地的實際收穫量。因此，依各地方土著居民所回覆的收穫量多寡，難以推定其土地的肥沃貧瘠；例如宜蘭，以肥沃著稱的田地，本人昨年巡視時，查訪所得資料如下表：

地名	等則	收穫量	田租等級	明治二十八年時價
宜蘭	上則田每甲	糙米四十餘石	三圓四十五錢六厘	四百七十元
宜蘭	中則田	糙米三十石	二圓八十二錢六厘	三百餘元
宜蘭	下則田	糙米二十石	二圓三十三錢	二百餘元
宜蘭	下下則田	糙米十餘石	一圓八十六錢六厘	百五十元
宜蘭	不入則田	糙米十石以下	一圓四錢四厘	

舊臺東州官衙所訂定的境內田租率，奇萊、秀姑巒地方，每甲大租銀六錢六分（約日本九十二錢四厘），其他地區也大致與此相同，亦即轄內田地，無關肥瘠，一概視爲等外田，這似乎是對蕃地

3 田租率所指為田地所需繳納的田租比例基準。清代臺灣應稅田園的稅率前後數次調整，且根據不同類型的田、園，以及新舊田，租率各有不同。以東部來說，田代安定於本文第二項其三土地的關係部分曾提及，臺東以往的土地稅率全部是採取中國銀兩的六錢六厘。李文良，〈晚清臺灣清賦事業的再考察—「減四留六」的決策過程與意義〉，《漢學研究》，第 24 卷第 1 期（2006.6），頁 400-405。

內的新殖民地所設的稅則，應該出自於政治上的考量。而埔園，即旱田，則免除一切地租。

關於田租及收穫量的舊例，已如上述。雖說土地品質在日後改善，多半逐漸可以化爲良田。就我所見，除沿海部分地區外，均爲軟砂質壤土，其土質與宜蘭、鳳山或臺北淡水橋西岸附近的土壤相近，不同之處僅是部分含有腐植土的多寡而已。目前由於施政尚未周全，人煙稀少之故，即使良田也未能盡顯其眞正的價値，土人平常視爲惡田者，將來也可能變成上田。

本人訪察當地田園的目的，本來就不在於研究現行的農作物，而是依循現況，說明將來的產業推展。

由於居民不多及外物誘因較少，臺東的田園買賣相當稀少，要調查極爲困難。但若依奇萊土人說法，十六股庄民向加禮宛人買田時，以往一甲約百元至五、六十元間；加禮宛人則說平均六十元左右。此外，在秀姑巒的璞石閣莊一帶，一甲地上田約五十五元，中田約四十五元，下田約三十五元。但若根據此處的價格來推斷臺東的田地價格時，不免還是有些問題。因爲這是許多土著居民等對於提問者當下所回答的數字，因此其回覆也因人而異，這也是他們的習俗所不免造成的。所以在此提及，不過僅供參考而已。

臺東所種植的米的種類，有花螺米[4]及格仔米[5]。但因爲尚未完成全盤調查，或許還種植其他品種也未可知。如今想想，不無遺憾。

---

[4] 為秈稻的一種，又稱螺米。外觀粒型不大，但在清代臺灣的早稻當中，品質佳且種植廣，產量高，因此為臺灣重要的出口米。蔡承豪，〈地方農識的書寫與呈現：以十九世紀北臺地區稻米品種變遷為例〉，《師大臺灣史學報》第 6 期（臺北：國立臺灣師範大學臺灣史研究所，2013.12），頁 16。

大致來說，以臺灣米而言，目前的臺東米不能算是品質良好。海岸方面的加走灣各庄據說出產良質稻米，但未能親眼目睹。而十六股庄所產稻米中，有品質稍佳者，粘性較少，不如內地米，或許是自宜蘭移植而來的吧！

乙、旱田作物

臺東的旱田尚未經過丈量，聽憑各戶任意開墾，因而各戶面積從來無法詳知。並且，土人認定只有水田才是眞正的耕地，對其面積記憶詳實；至於旱田，因爲尚未建立明確的區劃方法，因而幾乎都不予重視。因時代不同，面積也有增減，未有一定。並且，主要的旱田作物爲蕃薯，乃是爲了補足日常生活所需的糧食，其他農作物產量極少。以下，將旱田作物的種類列記如下：

品目	臺灣名	所作區域	多寡	耕作目的	品質
蕃薯	地瓜	全部	多量	食品及釀酒用	各種類
落花生	土豆	全部	多量	食品油料	大小二品
胡麻	芝麻	全部	多量	食品油料及輸出用	良好
甘蔗	甘蔗	秀姑巒地方大港口等	少量	製糖用	普通
紅蔗	紅蔗	全部	少量	咀嚼用	普通
苧麻	苧麻	全部	少量	自家用及輸出用	普通
黃麻	黃麻及紅麻	農兵庄等	極少		

[5] 格仔米是無芒種的秈稻，穀粒為長卵形，稻莖長約 3 尺，在日治初期的調查中被譽為晚稻當中最優良且分布最廣的稻種，自基隆、臺北、深坑至彰化、嘉義，皆有種植。蔡承豪，〈地方農識的書寫與呈現：以十九世紀北臺地區稻米品種變遷為例〉，頁 20-21。

粟	小米	全部	多量	食品	良好
蜀黍	高粱粟	全部	少量	食品	良好
玉蜀黍	番麥	全部	極少		普通
綠豆	綠豆	全部	稍多	販賣用	普通
木藍[6]	藍草	秀姑巒地方	非正式耕作	販賣用	
黑豆	烏豆	秀姑巒地方	少量	販賣用	普通
黃豆	黃豆	秀姑巒地方	少量		
陸稻	陸稻	全部	少量	食用	普通
稷[7]		海岸地方	少量	食用	普通

（一）蕃薯

各區域產量衆多，尤其是平埔、加禮宛兩熟蕃大量種植，因爲比起支那人族，他們平常在食物中使用得更多之故。蕃薯品種繁多，優良品種也不少，除食用外，也作爲釀酒之用。

（二）落花生

大小兩品種均有種植。儘管本島普遍大量種植小粒種，但臺東的土質相當適合種植近來日本內地需求廣泛的大粒種，特別是如水尾附近出產的良質產品。此次出發時，曾攜帶內地產大粒種的種子，準備發給各庄民，但土著居民所種植的產品反而更爲碩大，因而苦無機會發給庄民。然而目前種植數量尚少，將來如果能在其他作物之間充當間作，應可成爲一種副產品。

6 學名 Indigofera tinctoria，也稱為槐藍、大藍等，型態為直立灌木，高約 50~80 公分。張永勳等編著，《臺灣常用藥用植物圖鑑（II）》（臺北：行政院衛生署中醫藥委員會，2012，第二版），頁 119。

7 稷（Panicum miliaceum L.）為一年生作物，外觀與高粱相似，為早期漢人與原住民常見作物，可直接食用或用於釀酒，亦可充當飼料。鍾明哲、楊智凱，《臺灣民族植物圖鑑》（臺中：晨星出版，2012），頁 124。

（三）胡麻

全區均有種植，最適合本地土質，大多在各產地製油，若有剩餘則利用三板船販售他處。卑南蕃人實可稱爲胡麻栽培專家，其次是平埔熟蕃，支那人則較少大量種植。

（四）甘蔗

甘蔗栽培在臺東還非常落後，在本島、沖繩或其他熱帶地方，紅蔗大多作爲咀嚼用，又名昆崙蔗[8]，各村僅少量種植，與甘蕉、柑橘類等作爲水果販售。現今一般臺灣甘蔗在大巴塱、馬大安、里巷、大港口諸庄皆有種植，以製糖爲目的，面積僅止於十甲以下。使用臺灣一般可見的製糖器械，每年製造的砂糖專供本地販賣，其產量自然不多。至於花蓮港、卑南新街等，砂糖與其他雜貨等經常自宜蘭或臺南地方運來販售。訪查中，曾將從土著居民聽取所得的農產訊息及其他事蹟等抄錄下來，但上個月因花蓮港街的火災，一袋資料遭到燒燬，現在也無從問起了，另外也包括海岸地方的日曆記事本一冊。儘管糖業如此落後，但觀察其蔗田，甘蔗的生長相當壯碩，尤其紅蔗比其他地方更顯得高大。臺東可望成爲一大糖區的徵兆已經非常明顯，因此又何必對目前土著居民的小規模糖業進行研究，對此，本篇下卷將再作詳述。

附述

土人言，近年各蔗田遭受蝗害，例如去年有部分甘蔗幾乎無法製糖。此地的蝗蟲，方言稱為草蜢，又名側馬。訪查時，處處可見其成群飛舞，多時有如雲霞，遮天蔽日，孵化後的幼蟲遍

[8] 也稱秀貴甘蔗，學名為 Saccharum officinarum L.。禾本科，原產巴布亞紐幾內亞。鍾明哲、楊智凱，《臺灣民族植物圖鑑》，頁 146。

佈整片草原。該蟲特性，專門喜食禾本科植物，儘管這一蟲害值得憂慮，但若將來實際進行開發時，用心將其驅除，即不會妨礙到糖業及其他農工業的擴展，只是這自然不能僅用尋常方法。

（五）苧麻

苧麻的栽培大多在高山蕃地區，平地蕃及普通臺灣人未見大量栽培。新城、花蓮港及其他各地所運出的麻皮，多爲高山蕃所產。熟蕃及其他土人大多栽培作爲自家用，偶有剩餘，才會賣與商店，因此，在臺東很少見到麻園。將來雖然需要栽培苧麻，但依我所見，應該獎勵高山蕃種植。至於平地住民，則鼓勵他們在那些不適合種植其他作物的空地上種植，如住家附近或山邊等。無論苧麻的需求量如何擴大，但將平坦廣闊的沃壤特地拿來種植苧麻卻非良策，因爲臺東的沃野非常適合作爲設置製糖機械等大農場之故。

（六）黃麻

對於黃麻，本地還未將其視爲農產品，僅在米崙山附近的農兵庄一帶，發現少量種植而已。但觀察其生長情形，發現其植莖相當碩長，與宜蘭地方所見相同具有生長力，因此在土質的適應上，已不需多言。將來若有需要，儘可以進行繁殖栽種。

（七）木藍[9]

秀姑巒地方很少種植木藍，大巴塱一帶偶爾有以牛車載運菁子，即其種子到花蓮港，之後以三板船運往他處販售。此外，路傍、田園邊等，處處可見其蹤影，幾乎是自然生長，但這一情形在臺灣島

[9] 學名 Indigofera tinctoria，也稱為槐藍、大藍等，型態為直立灌木，高約50~80公分。張永勳等編著，《臺灣常用藥用植物圖鑑（II）》，頁119。

非常普遍，還不到像在臺北附近或臺中、臺南等地一樣觸目可見，因此，臺東地方可以說根本尚未開始栽培木藍。

（八）豆類

豇豆[10]、綠豆爲專門作物，黑豆、黃豆少有人種植。豇豆、綠豆最能適應土地，其他豆類則尚未成爲農產品，但用剩之餘也有販售。豇豆方面，因爲其豆莢常常作爲蔬菜販售，因此將其放到蔬果作物中。

（九）蜀黍（高粱粟）[11]

蜀黍在當地的種植量，出乎意外的少，但也見到平埔熟蕃等偶爾也有相當的栽培。

（十）玉蜀黍

玉米方面，各地雖有極少量的栽培，但由於其種子尚未廣泛流傳，近似於一種好玩的作物。

其二、生蕃的農業

生蕃農業

此處所謂生蕃農業，乃是指散居在臺東平野的阿眉蕃[12]及卑南蕃[13]的農業而言，不包含其他的高山蕃在內。這是因爲平地蕃將來

[10] 豇豆（Phaseolus Vulgaris L.），又稱赤小豆、四季豆、菜豆等。張永勳等編著，《臺灣常用藥用植物圖鑑（II）》，頁 130。

[11] 學名 Sorghum bicolor，禾本科，原產北非，現在已廣泛栽培在全球溫帶和熱帶地區，是一年生大型草本作物，常栽種在旱地。鍾明哲、楊智凱，《臺灣民族植物圖鑑》，頁 140。

也能夠成爲臺東的普通人民，作爲產業狀況之一，因而對其農業現況加以說明。

甲、卑南蕃的農業

卑南蕃爲最早居住在卑南地方者，在一般臺灣人尚未移住該地的遠古時代，卑南蕃即開墾卑南附近原野，種植各種農作物，這些事蹟均見諸於前人的記載，位居臺東住民的主人地位者，即是卑南蕃，因此，他們可說是生蕃在從事農業及其他產業時的學習對象。但這個過去以來即從事農耕的生蕃部落，自從支那人族移住後，那些支那人彷彿處於指導者的地位，在各項進步上給予不少協助；因此，對於這個很早以前就知曉農業，以及對於耕作之法感覺較爲銳敏的卑南蕃而言，因爲漢人的耕作法優於原有習慣之處較多，因而便採用其農具，同時改良耕種方法。其結果便是，在旱田耕作方面已逐漸進步到與一般臺灣人不相上下的地步。農具方面，只要普通臺灣人家有的農具，卑南蕃家裡也大致都有。耕田則使用「手耕」，即所謂的臺灣犁[14]；收割稻穀則用「臺灣風櫃」[15]。至於其他農具，

---

[12] 阿眉蕃為當時住在臺灣東部的阿美族人（Ami），包含卑南阿美、恆春阿美、秀姑巒阿美、海岸阿美、南勢阿美等，其人數高達當時居於後山原住民之冠。潘繼道，《清代臺灣後山平埔族移民之研究》，頁 153。

[13] 卑南族（Puyuma 或 Panpanayan）主要分布在卑南，部分居於太麻里，有嚴密社會組織和強大的戰鬥力，其中的呂家望社非常強悍。潘繼道，《清代臺灣後山平埔族移民之研究》，頁 154。

[14] 似為長床犁，又稱在來犁。蔡承豪，〈天工開物：臺灣稻作技術變遷之研究〉（臺北：國立臺灣師範大學歷史研究所博士論文，2008），頁 109-112。

[15] 利用風力篩選稻穀的工具，也稱風鼓。蔡承豪，〈天工開物：臺灣稻作技術變遷之研究〉，頁 128。

只要是目前臺灣人所使用者，幾乎都有，例如犁、耙、手耙、土壟[16]、鋤頭、糠篩、鐮刀等。卑南蕃中，特別是卑南大社更是如此。此外，卑南蕃的農作物中，較著名者有米、小米、高粱、胡麻、落花生、煙草、苧麻、蕃薯等。

稻米方面，北勢溝社、阿里擺社，及其他靠山邊有水利之便處，闢爲水田，大半種植陸稻。知本社便在住處附近園圃中種植稻米，也有成熟的。雖然無法得知是否致力於陸稻的栽培，但相較於其他農地的進步，卻顯得落後，彷彿放任自然生長一般。訪查時，發現園圃中有許多螟蟲[17]。這是一種蛾的幼蟲，會使得稻穗上出現「銹蝕狀」，因而無法結實。但他們也不在意，只是不知能有多少收穫。

小米爲他們的主食，種植量最多，家家戶戶倉庫內皆有儲存，大多爲糯性小米[18]，品質優良。

胡麻爲卑南蕃最擅長的農作物，已經可以媲美一般普通土人所種的，可能是因爲土壤肥沃所致。他們常將胡麻賣到店頭，已經逐

---

[16] 土壟是傳統脫稻穀的工具，是利用研磨去殼的原理，人工甩動搖撥竹篩（俗稱嵌模仔）將粗糠和糙米分開，在將糙米放入石臼木舂搗去掉米糠，即是白米。構造包含上、下兩部分，用竹片編成，以獸力、水力等動力旋轉土壟，就像推石磨一樣，俗稱「挨土壟」，藉由上下層接成的圓柱狀，裡面以泥土夾雜竹片或木片填實。下層固定不動，上層可以施加力量，兩個觸面突出的竹片，相互摩擦而使稻穀擠壓去殼。

[17] 稻作上常見害蟲，主要有大螟與三化螟、二化螟等幾種。行政院農業委員會動植物防疫檢疫局編，《植物保護圖鑑系列 8—水稻保護（上冊）》（臺北：行政院農業委員會動植物防疫檢疫局，2003），頁 56-74。

[18] 禾本科，為重要農作物，臺灣本島栽種的小米主為糯性小米，這種含糯性者可製成麻糬，此外也用來釀酒，在祭典儀式時是不可或缺的角色。郭信厚，《臺灣經濟作物圖鑑》（臺北：貓頭鷹，2011），頁 176-177。國分直一，《日本民俗文化誌：文化基層與周邊之探索》（臺北：臺大出版中心，2011），頁 128。

漸形成卑南港的輸出品之一，但其總產量及一甲的收穫量等則是未詳。

蕃薯的栽培法與普通土人無太大差別。花生也多有種植，販售到店頭。

卑南蕃的畜產業較阿眉蕃進步，耕作時較常使用牛隻，除水牛外，也飼養多種的牛，常用牛車往返農地。由北往南前進，經過新開園到雷公火社，蕃人駕牛車往返農地的情形漸多，這是因爲雷公火社爲阿眉、卑南兩蕃混住的蕃社，卑南風俗傳入此處之故。

乙、阿眉蕃的農業

阿眉蕃的居住區域從卑南的馬蘭俄社開始一直到奇萊南勢七社，約五十里之間分布衆多部落，因而其農業區域也相當遼濶。阿眉蕃的農業狀況與卑南蕃不同，譬如農具，仍然極爲落後，有如原始農業時代尚未歷經時日的人類所使用的農具，然而有部分農業則較爲進步。並且，正如前述，阿眉蕃大部分分布於臺東的平野，其人口占該地居民的三分之二，以農民而言，其開墾主權悉歸該蕃所有。阿眉蕃的農業，大港口以南的海岸一方面與奇萊方面稍有不同，亦即前者爲小農型，後者爲大規模農業型，這可能是因地理環境而自然形成的現象。渡過卑南溪向北到大港口間，約三十餘里，有阿眉蕃社約二十六、七社，其中自猴仔山社到成廣澳庄的十五社，其儀容風俗乃至於各項產業大都帶有卑南蕃風俗。儘管各戶耕作面積狹小，但耕作細緻，農具也較齊全，加上兼營畜產、漁業，有如我內地偏鄉漁村的農民景象。而成廣澳以北的海岸諸社，風俗頗爲純樸，喜愛在山腹崎嶇之地開墾，有如高山蕃一般從事農業。到了此處，農具也歸於單純。從事各種耕作，僅使用一種蕃名稱爲「ララア」的鐵篦狀[19]傳統小鏟。

阿眉蕃的農產中較重要者列舉如下：

品名	臺灣語	阿眉蕃語	所栽區域
米	同上	Burath.	全部
陸稻	同上	Burath nu wuma.	同
糯米	同上	Kutugai burath.	同
粟	小米	Hawai.	同
稷			海岸地方
龍爪稷	鴨蹄黍（宜蘭）		同
蜀黍	高粱粟	Walaisan.	全部
玉蜀黍	番麥	Alilai.	同
蕃薯	地瓜	Bugah.	同
落花生	土豆	Kurasiu.	同
煙草	莨[20]	Tamaku.	同
胡麻	芝麻	Lanka.	同
苧麻	苧麻	Kureyu.	同

（一）稻作

奇萊地方的飽干社、簿簿社[21]（八十二甲）等以水田種植；秀姑巒地方的大巴塱社、馬意文社[22]、沙老社[23]、大肚壓社、烏鴉立社

---

19 篦指的是細齒的髮梳，因此鐵篦狀所形容的就是像是鐵梳子的樣子。

20 此處的莨應為日文漢字中的煙草之意，一般讀做タバコ（tabaco），當時臺語稱呼菸草時，也是直接使用此外來語發音。

21 簿簿社即薄薄社。今花蓮縣吉安鄉仁里村。南勢阿美族薄薄社原居於仁里村一帶。傳說昔日大洪水時，兄妹兩人乘坐 Papokupokan（臼）避難，抵達荳蘭之北（Magaru），並在此用臼的種子播種，後來人口增加，Magaru 的土地顯得狹小，轉向東方尋找的高地形狀像是臼，能夠順利排水，免去水災的恐懼，因此將定居下來像臼形的地方，取 Pokupoku 音，稱為薄薄社。施添福總編纂，《臺灣地名辭書，卷二花蓮縣》，頁 176-177。

22 今花蓮縣瑞穗鄉舞鶴村馬立雲。早期的部落 Maifor 原本位於光復鄉太巴塱社附近一帶，後來遷至舊稱馬立雲（又稱馬於文、馬意文）的舞鶴村，一說清光緒 4 年（1878）撒奇萊雅族附和加禮宛平埔族抗清，失敗後被吳光亮疏遷族人，分建馬於文社於舞鶴。另一說法是昔日有一漢人

等也有相當的水田。至於海岸地方的石碰社[24]、馬稼海、姑律社，以及其他各社也多少有些水田，其餘則以陸稻爲主。奇萊阿眉蕃的水田鄰接新港街、軍威庄等地的水田，其稻田區劃與稻苗發育情形，乍看之下，與普通土人的水田並無太大差別。這可能是其田地與熟悉稻作的支那人族田地相連接，經常共同耕作，自然就有所改善吧!不過卻尚未達到完全純熟的米作方法。此外，海岸方面的水田與平埔及加禮宛熟蕃的水田相連，因而似乎也折衷了他們的耕法，在各處山邊、高地山谷之間開闢水田，阡陌井然。而相較於水田，陸稻的栽培則粗略得多，一眼望去有如小米田般，常可見到在雜草叢生之間生長著稻穗，似乎播種後就放置不管。雖然如此，還是有相當的收穫，他們的米穀，一半以上以此陸稻爲主。

依據傳說，種稻爲本島生蕃人的固有習慣，現今蕃人稱米尚保留馬來諸島的固有名稱，稱之爲「ブラス」，《臺灣諸島誌》也如此記載。現在試著以臺東生蕃語來檢視米的名稱，果眞存在著與傳說一致的語音，更令人驚奇的是大魯閣高山蕃語。其大致如下表：

在舞鶴附近出售日用品，阿美族常來交換物品，建社時稱此地為 Maifor。Maifor 部落於明治 35 年（1902），自光復鄉太巴塱社與花蓮飽干社分遷至馬立雲，或另一說是明治末、大正初年從花蓮飽干、薄薄社移居舞鶴。施添福總編纂，《臺灣地名辭書，卷二花蓮縣》，頁 263。

23 今花蓮縣光復鄉南富村。沙老也寫為砂荖、沙荖，位於沙荖溪左岸、沙荖山北方山麓的平坦地，原為太巴塱社領域。沙荖一詞意指沙鹽，昔日當地沙石富含岩質，族人自沙取鹽，以此為社名。施添福總編纂，《臺灣地名辭書，卷二花蓮縣》，頁 223-224。

24 今臺東縣長濱鄉長濱村，又稱石坑社、長光。施添福總編纂，《臺灣地名辭書，卷三臺東縣》，頁 36-37。

蕃人種類	米	稻穀
卑南蕃	Burash.	Lumai.
阿眉蕃	Burath.	Panai.
大魯閣山蕃[25]	Boack.	Payai.
宜蘭熟蕃[26]語	Buhash.	
馬來諸島語	Brass.	

生蕃對米或稻穀的用語分得最清楚，因此一併記下。

從上表可知，生蕃對米的說法與傳說符合，卑南蕃更是如此。若是傳說爲眞，則陸稻應爲他們固有的種稻方法吧。其他的高山蕃，其種稻方法也相同。

此外，原本希望對生蕃的農作物，進行一甲或一段步收穫量的調查，但卻未能實現。只是，曾幾次試著詢問他們對於田地的劃分法，皆回答沒有什麼田地劃分法。西海岸的各高山蕃及宜蘭熟蕃所種植的米，幾乎有如日本米般美味，而目前阿眉蕃所生產的米與普通土人所產者覺得也沒有太大差別。但是平常他們爲了要製作飯糰，煮炊的都是糯米，由於每天幾乎都拿它來煮，因此各戶均儘可能大量種植糯米。

（二）粟

粟（小米）爲他們的每日主食，大多屬於糯米性質，雖然顆粒細小，但口味甚好，家家戶戶都將小米整穗貯藏於倉庫，以便隨時搗用。

---

[25] 即太魯閣族群（Truku 蕃，或稱 Truku 群），屬賽德克族群三群之一。臺灣總督府警務局理蕃課著、中央研究院民族學研究所編譯，《高砂族調查書一蕃社概況》（臺北：中研院民族所，2011），頁 507。

[26] 宜蘭熟番所指為宜蘭地區的噶瑪蘭族。詹素娟，〈日治初期臺灣總督府的「熟蕃」政策—以宜蘭平埔族為例〉，《臺灣史研究》，第 11 卷 1 期（2004.6），頁 43-78。

（三）稷

大多種植在成廣澳附近的都滅社、阿路姑米諸社到大港口各社間。多半雜植在山林開墾後所種植的粟、蜀黍、蕃薯園間，山邊高山的蕃社幾乎多少都有種植。

（四）龍瓜稷[27]

曾在大港口的納納社、北頭溪社等地見到種植，據說專供釀酒之用。訪查時，曾在大港口看到蕃人們用竹筏載運。阿眉蕃會種植該作物，眞是在意料之外，令人驚奇。取得樣本後，曾詢問他們，答說：「我們以該穀物釀造美酒」。之後又在北頭溪社見到種植該作物，據說雲林方面高山蕃各社也有種植。《噶瑪蘭廳志》曰：「鴨蹄黍，穗似鴨蹄，釀酒味特佳」[28]。

（五）煙草

任何蕃社多少都有種植，但依蕃社位置不同，種植數量及品質優劣均有差別。這是因爲他們種植煙草時並未特別施肥，僅靠天候及土質來滋養，而後自然收成。訪查時已過收穫期，因此未能實際見到栽種情形。

---

27 又稱穇子，為引進栽種之雜糧，目前少有人栽種。楊遠波等編著，《臺灣維管束植物簡誌 第五卷》，頁 131。

28 本文以為《噶瑪蘭廳志》所稱之鴨蹄黍為龍瓜稷，《澎湖廳志》則提到：「鴨蹄黍（穗如鴨蹄，俗名小米，性與糯米同，釀酒甚美．澎人只做粘糕等用．「紀略」謂之秫，恐誤）」，林豪，《澎湖廳志》（臺灣文獻叢刊第 164 種，臺北：臺灣銀行經濟研究室，1963），頁 331。《臺灣民族植物圖鑑》認為鴨蹄黍為「稷」之俗名，由於這幾項作物皆為禾本科，或許由於外觀相近而不易分辨。鍾明哲、楊智凱，《臺灣民族植物圖鑑》，頁 124。

附述

由卑南港及花蓮港販售到他處的臺東生蕃產煙草，大多由居住在中央山脈背面各高山蕃社所出產者，平地蕃的產品稀少。

阿眉蕃的農業方面，正如前述，奇萊地區的景象與他處不同，若與秀姑巒地方相比較，平地蕃中阿眉蕃可說與卑南蕃同處於農業專家的地位。臺東地區引人注目的是地勢開闊的原野，也就是卑南原野與奇萊原野，而阿眉蕃與卑南蕃則是自古以來作爲主人、擁有正式開墾權限的人，因此，他們選擇原野中央的重要地方，建造住處，並於此處從事曠野的開墾，歷經多年歲月後呈現出此一規模宏大的結果。加上他們恬淡本性也反映在其農耕法上，往往選栽種植後任其自然生長而收穫，只栽培單一作物，並大量種植。因爲奇萊原野的土壤爲細砂土。因此，即便他們用極簡易的農具也可輕易進行開墾，各戶各人只要動手，即可拓展農地，並一一種植其想要的農作物。例如甲區專種蕃薯，乙區爲木豆[29]園，丙區播種「タマサイ」（黎豆[30]的一種），丁區種植落花生，因爲如此，其所呈現出來的景觀偶然有如大農園。儘管最後還是無法達成檢視每戶耕作面

[29] 豆科，原產於印度，在臺灣廣泛種植，Cajanus cajan （L.） Millsp.。鍾明哲、楊智凱，《臺灣民族植物圖鑑》，頁 182。

[30] 本處所稱 tamasai 應為學名 Stizolobium hassjoo Piper & Tracy.的豆類，原產於熱帶，文獻指出 tamasai 亦稱黎豆、虎爪豆，富貴豆。呂福原等編著，《臺灣樹木解說（二）》（臺北：行政院農業委員會，1988），頁 117。日本的黎豆為 Mucuna pruriens（L.）DC. var. utilis（Wall. ex Wight）Burck 虎爪豆，纏繞性草本，枝條被白色伏毛。頂小葉卵形，長 10-14 cm，寬 7-10cm，無毛，先端銳形。花白色或深紫色。中南部低海拔栽培及逸出種。楊遠波等編著，《臺灣維管束植物簡誌 第三卷》，頁 90。

積的目的，但大致而言，每戶約在一町步左右，雖說其中不乏有二、三町步的農場，但有更多面積者應該沒有，這點可從現場，或住宅狀態、生活水準等看出。儘管他們平常勤於農事，但畢竟屬於衣食足萬事足矣的人種，也沒有產生交易買賣之心，因此各戶的生活大致相同。部落整體有如一大家族，相處和睦，貧富之別僅是貧、富這種語言上的分別而已，幾乎是無形的，因此原本就不存在著大地主之類的人。

正如前述，奇萊阿眉蕃的耕地因為選種粗放性作物，乍看之下莽莽蒼蒼，但以生蕃的農地而言，卻相當清爽。他們在開闢農地後，遠距離間種苦楝樹，形成稀疏樹林，然後在其間種植想栽種的農作物，所以，遠眺時呈現出草原間點綴著林木的景觀，難以辨認田地。苦楝樹[31]乃是幼苗移植，到第二年時已蒼然成林，盛暑炎天時，夫妻兒童彼此扶助，在涼蔭下作業。但樹木卻只限定苦楝，不用其他樹種。

究其原因，發現乃是出自於一種意想不到的習慣。他們所以在田地種植苦楝樹，不只為了遮蔭，而是沿襲古例，將其作為結婚時的聘禮。大概阿眉蕃青年娶妻時，需以二十擔苦楝樹的柴薪下聘，男方將其送至岳家，而後方可娶其女為妻。對此，某日我曾詢問一老蕃，問答內容大致如下。

（答辭請所雇通譯傳譯）

---

31 楝為中型喬木，因為木材具苦味，又被稱為苦楝或苦苓。因分布廣泛，木材質輕紋路細緻，也常被用來做為建材或船槳材料。鍾明哲、楊智凱，《臺灣民族植物圖鑑》，頁 334。

問曰：蕃人園中栽植苦楝樹，是有什麼事故乎？又每園皆是穉木而未嘗見有老楝也，敢問種植後每幾年伐採改植之者乎？

答曰：無定著，若有二、三年伐掘者，上久者又有七、八年。

又曰：少年蕃用楝樹娶妻，為是錢銀，此面前苦楝上久諒必有二、三年。

問曰：園中所栽苦楝樹皆以生木送婦家為結納乎？

答曰：此蕃人娶妻用苦楝柴為是錢銀。

問曰：生蕃以苦楝柴送婦家為結納品，什麼事故乎？

答曰：自古祖先若是此事故結納。

問曰：常常以幾擔送岳父之家乎？

答曰：諒必二十餘擔。

問曰：其送遣方法如何？

答曰：成親進入岳父之家，吉日送四擔，後一天一擔，計共二十餘天，二十餘擔乃完全矣。

正如上述，因特殊目的才選種苦楝樹。此外，不只田地，阿眉蕃住處必定種植苦楝樹。卑南新街附近的馬蘭俄社，乃是距離奇萊四十餘里、孤立在四周皆是卑南蕃的阿眉番社，但部落內到處都是鬱鬱蒼蒼的苦楝樹，而該樹的蕃名也與奇萊相同。此外，經過各處的阿眉蕃社時，往往可見到數捆的苦楝木並排在房屋的牆壁，與一般木柴不同，長約六七尺，並且經過仔細剖切。另外，也用苦楝葉充當男子的裙。諸如此類，可知苦楝樹與阿眉蕃關係密切。由此也可看出，農地上栽種苦楝樹並非偶然。原本阿眉蕃爲自由結婚的民族，其婚姻法爲男子離家進入女家，以苦楝木爲吉木，將其作爲聘禮，眞可說頗具古風。在他們的歷史上，這應該還隱含著更深的理由，只是這已涉及人類學。雖說如此，但農地上種植苦楝林的理由，大致如此。

阿眉蕃普遍使用的農具，蕃名爲「ララァ」，乃是一種手鏟，形狀類似沖繩及鹿兒島縣大島郡島[32]的泥匠鐵篦狀手鏟。秀姑巒地方後仔庄附近阿眉蕃的農具則較爲進步，所使用的農具大約介於越中鍬[33]與上述「ララァ」間。此外，雖然是奇萊的阿眉蕃，偶爾也使用二、三種一般的臺灣農具，但是是在水田使用臺灣農具。

---

[32] 大島郡是鹿兒島縣的一郡，面積934.07平方公里。

[33] 日本傳統的農耕器具，手柄和前端的鐵器部分呈現約40到45度的夾角，使用時以彎曲身體的方式手持握柄挖土。青屋昌興，《川辺町風土記：川辺・勝目の歴史、行事、祭り、暮らし、自然を訪ねて》（鹿兒島：南方新社，2006），頁219-220。

第二章　園藝的程度

臺東地方的園藝作物，包括水果及蔬菜，現在將其分爲一般臺灣人的園藝作物及生蕃的園藝作物兩項。

其一、一般臺灣人的園藝作物

土著居民蔬菜

臺東的園藝作物還很落後，水果大部分由生蕃供給，蔬菜則往往是支那人所種植。

（一）蔬菜評價　此次所見蔬菜種類，列舉如下：

品名	臺灣名	所栽區域	多寡	品位
大芥	割菜	全部	許多	良好
菘	白菜	同	少量	普通
萊菔	菜頭	同	同	同
菠稜菜	頗稜菜	同	同	同
蔾菜	加茉菜	同	同	同
洋芹	芹菜	同	同	同
萵苣	蘁仔菜	同	同	劣等
茼蒿	茼蘁菜	同	同	普通
甕菜	甕菜	同	同	同
支那油菜		花蓮港	極少	同
薑	薑	全部	多	同
蕃椒	辛薑	同	多	同
水禪寺菜	紅菜	花蓮港	極少	同
夏蔥	蔥仔	全部	多	同
韮	韮菜	同	同	同
蒜	蒜仔	同	同	同
薤	蘁蕘 細小品種	全部	少	普通
藊豆	菜豆	同	最多	同
豇豆	五月豆	同	多	同
十八豇	八月豆	同	多	同

品名	臺灣名	所栽區域	多寡	品位
豌豆	荷蘭豆	花蓮港	極少	同
南瓜	金瓜	全部	最多	同
冬瓜	冬瓜	同	同	同
絲瓜	菜瓜	同	多	同
苦瓜	苦瓜	同	多	劣等
胡瓜	莿瓜	同	少	普通
菜瓜	涵瓜	同	同	同
匏	匏	同	多	同
西瓜	水瓜	同	多	同
茄	茄	同	少	同
青芋	芋頭	同	多	同
大薯 大島方言	大薯	同	少	同

（1）大芥[34]

非常適合種植，彷彿日本九州所產，日常羹料煮食用或做醃菜用。

（2）支那油菜[35]

花蓮港附近民家有少量栽培，蔬菜用，生長良好。葉為深綠色，肥厚，形狀近似甘藍菜，法語稱為「coluza-」。

（3）大薯[36]

即英語的「ya-m」，熱帶地方一般稱為「山芋」、「薯蕷」，有紅白兩種。臺東大都由生蕃所種植，支那人族偶爾從生蕃處獲得塊根才知道種植。相較日本鹿兒島縣的大島群島及沖繩諸島等地，其栽培法還相當粗糙，品種不多且未見良品。將來藉由新移民之手，

34 學名 Brassica juncea，十字花科，一年生草本，高約 30~50 公分。張永勳等編著，《臺灣常用藥用植物圖鑑（II）》，頁 17。

35 十字花科二年生草本，高約 39~90 公分。張永勳等編著，《臺灣常用藥用植物圖鑑（II）》，頁 15。

36 也稱山藥、田薯、紫薯等，薯蕷科。鍾明哲、楊智凱，《臺灣民族植物圖鑑》，頁 378-379。

銳意栽培時，或可成爲汽船所需的物品，成爲一種能夠出口的蔬菜。現在雖有部分生產，出口到他處，但依本人所見，與其他熱帶地方相比，還不能視爲一種物產。

（4）青芋[37]

往往大量栽培，屬於芋頭類。除了宜蘭，西海岸方面廣泛栽種的良好水芋品種，尚未大量種植。

雖有其他蔬菜，但還談不上可以評價的程度，諸如茼蒿、瓜類、豆類等，因爲都能正常生長成熟，可知這些作物非常能適應該地肥沃土壤。至於豇豆，豆莢可當蔬菜，售予商店。但正如前表，各種蔬菜大致皆有，但若因此推測可能不缺所需的話，實際上可能會產生極大的誤解，不免擔憂，特別是其栽種量極少，無法應付臨時衆多人數的需要。只是，諸如卑南新街及花蓮港街等，較方便向各蕃社購買蔬菜，其種類則大多爲南瓜、青芋、大芥等。

菰筍乃臺灣蔬菜中最佳良品，稱爲加白笋[38]。宜蘭境內大量種植，但自宜蘭移居到奇萊地方的村民並未種植，將來可擴大栽培。

（二）水果的評價

土著居民水果

水果方面，除柑橘、香蕉外，大多向蕃社購買，因此水果種類表將於生蕃人園藝作物部分說明。

---

[37] 天南星科，芋屬，別名山芋。多年生，是臺灣常見的林下植物。鍾明哲、楊智凱，《臺灣民族植物圖鑑》，頁 28-29。

[38] 學名 Zizania latifolia。菰，目前多稱茭白筍，廣泛栽植於水田中。楊遠波等編著，《臺灣維管束植物簡誌 第五卷》，頁 174。

花蓮港邊有一處柑橘園，距離花蓮港街西北方約五六町之處，園主爲來自宜蘭的移民，在里留社[39]附近興建住家，其園廣達二千多坪，之中有五百坪以上作爲柑橘園，幹圍在二尺二、三寸以下，八、九寸以上的柑橘樹約有百餘棵，結實累累。依園主所說，這些柑橘樹乃當年自宜蘭羅東堡[40]移植而來，最老的樹已有十四年。園主說光緒二年開園，但應是光緒八年之誤，若是光緒二年時，樹齡最少應爲二十一年，且光緒二、三年間，奇萊地方正值大亂[41]，這一時期支那人受到平地蕃及加禮宛人仇視，時常受到傷害。因此，豈有一戶支那人族能安然於蕃社附近開闢柑橘園；此外該柑橘園位於舊兵營遺址，據說屬官有地，因而此次將其納入臺東支廳用地的一部分。茲依園主所說，依樹齡丈量樹幹粗細，其比例如下：

柑名	樹齡	幹圍	高度
椪柑	十四年木 即最老樹	平均二尺二寸圍	一丈半左右
同	八年乃至十年木	一尺五寸乃至一尺七寸	一丈以下
同	五年木	平均八、九寸圍	五、六尺

[39] 今花蓮縣吉安鄉東昌村里漏（舟津）。原為南勢阿美族重要部落里漏社所在。里漏一名，據說是原居於臺東、恒春一帶的排灣族東群（Paridao或稱Parilaorilao）搭乘3艘獨木舟從南方前來，因而以最早的祖先Paridao之稱取名里漏。另一說其祖先來自臺東的里　（今關山），轉音稱為「里漏」。施添福總編纂，《臺灣地名辭書，卷二花蓮縣》，頁178。

[40] 今宜蘭縣羅東鎮及冬山鄉部分區域。

[41] 光緒3年（1877）海岸阿美族的阿棉、納納等社聚眾抗官，遭當時駐紮璞石閣的吳光亮派兵鎮壓。光緒4年又發生加禮宛社人聯合美崙溪南岸的撒奇萊雅人抗清的加禮宛事件，可知此一時期東部地方並不是非常和平。潘繼道，《清代臺灣後山平埔族移民之研究》，頁144-146。施添福總編纂，《臺灣地名辭書，卷二花蓮縣》，頁150-151、250。

其繁殖法主要以壓條法[42]取得新苗，種後第五年開始結果，常在十六股庄或花蓮港等地販售。表面上價格一斤七錢，實際上彼此間的買賣爲一斤四錢，每年園主均獲得相當的利潤。此柑雖名爲椪柑，但與臺北或其他地方所稱的美味椪柑，其形狀完全不同，每顆大小比椪柑小將近一半，顆粒小，皮薄平滑，成熟後比椪柑多汁，酸味頗重，呈扁平形，雖然與大顆紀州蜜柑類似，但最接近鹿兒島縣產的黑島[43]蜜柑。這一柑橘園是個好範例，最重要的一點是可以證明，如果該地將來發展柑橘園時，將可以獲得如此的好結果。

此外，水尾附近的打馬烟庄是個僅有十三戶人家的小村落，但山邊丘陵地皆種植各種柑橘樹，不論何種均結實累累，這證明將來該地山邊，極爲適合種植柑橘。

其二、平地蕃人的園藝作物

生蕃水果

以下將平地蕃人的園藝作物分成水果、蔬菜及雜用植物等三類評述。

[42] 壓條法是將植物之枝條壓埋入土中，待其節端生根後，再將此帶根之枝條切離，培育成一個新個體。林進益，〈觀葉植物的繁殖要領〉，《豐年》第 21 卷第 8 期（1971.4），頁 25。

[43] 黑島隸屬於日本沖繩縣，位於琉球列島的八重山群島，在石垣島和西表島之間。

第一、水果

卑南、阿眉兩平地蕃所栽種的水果，其種類表列如下：

品名	臺灣名	生蕃語	多少	栽植區域
麵果樹	葡桃蜜（宜蘭）	Patiluth.	多	全部（但卑南稀少）
甘蕉	芎蕉	Panli.	同	全部
鳳梨	旺萊	Paringath.	少	同
柚子	柚仔	Turoah.	最多	同
金橘	雪柑	Mami.	稍多	全部
桶柑	桶柑	Mami.	極少	奇萊
君遷子樹		Alupath.	多	全部
毛柿	毛柿	Kamaya.	少	同
檬菓	檨仔	Knau.	極少	卑南
番仔龍眼（土語）	番仔龍眼	Kowai.	少	奇萊及海岸地方
檬菓一種	漆樹		少	奇萊
番石榴	奈拔仔	Giabush.	多	全部
李	李仔	Varkawai.	極少	同
桃	桃仔	Lupash.	同	同
西瓜	紅瓜	Tsiack.	多	全部
紅蔗	紅蔗	Tubush.	多	同
葛薯（土名）	葛薯	Buganu. Tayuwan.	極少	同

西瓜、紅蔗及葛薯等，雖可歸爲農作物類，現在歸於水果類。

（一）麵果樹

麵果樹即所謂麵包樹[44]，熱帶地方的土人常作爲主食。南洋諸島大致整年均可見到綠色果實，但此次在臺東卻未見結果，奇怪之餘加以尋問，獲得以下回答。

---

[44] 又名香波蘿（Artocarpus Odoratissimus）。桑科，為常綠喬木。臺灣原生於蘭嶼，並被廣泛栽種在臺灣各地。鍾明哲、楊智凱，《臺灣民族植物圖鑑》，頁 336。

陰曆四、五、六月間，子實成熟，即可採食。

阿眉蕃的特性便是喜歡種植麵包樹，特別是奇萊的南勢蕃更是如此。大株麵包樹樹幹可一人合抱，高可達十間（按：一間爲6尺）左右。前年在宜蘭訪查時，曾聽加禮宛社熟蕃談到，奇萊地方的山中生長許多，想來大致像馬里亞納群島[45]，多爲自然生長。此次親自檢視，已可斷定，樹本身並非自然生長，而是與阿眉蕃的祖先有關，有其歷史淵源，可作人類學上的研究。此外，據說阿眉蕃也以其嫩葉及晒乾的樹皮煎煮代茶，有關其考證，此處省略。

（二）甘蕉

臺東全境均產甘蕉，普遍種植於各蕃社的住宅邊，果實常於商店販售，儘管居住該地的支那人族將甘蕉作爲與生蕃的交換品之一，轉售謀利，但臺東的芭蕉有如生蕃的獨家販賣商品。甘蕉的品質，與臺北、宜蘭或其他臺灣各地所產大致相同，品種則僅有普通的「バナナ」（香蕉）一種，別無其他。

（三）鳳梨

臺東尚未普遍種植，偶有種植也非常稀少，不像太平洋諸島的土人，有大量種植、作爲日常糧食補充品的風俗，這點倒是出人意表，因此品質並不好。

45 現為美國屬地。位於馬里亞納海溝西側，為典型的火山島弧。DK出版社、史密森尼博物館，《地球大百科》（臺北：木馬文化，2005），頁387。

（四）柑橘類

雪柑[46]與臺北所產同屬「Orange」的品種之一，但比南太平洋諸島生產的「Orange」要差多了。但家家戶戶皆有種植，這點則保留南洋諸島人的遺風，將來如能稍加獎勵，該地的平地蕃將可創造出「Orange」這一物產。

柚子即和名爲「ザボン」（朱欒）的水果，相較於雪柑，種植柚子的人更多，但品質並不好。阿眉蕃常將柚子裝進網袋中，攜帶外出，作爲食物的代用品，此外，很多也賣到商店去，當作交換品之一。

桶柑[47]雖然偶爾可以在商店見到，但極爲稀少。

[46] 疑為學名 Citrus sinensis（L.）的柳橙。呂福原等編著，《臺灣樹木解說（四）》，頁 191。註 697 雪柑、雪橙。水果名。柑橘類的品種之一，果實為圓形或長圓形，果皮為橙黃色，不易剝離，果肉多汁且味甘，酸度強。見「雪仔柑-臺灣閩南語常用辭典」，網址：http//twblg.dict.edu.tw/holodict_new/result_detail.jsp？source=8&in_idx=16eh4&n_no=8054&curpage=1&sample=%E9%9B%AA&radiobutton=1&querytarget=2&limit=20&pagenum=1&rowcount=4，查詢日期：2016 年 10 月 17 日。

[47] 學名為 Citrus tankan，又稱為年柑、草山柑等，是柑橘的一種，屬於芸香科植物，常綠灌木。邱紹傑、彭宏源，《臺灣客家民族植物：圖鑑篇》（臺北：農委會林務局，2008），頁 144。

（五）君遷子[48]

臺東的平地蕃必定在其住宅邊種植二、三棵「シナガキ」（支那柿），一名「唐柿」，即「山柿」。大者的樹圍約一人合抱，高度則超出屋頂，果實甚受歡迎，尤其是兒童。

（六）毛柿[49]

卑南、阿眉兩蕃均有種植，但由來不詳。恆春下十八社雖有食用，卻不會種植在庭院，大概是將其視爲一種山中自然生長的果樹。此次訪查初期，正值果實成熟時期，採來試吃，味稍甜淡、微臭。果實大者圓徑約二寸，稍呈扁平形，成熟時帶有赤褐色，果實整體密生細毛，因得此名。阿眉蕃尤其愛吃，但僅供自家食用，並不出售。大致而言，花開得漂亮，果實大多未必好吃，花醜反倒會結良果，唯獨毛柿，其樹材雖美，但花果俱醜。因此若將毛柿列入果樹，對其果實加以品評時，即有些過分，此樹應列爲本島保護林用材中最重要者。難得此樹的蕃名各族均相同，恆春蕃稱爲「カマヤー」，南勢阿眉蕃也稱爲「カマヤー」，而秀姑巒阿眉蕃則稱「カヤマー」，也許是訛傳吧。先前也曾指著該樹，問卑南蕃是否叫「カマヤー」，他們驚訝地答說「對」，叫「カマヤー」，知本社也一樣。

---

[48] 日名又稱「支那柿」或「葡萄柿」，早年臺灣稱「烏材柿」，君遷子為中名，為落葉喬木，抗寒抗旱的能力較強，也耐瘠薄的土壤，生長較速，壽命較長。果實、嫩葉、木材、樹皮等各部位皆可利用。中國科學院中國植物志編輯委員會編，《中国植物志》第 60（1）卷（北京：科學出版社，1987），105 頁。

[49] 大型常綠喬木，原生於臺東部與南部海濱至近海內陸灌叢中，又名臺灣黑檀，屬臺灣的上好木材。鍾明哲、楊智凱，《臺灣民族植物圖鑑》，頁 272-273。

（七）檨仔（芒果）

臺東地方的檨仔樹甚少，曾在卑南的知本社見過大樹，樹下種植陸稻，奇萊地方及海岸各蕃社相當罕見。

（八）番仔龍眼[50]

番仔龍眼爲臺東地區的臺灣語名稱，與麵果樹等相同，阿眉蕃社普遍都有種植，大者的樹圍可一人合抱，高度可長至十三、四公尺。此次未能見到花果，因此無法明確說明，但若就其樹葉、樹幹而言，應該與盛產在南太平洋斐濟群島，稱爲斐濟龍眼的樹木品種相同。若將其乾葉與前幾年在斐濟島採集，存放在帝國大學植物學室的標本相比較時，應可更加明確。

（九）番石榴

番石榴皆爲野生，並未栽種。雖說如此，但偶有種植於住宅旁者，且爲土人重要的水果，因而附載於此。

（十）西瓜

普遍栽培。蕃人喜歡帶到農地當作外食用菜，多汁甜美，其方便性更勝於涼水。此外，也賣至商店，作爲一種交換品。品種爲普通的臺灣西瓜，味道尚佳，但以西瓜而言，品質不免說是相當的差。將來應獎勵移植夏威夷種植的優良品種，以解決衆旅客的不便。

（十一）桃李

桃李兩類，僅能說有人種植，但幾乎等於沒有。以前到木瓜高山蕃社[51]時，兩種皆有人種植。

---

50 又稱臺東龍眼、番龍眼，為無患子科，常綠中型喬木。在臺灣分布在東部、恆春半島、蘭嶼海濱至低海拔山區。鍾明哲、楊智凱，《臺灣民族植物圖鑑》，頁 362-363。

（十二）葛薯[52]

葛薯爲該地方的方言，即小笠原島[53]所謂「ヒーカンバー」。豆科宿根草葛的近親，其根類似蕃薯爲塊狀，可生食，有如梨子，多汁甜美潤喉，因此與甘蔗一起販售，但在臺東不多。雖然生蕃與支那人族均有種植，現將其列爲生蕃的種植作物。此外，澎湖島亦有販售，可能與芋頭一起來自臺南地方，亦即西海岸各地也逐漸有所種植。

第二、蔬菜

生蕃蔬菜

雖然平地蕃所種植的蔬菜與該地的臺灣人所栽種者大致相同，但其中也有不少特色產品，此處大致列舉如下：

---

51 約 2 百多年前，賽德克族德克達雅群人的祖先移居花蓮縣秀林鄉文蘭村（Alang Tmunan），由南投縣仁愛鄉霧社地區逐漸遷移至木瓜溪上游的巴托蘭地區，被日本人稱為「內木瓜番」（內巴托蘭群）。之後，因太魯閣群人南移，「內木瓜番」再遷移到今文蘭村銅蘭（Tmunan）西南方的高山山腹，先後成立 Bkasan、Tmunan、Djima、Smiyawan、Branaw 等五個大小部落，被稱為「外木瓜番」（外巴托蘭群）。不過，太魯閣（德路固）群卻繼續入侵，加上德克達雅群人本身內部糾紛，德克達雅群被迫南遷至溪口、萬榮兩地山腹，太魯閣群於是移入文蘭村原德克達雅群的聚落。施添福總編纂，《臺灣地名辭書，卷二花蓮縣》，頁 365。

52 Pachyrhizus erosu（L.）Urban，又稱豆薯，攀緣性藤本，被倒伏毛。頂小葉寬菱形，長 5~13cm，寬 6~16cm，先端漸尖，上半部多少寬齒牙緣。花白色或紫色。莢果長 6-16cm，縫線處加厚。全島低海拔山區栽培及逸出種。楊遠波等編著，《臺灣維管束植物簡誌 第三卷》，頁 92。

53 小笠原群島由位於東京以南 1,000 ~ 1,800 公里，由太平洋上 30 幾個島嶼構成，行政區劃屬東京都小笠原村管轄，總面積 104.41 平方公里。小笠原村總務課企劃政策室編，《小笠原村總合計画》（東京：小笠原村總務課企劃政策室，2014），頁 2。

品名	臺灣名	生蕃語	多少	所栽區域
細蔥	蔥	Knau.	多	全部
南瓜	金瓜	Tamurack.	同	同
匏	匏瓜	Taraahre.	同	同
胡瓜	莿瓜	Katsawash.	極少	北勢溝社
苦瓜	苦瓜	Kakuruth.	少	全部
絲瓜	菜瓜	Runi.	同	同
黎豆[54]	豆仔	Tamasai.	最多	全部
木豆	樹豆	Mataan.	同	同
Walash 豆[55]		Walash.	極少	海岸地方奇萊
刀豆		Otove.	極少	雷公火社
萹豆	菜豆	Tavia.		
大薯[56]	大薯	Kuruth.	少	同
青芋	芋頭	Otali.	多	同

上表之外，薑、蕃椒[57]、萊菔[58]、冬瓜、豇豆等，一般臺灣人會種植的蔬菜，蕃社大致也有，特別是卑南蕃。而像卑南蕃，即使是他們不愛吃的蔬菜，也會種植一些，以賣到商店。

54 學名 Stizolobium hassjoo Piper & Tracy.，原產於熱帶，臺灣在 1910 年代引進，又稱虎爪豆，富貴豆。呂福原等編著，《臺灣樹木解說（二）》，頁 117。

55 學名 Psophocarpus tetragonolobus（L.）DC.為豆科（Leguminosae）豆菜屬（Psophocarpus），一年生或多年生攀援草本。莖長 2~3 公尺或更長，具塊根，原產地可能是亞洲熱帶地區。中國科學院中國植物志編輯委員會編，《中国植物志》第 41 卷，268 頁。

56 也稱山藥、田薯、紫薯等，薯蕷科。鍾明哲、楊智凱，《臺灣民族植物圖鑑》，頁 378-379。

57 即辣椒，學名 Capsicum annuum L.，為茄科，多年生草本，別名番椒、番薑。簡錦玲，《臺灣好蔬菜》（臺北：天下遠見，2007），頁 253。

58 Raphanus sativus，十字花科萊菔屬，也稱蘿蔔、菜頭。簡錦玲，《臺灣好蔬菜》，頁 171-175。

（一）卑南蕃的特產蔥

卑南新街販賣一種作爲根菜的美味小蔥根，這是卑南蕃所種，並天天販售到市場去。種類可能跟普通的臺灣蔥一樣，但因爲不注重葉子的栽培，其發育轉到根部，根部長得有如洋蔥，因而變成一種根菜吧。有如日本內地出產的「ワケギ」（分蔥）[59]，鹿兒島方言「センモト」之類。根球雖然細小，但味美濃厚，其作用有如洋蔥。

（二）南瓜

臺灣名金瓜，阿眉、卑南兩蕃均以此作爲主要蔬菜，也作爲與支那人族的交換品之一。此外，也作爲豬的飼料。種類爲普通的臺灣南瓜，日本內地所謂「西洋南瓜」的一種，與馬里亞納群島所種植的品種相同。味道尙佳，也適合當日本人的配菜。形狀有二、三種，一種在臺北附近，呈橢圓形；最大的一種有如日本內地的南瓜，扁平形，體積幾乎大一倍，表面平滑；第三種則較爲細長，形狀如同瓠瓜。蕃人各家種植頗多，貯藏家中，作爲整年的菜疏。經過卑南附近海岸的阿眉蕃社時，纍纍陳列於各家屋頂，蔚爲奇觀，但卻未見腐爛。許多人大量種植，可能出自於經濟上的利益。

（三）匏瓜

雖然可以作爲蔬菜食用，但本島生熟蕃種植匏瓜的主要目的在於作爲一般器具使用，如水杓、貯水器、容穀器等。

---

[59] 分蔥可用來做油蔥，又稱珠蔥、紅蔥頭。英文為 shallot，簡錦玲，《臺灣好蔬菜》，頁 243。

（四）白胡瓜

胡瓜到處可見，但北勢溝社的卑南蕃所種植者是一種純白的胡瓜，乍看之下宛如越瓜，味道也好，長得與普通的胡瓜稍有不同，質樸無華，可以煮食，其他地方並不多見，可謂珍品，應該加以廣泛種植。

（五）青芋

芋頭是南洋諸島及其他熱帶地方土人的普遍食品，或者將其作爲米飯的代用品，但出乎意外的是，臺東的平地蕃卻甚少食用，並且幾乎不見水芋[60]，只作爲蔬菜的一種。種植於埔園中的青芋（畑芋），甚少賣至商店。

（六）大薯[61]

已於前面支那人族園藝作物部中敘述。蕃社雖常種植，但不如南洋群島土人大量使用，因而也沒有碩大的產品。

（七）刀豆[62]

臺東地方極爲稀少，然而卻能在蕃社中見到，頗感驚奇，雷公火社的卑南蕃有所種植。據他們說，刀豆有微毒，若未煮熟透，吃後會引起嘔吐，可見他們已經非常了解刀豆的性質。

---

[60] 多年生水生草本。生長於海拔 1100 米以下之草甸、沼澤等淺水域區域。中國科學院中國植物志編輯委員會編，《中国植物志》第 13（2）卷，22 頁。

[61] 也稱山藥、田薯、紫薯等，薯蕷科。鍾明哲、楊智凱，《臺灣民族植物圖鑑》，頁 378-379。

[62] 刀豆屬（canavalia），攀緣性草本。三出葉。總狀花序。花萼筒狀，二唇化。花瓣蝶型。單體雄蕊。莢果扁平。臺灣有小果刀豆、肥豬豆、關刀豆、濱刀豆4種刀豆。楊遠波等編著，《臺灣維管束植物簡誌 第三卷》，頁 60-61。

（八）萹豆[63]

遍佈全境，或種植於埔園，或自然生長於原野邊。常採其嫩莢，食用法有如「莢豌豆」，這點與普通土人相同，奇萊蕃則大量種植賣至商店。

（九）木豆[64]

木豆為平地蕃中種植最普遍的植物之一。奇萊阿眉蕃則有種植於埔園達數町步者，蔚然成林。樹高可達一丈，花為鮮麗黃花，呈蝶形，十月、十一月間，熟莢纍纍，掩蔽於枝葉之間，採收後貯藏，用法如黃豆。此地所產豆子為黑色，大小約同臺灣烏豆，但較圓較小，為無害清淡的食品。砍其枝幹可作為薪材，可謂極具經濟價值的植物，他們大量種植此樹，不也很好嗎。

（十）「タマサイ豆」[65]

「タマサイ」為阿眉蕃用語，臺東的支那人族只稱為豆仔，並無其他適當名稱。近似日本內地的「フジマメ」（黎豆）亦即「オシヤラクマメ」，另有一名「八升豆」，兩者應該是同種。雖然可能與伊豆諸島[66]所栽培的品種相當接近，但在此處仍用原語。此一

---

63 也稱扁豆，扁豆屬（dolichos）為纏繞性草本，莢果扁平。楊遠波等編著，《臺灣維管束植物簡誌 第三卷》，頁 74。

64 豆科，原產於印度，在臺灣廣泛種植，Cajanus cajan（L.）Millsp.。鍾明哲、楊智凱，《臺灣民族植物圖鑑》，頁 182。

65 參考本篇第一章註 30 黎豆一項。

66 伊豆諸島位於距離東京約 100 ~ 350 公里的南方海域，包含大島、利島、新島、式根島、神津島、三宅島、御蔵島、八丈島、青島等 9 個主要島嶼及一些小島。東京都總務局行政部振興企劃課編，《東京都離島振興計画（平成 25 年度 ~ 平成 34 年度）》（東京：東京都總務局行政部振興企劃課，2013），頁 12-13。

植物屬於宿根蔓草，藤蔓長長地攀爬於地，葉似葛，稍柔滑，葉背有茸毛，根部會長出許多枝蔓，一莖三葉，巨葉叢生，掩蔽圃地，花形奇特，淡黃色，長約四、五寸的多毛豆莢。十、十一月成熟時，全家出動採收，家家貯藏作爲平常食用的蔬菜。豆子爲肉褐色，近似黎豆，必須重複煮食，否則會引起嘔吐。爲平地蕃最普遍種植的作物，過半圃地都會種植。經過臺東郊外的原野時，常可見到像葛一樣的藤蔓覆蓋地上，有如天然生長的植物一般，這就是他們所種植的「タマサイ」。雖然任其自然生長，但卻結實良好，可以說是最符合他們恬淡性格的植物。原本不宜將其稱爲園藝作物，應歸類在農產植物，但爲方便說明，遂將其納入本章。

（十一）「ワラス豆」[67]

「ワラス」係阿眉蕃語，無法譯成日語，是種珍貴奇特的豆科蔬菜。原產地不詳，雖然是阿眉蕃的農作物，但他們也不知其來歷。因爲極爲罕見，蕃人也視爲珍品，喜歡種植。海岸地方的貓公社及北頭溪社的阿眉蕃多有種植，奇萊南勢蕃也有種植。此外，支那人族方面，大港口庄通事蕭友隆及花蓮港附近也見到有人種植。這是一種菜豆狀的藤蔓植物，三片葉子成品字狀，性質柔軟，比菜豆葉的一半還稍小些，花朵成蝶形，大而美，青紫色；豆莢成箭羽狀的稜角，長約三、四寸，爲淡綠色，相當新奇。與菜豆、莢豌豆一樣，嫩莢可供食用，味道清淡，口感嫩脆，多吃不厭，眞可謂最佳珍菜。

---

[67] 學名 Psophocarpus tetragonolobus （L.）DC.為豆科（Leguminosae）豆菜屬（Psophocarpus），一年生或多年生攀援草本。莖長 2~3 公尺或更長，具塊根，原產地可能是亞洲熱帶地區。中國科學院中國植物志編輯委員會編，《中国植物志》第 41 卷，268 頁。

如能作爲西洋料理等的食材，必然增添其價值。而這不只在臺灣，東京或其他地方也應該推廣種植。此次臺東訪查中，應該特別記載的園藝作物珍品，非此「ワラス豆」莫屬，目前暫時命名爲臺東豆或臺東菜豆，聽憑讀者選擇。

第三、雜用植物

蕃社所栽種的雜用植物中，較重要者，列記如下：

品名	蕃語	用途	栽植區域	賣價
檳榔樹	Yichop.	果實咀嚼用 建築材用	全部	
竹（總名）	Aurh.			
莿竹 和名「ナシ」	Aurh.	建築用	全部	
麻竹 和名「タイサンチク」	Sasôgan.		稀少	
奇萊箭竹	Bulo.	籬柵用	奇萊蕃社 稀少品	
桂竹 和名「ホテイチク」	Sangiau.		山邊地 稀少	
篆竹		作籬笆用，支那人亦有種植	各處圍籬	

（一）檳榔樹

在臺灣島，檳榔樹一般以支那人族較常種植，但在臺東卻與此慣例相反，亦即支那人族的聚落較少種植，而蕃社則較多。因此，爲了自用，支那人族常需仰賴蕃人的供給。臺東的木材雖然豐富，但是房屋的樑柱卻常用檳榔樹，低價向蕃人購入，而以幾倍的高價轉賣，其他物品也都如此。另外，蕃人也將檳榔樹作爲各社之間溪溝橋樑的材料。蕃社家家戶戶均種檳榔樹，蔚然成林，高大樹幹遮蔽房屋。卑南、阿眉兩蕃均喜嚼檳榔，出入常携帶檳榔，這與其他地方的生蕃大異其趣，似乎是他們的傳統風俗，卑南蕃更是如此。此外，據說卑南蕃以檳榔樹作爲婚嫁時的聘禮，因此，他們均在庭院中細心種植其幼木。

（二）竹

與檳榔樹相同，土著居民一般仰賴平地蕃人的供應。奇萊地方每社常於莿竹林附近構屋，這點類似西海岸的支那人族聚落，但不密植，每隔一段距離種植一叢，因而增添一種風情。過於繁密的竹叢會經常砍伐，以供需用。

痲竹[68]極爲稀少，主要以莿竹[69]爲主。奇萊的蕃社栽種一種小竹子，遠望猶如痲園，接近時才知是竹林。竹身略似箭竹，但較細，高可達丈許，葉密生，竹節短小，層層輪狀。蕃人常加以採伐，一把七、八拾支賣至商店，作爲籬柵之用。又有桂竹[70]，與九州的「コサン竹」同類，相當於「ホテイチク」（布袋竹）[71]。

---

68 學名 Dendrocalamus latiflorus Munro，別名大綠竹、甜竹、大頭竹等，禾本科痲竹屬。於臺灣各地廣泛栽種。鍾明哲、楊智凱，《臺灣民族植物圖鑑》，頁 108-109。

69 學名 Bambusa stenostachya Hackel，為禾本科蓬萊竹屬，因有倒刺，過去也作為防衛圍籬使用。鍾明哲、楊智凱，《臺灣民族植物圖鑑》，頁 106-107。

70 學名 Phyllostachys makinoi Hayata，為禾本科孟宗竹屬。又稱臺灣桂竹、簍竹、甜竹等。除了食用，也常作為建材或工藝用材，葉片質薄適合用來包粽子。鍾明哲、楊智凱，《臺灣民族植物圖鑑》，頁 132-133。

71 布袋竹學名為 Phyllostachys aurea Carr. ex A. & C. Riviere，禾本科孟宗竹屬。稈基部或中部以下之節間常畸形縮短，節歪斜且不規則。籜葉線形。可能為引進種，早期即已栽植於中南部地區，多作為觀賞用。楊遠波等編著，《臺灣維管束植物簡誌 第五卷》，頁 181。

第三章　畜產業

臺東的畜產業與西海岸方面大致相同，因此也無需列舉各項加以詳述。雖說如此，爲了提供參考，略述其概要。至於詳細觀察，則有待他日專家訪查。茲將臺東畜產的種類列記如下：

品目	種類	飼養區域	多少
馬	普通小形的支那馬	花蓮港二頭	極少
驢馬	普通	拔仔庄一頭	
水牛	普通	全部	許多
牛	三種類		
甲　臺灣牛	臺灣全島飼養的普通種	全部	多
乙　長角種		卑南各蕃社 海岸阿眉蕃社	稍多
丙　短角種			
山羊	毛色二種		稍多
甲　普通黑羊	臺灣全島皆有飼養，黑色短毛種	全部	稍多
乙　褐色山羊	形狀同前種，稍大，毛褐色如鹿皮色	卑南各蕃社	少
豚　臺灣語豬	臺灣普通種一種	全部	許多
鹿	花鹿及水鹿二種		
鷄	普通臺灣鷄		
鴨	普通種		
番鴨	同		
鵝	同	全部	少
鴿	同		
犬	同		
貓	同		

牧馬的必要性

馬

臺東僅花蓮港街總理陳得義飼養二頭，其中一頭跛腳，在訪查期間死亡，現今只僅剩一頭。馬則是本島各地常見的矮小種。

儘管目前臺東的馬匹如此缺乏，本人也非這方面的專家，但卻不忌憚斷言，臺東適合產馬業，不僅如此，還想率先提倡，尤其若將來推動日本內地人的移民時，非繁殖馬不可。過去以來不養馬並非由於不適合，明顯是因爲習慣使然，而豈有再顧慮土人習慣之理。沖繩縣八重山列島[1]與臺東的奇萊緯度大致相同，瘴癘之氣比臺東更加嚴重，且多沼澤地，但其畜牧業自古即非常發達，特別是馬匹不但健壯，並且馬疫甚少。更不用說，臺東地廣草肥，豈有不適合養馬之理，在移居人時，馬也必須同時進行，已經沒有等待實驗的時間了。

水牛評價

水牛

水牛其實是臺灣的特產，尤其在臺東特多，觸目所見的畜獸皆是水牛，最多的地方在海岸地方的加走灣各庄。此外，奇萊地方以加禮宛庄較多，秀姑巒地方較多者爲大巴塱所管的馬意文、沙老諸蕃社及璞石閣、新開園庄等地。對土人而言，水牛應該是不可或缺的畜獸，但在我們看來，卻並非如此，豈能一直拘泥於土人的習慣。

---

[1] 位於琉球列島西部，包含石垣島、西表島等大島，屬日本沖繩縣。

爲了新移殖民的需要，應該採取輸入日本內地牛馬以逐漸取代水牛的做法。水牛雖然適合臺灣式的牛車及耕田之用，但長時間離水，即無法役使。當天氣炎熱，而又遠離溪溝時，常常呼吸急促，束手無策，某些場合，也可能瞬間斃命，加上肉質不適合食用，並且飼養不便。而其性情看似溫順，但也潛藏危險本性，往往傷及行旅；行動遲緩，不適合快速奔馳的車駕之用，將來終究還是要引進日本的牛馬進行繁殖。此外，依過去臺北縣廳的調查，強壯的公牛相當於六人合力，普通肥壯牛隻相當於五人，即便瘦弱牛隻也有四人之力，但我想實際上應該還有更強壯的牛隻。而有經驗土人的說法則是，普通牛隻最強壯者可抵五人，肥健者可抵四人，瘦弱者可抵三人之力。若是比較其力量的強弱時，的確可能如此，但現行業者在場所變換時，有時對這些體力上的優點根本無暇顧及，更何況新農地的車輛，所需要的是馬。臺東的水牛買賣價格方面，最大的公牛需十圓以上，普通者在五、六圓間，但若是外來客突然問價時，則要十五圓乃至十二、三圓，較小者也要七、八圓。實際上平均價格約在五、六圓乃至十圓間。此次訪查中，曾試著統計各庄社所飼養的水牛數量，但未能達成目的。水牛乃是土著居民所必需的動物，以往都是將他們運到西海岸地方，與其他的牛馬交換，也不失爲一種權宜措施。

牛評價

牛

臺東各地多少都有養牛。特別是卑南蕃更善於飼養。若以地方來分，奇萊地方最少，秀姑巒地方則以大巴塱、新開園庄之間較多；卑南地方也不少，並以壯碩者居多。渡過卑南大溪往北，一直到成廣澳庄間海岸路線的阿眉蕃盛行養牛，水牛稀少，頓覺面目一新。習慣上，他們的牛白天多放牧於原野上，夜晚則趕回蕃社。因此，白天如果經過郊外時，入眼宛如一片牛牧場。原本想試著統計牛隻數量，但還是無法達成目的。每社平均有七、八十頭者約有七、八社。此地的牛隻價格約在七、八圓以下到五、六圓間，但海岸路線在過了成廣澳庄繼續北上後，牛隻數量逐漸減少，到加走灣之間，在地勢高爽且傾斜甚多的高台平原上，村落散佈、溪溝甚少，同時水牛也較少。往前走到加走灣時，則看到數隊水牛散佈原野，讓路過之客覺得驚奇。由此可知，在臺東的卑南蕃才是眞正的養牛專家。一直到成廣澳之間，卑南蕃的養牛及衣食住等餘風，皆感染到阿眉蕃。

卑南各蕃社有三種牛。甲是普通臺灣牛，乙爲長角種，丙，近似臺灣牛但其角較短，以下略作敘述，以供他日專家研究時的參考。

甲、普通臺灣牛

臺北、臺中、其他及本島全部以及澎湖島均有飼養。體型方面，其角勁直，臉稍短，背脊明顯隆起，與產於錫蘭島及其他印度地方的「ゼービユー」[2]體形相似，毛極短，少光澤，母牛的角短細彎曲。卑南地方，此牛的體型骨骼特別發達，最大者與我內地牛隻中的大者相當，牛車專門使用此牛。依我觀察，該種牛力氣最爲充沛，體格強健，但肉質不佳，只適用於牛車、耕田等。

乙、長角種

此牛與普通臺灣牛體格完全不同，角細長光滑尖銳，彎曲有如弦月狀，角質平滑，與普通臺灣牛的牛角，鈍頭勁直，角質粗糙，兩者完全不同。此外，臉較長，頭骨比普通臺灣牛粗大，身體長，腳高且四肢較細小，看來溫順，不像普通臺灣牛骨骼粗大。公牛非常溫順，有如日本內地的母牛，頸部較細小，腹部較粗，臀部上彎，小於普通臺灣牛，也比日本內地中等牛隻略小，但身長則與極大隻的普通臺灣牛相當。偶爾也有非常巨大者，毛較長，呈鮮豔的赭紅色，有光澤，諸如此類，皆呈現出與普通臺灣牛完全不同的種類特徵。此外，少部分也有黑毛者，其母牛外觀頗似某洋種母牛。卑南各蕃社的長角種牛的飼養數量，大致爲普通臺灣牛的一半以上，與其他牛相混雜，也拖牛車。卑南溪以北海岸路線的猴仔山社、加魯蘭、都巒、八里忙、加里猛狎等各阿眉蕃社，原野上放牧的牛，大半屬於此種，卑南地方大多食用此種牛。此次雖未能達到統計的目

[2] 瘤牛，英文，B.indicus,又叫 Zebu，是一種肩部長有肉瘤的牛科動物，原產於印度，因印度文化尊崇牛類而免於被食用。現在常用來和歐洲牛或其他飼養牛雜交以改良它們的品質。《動物大百科 10 家畜》（東京:平凡社，1987），頁 44。陳幼春、曹紅鶴，〈中國黃牛品種多樣性及其保護〉，《生物多樣性》，9（3）（2001），頁 275-278。這篇論文提到印度瘤牛的介紹：「印度瘤牛，肩峰高大，甚至耷垂，胸垂和臍垂都很發達，多折疊，耳下垂，耳尖呈鋭角」。

的，但卑南各社及海岸路線阿眉各社，其數量不下四五百頭。此外，雖然還無法明確說明，但長角種牛在食用上，遠比普通臺灣牛爲佳，亦即適合食用，當乳牛似乎也比普通臺灣牛好些。依我所見，長角種牛將來適合與洋種牛隻一起大量繁殖。本人訪查本島各處，見過各式牛隻，卻不曾對牛隻有過這種感覺，原因之一大概是除了普通臺灣牛外，只見過這種牛成群結隊，現在想來，或許臺灣南部恒春地方，也混合著這種牛，或者說不定臺北附近也有。雖然如此，其分佈區域問題暫且不論，主要是想在臺東記載中敘述對於長角種牛的見聞。

丙、小角牛

與長角種牛同樣，和普通臺灣牛的差異不大，但需額外說明的是，角大致比普通臺灣牛短小並傾垂，長約四、五寸，與普通臺灣牛的牛角昂然向上直立者不同，並且很少見到背脊隆起者。小角牛原本不是現在的樣子，目前這種很可能是與普通臺灣牛混血而生。之所以如此揣測，乃是因爲偶爾可以見到雖是小角牛，但牛背脊卻稍稍隆起，毛短而密，大多爲灰白色，也有黑色，公牛體格壯碩，大小也有如普通臺灣牛，可以說是小角牛中最大者。從性情極爲溫馴及體形等方面來看，都顯現出與普通臺灣牛不同種類。母牛大多黃色，體格矮小，四肢細小，角極纖細而卷曲，長僅三寸餘，公牛的體形則顯示出擁有極大力氣。卑南蕃會用此牛拉車，但極爲稀少，在蕃社的各種牛隻中約只佔十分之一以下而已。在知本社、射馬干、卑南大社等，常能見到此牛。其種類究竟是否不同，尚待專家鑑別判定。我還是將所見所聞，記載於此。

山羊評價

山羊

臺東全境均有飼養，除卑南外，大多飼養本島一般常見的黑色短毛種。此羊可說是各種山羊中品種最差者，體型矮小，毛短缺少光澤，肉硬，至於也不適合採乳這點，不需專家說明，也非常清楚了。卑南地方也有許多體型相同但毛爲深褐色者，只是這僅是毛色不同而已，其中也不乏體型較大者。平地蕃往往以此毛皮製成睡衣，以毛皮而言，頗爲美觀，有如鹿皮，少數具有黑斑。新開園庄及義安庄附近有不少這種山羊。山羊的飼養雖然不像日本沖繩諸島般盛行，但偶爾可以見到數十隻成群，放養在山野間。山羊雖然直接需求不大，因而受到衆人的輕視，但可作爲日本新移民的副業而加以擴大。紅頭嶼[3]的山羊到底是何品種還不清楚，但若能引進生長在馬里亞納群島、有著巨大良皮的品種，當可產生一大利益。該島的山羊，毛短、淡褐色，大者與大型公鹿相當。此外，近年來日本內地也飼養採乳兼採毛用的優良品種，有必要將其引進至此繁殖。

---

[3] 今臺東縣蘭嶼鄉。紅頭嶼之名出現在清康熙 61 年（1722）《臺海使槎錄》的〈赤崁筆談〉和〈番俗六考〉當中，雍正朝之後的文集和地方志中也有紅頭嶼的記載，所以紅頭嶼之名起於清代，日治時期沿用。紅頭嶼地名的起源，為晴天從臺東能夠遙望染有赫赫紅色的島嶼頂端，雅美人自稱為 Pongso no Tao（人之島的意思）。施添福總編纂，《臺灣地名辭書，卷三臺東縣》，頁 295-296。

養豬業

豬

全境數量很多，現今已不虞匱乏。種類爲普通臺灣豬，即所謂支那種。但奇萊及其他各地常可看到暗褐色、幾乎與山豬毛質幾乎相同者。有關豬的意見省略。

養鹿業

鹿

居住臺東的支那人族經常養鹿，花蓮港、大巴塱及其他各處常可看到鹿舍中養著十餘頭，這是專供採鹿茸之用。花鹿[4]、水鹿[5]兩種均有飼養，尤其喜歡飼養花鹿，因爲花鹿的毛色美麗，有白色星點，即所謂金錢鹿。水鹿毛質粗硬，深褐色，四肢粗大，爲本島所產鹿中體型最巨大者。從土人養鹿細心而不厭勞煩來看，可知每年自鹿茸獲益不少。只是臺東養鹿者屈指可數，將鹿列爲家畜實屬不妥，此處僅依現狀說明。

鷄

全境數量非常多，不虞匱乏，但都是普通的黑腳臺灣鷄。肉質不佳。應該獎勵土著居民繁殖日本內地所產黃腳雞。

---

[4] 主要棲息在草原的食草動物，主要分布在斯里蘭卡、印度、尼泊爾。珍妮．布魯斯等著，《動物百科圖鑑》（臺北：明天出版，2006），頁 193。

[5] 又名四目鹿，是臺灣本土產最大的草食性動物，也是臺灣特有的亞種。行政院農業委員會林務局，《臺灣地區保育類野生動物圖鑑》（臺北：中華民國行政院農業委員會林務局，2010），頁 42-43。

鴨

相較於其他地方較爲稀少，與西海岸方面大異其趣，因而鴨隻極難獲得，這是住民的習慣使然。

番鴨

即九州方言的「廣東家鴨」，也極爲稀少。

鵝

雖比番鴨多些，但每戶不過飼養三、四、五隻而已，並且有鵝的庄社也是屈指可數。

鴿

大部分有如野鳥的狀態，非常稀少，也少有人飼養。卑南蕃附近有飼養者，未問其目的。

貓狗

普通臺灣種，沒有特別需要記載者，但生蕃愛養獸獵用犬。

第四章 水產業

出乎意料，臺東居民對水產業的興趣不大，對海產的需求也不高，因此也不存在所謂的漁村，生蕃部落也是如此。但此處要特別說明的是阿眉蕃的製鹽業。此外，居住在大港口與花蓮港間海岸一帶的加禮宛熟蕃，其製鹽法也大致與阿眉蕃相同。在宜蘭設廳前，即距今八十餘年前，加禮宛熟蕃原本是散住在宜蘭、舊稱蛤仔難原野間的平地蕃，如今仍然像阿眉蕃一樣營生。這一蛤仔難生蕃從事製鹽一事，散見於各書。其後裔之一，即現在所謂加禮宛人則仍在臺東海岸從事小規模的製鹽業，這大約是沿襲傳統習慣。由此觀之，究竟阿眉蕃是製鹽業先驅，還是加禮宛人？或是雙方偶然符合，實難以判定。雖說如此，目前以奇萊阿眉蕃的製鹽業較顯著，因而以此爲主，加以說明。

其一、阿眉蕃的製鹽業

製鹽業

過去以來，奇萊南勢七社的阿眉蕃煮海水製鹽，供自家使用。其方法爲，先清掃海濱砂地，數次由海潮在上面撒上海水，然後待其乾燥，如此反覆數次，待其飽含鹽分後，用一種小槽裝滿沙，在小槽一側穿鑿小孔，下面放置巨瓢，再汲取海水灌入槽內，濾出的海水便從小孔滴進瓢內，滴滿後再換別瓢，待貯足數瓢鹽水後，各戶即將其携回煎煮。這類海濱勞動，大多以婦人爲主，有時也有男子一同前來共同操作。作業選在晴朗無風的日子進行，當天一早，各自前往海邊，任意選擇海潮漲落之間的沙地作爲作業場，及至日落，則收工回家。遠望海邊，潮浪之間蕃女成群，蔚爲奇觀。若黃昏時經過蕃社附近，即可看到挑著滿瓢潮水而歸的男女，列隊而行。煎煮方法極爲簡單，他們常在家中備有巨形鐵鍋，將上述海水倒入煎煮，使其結晶。鹽質純白清潔，與臺灣鹽的暗灰色且多渣滓，品質完全不同。雖說如此，自家製造的鹽不夠滿足一年所需時，往往會用臺灣鹽。

又，加禮宛人會製鹽的則有大港口與花蓮港間的新社及姑律庄二處。姑律庄方面，因爲一行人匆匆看過，因而錯過尋問製鹽的情況，頗感遺憾。其居民純爲加禮宛人，與附近的石梯庄同爲加禮宛人部落之一。但臺東撫墾署員[1]的紀行中，有平埔人製鹽一事，或許是混居在那里奄庄中，眞相不得而知，如今也無從查考。而新社的製鹽，在我們一行人經過時，正處於暫停狀態。今將臺東撫墾署員大澤技手[2]所寫紀行中的一節，按照原文轉載如下，提供作爲與阿眉蕃製鹽業的參考。原文如下：

> 姑律庄的鹽田有二百餘坪，有十二個一公尺二十公分的鍋。每鍋一次產量二升乃至二升五合，一日二次，總計每鍋一日可製四升乃至五升左右。製造者為平埔人，結晶的鹽粒大而純白，與日本內地製品無太大差別。其製法為，在砂上撒上海水，再收砂沖洗，將洗出的海水放在鍋內煎煮。北邊新社的製法與前者無異，只是鍋數八個，製造者為加禮宛蕃。（中略）此處所

[1] 設立於明治 29 年（1896），至明治 31 年（1898）裁廢。郭祐慈，〈臺東平原的農業民族：馬蘭社阿美族社會經濟變遷—1874~1970 年〉（臺北：國立政治大學民族研究所博士論文，2008），頁 98-99。

[2] 臺東撫墾署技手大澤茂吉。

產的鹽可供后山（即臺東）及前山部分地區所需，而無法供給此鹽的其他地區，北部經由花蓮港透過支那船進口福州、厦門所產的鹽來補充，南部則自恒春及臺南等地進口。

其二、漁業及海產物的概略

正如上述，臺東水產業不發達，從新城庄至卑南港間的海岸各村中，並無所謂漁村。此外，專門以漁業爲生者，花蓮港有四戶，每日以二艘小型漁船在花蓮港海濱捕漁，有時則有四艘。從事此業者約二十人左右，有漁獲時，則自海上發出信號，等船即將靠岸時，陸地上的助手則吹法螺告知衆人，此時衆人齊聚海邊購買，其中也有魚販。漁網爲臺灣式的一般地曳網，大多自海上將魚趕入魚網。有關花蓮港的漁獲種類，根據土著居民所記而寫出的目錄，大致如下。

（一）馬鮫[3]

（二）沙魚[4]

（三）大目連[5]

（四）飛烏[6]

---

[3] 臺灣使用的種名為鰆，又稱土魠魚、頭魠魚、馬加仔，經濟性食用魚，邵廣昭、陳靜怡，《魚類圖鑑》（臺北：遠流，2003），頁 385。吳佳瑞、賴春福，《菜市場魚圖鑑》（臺北：天下遠見，2006），頁 41。

[4] 廣吻篦鮫（Apristurus macrorhynchus）或梭氏蜥鮫（Galeus sauteri）皆產於臺灣東部海域，並俗稱沙魚。邵廣昭、陳靜怡，《魚類圖鑑》，頁 44-45。

[5] 疑指別稱紅目鰱的大眼鯛，見吳佳瑞、賴春福，《菜市場魚圖鑑》，頁 86。

[6] 也稱飛魚，有黑鰭飛魚、斑鰭飛魚與白鰭飛魚。邵廣昭、陳靜怡，《魚類圖鑑》，頁 142-143。

（五）秋魚[7]

（六）臥仔魚

（七）鹹西魚[8]

（八）柑魚

（九）目抗魚

（十）青鱗[9]

（十一）青鱗皮

（十二）許烏仔

（十三）紅魚[10]

（十四）白帶魚[11]

以上各項，因無機會與實物對照，無法確認其名稱。但以下係實際見到，或從居住該地的日本內地人所聽到的魚類。

（一）鰛，土名爲四破魚（西海岸方面）。比日本內地的海鰛小，頭大，魚身扁平短濶，近似於西洋的鰛。此魚到處可見。

（二）土名爲臥仔魚，亦即上述目錄中所記者。比起日本內地的臥仔魚，魚身較爲短濶。

---

7 疑指秋刀魚，見吳佳瑞、賴春福，《菜市場魚圖鑑》，頁 58。

8 疑為長頜棱鯷（學名 Thryssa setirostris），俗名突鼻仔。邵廣昭、陳靜怡，《魚類圖鑑》，頁 85。

9 鯡科的黃小鰺魟（Sardinella lemuru）、黑尾小鰺魟（Sardinella melanura）、中國小鰺魟（Sardinella sindensis），都俗稱青鱗。邵廣昭、陳靜怡，《魚類圖鑑》，頁 88-89。

10 紅魚學名 Lutjanus erythropterus，中文種名為赤鰭笛鯛、紅鰭笛鯛，俗名紅雞仔、赤海雞、紅魚。吳佳瑞、賴春福，《菜市場魚圖鑑》，頁 79。

11 白帶魚學名 Trichiurus lepturus，又稱腳帶魚、銀刀魚等，為臺灣十分常見的海產魚類。吳佳瑞、賴春福，《菜市場魚圖鑑》，頁 15。

（三）臺灣緋鯉，又名「紅サシ」，普通品種。

（四）鱅的一種。

（五）鯔，土名烏魚。

（六）馬鮫魚，土名馬鮫。

（七）帶魚。

（八）眞鰹、鯛（鯥）魚、土名鮰魚。

花蓮港近海常可看到許多眞鰹洄游，魚腹有眞鰹的條紋，其他鰹魚則無，且魚身的型態也是如此。不曾聽聞土著居民有捕撈之事。但明治廿九年（1896）八月二十日下午，曾在花蓮港灣附近看過，數量甚多，或許是沿黑潮洄游至此吧。

以上各種此次實際見過。

（九）鰺，相較日本內地所產，形體較圓長，長七、八寸，近似室鰺魚。

（十）黑鯛，稀少。

（十一）鰤，據說魚獲甚多。

據說花蓮港漁民偶爾也會將白帶魚、鱅的一種和緋鯉等放入甕中鹽漬，以舢舨船輸出到別處。

此外，據說在花蓮港邊也會製造乾海參，或輸出到別處，或在當地販售，但數量不多。其製法為，將海參在鐵鍋中煮過，用竹笊撈起，放在草蓆或攤開的舊麻袋上，拿到海邊曬乾，之後放入麻袋中出售。海參的形狀為灰赤褐色，圓而細，無刺，長約三寸左右。在種類上，這種海參可能近似於沖繩的黑海參（Holothuria atra）。製法始終未曾見過，未能對此海參進行詳細調查，甚感遺憾。此外，奇萊生蕃只捉河魚不捕海魚。漁具大多為魚筌，形狀與一般臺灣土人所用者相同；漁網則有投網（土名爲手網、抄網），又名定置網及手撈網（又名 Tab）等，捕獲的魚類有：

鯽、鯉、尖嘴仔[12]一種（細長型）、鰷魚一種、鰡魚[13]、蝦虎魚[14]一種、草鰕、蟹等。

除鯉魚及鰡之外，其餘皆爲小魚，僅供日常食用而已。

卑南新街也像花蓮港一樣，也有小漁船若干艘。我等一行停留期間，幾乎都是暴風雨的惡劣天氣，詳細漁情不得而知。

在訪查卑南大溪北岸到大港口間的海岸路線時，儘管特意關注漁業，但出乎意料地，此地居民從事漁業者甚少。從猴仔山社到成廣澳庄間的阿眉蕃社中，加魯蘭社、都蘭社、加里猛狎社、馬武屈社、莪律社等，兼營漁業，家家戶戶皆收藏漁具。尤其加魯蘭社和都蘭社等有曳網，而投網則各社都有，其形態與普通臺灣人所用者無異。此外，從猴仔山社至都蘭社間的海岸，珊瑚礁岩緊鄰海岸（是否爲植蟲在海中的巢穴，並以此爲生，無從檢驗），這點與恒春的海岸相同。此地經常可拾得青螺殼，而這就是阿眉蕃的魚獲，經多處尋問後得知，青螺產於珊瑚礁岩海岸及近海中。該螺產區自加魯蘭社南邊至加里猛狎社北邊，長約八里的海岸邊，皆有其蹤跡。我來臺後發現，有兩處地方產青螺，即恒春鵝鑾鼻岬附近與上述海岸，

---

[12] 學名 Pseudorasbora parva，又稱尖嘴仔。邵廣昭、陳靜怡，《魚類圖鑑》，頁 102。

[13] 青魚，又稱烏溜，學名為 Mylopharyngodon piceus。邵廣昭、陳靜怡，《魚類圖鑑》，頁 101。

[14] 可能指學名為 Ctenogobiops aurocingulus，又稱黃斑櫛眼鰕虎的魚類，或斑紋猴鯊（Cryptocentrus strigilliceps），參見邵廣昭、陳靜怡，《魚類圖鑑》，頁 350-351。

產量如何，雖有意詳查，未能實現，但應不致於像八重山島附近那麼多。此地所實際見到的介螺殼類，有下列各種：

石鼈（儘管非貝類也一併記載）、牡蠣（小顆）、九孔(古稱鰒魚)、辛螺、芋貝、寶貝、硨磲、蝛（各種類）、小寶貝。

此外，食用海藻方面，曾見到許多大港口以北，石梯庄、姑律庄的加禮宛人採集鹿兒島方言中的「甑島苔」[15]，曬乾食用。這種海藻屬於紫苔的一種，質地細密，赭黑色，風味甚佳，可供生食，乃是甑島名產，與一般的紫苔有別。此外，鹿兒島縣大島郡島也盛產當地方言發音爲Susunori的海苔。加禮宛人的做法與甑島苔相同，將其壓縮成橢圓形或長方形的厚板狀，而後曬乾。雖然紫苔目前還不能稱爲物產，但因爲在上述地方被視作珍味良饈，因而記錄下臺東也出產紫苔一事。若能再詳細留意時，或許還有很多其他的海藻。

棘皮動物包括海膽兩種（一爲細短刺，一爲細長刺），偶爾可見。西南諸島所盛產的巨刺種，即沖繩方言發音「ガツツ」（喇叭毒棘海膽，Toxopneustes pileolus），則很少。此外，海盤車[16]、陽遂足[17]類等，雖在礁岩海岸處處可見，但數量應不足以供作肥料[18]之用。海參類的數量，最後還是未能得知。阿眉蕃及加禮宛人將鮑魚（九州方言稱爲福溜，Small abalone）及石鼈[19]等，鹽漬食用，味道

15 甑島位於鹿兒島南方，本處所稱應為同時產於鹿兒島與臺灣的海苔，但無法明確查知品種。

16 海盤車（Asterias amurensis）即海星。

17 形似海星，屬於棘皮動物門的蛇尾綱。

18 食料。

19 有八片甲殼的一種貝類生物，可以在潮間帶發現其蹤影。

有如日本內地的「鹹貝」。他們懂得食用石鱉，也是奇事。海綿類有兩種，有粗硬質的劣等海綿與細管狀者，但僅在海濱見過其漂浮而已。

蠵龜甲[20]雖在各處可見，但自大港口經新社、加連灣到花蓮港沿岸這一帶，數量似乎特別多。在姑律庄與貓公社間的海邊，曾經拾獲頗大的頭骨。

儒艮[21]（即海牛）

東海岸訪查時，曾設計各種問題，期待能收集些實際資料，但往往得不到令人滿意的答案，其中有下列兩個問題。

> 安定問曰：海中有大獸名曰海牛，全形較似牛而無角，其面長大如馬，全身赤褐色，皮厚少毛宛如猪皮，口中有牙長四五寸。此獸常食海草，時有大海中，時上岸有磯石間，見人則驚跳入海去。這地方海岸此獸有否，倘有知之人，則就其人欲聽詳說。

自加魯蘭社至成廣澳間，對於上述問題始終未能獲得答案。及至知乃帶社時，才稍稍聽到些許見聞，而在石坑社時，阿眉蕃中方才有人做此回答。

> 該社南方的礁岸邊，偶有如此，海獸前來，全身紅色，大小像鹿中較大者，我們稱之為「繼殺時」，不曾捕獲過，形狀有如現在所聽到的。

根據以上答覆，似乎就是指儒艮，但無從得到詳細的說明。

---

20 生活在臺灣近海的海龜，有綠蠵龜、赤蠵龜、欖蠵龜等，其中綠蠵龜會上岸產卵。行政院農業委員會特有生物研究保育中心，《臺東縣野生動物》(臺北：行政院農業委員會特有生物研究保育中心，2009)，頁90-93。

21 原文「海馬」，應為「海牛」。哺乳綱海牛目，主食為海草。珍妮．布魯斯等著，《動物百科圖鑑》，頁166-167。

此處對於儒艮稍加說明。幾年前我曾懷疑鹿兒島、西南諸島的海牛可能並非一般的海驢[22]屬，及至八重山列島方始見到實物，因而確證那就是動物書籍所記載的儒艮無誤。但在告知東京田中芳男氏後，得到的答覆卻是並非儒艮，因而送去頭骨及牙齒，由此證實爲儒艮，同時初次發表於水產雜誌。之後，松原新之助氏在作水產調查時，進一步獲得其洄游區域等的詳細訊息。八重山島發音爲「ジヤン」，有時捕獲，將其肉曬乾輸往清國。那霸港的一斤價格約二拾錢，可供作珍饈。此外，沖繩島本部間切也是該獸洄游場所。此次以為臺灣島上必有捕獲此獸的地方，並出口其肉，而其場所一定就在東海岸，因此特地提出這一問題，但令人意外的是，對於該獸所知極少。

另一問題爲：

海中有別種大魚，身黝黑而長數尋，背孔常噴出潮水，狀如烟雨，大洋中游泳時時露鉅背，狀如小巖，而浮沈無定，即海中獸族也，名曰海鰌又鯨魚，[23]此魚眾人必應知之者焉，乃問此近海年年何月間最多來游乎。

答曰：陰曆四月、五月之間，偶爾在大洋中會見到，然而極少，蕃語稱為「如淑」（イーショ）。

依據上述回答可知，鯨魚在東海岸中出現的時期，與八重山列島相同，亦即鯨魚係在同一區域間活動。

22 即海獅，體型比海象小。

23 生長在海中的大型哺乳類，包含虎鯨、抹香鯨、藍鯨等，有些族群已瀕臨絕種。珍妮．布魯斯等著，《動物百科圖鑑》，頁 204-215。

問又有海豚，身長六、七尺，圓身黑背，肌膚平滑，用蠟如塗。數十為群隊游行，時露背猶鯨魚，敢問蕃語叫甚麼，亦捕獲採脂或食其肉者有否。

答曰：時常可見成群結隊，但不知捕獵之法，阿眉蕃稱為「頓悶」。

除上述外，有關水產方面的問答記錄及各處採集的標本等，停留在花蓮港時，因火災皆付之一炬。

業務部下篇

第一章　殖產事業的目標

臺東需要建設新的道路、整修港灣，但正值本島創業多端之時，對中央山脈背後偏遠之地投入龐大經費，雖然主要是爲了推廣政務，但另一方面，此地究竟擁有多少資源，將來能有甚麼物產，也有必要進行詳實調查，以擬定確切的殖民政策。

一般而言，如果要求各地殖民事業能快速獲得成效，應致力於擴大營業區域，糾集各種業者，並給予各項方便，使其能堅持目的，不致於產生厭倦之心。亦即，想要使現今人跡荒涼之地成爲新殖民地，墾荒伐木、利用本島部分官有地以擴充民業、增添國利，一方面要尋求禁絕弊端，同時也必須事先擬定拓展方針，藉此強化獎勵事業的基礎。臺東一地要實施的事業，自然千頭萬緒，但若是概括殖民上的各項事業時，不外乎就在於工商業、農業、畜產業、園藝業、營林業、礦業、水產業等事業。亦即，應有以擴展商業爲目標者，也有以工業爲主而兼營農業耕者，也應該有因從事園藝，進而引發長期定居之心者，或因經營林業而建立村落者，以礦業爲目標而移住者。重要的是擬定政策，在不逾越官府的規定下，業者能致力於擴展事業，而居民則熱愛土地，強化其永住之心。對於臺東這種急於增加內地人民之地，更是應該如此。若其方法得宜，縱使不特別招集移住者，但基於事業上的需要，人民自然會聚集而來，但是否能夠如此，則視事業的方法而定。

臺東一地，其狀況與西海岸方面完全不同，現有居民僅約三萬左右，其中二萬餘爲生蕃，剩餘不到一萬人，其中熟蕃約五千餘人，支那人族不過僅四千人左右而已。因爲如此，在山林原野的開發上免除不少麻煩，而各項事業發展皆屬初步，也留下讓日本殖民新事業充分發展的餘地。因爲土地規劃不受束縛，端賴業者本領而定，因而事業發展非常值得期待。是故，在此地經營事業者應該具有視野恢宏、目標永續、營業端正，能作爲現有居民模範的認知。若能藉此累積勤儉之功，則不僅爲事業者一身一家的榮幸，也能開發臺灣島的一大富源，並於此地發展國家新物產，爲占領地增添幾分價值。

而要振興一國一地的物產，應竭力將種類單純化，並主要在傾注全力於增產出口量大的物產，日本甲州[1]的葡萄，筑後[2]的「黃櫨」蠟[3]，外國夏威夷的糖業等，皆是如此。但甲州另產絹布，筑後也有產米，夏威夷也另產咖啡，因此，除主要物產外，也有副產品。雖說一地未必僅限於一種物產，但地方產業若無一定方針時，則產品衆多，能投入主要產品的力量即顯得薄弱，如此一來，即無法生產大量的特產品。日本各個開墾地往往陷入此一弊端，儘管歲月流逝，但也僅止於讓當地居民糊口渡日而已，而事業發展萎靡不振者，卻不在少數。如今將在臺東開拓新殖民地，應特別注意勿重蹈覆轍。臺東地處北緯二十二度至二十四度之間，亦即半屬熱帶，因此所生

[1] 甲州（今山梨縣）為日本本州中部地方一縣，東臨東京都、神奈川縣，南方為靜岡縣，西面與北面被埼玉縣和長野縣包圍，為一內陸縣。

[2] 筑後國現在屬於九州的福岡縣，位於福岡縣南部。

[3] 黃櫨（學名：Cotinus coggygria），漆樹科黃櫨，灌木。中國科學院中國植物志編輯委員會編，《中國植物志》第45（1）卷，96頁。

產的農產品應是適合其緯度的熱帶地方特產品。同時，加上其土地肥沃，也可望生產其他地方所無法生產的新物產。但若是移民只一味拘泥於日本內地的習慣，將這片適合熱帶植物大農場型的肥沃土地，僅拿來生產些普通雜穀，儘管會有些產出，若能換成適應緯度的熱帶地方作物時，於經濟上將有莫大利益，其道理在後章可知。

現在的臺東農業概況，已於上篇各章中分別敍述，而適合種植稻米，其他穀物蔬菜也能生長良好，則已如上述。一般說到農業，首先即以稻米及雜穀爲主。稻米在臺灣全島各地皆適合種植，且本島的地租以水田爲主。雜穀方面，大部分的品種皆能生長，只要種植，居民日常所需即無匱乏之虞。然而種植稻米及雜穀，自古以來已深入日本一般人的腦海中，因爲是日本農民的固有作物，因此即使不加獎勵，也不缺乏著手開墾者。尤其臺東到處皆適合水田及種植日用穀物蔬菜。儘管衆人一致倡議改良本島米作，但正如前述，因爲這在任何地方皆能進行，因而此處不需再熱心談論。唯要略做說明以供參考的是，將來移住時希望能特別注意到地方的主要產物。爲了供作參考，以下將敘述能適應土地的特產品，例如苧麻、茶雖爲臺灣的特產品，但只要不是寒帶地區，任何地方都能種植，然而對於茶樹，本島土人到現在還留下許多未完全開發的區域。又如沖繩糖業，沖繩縣雖爲糖業著名之地，但若全縣調查時，不知還有多少適合種植甘蔗、卻還未進行甘蔗栽培的地方，這些均是習慣與當地情況所致。本島產茶區方面，有人認爲只限臺北地區，但專家及相關人員卻熟知，苗栗等臺中地區亦爲產地之一，宜蘭、苗栗、埔里社、雲林以迄臺南的山邊一帶，將來也都是可以擴充茶園的區域。其中，宜蘭、苗栗等被視爲應是良茶產區，因此在上述諸地，茶葉在發展上還有很大的空間。臺東未見茶園，但若是種植，也會同其他地方一樣成長，即便不特別加以獎勵，由於居民增加，栽培自然增加，這點已不需多說，因此希望不用再對種茶加以獎勵，因爲臺東是個急需創造其他物產的地區。另外，苧麻之所以成爲本島的特產品，一是土著居民已經習慣於其原籍地清國的某些地方會輸出苧麻的結果。衆所周知，自古以來清國的苧麻栽培業即很興盛，而自清國苧麻出產地移居本島的土著居民不在少數，因此儘管是風土及貿易上的情況使然，但這也是因爲苧麻是土著居民的固有作物這一結果，換言之，是種在日本內地大抵任何地方均可種植的農作物。苧麻目前在臺東成爲一種物產，原本是高山蕃爲了自家織布而種植，因應支那人族的需要，成爲交換品之一，商販收購後託船輸出販售。但將來在此從事苧麻業者，不可沿襲這種保守的舊習，應進行適當的栽培，其首要便是謀求品質的良善。苧麻也不須特別獎勵，因爲是最容易栽培的副產品之一，對此後面將會再做敘述。

以上舉出二、三事例，但這並非是應該推廣種植的物產說明。只是，平常所感嘆的是，在實施方向上，新開發地的事業動輒悖離當地特性，導致毫無進展，不少事業儘管已耗費許多時日，卻無法獲得斐然成績。因此，對於臺東一地應留心致力去除這一弊端，此處在報告之餘，同時作爲事先對大衆的警示。

殖民的目標雖有數種，依我所見，以臺東而言，最好的方法即是以工業作根本誘因，迫於事業所需，將會依照適當的政策，招致日本內地人的移居。例如糖業應避免重蹈臺灣過去舊習，若設立正式的機器工廠，進行正式栽培法時，毫無疑問地，其純利將會倍增。至於設立工廠，即需要職工，也需要農夫，與此同時也需要若干移民，進而產生開墾的必要性，伴隨而來的即會有飼養牛馬、稻作、園藝等附屬業，如此一來，勢必要增加來自日本內地的定居者，否則即無法達成創業之功。此外，又如樟腦製造業，若期望能獲得成功時，應在山中建立村落，同時開墾田園種植作物，強化定居此處的基礎。特別是，若該產業純由日本內地人經營時，如雇用支那人族即可免去與山蕃人間的問題，反倒是化育生蕃的一條捷徑。這類移民並不依賴原野而生活，應可讓相當數量的內地人定居下來。另外，咖啡、橡膠樹等的種植，也可依此，創造出兼營山邊農業的一種新殖民事業。有不少土著居民已經適應各處的丘陵、山腰等地，若再舉出二、三個相近的事例，將與前文重複，又怕流於煩雜，因而省略。以下將進入實業各章，相互參照，差不多能夠了解其大概。

附述：臺東的生產力

一般而言，與地方年度收支大有關係者，最根本的是地租。臺東一地，人煙稀少，田園空曠，稅租並不足以充作全年經費，甚至還必須將其視爲往後數年間皆無稅源之地，若是如此，唯一的方法便是以土地所擁有的生產力來代替。原以爲臺東的租稅應足以提供相應的財源，但身臨其地，人口不過僅三萬人，其中二萬餘人還是與地租無關的平地蕃，就租稅這點而言，首先就無可期待。此外，過去以來皆說臺東一地有如西海岸，平原廣闊，甚至有人將其比擬爲沃野千里，依據過去踏查者所繪製的地圖，雖然略爲瞭解其地形，並推測實際上應該擁有廣大平野，但經實地踏查，不只是平野面積，連森林的情形也與期待不同，無法成爲預想中造艦的木材培育區等。

雖說如此，若將中央路線與海岸路線合計時，其平野面積爲東南綿亙五十餘里，東西平均寬一里多。至於總面積方面，暫且歸到地理部，面積也不算太小。此外，就殖民地而言，本島東海岸實在讓人覺得非常失望，雖說在復命書中提及可容納約十萬人移住應非難事，但是未來在居民方面，未經細算無法明言，想來此地應可容納三十萬人以上。就實際而言，此一數字並非單憑預測，顯然原本就應該如此，將來說不定可以容納更多的人。在農、林、工等三種事業方面，若透過這約十萬人新移民所能發揮的生產力，預測其特有物產的出口總額時，在後敘各章各條的事業目標中，大約設定爲二百五十萬元，即砂糖一百四十七萬圓，樟腦約五十萬圓，苧麻二十餘萬圓，木藍約六萬圓，山藍十二萬圓，煙草約七萬圓，咖啡約七萬餘圓。此外，假設其他的熱帶地方植物栽培業、水果栽培業、製材事業、畜產業及水產業等，至少有五十餘萬圓時，預估其擁有三百餘萬圓的生產力，應不致於過當。而礦業方面，我完全是門外漢，並且以臺東而言，將礦產也計入殖民事業的生產力，恐怕有些言之過早，因而在此將其省略。

第二章　製材事業

其一、木材的必要性

對於臺東各地興起各種建築事業，木材需求大增一事，其因應做法應是在適當地點設置製材場，並選用本地木材。也就是各移民住家、各工廠、各事務所等，都用木材作爲主要的建築原料。有此一說,即木屋終究不適合作爲臺灣的民居,因爲木屋反射強烈日光，夏天難以居住。這是因爲見到臺灣土著居民的黏土牆屋或支那人的磚屋等，因而認爲只有這種建築才是最適應當地燠熱環境的房屋。磚屋方面,其建築法爲折衷西洋與日本,不用說自然是適當的建築，但正值各地創業之初，即使期待房屋全部建成磚屋，但有時並無法實現。縱使可以達成此一希望，所需經費甚多，並且在建造上恐怕時日遷延。創業期間凡事以簡單、迅速爲要，磚造建築雖然適合官府等重要房舍，但一般房屋開始時並不需要全部磚造，農舍則更不需要。

雖然有人說木屋不適合熱帶地方，但像錫蘭島位於北緯十度以南，新加坡位在赤道附近，乃是終年常夏之地，而以木屋爲住宅的歐人不在少數，成爲最清涼的住所。此外，在南洋群島的其他英國占領地及事業地等的家屋,也大部分爲木造,並未受到炎日的反射，這是因爲在屋旁種植樹木，衛生條件完善之故。若在空曠地區建造木屋，而沒有樹蔭時，即便在中緯度地帶也難以忍受日光反射，因而若有此準備時，臺灣島豈會不適合木屋？現舉臺東地方一證，平地蕃部落皆爲木屋，雖熱天進入屋內，也感覺清涼而不覺得炎威逼人，這是因爲屋旁種植各種枝葉茂密的樹木，送來陣陣清風。衆所周知，即使建造磚屋或鐵板壁，其基本構造也多少需要使用木材。將來臺東在建材的使用上，究竟要進口內地、支那大陸的杉材，或其他木材，或就地取材等，不管是誰都會認爲使用當地木材最爲合適。但因爲多是硬材，裁切相當費時，內地工匠對此普遍嫌惡，無奈反倒高價，還不如從內地或向臺灣木材商購買杉材。而每次建造時，因迫於現場急需，往往可以看到許多不經濟的情形。假設將來某一時期大量建造房屋，又再度重蹈覆轍時，將導致鉅額經費，經濟將會不堪負荷。實際上，在風災多的地方，或者像臺灣島本地建築方面，與其使用杉、柏或其他松柏科的輕軟木材，不如特別選用硬木較爲有利。我沖繩諸島其風土氣候大致與臺灣島類似，土人按照傳統經驗，屋材大多使用硬木當作柱樑，例如籐黃樹科[1]中最硬的福樹，此外也使用茶科中的硬木「厚皮香」及「殼斗科石櫧」等。至於松柏科植物中則以羅漢松[2]爲上等建築材料，這是因爲位居颱風頻繁地區之故。此外，馬里亞納群島的土人建造房屋則使用較紫檀[3]更堅固的荳科植物木材。臺東雖然缺乏上述各種硬木，但有許多更

---

[1] 即金絲桃科，其學名為 Guttiferae。

[2] 也稱百日青，為喬木。中國科學院中國植物志編輯委員會編，《中國植物志》第 7 卷，418 頁。

[3] 學名 Pterocarpus indicus Willd.，亦俗稱花梨木、青龍木、Burma Coast Padauk。為大喬木，為良好家具及建築用材，樹性生長迅速，供園林栽培。呂福原等編著，《臺灣樹木解說（二）》，頁 108。

堅固木材如茄冬、楠木等，而美材方面，則有松楊[4]之類。若能對此加以裁切，打開林樹應用之道，又豈會有不適用於建築的問題。

歐美人在其殖民地事業地區等的家屋，都將木板切割後直接用作建材，再全面塗上「透明漆」或「油漆」，並未特意用鉋子將每塊木板刨平，這在西洋的木屋中可說非常普遍，而其外觀也未必簡陋，許多各國官舍、事務所等，皆屬於這類建築。臺灣島上，除磚屋及一般日本式房屋外，也相當適合上述西洋式房屋。臺東的移民房屋、工人的房舍等，也適用這類建築。建造簡單，迅速完工，而且不單外觀優美，作爲住宅也相當堅固耐久，相較於使用刨削的杉板及細小樑柱的建築等，用於家屋建築要好得多，因此可將嫻熟這類西洋式建築的工匠納入移民中，讓其兼營建築業。如此一說，恐怕將招來誤解，認爲臺東的建築只限塗「油漆」的西洋木屋，其實不然，只要不缺板材，人們可憑自己喜好建造房屋。此外，也有人擔心，對移民而言，木屋有火災之虞，但相較於那些以檳榔樹爲樑柱，以茅草或細竹片組成牆壁，然後糊上薄薄黏土遮蔽的臺灣土人的偏鄉街屋，或村落開拓地等的建築而言，其外形的高雅，少火災、風災的顧慮等，已經不知好上多少。使用磚狀的黏土牆時，若對其方法不熟練者，或品質不良時，一來將導致室內濕氣，成爲增加患病的原因；另外恐將招致損壞。然而因依各地實際情況，有地方也不得不如此。特別是臺東這一殖民地，背後爲一片約六十餘里（北自南澳蕃界南至恒春界）的廣大森林區，只要木材使用得法，不難

---

[4] 如厚殼樹、嶺南白葉茶，學名 Ehretia acuminata R. Br.，也稱厚殼仔。為常綠小喬木，產於臺灣海拔 1,100m 下森林中。呂福原等編著，《臺灣樹木解說（五）》，頁 108。

達到建造非常堅固木屋的目的。此外，海岸山脈的某些部分有黏土層，說不定煉瓦業也可逐漸興起。但正如上述，無論在開拓初期或永久性上，最後皆離不開木板的需求，因此將所見敍述於此。

其二、設置蒸汽機製材場的必要性

蒸汽機製材業

日本是個盛產硬軟適度優良木材的國家，要讓這種地區的木匠突然從事硬材切割，比起杉材等，作業時間較長，也較爲辛苦，容易產生厭煩的心情，並且事倍而功半，因而造成板材價格提高，並且也難以應付突然間的大量需求。此外，也有所謂的臺灣土人鋸，即支那製材用鋸，雖然過去沖繩縣也曾使用，但臺灣工匠手工所製造的硬材板，有時鋸紋不平整，板面往往凹凸不平，厚薄不均，難以直接使用。而內地木匠又不習慣使用臺灣鋸，若雇用臺灣工匠又往往會有上述情形出現，況且工資也不便宜，不用說當然不夠經濟。如果設置蒸汽機製材場進行木材的裁切時，任何硬材皆能在瞬間成爲厚薄長短首尾一定的板材，且板價低廉，不論任何急用均容易應付。例如楠木[5]，爲臺灣主要木材，土人木匠常常使用，是種最適合建造房屋的建材，但因爲價格不斐，僅是豪農、富商等特別講究的人才會使用，但若能以蒸汽機生產時，其價格顯然會遠較過去低廉許多。相較於其他蒸汽機工場，製材機工廠較爲簡單，大致能以水車的水力來運轉機器，對於富有水利之便的各工場而言，可將其視

[5] 樟科，喬木。又稱大葉楠、楠仔等。生長快速，是做建材或家具的優良用材。西拉雅國家風景區管理處編，《走進西拉雅 民族植物手冊》（臺南：西拉雅國家風景區管理處，2011），頁 226-227。

爲附屬工場來建造，尤其像臺東這樣水利豐沛的地方，相信最爲適合。

其三、板材的用途

若不依賴外地進口而以本地樹木充當建材時，以普通方法製板，已如前述，恐怕不僅是作業緩慢，而且不經濟。若使用蒸汽機進行時，則臺東需求有限，將會有所剩餘，或許有人會擔心這恐怕將產生所謂殺鷄焉用牛刀的結果。若只是以臺東的需求爲目的時，這種比喻可謂正確，也就是製材業的重點在於提供本地的建材，雖然建築業的興盛並非持續不斷，有時甚至會陷於停止，因此僅供應此地的需求時，損益終究無法平衡，因此重要的是讓其成爲地方的一種物產，開啓木板出口的途徑，而其目的地則是臺北、臺南、其他本島各市街及上海與其他支那各港口。本島建材一般都使用福州杉，而本島所產的木材，例如楠木[6]、肖楠[7]、茄冬木[8]、九芎[9]、山杉（竹

---

[6] 樟科，喬木。又稱大葉楠、楠仔等。生長快速，是做建材或家具的優良用材。西拉雅國家風景區管理處編，《走進西拉雅 民族植物手冊》，頁226-227。

[7] 為柏科，又稱黃肉仔。大型喬木，是臺灣特有種。分布海拔較低，木材質佳，不易被蛀蝕，因此有極高經濟價值。鍾明哲、楊智凱，《臺灣民族植物圖鑑》，頁268-269。

[8] 又稱加冬、紅桐、秋楓樹、重陽木。喬木，樹皮表面剝落狀，是臺灣常見闊葉樹種之一。鍾明哲、楊智凱，《臺灣民族植物圖鑑》，頁278。

[9] 學名為Lagerstroemia subcostata Koehne。大型落葉喬木。分布於臺灣中、低海拔森林。主幹容易彎曲，因此不適合做為建材，但適合用來雕刻。鍾明哲、楊智凱，《臺灣民族植物圖鑑》，頁317。

柏）[10]等，主要僅作爲雜用木材而已。其中需求最多的是楠木類，有如臺灣木材的代表，因此對於島民而言，楠木類的需求不會間斷。此外，裝飾用材多用肖楠，茄冬及其他樹材等，其中不少雖然也受木匠的珍愛，但土著居民說這些木材皆生長於生蕃地區的山中，砍伐不便，因此入手困難，價格也隨之不斐。此外，即便土著居民尚未使用的木材，以板材而言，將來也能充分地廣泛使用。除了禁伐木之外的樹木，均可供製板之用。但在著手林業前，應該公布最嚴格的禁伐令，違犯此令者，應受相當的處分，未宣誓嚴格遵奉該法令者，不許從事林業。製材場的設立當然不可抵觸林務上的規定，後面將做詳述。

[10] 竹柏為羅漢松科，又稱山杉、南港竹柏、臺灣竹柏、恆春竹柏。零星分布在臺灣全島地海拔闊葉林中。邱紹傑、彭宏源，《臺灣客家民族植物：圖鑑篇》，頁 18。

其四、製材用的樹種

臺東的山林為接連本島中央山脈東側山嶺的溪谷與海岸山脈所形成。樹種全是原生的混合林，純種林少見，八成以上為濶葉樹，在海岸山脈新開園附近，僅有少數臺灣松樹（我想應與琉球松大致同種，尚待考究是否能將此稱為臺灣松）。此外，雖有花柏屬喬木，但都生長在砍伐不易之地，如中央山脈海拔四千尺以上，或說五千尺以上的高山。另外，海岸山脈間的溪流偶而會流出木材，但從未見過原樹，其他都是濶葉樹的密林。這些所謂斧斤未入的深山，聳立在臺東平野南側，鬱鬱蒼蒼，望之令人悽然，隱蔽在北自新城庄南至恒春界巴塱衛溪約六十餘里之間。若將中央山脈的側面視為平面時，高度平均約二千尺（約在七千尺以下一千尺以上，分水嶺的高度在四、五、六千尺以上的部分超過半數，平均等於三千尺也說不定），雖然其面積說明在此省略，但面積之大，很容易可以計算出來。此外，海岸山脈南北縱橫五十餘里，東西寬約五、六里，與中央山脈相比，雖說林木較為稀疏，但面積也相當廣闊。因此若以此地的林木為原料，設立二、三處製材場，對於將來的用材保存上應該不會產生問題。現在海拔二千乃至一千五百尺的低林部，被認為是製材所需原料的適當地區，就植物學種類而言，低林部這些遍佈山腹的樹木雖說包括數百種，但能列入用材者，出乎意外地僅屬少數。並且，以本島樹木而言，大多為一般種類，沒有稱得上珍貴的木材。此外，更令人感歎的是，直立挺拔的樹木甚少，而以彎曲下垂的灌木居多，若砍伐不得其法，大概僅能作為薪炭用林（但部分深林並非如此）。然而任何林樹其尺寸（粗估樹高約一、二十尺以下，圓徑約二、三尺之間）皆可用來製材，即便原生喬木林也有矮林的特性，平均起來，有如中林性質（兼有薪炭用及一般用材）。但有若干種類做爲用材樹種也是稀少的，應該保存下來作母樹。此外，有些樹木需求量也較少，此處大致列出預計可作製材用的樹種。

（一）楠木（日本名為犬樟，樟科常綠喬木）

日本內地名發音爲セブクス，九州方言發音爲「タブ」。一直以來，九州地區常將楠木作爲家屋建材使用。其材質極爲堅固細密，且爲耐久良材，這些皆早已爲人所知，並善加利用。而正如前述，在臺灣島上這更是重要用材。

楠木在本島任何山中皆有生長。本來認爲臺東在用材上，應該比西海岸的山中多，但反而相同用材的種類較少，只有楠木感覺特別多。可能是未經採伐，偶然成長起來。因此，若能推估採伐的程度，適當採取輪伐法[11]時，應該不容易有缺乏的擔憂，因而選定楠木爲製材的主要樹木。

（二）石楠[12]（臺灣土名，同上同科同性木）

石楠可能近似於日本的裏白楠，但恐怕有杜撰之虞，因而此處僅記載土名。主要在於說明其材質。相比楠木，價格較爲低廉，材質重、淡黃色，木質有如苦楝樹。土著居民常將其與楠木併用。

---

[11] 輪伐法為考慮森林永續發展的經營的方式，根據不同樹種，計算不同的輪伐期（輪伐期指一株樹從幼苗開始生長至成熟或伐採利用的期間）。羅紹麟，〈森林的經營〉，《科學發展》，388期（2005.4），頁15。

[12] 石楠疑是指臺灣雅楠，學名為 Phoebe formosana（Hayata）Hayata，常綠大喬木，產在臺灣低、中海拔山區。邱紹傑、彭宏源，《臺灣客家民族植物：圖鑑篇》，頁260。

（三）茄冬木（大戟科常綠喬木）

茄冬木即沖繩所謂「赤木」，純熱帶地方植物。雖然本島到處多有原生樹，但臺東山中更多，大者可達六十餘尺，直徑五、六尺。因其材質堅硬，土著居民普遍視為良材，往往用作建築材料。並且，埋入土中也無腐朽之虞，因此也常作為棺木之用。過去沖繩縣也將其視為特殊良材，特別種植於官有林地之中。依該地經驗，茄冬木具有良好的耐水特性，非常適合作橋樑、河邊的木樁。在橋樑用材之外，相當珍惜使用，列為禁伐木。材質極為堅韌，不易折斷，並且埋於土中或浸於水中，有永久不腐的特性，這些皆是本人多年來所相信的，亦即最適合作為橋柱等。木材呈暗赭褐色，也適用於裝飾用材，只是可能不如紫檀鮮麗。另外，若未充分乾燥而使用時，容易有反曲的瑕疵，這點有如苦楝樹等。然而若使用大樹時，則無此缺點。其大樹（一丈以上的幹圍、挺直者）應予以保存，作為將來治水工事等的預備材料。製板用材適用圓徑二、三尺的中形木，此外，作為角板的用材，茄冬木的需求量也可能較大。

（四）九芎木（日本島猿滑木，千屈菜科）

這一島猿滑木即「百日紅」的一種，與鹿島縣種子島及大島郡島所產同種。本島雖到處多有，但臺東山林幾乎超過四成為該樹所覆蓋，因此為了利用該樹，並補足其他樹木，就必須進行大面積採伐，如能列為板材之一，需求量必多。

（五）山黃麻[13]（臺灣土名，蕁麻科喬木）

爲糙葉樹（Aphananthe aspera）的一種，鹿兒島發音稱爲「フクキ」。材質輕軟，類似白桐，用於建築過於輕軟，因此雖然難以認定爲主要用材，但因爲質輕、木質密實，可作爲器具用板材，其需求必能擴大。山黃麻到處皆有生長，經過生蕃的墾地時，常可見到許多砍伐後棄之不顧者，但實際上不應該遭到廢棄。材徑粗估大致爲一尺乃至八寸，平均高度約十幾尺。

樟科各木　Laurineae.

櫧屬各木　Cupuliferae.

榕屬各木　Morae.

（六）楓樹[14]（金縷梅科落葉喬木）

雖然葉形類似槭樹，但並非槭樹類。西海岸方面特別多，高可達十三、四間以上，樹幹挺直，形成樹林。但臺東所產，樹幹較矮，甚少高大樹木，但若是作爲製板用，尺寸也足夠了，平均長約三、四間，寬約一尺乃至八寸。

除上述以外，實地親臨，尚有其他多種，但以蒸汽機製材的材料而言，卻是很少，以致無法舉出。此外，應加以注意砍伐後不可留下後遺症，生長在開拓用地上需加以砍伐的茂密林木，以及雖爲有用之材卻呈現冗木狀態的林木，應採行「擇伐法」。

---

13 學名 Trema orientalis（L.）Blume，為榆科山黃麻屬的植物。落葉喬木，在臺灣十分常見。邱紹傑、彭宏源，《臺灣客家民族植物：圖鑑篇》，頁228。

14 Liquidambar formosana Hance，也稱楓香、香楓、楓仔樹，大型喬木。鍾明哲、楊智凱，《臺灣民族植物圖鑑》，頁304。

樟樹，即使生長在製材場的許可地範圍內，未經特別許可，一律禁伐。此外，毛柿、蕃仔龍眼樹及蕃名發音為「クナウ」的樹（漆樹科果樹）等，雖說材質堅實，但也應該嚴禁砍伐，否則其樹種將立即滅絕。

其五、製材場的組織架構及設立理由[15]

目前所預定的製材場，其設立主要目的乃是作爲臺東的殖民、土木工程及其他事業等的協助機構。其理由則是，臺東與其他地方不同，數十里平野間圍繞著未遭砍伐的山林，面積相當充裕，但移民恐怕不適應其衛生條件。希望此地也能發展出樟腦以外的林產，繼糖業之後，在殖產上能新增一項。而在組織方面，官營、民營，或糖場兼營，或獨立經營等，任憑業者權宜辦理。有關經營者方面，應具備下列資格者，方才允許：1.要有堅定的決心，能夠完成讓部分移民成爲定居者的義務，2.擁有能夠獨自處理移住百戶團隊左右（移住超過百戶容易釀成弊患）的資格，3.具有篤實家評語者。營業期限以滿三年爲一期，每期檢查其林區，方可令其繼續營業。若不以此方法，難保其不會荒廢林區，留下後害。

山林的交付遵照總督府規定，在著手開發前，應令其提出特別的保證書。開業後若違犯保證書時，應受相當的處分。官方應訂出管理細則，不時進行營業檢查，應在不會對其他營業者及村民造成障礙下，訂定嚴格的管理辦法。

15 原文標題為「其六」，但缺漏「其五」標題。譯者依文章順序，將標題改為「其五」。

第三章　製腦事業

其一、殖民用樟腦業的意見

樟腦爲臺灣的主要物產之一，作爲原料的樟樹雖爲本島原生樹種，但生長區域有其自然的界限，並非全島山林中隨處可見，海拔四、五千尺以上的高山則樹種絕跡，取而代之的是其他樹種，已經無法見到樟樹。本島有中央山脈縱貫南北，成爲中軸，山脈陡峭險峻，向東西兩海岸傾斜，山勢走向則是西側較緩，東側陡峭，兩邊側面的山腹以下部分，即是樟樹的生長區域，平野圍繞，漸漸遠離山林。本島山脈較爲高聳部分，大半屬於樟樹生長區域之外，林巒蒼鬱，長滿其他樹種。有謂樟樹的生長區域可達四、五千尺之高地，但這屬於諸人的觀點，未必就是如此。暫且不論四、五千尺，即便三千尺高的山上，也已經脫離樟樹的生長區域，全區皆被高山植物所覆蓋。此外，因位置不同，縱然在三千尺以下的山中，也有不少地區並不生長樟樹，由此可見，樟樹產地的山林面積應該有限。本島的山林原本即由千百種原生植物混生而成，就道理而言，應該也是如此。實際說來，樟樹不過其中之一而已。業者以樟樹爲原料從事樟腦製造，在製造之餘，也應該注意到將來的材料問題，不可讓樹種匱乏，因此在從事樟腦製造時必須盡到斟酌砍伐量的義務。

過去樟腦製造事業區域在西海岸的山中，東海岸方面除了宜蘭外，尚未見到樟腦的出產地。舊臺東直隸州轄內，自南澳蕃地南端到恆春的東背面一帶，未曾有過經營樟腦業的痕跡，清政府也將該地置於樟腦製造區域外，無論是山林或居民等，皆未留下採製樟腦的痕跡。臺東的山林也有樟樹混生，即中央山脈背後，同樣是生長在三、四千尺以下的山中。然而以西海岸樟樹業者的原料而言，目前還非常充裕，若不過度濫伐，應永久不虞匱乏。自古以來即從事樟腦業的西海岸，就專注於採用西部的原料；而臺東方面，因未曾著手，應考慮盡量保留下來，以作將來永久的原料，若以此態度來經營時，對於國家經濟而言，勿寧說是良策。雖說如此，但臺東地方人煙稀少，面積廣闊，半屬荒蕪，其狀態有如臺灣中的另一個臺灣，偏處在新版圖的一個邊緣角落。因此，應另闢蹊徑，於此大興殖民事業，以鞏固國防。而要移居此處的移民，應以日本內地人爲主，方是良策，此事連小孩也不會反對，又何須容納其他種人族。幸運的是，舊土著居民定居者尙少，山林原野還保留原貌，最適合新移民的事業經營，而在給予新移民的事業中，樟腦製造業算是其中一種。臺東的地形，兼具有原野移住、海岸移住及山地移住等三者，並無何者爲急、爲緩的問題，三者同樣必要。也就是移居山地者，雖然其經營方向可以是橡膠樹及其他熱帶地方植物的栽培業等，但樟腦製造業也應該是其中之一。

其二、製腦業的程度方案

西海岸方面，本島的樟腦業者還有充分發展的空間，因而不需來到臺東地方尋找原料。清政府也對此地實施特殊的統治手法，如稅收即採用不同的稅率，正如前述，樟腦製造也未見有許可人民私營的案例。就我所見，目前雖然已經設立支廳、撫墾署，官吏逐漸增加，行政機關的擴展也漸次就緒，但畢竟還須二、三年才能趕上其他行政區域。值此千頭萬緒之際，要像其他地區一樣開放樟腦業的話，因爲封鎖多年後的反作用，將宛如大河決堤，業者的競爭將集中於此，如此一來，或者擾亂山林，與生蕃發生衝突，紊亂村民紀律等，而對於這些的管理取締，勢必無法兼顧，其間將引起種種弊端，甚至也將涉及從臺北與其他地方來的支那人族與外國的關係，錯綜複雜，難以言喻，並且恐怕也不會暫時止息而導致種種障礙，最重要的生蕃教化與殖民的目的，恐怕難以避免兩相掣肘。因此，本地的樟腦業應另外訂定細則，下列方法或許爲良策。

臺東地方的樟腦業經營者，首先要有永久移住的堅定決心；再者，擁有處理百戶以下（山林移住若超過百戶，在山林的保護上，恐怕將引起弊端。此事已於前章製材業中加以說明）、三十戶以上團隊，全部自辦移住資格，並且能夠在若干年內成功者，允許其營業。但一戶分配二町步，一團隊不可超過二百町步。在許可區域內，每戶移民准許開墾一町步，若還需要在區域附近開墾者，每戶以約一町步的比率提出申請，大致依前文手續辦理。上述辦法爲一種移民保護案，乃是對樟腦業的特別許可法，實施對象則是決心長期居住及可能獲致成功者。若能施行時，首先官府不需額外的維護費，是條短期間即能容納多數移民的捷徑。其次，適合山地移住的地方能夠進行相當程度的殖民，在從未生產樟腦的地區，若能藉由我新移民之手進行生產時，也能爲國增添幾分利益。此外，若山地移住法可行時，也有助於懷柔生蕃，成爲能讓他們間接歸化的機構。若業者對於居住在許可地附近山中的生蕃，常常加以勸諭，並授予他們相當的工作，加以雇傭等，採行讓他們興起敬仰之心的策略時，不知不覺間，歸化者將會逐漸增加。

有關臺東地方的樟腦製造許可方面，官方應事先設定其一年生產量，若突然過度增加製造量時，恐怕將影響到日本經濟界。雖說新闢之地，大致不會有此憂慮，但不能不事先提及。關於預定產量，一年大約是百萬斤以內。以臺東而言，雖然不會有暴增的情形，但不出數年，即可達到百萬斤的生產量。至於是否適合選定為製造地，及樟樹混生林區的好壞等，則不須要在此討論，因為此地任何山林中多少都有樟樹生長，若公開說明時，或許會引發議論，因而予以省略。可以作事業區域的部分，不僅只在中央山脈的背面，海岸山脈一帶也處處有樟樹混生。特別是海岸山脈一帶需要進行山地移住的部分相當多，其東側山面（東海濱）與西側山面（即挾著臺東的平原與中央山脈相對的部分）間的通路尚未開闢，其不便之處，實在難以言喻。之前曾試著自海岸的貓公社前往背後的周塱社，沿著荒溪深谷前行，極為困難。藉由此次經過，觀察其地勢時，山脈中間的低凹之處將來或許能開闢成數個村落。其間，樹木繁茂，樟樹的混生與他處無異，而且相較於中央山脈，山勢較為和緩，所謂瘴癘之氣也覺得較為稀薄，要在這些地方實施山地移住時，應該也要開始開闢通往海岸的道路。此外，海岸山脈也與中央山脈性質不同，許多地區將來可歸為民有林地，因此將所見所聞記述於此。

樟腦出口金額的概算

假定允許在臺東製造樟腦，而其一年產量約在百萬斤左右時，在日本移民手中所締造的新物產，其輸出金額將如下列。若預估無誤，資金等與其他種族無涉，始終堅持由日本內地人獨立經營時，其利益應與後章的製糖業一起全歸內地人。若以平均價來計算時：

樟腦斤量	輸出金額（上價百斤四十圓）	輸出金額（下價百斤三十圓）
第一年度 五萬斤	二萬圓	一萬五千圓
第三年度 約二十萬斤	八萬圓	六萬圓
第五年 約五十萬斤	二十萬圓	十五萬圓
第七年度 約七十萬斤	二十八萬圓	二十一萬圓
第九年度 約百萬斤	四十萬圓	三十萬圓

以年度來顯示臺東即將發展的樟腦業，並非我的本意，只是個假設而已。若要說明前表中所揭示的比例時，第一年度的生產量所以爲五萬斤，主要是正值事業開始之時，業者也忙於處理種種事務，因而難以預料事業能否完全成功。翌年，諸事就緒，各村各處開始逐步進行生產，生產量應該會較上一年增加數倍吧。到了第三年，從著手開始已經積累三年的經驗，相較於前者，新加入者在著手時，難易度大不相同，就好像有人在前引導前行，因此在樟腦製造業上，對於不同者應採用某些標準。就地方而言，隨著時間的經過，運送及其他各種機關也逐漸齊備，各事業者也可以自由擴充其事業區域。及至四、五年後，諸事更爲便利，臺東的面目將煥然一新，屆時處處可見人煙稠密的村落，伴隨這一形勢，顯然樟腦業也會有長足的進步，六、七年後則將更加昌隆。上述即以此趨勢爲標準，定出年

度表。但若實際的發展並非如此，而方法得宜時，恐怕有可能要從頭開始預估輸出金額。若更進一步，臺東的樟腦業一切官營[1]時，此時再要談樟腦的產出時，不用說其效益將較普通民營增加數倍。

[1] 明治 32 年（1899）6 月 10 日，總督府公布「臺灣樟腦局官制」，設立臺灣樟腦專賣局，管理樟腦與樟腦油的收納、買賣、檢查及製造等相關業務，開始實施樟腦專賣，對樟腦製造進行數量限制，並在臺北、新竹、苗栗、臺中、林圯埔、羅東設立樟腦局。明治 33 年（1900）進行樟腦局官制改正，以臺北樟腦局為一局，改名為臺灣樟腦局，掌管所有事務，其他樟腦局改為其下支局，僅負責地方事務。專賣收入是總督府重要歲入來源，由於臺灣專賣項目漸次增加，總督府於明治 34 年（1901）設立臺灣總督府專賣局，統合管理臺灣各項專賣事業。楊騏駿，〈日治前期臺灣樟腦業的發展-以產銷為中心的觀察（1895-1918）〉（臺北：國立臺北大學歷史學系碩士論文，2012），頁 32-41。

第四章　製糖事業

其一、獎勵糖業的理由

糖業總論

砂糖爲臺灣島重要輸出品之一。臺南、臺中、臺北同爲本島的產糖區，總產量頗多。但因過去以來的習慣，目前皆掌握在本島土人手中，除租稅以外，利潤皆歸其所有。若想在上述西海岸各地擴大日本內地人的糖業區域,依作法而定,顯然尚有充分發展的空間。雖然本島糖的產量相當多，但也不須擔心本邦糖業的成長問題，因爲左右這一趨勢的是日本事業家的經營技巧，同時也是其責無旁貸的義務。若做更進一步的說明，僅就臺灣一地而言，在產量如此巨大的糖產地，更加獎勵擴充糖業時，或許會引起異議，即憂心銷售上將產生問題，影響臺灣的商業。但從另一方面來說，若審視日本國內情勢,實在令衆人不勝感慨。隨著人民生活水準與國力的提高，砂糖消費量也與其他物品一樣，同樣在成長。若是確認爲適合該產業的土地，不論是否爲專家，應該對此多加探究，尋求方法以擴充日本領土內的糖業區域，因此本島土人現有的糖業完全可以不予考量，面對新殖民地，獎勵新式糖業實爲當務之急。此處所說明的乃是就將來的殖民事業目標，對照臺東的現況，預先進行地區畫分及擬定著手方針。若今日不做，將可能重蹈新開闢地區的事業容易招致的弊患，亦即往往在開始時作法失當，致使事情變得錯綜複雜，以致淪爲無可挽回的地步。例如，此地有處肥沃平野，但卻讓不適合從事其業的鄉紳以畜牧爲名租借，或經營散漫，或作爲其他種種用途，如此一來，將埋沒了一塊無可取代、適合改良式製糖業的大農場土地，同時也阻止其他眞正適合業者的經營使用，進而爲輿論所不容，乃至於要求官方處理，改由其他經營者取代，等到要對土地進行適當處理時，土地本身卻已經到了滿目創痍，無可作爲的地步。諸如此類不在少數，因此，一開始即必須防患於未然，不可種下日後可能引發弊端的種子。此次，我們肩負視察臺東之命，實地考察，具有擘劃將來的義務，因而將其作爲調查報告的一部分，列在此糖業篇中。

本邦近年的砂糖消費量，自明治二十年以來，年年高達二億乃至三億萬斤，並且逐漸增加。而其半數以上爲進口糖，現在依明治二十三年至二十七年間的統計，外國糖的進口量如下表。

年次	斤量	原價額
明治二十七年	二億二千八百六十六萬四千三百六十三斤	一千三百三十二萬四千五百二十一圓
明治二十六年	二億一千四百八十五萬五千四百八十四斤	一千一百五十六萬四千四百一十九圓
明治二十五年	一億九千六百九十一萬二千二百六十三斤	九百六〇萬四千三百五〇圓
明治二十四年	一億六千七百五十三萬一千五百二十三斤	七百八十一萬一千三百〇六圓
明治二十三年	一億七千三百六十七萬三千一百六十七斤	八百四十八萬九千〇七圓

日本的進口品中，糖與棉花同爲進口金額較大者。這一千餘萬圓年年流出國外，而其中臺灣赤糖[2]進口到日本的數量，依據近五年的本島出口統計如下表。

[2] 由甘蔗經壓榨、熬煮後所製成的粗糖。

年次	赤糖輸出總額	支那諸港	香港	日本
一千八百九十五年	五十七萬九百六十六擔	三十二萬一千八百九十八擔	五千三百七十九擔	二十四萬三千七百十九擔
一千八百九十四年	六十七萬一千九百七十擔	三十五萬一千四百二十六擔	一萬〇七百九十一擔	三十萬九千七百五十七擔
一千八百九十三年	四十八萬五百二十九擔	二十九萬七千五百五十八擔	二千〇三十七擔	十八萬〇九百三十四擔
一千八百九十二年	五十五萬八千六百二十六擔	二十九萬二千九百五十一擔	二千七百八十三擔	二十六萬二千八百九十二擔
一千八百九十一年	五十四萬五千三百四十七擔	二十六萬四千八百二十三擔	七千一百四十六擔	二十七萬三千三百七十八擔

如前表，臺灣出口到日本的赤糖，占赤糖總出口量近二分之一。因爲這一統計乃是從 1869 年開始，若依此比例，可知二十八年間，即明治三年以來即持續如此。考量讀者容易檢閱，特將進口糖的部分改爲日本的年號及日本斤，大致如下表。

年次	臺灣赤糖進口量	進口金額概算
明治二十八年	二千四百三十七萬一千九百斤	
明治二十七年	三千〇九十七萬五千七百斤	
明治二十六年	一千八百九十三萬三千四百斤	
明治二十五年	二千六百二十八萬九千二百斤	
明治二十四年	二千七百三十三萬七千八百斤	

上述的一擔約爲我國百斤，百斤等於十六貫，這乃是仿照調查員的前例。

依前表可知，臺灣糖的進口量相當大，金額也不少。然而明治二十七、八年（1894、1895），這兩年是什麼年？不用說就知道，乃是值得紀念的年代，赤糖的進口也與時局相關啊。

過去以來本邦即是產糖國之一，歷年以來諸賢銳意糖業改良及擴充產區。而如今占領糖業國之一的臺灣，位處日本版圖內最溫暖的區域，緯度則與以改良爲新式糖業著名的古巴島及夏威夷約略相同。因爲這一特性，將來以古巴、夏威夷等地糖業爲模範，應屬良策，亦即兼具移植兩地甘蔗、使用新式機械發展糖業的地理位置與地勢。而在本島西海岸方面，正如前述，舊式糖業早已存在，或多或少涉及種種問題，難以於短期內奏功。只有臺東一地適合新糖業，又偏處東海岸，有如等待多年般，即將迎接日本新移民前來開發其天賦的地力。有志於一國經濟者，豈會不加以考量。

臺灣島的糖業已經有一段很長的時間，其製糖方法與機具等，在東洋的舊式作法中還是較爲發達者，某些方面也符合經濟上的原理。雖說如此，但若讓那些熟悉外國糖業的人來看，應該會有不少異議。另一方面，若讓那些認同本島製糖法的人來評價外國的新式糖業時，恐怕會出現更多批評聲浪。前者暫且不論，若舉出後者的批評論點時，首先會有異議的是需要大量資金，創業不易。以本島現在的製糖組織而言，資金千圓即已足夠，對於外國組織需數萬圓一事，難以認同。其次，懷疑臺東甘蔗是否眞的優於本島所產，而就純益的優劣方面，未有實際經驗者或許不會過於在意。在此舉一小例，若對於尙未使用蒸汽船的社會力陳蒸汽船的必要時，有人會反駁說，帆船比蒸汽船優越，也有人會舉出幾項優點，如舢舨船經費較省、停泊簡便等。向那些堅信自己舊習的業者宣導更高程度的方法時，新舊得失、能否獲利，並不容易判斷，只是這也在所難免。因此本篇在原稿中詳細說明彼我甘蔗的優缺點，及比較其生產設備，其意也在於此。但目前將其刪除，僅只是將發展新式糖業作爲臺東報告的一部分來論述。儘管有順序錯亂之嫌，但在利害得失這點上，於閱讀全篇後自然能夠明瞭，因而在此暫且不提。

現今正值臺東開展糖業一事，首先本人期待能開啓改良甘蔗種苗的風氣，同時製糖組織也應該配合甘蔗的特性，若只是選高等品種甘蔗，而製糖機械並不適合，仍然沿用簡陋設備時，即便甘蔗生長良好，但因甘蔗重量過重、蔗皮堅硬等，造成搬運與搾汁等的不便，難免引起批評，使得良好的品種也變成不經濟的產品，以致受到排斥。生產組織將於後章敍述，首先說明甘蔗品質及其所適合的土地特徵。

其二、移植外國甘蔗的必要性

移植外國甘蔗

熱帶地方的糖業國家所種植的甘蔗中，儘管有很許多優良品種，但臺東應該要試種的是夏威夷的甘蔗。雖說該國創立糖業已有七十餘年，但卻是近年來在世界糖業國中最進步的產地之一。其甘蔗也選種優良品種，較著名的有 Lahaina 蔗[3]、Ross Bamboo 蔗[4]、Opuaore 蔗[5]等三種，依據舊移民監督官瀨谷氏的說明，大致如下。

---

[3] 夏威夷蔗種 Lahaina 的甘蔗產量及製糖率高，糖品質較佳，蔗渣適合作為燃料，整體收益高於臺灣傳統蔗種。莊天賜，〈臨時臺灣糖務局與臺灣新製糖業之發展（1902-1911）〉（臺北：國立臺灣師範大學歷史學系博士論文，2011），頁 35。

[4] 夏威夷蔗種 Rose Bamboo，即玫瑰竹蔗。

[5] Opuaore 蔗種。

夏威夷甘蔗品評

相較於其他品種，Lahaina 蔗在夏威夷甘蔗中，雖然較爲脆弱，但水分較少，富含糖分，被糖業家視爲良好品種。Ross Bamboo 的糖分比前種略差，但蔗莖最大，蔗皮堅硬，最能抵擋暴風雨，並且不拘土壤，任何地方均能生長。Opuaore 蔗因爲耐霜不易枯萎，因此在夏威夷海拔一千尺以上的耕地也能夠栽培，但因爲水分多，糖分比其他種類低，因此多數種植者都作爲食用，而非提供製糖，有如臺灣的紅蔗之類。其蔗莖長度，三種均可達八尺乃至一丈二、三尺，其中 Ross Bamboo 蔗莖直徑達三吋以上的不在少數。

又據夏威夷國領事舘報告，甘蔗生長良好時，蔗莖可高達一丈二尺，圓徑約一寸四分乃至二寸五、六分。此外，若是單獨生長在沃土的甘蔗，有些高度可達一丈八尺。夏威夷各地常種植的甘蔗有二種，卡霧地區[6]及其他二、三處高地所種植的甘蔗帶有淡綠條紋，質地堅硬，糖分頗多；但低地所種植的甘蔗大多淡綠無條文，節間粗大，葉寬而大、有細刺，因此常常刺傷農夫的手。這種甘蔗不僅糖分多，而且耐旱，抗蟲害，一般稱爲「Lahaina」。

本人以前訪查夏威夷國的蔗園時，曾在茂宜島[7]的美國人家裡見過蔗莖高達一丈餘，莖徑二吋的甘蔗。上述夏威夷種甘蔗的原料製爲成品的比率約在十到十二之間。

此外，英國殖民地「斐濟」群島[8]近年來也興起糖業。先前我於明治二十二年（1889）十二月訪查時，該島尚未完全開發，還有許

---

[6] 英文為 káū地區。
[7] 又作毛伊島，英文為 The island of Maui。

多曠野，除栽培蕓豆（菜豆）棉及香蕉外，農作物中較大宗者爲甘蔗，有蒸汽機製糖場九處。本人曾實地訪查過 Nausuri 及 Uiria 二處，兩處皆位在雷瓦河（Rewa River）這一大河的河邊。荒涼的土著部落間，蔗田蒼蒼，綿延數里，鐵道縱橫貫通於田園間，便利搬運甘蔗。種植在這廣大田園間的甘蔗一般稱爲「斐濟」蔗，也有一說認爲其與夏威夷所謂 Lahaina 蔗[9]同種，在「斐濟」島上却最能強健地生長，絲毫不見有脆弱之勢，這可能是土質的關係，實在令人驚奇。成長後的甘蔗，截切成數尺長，以火車運送。當時帶回乾的蔗莖，至今仍收藏在家中。

上述夏威夷的甘蔗中 Lahaina 及 Ross Bamboo 二種，目前正由我國殖產部試種中。此外，中村旭氏曾駐留該國數年並研究糖業，他曾移植夏威夷甘蔗到沖繩縣八重山島，也曾將半成熟的甘蔗莖帶到東京，蔗莖長達八尺，圓徑一寸餘，在栽培尙未十分完善的情形下，已有此結果，其對於土地的適應力，已不須再多說。八重山島位於北緯二十四度，恰好與臺東奇萊一帶緯度氣候相同，土質也不算太好，特別是成廣灣以南屬熱帶地方，應該更能適應。此外，小笠原群島位於北緯二十六度到二十七度間，種植夏威夷甘蔗三、四種，這些都是過去舊土人所携帶而來的，頗能適應氣候土質，蔗莖可達一丈二、三尺，圓徑一寸三、四分，據說其葉邊有尖刺，會刺

[8] 英文名為 Fiji。包含三百多個島嶼，主要為珊瑚礁環繞的火山島，最大的島嶼為維提島與瓦努阿島。

[9] Lahaina Kane，夏威夷蔗種。甘蔗產量及製糖率高，糖品質較佳，蔗渣適合作為燃料，整體收益高於臺灣傳統蔗種。莊天賜，〈臨時臺灣糖務局與臺灣新製糖業之發展（1902-1911）〉（臺北：國立臺灣師範大學歷史學系博士論文，2011），頁 35。

傷人手，頗似「Lahaina」蔗。又有綠色紅條種，也是來自夏威夷，據說自 Sandwich 島移植而來，亦即來自夏威夷國。一般內地種與臺灣的竹蔗[10]同種，據說在小笠原島一段步只能產四、五百斤糖，在前述 Sandwich 島蔗則可產一千斤以上。此次臺東訪查，見到土人種植作爲咀嚼用的紅蔗時，曾加以檢視，植株頗爲健壯，生長狀態幾乎有如夏威夷蔗，最初在奇萊的新港街庄附近見到蔗園，其生長力不同尋常，了解到果然正如先前所預料，將來應該可以作爲糖業主力。此外，到了卑南地方，見到生蕃所種植的紅蔗生長茂盛，更加強化了獎勵移植夏威夷甘蔗的決心。過去聽聞幾乎已經沒有原野可以作爲殖民用地的說法，但若進入卑南溪以北的海岸一帶，阿眉蕃等的種植也同樣孤零零地散布在成廣澳、石雨傘庄附近的荒野之間，或者有平埔熟蕃的蔗園，感覺上有如見到夏威夷的蔗園，如果氣候及土質都不適合的話，怎麼會有這種結果。但一般認爲，紅蔗通常只作咀嚼用，幾乎不拿來製糖，但本島臺南一帶也有將其與蠟蔗[11]一起作爲製糖原料。因此，看到紅蔗的豐熟，就認爲其他甘蔗亦能適應，那就太早下定論，其實不可一概而論。紅蔗本身在沖繩縣也大量種植作爲咀嚼用，臺灣全島栽培紅蔗，年代已久且相當普遍。以上所做的說明，主要是因爲植株狀況、葉色艷麗，及蔗莖

---

[10] 竹蔗學名 Saccharum sinense Roxb.，蔗莖呈黃綠色、細長、關節隆起，形似小竹，因而得名。根發育旺盛，肥份吸收力強、耐旱，可以在貧瘠的栽種，且蔗莖強質，少病蟲害及暴風雨害。不過竹蔗收穫量少且蔗糖份低，雖然適合臺灣的自然環境，但非優良的製蔗品種。詳見鍾書豪，〈花蓮地區的糖業發展（1899~2002）〉（花蓮：花蓮師範學院鄉土文化研究所碩士論文，2004），頁 41。

[11] 即蚋蔗，皮微黃，幹高丈餘，莖較竹葉大 2、3 倍，肉脆汁甘，僅供生食。連橫，《臺灣通史》（臺北：臺灣銀行，1962），頁 662。

不同尋常所引發的感想。只是遺憾的是，訪查期間尚未到成熟期。另外，支那人族栽培作爲製糖用的荻蔗（普通的臺灣蔗）也生長良好。

其三、採用夏威夷製糖業組織的必要性

蒸汽機製糖業

若要藉由內地人來擴展本島製糖業，使其眞正成爲本國產業時，從臺北、臺南開始以迄本島任何地方，皆應創設正式的改良製糖場。雖然如此，但對於臺東這種與糖業尙未有複雜關係的新開發地區，開始發展事業一事，不僅只爲了事業者本身，並且也是本島經營的良策之一，這些已在前文中說明。接下來將概述採用夏威夷糖業作爲模範的理由，藉此表明這並非我個人的偏見。

儘管現在利用正式的改良場經營糖業的國家不僅只是夏威夷而已，古巴島和其他東西印度各國等，非常之多，但臺東地區應該使用夏威夷製組織理由如下。

第一、自明治十八年（1885）至今，因爲糖業之故，每年都有許多臨時勞動者前去。當然，其中難免良莠不齊，但也有熟悉甘蔗栽培者，或成爲機械場的工人，熟悉其使用方法；又或者成爲勞動者的管理人，對於管理工人、農夫等累積相當程度的經驗；或成爲移民局監督官，通曉糖業工場的事務，熟習與該國政府及各業主間的交往，具有擔任製糖場主管的資格。換言之，農夫、機匠、技工、技師、管理長等人員並不缺乏。而這些有爲的人才

均已經契約期滿，回到內地退休，但其熟練技術卻無發揮的餘地，許多人只能埋沒於鄉里之間。若能選擇這類人才，使其成爲移住的成員之一，令其各自發揮累積的技術時，其優點是能夠成爲增添本島新事業活力的一大捷徑。若是回歸者中並無適當人員時，則可將其召回，再加以招募。

第二、夏威夷以糖業充當國家財源，因其業主皆爲歐美人士，對於機械改良等方面，具有機敏的見識，也因爲國內常常製造新式機械，因此在機械買入時會善加採購，不至於有落伍之虞。該島因爲有機械製造廠，也會從無甘蔗製糖業的歐洲各國購買精良機械，不用擔心招致失敗之虞，但也有採用德國或美國製品者。

第三、夏威夷國首府火奴魯魯港[12]與日本橫濱、神戶間，已開闢直接航線，加上夏威夷爲日本人的主要勞動去處，因而領事館及交通的便利，自然有所不同，蔗苗、機械及其他運輸等容易獲得方便。此外，還有多處地方可作爲模範。

附：夏威夷的糖業概況

此處概述夏威夷糖業，接著進入主題。夏威夷約有四十處糖場，雖然時有增減，但差異不大。只是五、六年前有七、八十處，近來因規模擴大，進行合併。這些製糖場都是大規模農業結構的蒸汽機糖業，農場屬於製糖場所有，大多在農場中央或偏僻處設立工場。

---

[12] Honolulu，即檀香山，夏威夷語意指「屏蔽之灣」或「屏蔽之地」。

農區內居住著經常雇用的農夫、各類職工及管理人，各農場成爲一個村落的形態，其中設有醫院，有時也有教育機構，方便教育勞働者。

最初農場會事先向政府或其他已經停業的業者們租借原野，事先準備與其預計規模相當的土地，設立製糖場時，在這片土地上，從道路用地、自來水用地、工場建築用地、管理人住舍用地、農夫宿舍及牛馬飼養場等，到蔗園、休耕地，及儲水池等，進行井然有序的規劃。初期的農場專門培育蔗苗，等到一定面積的甘蔗成長時，割取蔗莖，全部作爲種苗用，等到農場已有足夠一期製糖量的甘蔗時，才著手製糖。年年如此，按此順序經營事業時，即不會有缺乏材料之憂。另外，農場的一半作爲休耕地，在此放牧牛馬或任其長草，大致第三年時才換種甘蔗。在這一年期限內開墾休耕地，種植蔗苗，如此實施輪作法，可以防止土地貧瘠。工場的燃料則利用甘蔗渣以維持機械的運轉，煤炭僅作爲保持火力用，需求量極少，可說幾乎不用。這樣的農場，從甘蔗、燃料，以迄農夫、各類職工，乃至於牛馬等，製糖場內皆已具足，強化了獨立經營的基礎，也能斷絕仰賴他處供給的依賴心來營業。官方的協助僅止於移民監督官、醫師等，或砂糖出口地的免除關稅，或者醫師、警察等以民費雇用，一切不必仰賴官方的保護。業主任命一位適合的管理者統轄全區，嚴格監督，製糖方法要精密，甚至連一些經濟上的細微之處都要注意。此外，所種植的甘蔗應選擇糖分高的良好品種，甘蔗的搬運則利用輕便鐵道及水管流送法。如此在各項機制完備齊全之下，不言而喻，事業將會活絡，收益大增。

夏威夷製糖業者的營業組織，有個人獨資經營，也有二、三業者合作經營，或合組公司。但最大的製糖場則屬美國富商「Sprekelu」氏所有，位在茂伊島的 Spreckelu 製糖場，一年製糖量爲一萬二千噸，一日製糖量約八、九十噸。但近來「Makawely」、「Eba」、「Onomea」等大糖場興起，彼此實力相當，競爭激烈，又有夏威夷島 Bauahi 大糖場。其他也有一日二十噸、十五噸，也有十噸的小製糖場，各製糖場的利潤則視其設備及管理法的優劣而異，但約佔二成乃至四成，甚至達六成者。

製糖期一年大致有四個月乃至六個月，一英畝蔗園產糖量平均三噸，但依農場情況而有所不同，也有達七、八噸以上者，甘蔗較差者也可能低至二噸半。儘管如此，一英畝的產糖量若以三噸到三噸半爲基準，應不算過當。該國大致每三年換植蔗苗，初年蔗產糖量較差，在三噸以下，第二年蔗最好，產糖量較多，第三年蔗的收成量則減少。但若是土地肥沃時，也有例外。前述一英畝三噸半，若換算成我國耕地面積時，一段步蔗園產量約一千四百斤（爲一百六十目斤）以上。這相較於日本內地一段步的收穫量，幾乎都超過一倍以上。有人或者難以相信，但這不僅是夏威夷而已，現今凡是世界著名的糖業國，採用改良過的正式蒸汽機製造的糖產地，其比例大致如此。原因不僅是農耕地本身的價格，而是綜合搾汁法、煎煮法、乾燥法等其他種種因素造成這個結果，其中之一的夏威夷恰好是熱帶國中位於無風圈內，全年平均氣候無明顯差異，而儘管受惠於氣候土質等的自然條件，但若簡單概括時，在是否依學理作用這點上，將會產生很大的差異。因此，在創業費用上，以蒸汽機生產雖然需要較多的經費，但以後只要依會計法的規定進行，與支那舊式的製糖法相比，實有天壤之別，應該可以獲得淨利。例如，以一般的股份公司組織為經營企業，設置許多名為職員、評議員、董事的人，並投入大量資金在創業費、活動費、旅費上，但會計法過於寬鬆，導致超過會計決算時，即便糖業本身能有五、六成以上的利潤，但因創業費、活動費、年度費用等，導致淨利盡失，可能在未滿三年的耕作周期中，即會倒閉。因此，創業者首先宜減少人員，以簡單為主，主管者本身應與職工、農夫一起工作，以最節儉的方法來進行。至於創業經費方面，分毫皆不可濫用，否則寧可不要創業較好。夏威夷的糖業對於機械製造費、工場建築費、農場整理費等，毫不吝惜，但對於相關職員的人數及每年費用等，則非常節儉。若要從經費中撥出龐大的活動費、交際費等，則相當謹慎，因此機械能順暢運轉，短期內即能順利回收創業經費，並能積蓄販賣製糖的金錢，創業不久即能有長足進步。經過各製糖場時，常可見到即使雇用數百名工人的大工場，事務員也能以一當百，或者見到管理者穿著簡陋衣物，親自在污塵堆裏勞動，更不用說，幾乎不曾見過將過半資金用於設置眾多的評議員、董事或經理人等，或龐大的活動費、宴會費，及往返旅費等這樣的陋習上。

斐濟群島的製糖場概況

為了參考上的需要，此處附述斐濟群島的糖場概況。斐濟群島雷瓦河（Rewa River）河岸的製糖場，日夜不停，每週生產三百八十噸，即一晝夜五十四噸（十一萬八千八百英斤）的粗砂糖，而如此大規模的生產，其所採用的是比夏威夷更為細密的做法。如果來到農場，放眼一望無際，其中鋪設五英里的鐵路。搬運甘蔗的方法，從火車轉到小汽船，又從小汽船載到工場，直接投入搾蔗轆器中。勞工方面，製糖期總計使用一千人，其中一百人爲白人，其餘九百人爲該島的土人及印度馬德拉斯（今欽奈，Madras）地方的移民，若是割取甘蔗等需要臂力的工作，則由土人擔任。這些職工、農夫屬於常雇工人，一個月薪資平均一磅（即五美元），日供兩餐。

其四、製糖場的設置預定

依照夏威夷一英畝耕地平均生產三噸（即日本一段步生產一千六百八十英斤）砂糖的比率，本島正好可以比照該島生產十噸及五噸的製糖場，其所需耕地面積大致如下。

製糖工作期	一日製糖量	一年製糖總量	甘蔗園	休耕地	建築用地	以上總面積
一百五十日 一個月廿五日	十噸 即二萬二千四百英斤	一千五百噸 即三百三十六萬英斤	五百英畝	二百五十英畝	六十英畝	八百十英畝
同	五噸 即一萬一千二百英斤	七百五十噸 即一百六十八萬英斤	二百五十英畝	一百二十五英畝	四十英畝	四百二十五英畝

上表中一個月訂爲二十五日，乃是因爲已扣除星期日的休息日。

依照上表來預估適合臺東製糖場的土地面積及糖產量時，假設以下的數字。

製糖場區劃

（一）按照夏威夷一英畝（約一千二百坪）平均生產三噸（約六千七百二十英斤）到四噸砂糖，若是三噸時，日本的一段步爲一千六百八十英斤的比例，可以假設在臺東，一段步產出一千日本斤。

若假設一段步的旱地產出一千斤時，或許有人會懷疑預估過當，但決非如此。過去在小笠原島，以日本甘蔗製糖，一段步平均可收五個百斤桶的砂糖。以 Sandwich 島蔗，亦即以夏威夷的綠白及紅線甘蔗[13]來製糖時，一段步平均可收十個百斤桶以上的砂糖，甚至往往可收到十二、三個。但小笠原島的土壤與沖繩及其他西南諸島相同，都是赤黏土，[14]與臺東卑南的知本社以南的土壤類似，但與臺東整體的肥沃土壤並不相同。此外，日本內地相當努力栽培甘蔗如愛媛縣及中國地方等，一段步平均也能生產普通甘蔗一千斤，更何況臺東的土壤及甘蔗品種不同，因此一段步平均預估爲一千斤。

（二）在夏威夷，一日十噸的製糖區，需要的農場總面積爲八百一十英畝（即三百二十四町步[15]），但在臺東大概要數倍於此，因此分成三等，設定下列的預定表：

---

[13] 夏威夷蔗種 Lahaina 及 Rose Bamboo。

[14] 富含氧化鐵的黏質土壤。

[15] 日本以往實施町段步制，明治時期之後，以 1 步（坪）為 6 尺平方，30 步為 1 畝，10 畝為 1 段，10 段為 1 町步。

製糖工作期	一日製糖量	一年製糖總量	甘蔗園	休耕地	建築用地	以上總面積
一百五十日每月廿五日	十五噸即三萬三千六百英斤	二千二百五十噸	三百七十八町步	一百八十九町步	四十町步	六百七町步
同	十噸即二萬二千四百英斤	一千五百噸	二百五十二町步	一百二十六町步	三十町步	四百八町步
同	五噸即一萬一千二百英斤	七百五十噸	一百二十六町步	六十三町步	二十町步	二百九町步

上述每月廿五日，係扣除星期日、國定假日等的生產日。但實際上可以減少休息日，改爲每月一日，十五日兩次較爲適當。

此處所設計的糖業，原本即屬於殖民事業的一部分。因此業主在負擔此一義務的同時，一糖區應附帶能容納百戶以上至二百五十戶左右的移民，亦即容納常雇農夫的土地。其面積預估如下表：

第一表

糖區類別	移住民	每戶住宅田園地	醫院墓地等	村落樹園等	住宅田園地總面積	以上總計
甲 製糖十五噸	二百五十戶	五段步	五町步	十五町步	一百五十町步	一百七十町步
乙 製糖十噸	二百戶	同	四町步	十町步	一百町步	一百十四町步
丙 製糖五噸	一百戶	同	二町步	五町步	五十町步	五十七町步

上述每戶的住宅田園乃是指一處製糖場中的常雇農夫、職工等，亦即包含建築工人、蒸汽機技師、鑄造匠等移民，每戶給予五段步作爲住宅用地，或輔助家族生計所需的菜園、果園、家畜飼養場等。

第二表

糖區類別	糖業用地	殖民用地	以上總面積
甲 製糖十五噸	六百七町步	一百七十町步	七百七十七町步
乙 製糖十噸	四百八町步	一百十四町步	五百廿二町步
丙 製糖五噸	二百九町步	五十七町步	二百六十六町步

依據上表，預定設立在臺東的糖業區預定如下：

糖區類別	設立數	一區總面積	各區合計面積
甲 製糖十五噸	四處	七百七十七町步	三千一百八町步
乙 製糖十噸	三處	五百二十二町步	一千五百六十六町步
丙 製糖五噸	四處	二百六十六町步	一千六十四町步
以上總計	十一處		五千七百三十八町步

預定地為：

甲　第一糖業區　奇萊原野之中的七百七十七町步

以加禮宛平野為中心，北至三棧溪南岸，南至米崙山附近，預定從中選出適當地點。

甲　第二糖業區　大巴塱及馬大安原野之中的七百七十七町步

北自馬大安原野，南至周塱社附近的荒蕪地區，預定從中選出。

甲　第三糖業區　觀音山原野中的七百七十七町步

東北自識羅庄附近，西南至觀音山庄秀姑巒溪南岸的曠野內，預定從中選出。

甲　第四糖業區　新開園原野中的七百七十七町步

從公埔庄附近，南迄新開園庄的舊兵營南端的原野，預定從其荒地中選出。

乙　第一糖業區　水尾原野及打馬烟原野之中的五百二十二町步

北自周塱社附近，西南到打馬烟原野，預定從其荒地中選出。

乙　第二糖業區　大埔原野及里壠庄原野之中的五百二十町步

以整體大埔原野爲中心，加上北邊里壠庄附近的原野，預定從其荒地中選出。

乙　第三糖業區　卑南原野之內的五百二十町步

東南以卑南大溪沿岸的原野爲中心，直到海岸。西北則是檳榔世格社及北勢溝社間的丘陵地，預定開闢爲附屬農場。

丙　第一糖業區　新城原野之中的二百六十町步

預定從得其黎溪兩岸的平原中選出。

丙　第二糖業區　吳全城平原之中的二百六十町步

預定從北起木瓜溪，南至魚尾溪附近的荒地中選出。

但以吳全城附近爲主。

丙　第三糖業區　成廣澳原野內的二百六十町步

南起成廣澳庄，以石雨傘草野爲中點，北至都滅社附近，預定從荒地中選出。

丙　第四糖業區　加走灣原野中的二百六十町步

預定從加走灣原野的南端到石坑社背後的高台原野中選出。

只是，其他糖業區全爲砂壤地，僅該區爲黏土層台地，恐怕有風害之虞。雖說如此，但因認爲其相當適合甘蔗生長，因此將其列入預定地。

上述甲乙丙各糖區的產量，如下表：

第一表

每糖區一年產糖量	一斤單價	輸出金額
甲號糖區二千二百五十噸即五百四萬英斤	一英斤平均為日本四錢	二十萬一千六百圓
乙號糖區一千五百噸即三百三十六萬英斤	同上	十三萬四千四百圓
丙號糖區七百五十噸即一百六十八萬英斤	同上	六萬五千二百圓

上述若是以目前洋銀兌換日本一圓九十錢的匯率，此處所顯示一英斤單價四錢，相當於美金二分多。今後若是洋銀下跌至一圓五十錢時，日本四錢則相當於美金二分六厘多。各國砂糖的交易大多以一百二十目一斤，即一磅計算，外國人交易尤其如此，因此爲了表示能普遍應用，在此以英斤表示。夏威夷的機械製糖，若將第一次精製糖與第二次精製糖平均時，一磅約美金三分到四分間，現在估計一英斤平均四錢，相當於美金二分多，將來應該不會有太大誤差。對於不太熟悉該糖品質的人而言，一英斤四錢的預估，會懷疑是否過高，但日本內地也有進口實際價格高達六錢以上者，只是砂糖本身並非純白糖，但比起普通粗糖或臺灣的赤砂糖要高級許多，這些是熟知該糖品質者的普遍說法。因此，現在將其換算成一百六十目斤，並以最低價五錢五厘來估算，臺東的蒸汽機製糖的總產量及總金額，則如下表所示：

第二表

各號糖區數	一年產糖量		一斤單價	一年金額
甲 製糖十五噸 四處	九千噸	即二千一百六十萬英斤	一英斤四錢	八十六萬四千圓
乙 製糖十噸 三處	四千五百噸	即一千八萬英斤	同	四十萬三千二百圓
丙 製糖五噸 四處	三千噸	即六百七十二萬英斤	同	二十萬一千六百圓
合計十一處	一萬六千五百噸，即三千六百九十六萬英斤		同	一百四十七萬八千四百圓
	一百六十目斤計，即二千七百七十二萬斤		一斤五錢三厘多	約一百四十七萬圓

正如上表，臺東殖民地每年約可產糖三千六百九十六萬英斤，即日本二千七百七十二萬斤左右，預估出口金額可達一百四十七萬餘圓。然而實際上，蒸汽機製糖爲一百六十斤目，因爲一斤不可能低於四錢五厘到五錢間，因此將總金額預估爲一百五十萬圓左右較爲適當，這就是附屬於大規模農業的蒸汽機製糖業的結果。若是換成小農的開墾法，各戶分業或幾人合作的牛車製糖，很難相信在著手後能在同樣期間出口如此大量的糖。此外，若就其他雜穀類而言，應該也是如此，這也就是本人要將這章加入報告中的原因。

其五、關於製糖業在殖民上的結果

大農場型的殖民

前述糖場在殖民上的結果，將會呈現如下的比例：

各號糖區糖場數	各區移民戶數	移民地總面積	糖業地總面積	以上共計面積
製糖 十五噸 四處	一千戶 一戶五段步	六百八十町步	二千四百二十八町步	三千一百八町步
製糖 十噸 三處	六百戶同上	三百四十二町步	一千二百二十四町步	一千五百六十六町步
製糖 五噸 四處	四百戶同上	二百二十八町步	八百三十六町步	一千零六十四町步
以上總計	二千戶	一千二百五十町步	四千四百八十八町步	五千七百三十八町步

若將上述移民的住宅田園地一千二百五十町步除以戶數時，每戶約六段二十六步。這是在分配住宅田園地每戶五段步時，也將醫院及道路用地等，算入其中。此外，十一處的製糖區需總面積五千七百三十八町步，分配給該區內二千戶移民，每戶平均有二町步八段六畝多。而移住經費原本即屬於製糖場的創設費，亦即由業主的資金中支出。若是作爲官費移住並給予個人補助時，則經費龐大，也非短期內得以實現。並且，這種事業給予個人補助，也不會被接受。較好的辦法爲，一切不予官費補助的同時，取而代之的是，預計移居上述預定地的申請人中，完全具有下列資格者，方才予以允許，資格不符者則不許，保留其土地，以作爲將來之用。

一希望在甲號糖區內經營拓殖業者，限下列條件，方予許可：即年產砂糖二百萬斤以上，並具備持續十年以上經費的證明，且在三年內能完成二百五十戶移民者。

一希望在乙號糖區內經營拓殖業者，限下列條件，方予許可：即年產砂糖一百五十萬斤以上，並具備持續十年以上經費的證明，且在三年內能完成二百戶移民者。

一希望在丙號糖區內經營拓殖業者，限下列條件，方予許可：即年產砂糖百萬斤以上，並具備持續十年以上經費的證明，且在三年內完成一百戶移民者。

一在上述各糖區中申請開墾三十町步、五十町步，或百町步、二百町步不等者，因爲是讓規定的事業用地變爲廢物的當事人，因此一切不予許可。

一希望在該糖業區內經營規定事業者，應具有以下資格：即在夏威夷或其他外國的蒸汽機製糖場任職一年以上，能夠管理全工場的技師長或具備機器技師者。

儘管實施時需嚴格執行更明確的細則，但設立適當方法，具有上述資格者是依總督府訂定的規則，在上述各糖區內，選定將來規定的開墾地，其餘的原野山林地等，則預定作爲其他目的的殖民用地。這十一處的大規模農區總面積爲五千七百三十八町步，相對於臺東殖民用地的總面積，不過僅僅是九牛一毛而已。讀者自然也了解，此地應該還能夠再容納數十萬人。

附述

本篇分別敘述新式糖業的組織、建設用地區域，及預估將來糖業區砂糖產量等，但省略了製糖經費及創業相關經費等的預估。這是因爲本篇的重點爲預察臺東殖民用地的回覆報告，與其他計畫書性質完全不同之故，也就是主要目的在於檢討與殖民相關的最重要事業目標。至於事業經費等，則留待他日，也非現在的我可以論及。若想要了解者，可以向許多自夏威夷等回來的研究者探詢。不過，此處稍稍說明製糖經費問題。夏威夷砂糖一英斤的製造費約美金二分多，其中一分二、三厘爲工場費，一分多爲農場費，而當地的出口常價爲一英斤三分多，可知其淨利之大。今天若是換個地方，以本島而言，一英斤的製造費恐怕是他們的二分之一，即美金一分多，日本的二錢多而已。理由雖有數點，在此僅舉一例，夏威夷的行情大概與美國相同，幾乎是日本的二、三倍，臨時工人一天工資一美元，低廉者也不低於美元五角。此外，常雇勞工的月薪十二美元乃至十八、九美元，平均十五美元，機器技師等高達二、三百美元，其他各項經費可知皆是如此。至於其他，如牛馬的飼養費等所有經費，我們只要他的三分之一即已足夠。

第五章　農林副產品事業

將來可以作爲臺東副產品者，多得不勝枚舉，此處想說明的是各項副產品在業務上的看法。列爲副產品的物產中，儘管有不少應該列爲主產品，但若現在將這些列爲主產品而加以敘述時，恐怕會讓業者心思分散，反而失去輕重之分。現在將可作爲副產品的較重要者，摘記如下：

其一、苧麻栽培業

其二、黃麻栽培業

其三、木藍栽培業

其四、山藍栽培業

其五、煙草栽培業

其六、草棉栽培業

其七、咖啡樹栽培業

其八、橡膠樹栽培業

其九、木薯栽培業

其十、馬尼拉麻栽培業

其一、苧麻栽培業

臺東地方的苧麻概況已於上篇臺灣的農業章中敍述，現在在此重複其中一節，藉此進一步說明實際狀況。

苧麻的栽培大多在高山蕃地區，平地蕃及普通臺灣人未見其大量栽培。新城、花蓮港及其他各地所運出的麻皮，多爲高山蕃所產，因此在臺東很少見到麻園。將來苧麻的繁殖固然需要，但依我所見，應該鼓勵種植在那些不適合其他特產品的空地上，如住家旁邊或山邊等地。無論苧麻的需要量如何擴大，在平坦肥沃的土壤上，特意種植苧麻並非良策，因爲臺東的肥沃平野非常適合作爲設置製糖機械等大農場之故。

由上面這樣的說明，讀者或許會認爲我不重視苧麻栽培，然而決非如此。因爲苧麻是能生長在任何地方的植物，與其開闢大原野成爲苧麻園，不如種植難以在其他地方找到殖育場所的大農場作物，以期生產大規模的物產。苧麻可種植在各村各戶的庭院，也可種植在山中，朝著只要有空地即可種植的這一方向，可充當苧麻園的地方仍然相當多。若種植苧麻的收益可觀，需求增加時，可作爲苧麻園的地方，即便要幾萬町步也沒問題。其他植物則不然，即便想要籌劃五千町步的面積，也難以獲得適當的地方，甚至一千町步的地方都不容易。即便苧麻栽培尚處於原始農業型態的高山蕃，也能生產令人驚歎的良質苧麻，在崇山峻嶺之間淺耕所種植的苧麻，其莖往往如同小指大，高五、六尺。若是由熟悉農業的內地人來經營時，豐收自然不在話下，依努力情形，擴充栽培面積也是非常容易的事。平野地方暫且不論，在山谷間或其他荒地等，可期待豐收之地不知有多少，取得數萬町步土地，哪裡需要感到訝異。對此，我確信不疑，同時認爲想要實行應該沒有問題，因此才未將各處的平野估算爲苧麻圃。尤其臺東的土質爲最適合苧麻的細軟黑砂土[1]，大抵苧麻種植在任何地方皆會豐收。對於這樣的地方，如果過度強調種植苧麻的必要性時，會讓過半的事業主傾向於規劃製麻事業，使移民對

[1] 富含腐植質的壤質細砂土。

其他農作物置之不顧，僅從事苧麻的栽培，並認爲沒有比這更舒適的行業，這自然容易養成疎懶的習性，因此應留心加以抑制，並介紹其他產業，稍稍激勵其意向。不管怎麼說，只要指示多數生蕃種植苧麻，就能獲得鉅量。但今後若計畫讓內地人來種植時，應好好參照折衷各國的栽培方法，留心肥料，竭盡心思致力於生產良質纖維。即使指示生蕃種植，也需要好好教授其改良方法。目前居住在奇萊高山上的木瓜蕃的苧麻園，即便位於深山縱谷間，其良好的苧麻品質，令人驚異，但這畢竟是他們自創的方法，偶然造成的結果，因此不可再一直稱讚其品質優良，應該反覆教導其正式的種植及剝皮漂白的方法等。不管何處，苧麻大抵一年四穫，這並非僅是臺灣島如此，鹿兒島縣種子島自古也有栽培，也如同臺灣一般生長，又如沖繩縣的讀谷山間切[2]地方，對於栽培相當盡心，尤其注意施肥，也可稍作模範。但沖繩縣的苧麻莖並不夠伸展，這是因爲土質屬於堅硬的赤黏土，底層爲珊瑚礁岩之故。如果使用這一栽培法，並將苧麻種植在厚層的沃土時，結果應該更爲豐碩。

此外，業者往往對於分辨 Ramie 及苧麻感到困惑。對此，一言以蔽之，自古支那即種植苧麻，亦即此植物的漢名，相當於日本的苧麻。而 Ramie 則係稱呼種植於以前印度的苧麻的土語，歐洲人常常自該地採購織布材料，遂使用 Ramie 這一土語。但 Ramie 這一印度語的苧麻，與支那地方所種植的苧麻有些不同，猶如同樣的蔬菜品種，在不同的地方多少都會有所變異。而日本「越後布」[3]的原料苧麻（分赤、白二種）及「沖繩上布」的原料與臺灣、支那的苧麻，

---

[2] 讀谷山位於沖繩島中部。間切為琉球國行政區劃，相當於郡或府。

[3] 新潟縣魚沼地區的苧麻布織造工藝。

原本同種。印度的 Ramie，宜就東京所栽種的品種進行研究，在絲質方面，彼此並無太大差異，正如歐洲人一般稱爲 Ramie 或 China Grass[4]，日本、支那及臺灣島所產皆爲良絲，這點已無庸置疑。

苧麻一段步的收穫量已不太記得，據說臺灣島年收四次，一段步的收穫量約一百二十斤，對此我不太相信。收穫量果眞是一百二十斤時，此地一百斤的市價約十二、三圓，一年一段步僅得十四、五圓，一次僅收三十斤，平均十坪才收一斤，收穫太少，不甚合理，因此不能以此作爲標準。現今假設一年每段步三百斤（四次收穫，一次一段步平均七十五斤），臺東全部的苧麻栽培面積將來預定爲一千町步（包括生蕃人栽培地區），則會有下表的結果：

苧麻園面積	一段步全年收穫量	一千町步總收穫量	三百萬斤販賣價
一千町步	三百斤	三百萬斤	二十四萬圓(每百斤八圓計)

若將來臺東年產約三百萬斤苧麻，其金額如同上表，平均一百斤八圓，預估將可創造出約二十四萬圓的產業。

其二、黃麻栽培業

上篇農業章中已提到臺東地方尚未興起黃麻栽培業，但其土質十分適合一事，也於前章中說明。奇萊農兵庄有少量栽培，一看之下，將來可以成爲一種農產品範本的態勢已經很明顯了，其生長狀態大致與宜蘭街西門外附近的黃麻園相似，這是因爲土質與該地類似之故。黃麻不喜歡強質黏土，若是深層的軟砂壤土則能生長良好，

[4] China Grass 即苧麻。

因此，臺東任何地方皆適合。雖說如此，但若是特意開墾曠野作為黃麻園，則非良策。若想要擴展黃麻的繁殖，一是就現有耕地，獎勵土著居民栽培，採行契約收購；一是在原野之外的荒地開闢作為大農場，各戶給予若干坪，令其種植，若能如此，總產量應該相當龐大。

黃麻即日本的綱麻（亦即印度的 Jute），兩者皆是同種的纖維植物。皮的纖維為帆布、麻袋等的原料，其他需求也不少，因此，不僅莖、皮可直接出口，當地也可發展織布、麻袋等製造業，若能供應當地的需求時，對於各項工業經濟上的輔助，也有不少幫助。尤其在製糖場，若能以麻袋作為砂糖的包裝袋時，不僅便於搬運，工場的操作上也較為輕便，為最適當的方法。夏威夷、斐濟群島、澳洲及其他各砂糖場，均是以麻袋作為砂糖的包裝袋，一袋的價格約五美分乃至十美分左右。臺東的製糖業若開始時，麻袋的需求量應該很多，使用本地所產，不失為方便之法。此外，若糖場附近設置黃麻園及麻袋製造所，作為其附屬事業的話，對於經濟不無小補，尤其是當地設置蒸汽機製糖場，在農場甘蔗能充分供應一個製糖期的原料之前，非常適合作為副業。因此，黃麻的栽培基於這些理由，也有其必要。又如同前述，因為需求甚多，也是適合當地的一項事業。

其三、木藍栽培業

臺東的木藍栽培業尚未興起，已在上篇臺灣的農業章中說明。雖然如此，但將來必定是當地的一項物產，應該會有相當的出口金額。依我所見，木藍與苧麻相同，不需開墾大平原作爲種植地，先將其視爲副產品，種植在各耕地上就會有相符的產量，因而做一說明，供作參考。

一直以來，木藍即非常能適應宜蘭及臺北淡水河岸的砂壤地。此外，在臺南的乾燥半黏土亦能培育成長。本島各地幾乎都能生長，有如雜草，具有著彷彿原生物種一般的成長特性，因此在臺東地方這種各類植物均容易生長的土地上，一定能夠適應。但砂壤地所產與黏土地所產，在靛分的含量及收穫量上，尚有疑問，若依照曾進行實驗者的說法，差異不大，然而依我所見，砂壤地應比較適合，臺北附近也呈現這一情形。另外，宜蘭的奇萊有較多的黑壤土，這些地區到處可見木藍園，因此覺得像台東這種地方在栽培上特別有希望，但若是現在熱心提倡種植木藍時，又恐怕衆人偏向種植木藍，因而省略。

本島的藍靛[5]皆屬泥靛，非精製品，若加以精製，即是眞正的靛青（Indigo），與印度產的靛青屬於相同原料。因爲目前我殖產部正在進行各種實驗，當臺東開始殖民業時，衆人即能依此精製法，推動事業。此外，農商務省與高等職工學校，及沖繩縣廳等，也以其他山藍[6]爲原料，進行實驗，已可製出有如印度產的靛青。因此，非常可以期待以本島的靛青（土名小菁即木藍）爲原料，生產良好

[5] Indigo，由藍色染料植物（藍草植物）所萃取的泥狀物，呈現帶青紫味的暗青色，泛指介於藍色和紫色之間的藍紫色。

[6] 藍色染料植物，學名 Storobilanthes cusia，別名有山菁、大菁、馬藍、茶藍、琉球藍等。

的靛青。現在日本進口爲數不少的靛青，將來不僅不用進口，甚至還有剩餘。臺灣島可在原有的藍靛產地之外，新增臺東這一產地。

若依殖產部技手田村熊治氏的調查，臺北附近的木藍栽培者，在藍草栽種的第一年，每段面積約可收二千斤生葉，第二年的發芽株可收四千斤。經過這兩年，約可製出泥靛[7]三百七十餘斤，一年平均可收一百八十七斤多，售價每一百斤六圓乃至八圓。在觀察許多地方後，其平均價約七圓十六錢，若以此平均價計算一段所產一百八十七斤的價格時，約可得十三圓四十三錢多。然而，對於田村熊治的實驗結果，若注意到藍葉的收獲時間時，上述橫跨兩年度的六千斤生葉，實際上可收到八千斤，以此精製成靛青，一年度平均可生產八斤八分的藍靛。就此進行分析時，顯示一百斤的藍葉含有七十五分重以上到八十三分重的是良靛[8]，其一斤平均價格爲二圓乃至二圓三十錢，亦即若是八斤八分時，一段大約可得十七圓乃至二十餘圓。

雖說還無法預估臺東將來能開闢多少木藍園，但移民中必然會有從事栽培者。不出多年，臺東全部的木藍園將高達三、四百町步，但若藍靛業者仍然依舊法製造泥靛時，一段步若收七圓，可得二、三萬圓。儘管如此，當臺東開始製藍事業時，自然應派遣巡迴教師，獎勵改良法。此外，來到此地的移民中，要從事各項事業的人，有些已在內地完成這部分的調查，也懂得製造法。臺東要發展製藍靛業時，首先可採行一般的精製法，關於這點，官方應加以誘導。因

---

7 為藍色染料植物萃取後的膏泥狀物。

8 一分的重量為 0.375 公克。即 100 斤藍草含有 28.125-31.125 公克重量的良靛。

此，假定臺東所產青靛都是靛青，上述三、四百町步的產量能到大約二、三萬斤時，出口金額可高達六、七萬圓左右。若利潤眞是如此大時，進一步增加木藍園面積，出口金額將是上述的數倍。

其四、山藍[9]栽培業

在臺灣島，山藍僅產於宜蘭的圓山堡、頭圍堡及基隆的暖暖街及瑞芳街附近，其他則是某些地方的蕃地山村。原本九州、沖繩等地也盛產山藍，近來種植區域更爲增加，四國、其他如中國地方等，不少地方也種植。熱心於藍靛業的人，一談話總會觸及山藍。這是因爲山藍栽培簡單，靛質良好之故。因此，移民臺灣者必定有許多人會從事山藍的栽培，而其種苗也容易自上述地方獲得。此外，也會有移民從內地攜帶種苗而來。又因爲山藍原本即爲熱帶地方植物，因此最能適應本島，例如三貂嶺山中的山藍幾乎都呈現原生狀態。除田園外，山藍也是一種可以種植在樹林中的植物，或者說山中才是其原生地。衆所周知，其栽培法最爲簡單，臺東這樣的地方，無論高山蕃或平地蕃，皆可獎勵其種植，並且也非常適合作移民的副業，特別是山地開拓者，這應該是不可或缺的事業。

正如前述，農商務省多年來以此山藍著手試製靛青，意外獲得良好結果。此外，沖繩縣廳也在實驗中，其生產的青靛一斤含有重九十一匁[10]的純靛，一斤價格二圓三十六錢。此外，高等職工學校教授高松博士以沖繩產山藍所試製的成品中，一百斤中含有重八十

[9] 即山靛，分布在中海拔山區。
[10] 重量之單位，1 匁重 3.75 公克，91 匁約重 341.25 公克。

五分以上的純靛，一斤價格二圓五十四錢，兩者都有好結果，並不會輸印度靛青太多。印度產的進口品中，有下列各等級，即甲號樣品，一百分中純靛重六十七分，一百斤價格一百六十圓（一斤平均一圓六十錢）；乙號，一百分中純靛重四十二分，列爲第二，一百斤價格一百十五圓（一斤平均一圓十五錢）；丙號，一百分中純靛重三十二・〇七，一百斤價格八十圓（一斤平均八十錢），等級屬中等以下。印度產上等品的一百分中含純靛重九十分以上，一斤價格高達三圓。雖然如此，但正如上述的分析結果，山藍富含靛分，可取代進口的靛青。沖繩的「飛白縞」及「細上布」的染料，即是這種山藍，而其所以受人珍重之處在於，雖經多年，靛分也不會消退的緣故。根據有栽培山藍經驗的某人說法，一段步面積的藍葉收穫量預估平均四千斤（也有達五千斤者），若以此精製青靛時，約可製成二十四斤，若一斤平均價格爲一圓五十錢時，一段步面積平均有三十六圓。若臺東的移民增加時，山藍栽培業的興起已是很明確的事。其中，若將從事青靛精製法的從業者，其栽培地估算爲約五百町步（宅地、樹林、農地等）時，一斤價格平均一圓的青靛（上好品一斤二圓四、五十錢）生產十二萬斤，價格即爲十二萬圓。此外，也會到處設置改良式製靛場，其中會有採用木藍爲原料者，也會有以山藍爲原料者，各從其所好。這兩種原料所獲得的青靛，出口金額每年不下十八、九萬圓。

其五、煙草栽培業

目前煙草大半屬於高山蕃的主要作物，尚未成爲平地居民的農產物。然而高山蕃的煙草栽培法實在非常落後，只隨意種植在住宅附近的山中，從雜草叢中摘採莖葉，然後將一葉一葉曬乾，這即是所謂生蕃煙草，其中有些風味往往類似馬尼拉煙草。就將來而言，臺東的土壤，無論平野、山中、海邊，大抵適合種植煙草，若能注意種子、栽培法與乾燥法時，充分具有生產良好煙草的特質。在臺東從事煙草栽培時，一開始即需以品種改良爲目的，首先種子要用馬尼拉種，栽培法、乾燥法等也以他們爲模範，最重要的活用方法即是，雇用若干熟練此業的馬尼拉土人等。儘管我先前在討論沖繩的煙草改良時，關於雇用馬尼拉人一事，已不知說過幾次。最後還是無法實現。雖然如此，現在討論臺灣煙草時，再次重複此說，但願諸君能夠惠予協助，如此長年心願得以釋懷。

日本人當中，最熟悉生產馬尼拉風味煙草者實爲沖繩人，尤其是沖繩本島國頭地方的今歸仁地區，爲煙草的特產地，自古以來該地種植的煙草遠比鹿兒島縣揖宿鄉[11]的柳葉種等，更爲接近馬尼拉煙草。其種子出處未詳，或許是原種經長期保存並無變異吧。栽培方面，熟練者頗多，煙草園井然劃一，一見之下宛如菜園，煙草品質完全不同於一般內地所產，味道較重，類似馬尼拉產，亦即適合葉捲菸的使用。因而才說臺東的移民中加入該地方的人民，作爲栽種煙草的專業者的話，在種植馬尼拉種煙草方面，應該可以作爲培養另一批指導者的捷徑。臺東的土壤豐饒加上受惠於氣候，有助於

[11] 位於日本鹿兒島縣薩摩半島南端的城市，現今屬南九州市。

煙草的豐收，很顯然地可以成爲品質良好的煙草產地。將來臺東的煙草園中，日本移民的耕作地假設爲五百町步時，預估其收穫量，可見到如下表的結果：

煙草園	一段收穫量	煙草一斤價	總收穫量	總價
五百町步	上作一百八十斤	八圓	九十萬斤	七萬二千圓
同	下作一百五十斤	同	七十五萬斤	六萬圓

上述的種苗採用沖繩種及馬尼拉種兩類，栽培法則不拘，只要適合該煙草即可，所顯示的爲最低收穫量，預計是任何人都能達成的產量。但若以沖繩諸島的比例來說，一坪種植六棵，一段步種一千八百棵，一千棵可收煙葉百斤的預估，雖說與內地煙草園一段的棵數不同，但馬尼拉煙草及沖繩的柳葉煙草，葉長可達二尺七、八寸，若加以密植，則有害成長而不受歡迎，因此，才提出我認爲應該是適合臺東的見解。

其六、草棉[12]栽培業

有人說草棉不適合臺灣島，我卻認爲是最適合的農作物之一。土著居民的田園中幾乎看不到種植草棉，這是習慣使然，或有其他因素，儘可不用理會。其他棉種情況如何，不得而知，但目前在臺南市街附近的居民庭院中，種有一、二棵陸地棉，每年結有棉花，

[12] 學名 Gossypium herbaceum Linn.，錦葵科（Malvaceae）棉屬（Gossypium），別名阿拉伯棉、小棉，於 1910 年代引進臺灣，作試驗性的栽植。詳見應紹舜，《臺灣高等植物彩色圖誌第四卷》（臺北：應紹舜印行，1992），頁 503。

且生長情形不錯，充分顯示草棉是種能夠適應土地的一種植物，即便沒有這一樣本，草棉也是值得推廣種植的植物。尤其是臺東，是個適合種植的地方，可將其視爲移民的農作物之一，在此做一說明，以供參考。雖然外國棉種中，有許多適合此地者，但最適合的還是海島棉[13]及腎形棉。儘管在日本內地，現今培育用的草棉中，高地棉位居主要位置，但我隱約還記得，因其花朵向上，雨季時若雨量過多，花朵有腐爛掉落之虞，因此有人不喜歡種植。海島棉方面，八重山島一帶有些已種植七、八年以上，還未老朽，已長成灌木，高可達一丈，每年花實纍纍，棉質也好。其他各處所見，也大多如此，植株大致強健。至於想將腎形棉列入培育種之一，乃是因爲前幾年我從斐濟群島帶回種子，其中一半送給沖繩縣，一半送鹿兒島縣種植，長得頗爲茂盛，葉有如梧桐葉，樹莖有拇指大小，可惜的是，花期適逢雨季，來不及開花結實即已枯萎。然而像臺東這樣的氣候及土壤，必定會有好結果。過去斐濟群島開始棉作時，一時之間種植非常興盛，也有相當的出口量，但遭外來黴菌病侵入，棉業萎縮，當時的知事 Thurston 氏[14]非常重視，遂進口巴西原產的腎形棉種子，並加以獎勵，使得棉業復甦，目前是嘗試性出口品之一。

暫且不討論品種，若臺東的棉作有良好成果，也有助於強化西海岸種棉者的態度，如此一來，或許本島也能生產相當數量的棉花。依據以前有過小笠原島農業經驗者的說法，剛進行開拓小笠原島之

13 錦葵科（Malvaceae）棉屬（Gossypium），別名光籽棉、木棉、離核木棉等，棉花可供作紡織的原料。詳見應紹舜，《臺灣高等植物彩色圖誌第四卷》，頁 505。

14 Sir John Bates Thurston（1836-1898），於 1888 年至 1897 年擔任斐濟總督。

際，新移民尚未習慣當地，很多人往往嫌惡農業時，所種植的高地棉（也有海島棉）生長良好，結許多棉花，每天採摘，獲得相當的報酬，因而使婦孺忘記勞苦，極度熱心而樂於栽培。此時，雖然也興起製糖業，但卻不忘棉作之樂，初始許多人並不懂得糖業之利，之後漸漸了解，即使如今砂糖成爲主要產品，也能看到棉作給新移民帶來的快樂。反之，若看一下日本的進出口表時，每年棉花與砂糖的進口量極爲龐大，令人憂心不已。以有限面積的臺灣島，生產若干的棉花，有的人認爲其實於事無補，但未必就是如此，故將棉作列入副產品的事業目標之一。

其七、咖啡栽培業

臺東的山邊適合種植咖啡樹的地方不少，尤其是卑南、秀姑巒兩地方，更是如此。環抱卑南原野的山腹、大麻里溪山中、北勢溝社、班鳩社[15]、務錄臺間的山間等，最適合種植咖啡樹，同時也很適合作爲建立山村的起點。另外，秀姑巒地方，拔仔庄與打馬烟庄之間的山腹，吳全城與大巴塱庄等的山間，也適合建立山村，同時種植咖啡樹，可親臨各處，再行選擇。咖啡樹雖是農作物的一種，但原來是生長在山林地的灌木，相較於平地，更適合高地，爲一種適合海拔七、八百尺以上山腹丘陵地的植物，但不喜歡強風直吹之地，尤其不適合海濱，因此一開始選擇種植地區時，應注意這些。

15 今臺東縣卑南鄉美農村班鳩。班鳩是卑南八社之一 Vankiu 的音譯，由卑南語稱小辣椒為 rinkiu 訛音轉成，班鳩社的舊居住地在今臺東區農改場班鳩分場範圍。詳見施添福總纂，《臺灣地名辭書，卷三臺東縣》，頁218-219。

種植咖啡樹有許多方法，臺東地方較適合的方法為，開墾丘陵地，建立村落，同時兼種山藍等，或者採用雜種這類的方法。因為只種咖啡樹時，要到可以收成，需費時四年，其間要彌補經濟收入，最適合種植山藍，或者兼種苧麻、煙草等，加上咖啡樹較喜樹蔭，尤其是幼苗時期特別如此。據說印度地方將蓖麻、刺桐等作為遮蔭樹木，小笠原島則以香蕉作為遮蔭樹木，如此，咖啡樹林中也多少能夠收成香蕉。

而諸如懷疑咖啡樹能否在臺東地區生長結實的各種議論，已經不是此時應該討論的事，並非當務之急。一旦親臨其地並加以認可，馬上就能一開始即將其作為副產品之一，期待在當地收獲，獎勵種植。主要是因為，移居到此想從事種植的人中，許多過去已經在其他地方試種過，也已經了解該樹是否適合。對這些人而言，只要借給他們土地，自能從事相當程度的經營。咖啡種植業原本即是村落丘陵地的持續性事業，因此應該限定內地移民中打算長期居住者，方予許可，也就是應將這些人納入設立山村時的移民當中。

日本內地咖啡的需求量並不大，進口量僅六萬斤左右而已，只要國內生產時，毫無疑問需求者將會增加。現今小笠原島生產的咖啡，全部供內地消費，銷售通路這一點問題應該不大。

在此估計咖啡樹園開闢五百町步，假定丘陵地一段步種植兩百棵（平均一坪半一棵），一段步收二百英斤的果實，總面積五百町步可收七十五萬斤，若一英斤平均為日本十五錢時，出口金額可高達七萬五千圓。

其八、橡膠樹栽培業

橡膠樹即「Indian rubber」[16]，供各種特殊工業之用，即所謂橡膠的原料樹。此樹原生墨西哥及南美各國的山中，爲桑科榕樹屬喬木，葉長而大且肥厚，深綠色，其光澤有如塗上一層蠟。而要作爲臺東的副產品，獎勵種植的即是這種提供製作彈力橡膠的橡膠樹。

正如上述，橡膠樹可以作爲觀葉植物，因此歐美各國將其作爲園藝植物之一，盛行種植，作爲盆栽，供作室內裝飾植物。此外，在香港、新加坡等地，則作爲道路及公園等的行道樹，樹圍有粗至合抱者。因爲此樹爲榕樹屬，因此插枝即可生長，又除該樹外，也有二、三種同科的喬木，可採收橡膠液作爲原料。在東京這些已有苗圃種植，皆適合移植。

由於橡膠樹是採取樹液作原料，可視爲日本的漆樹栽培。但正如前述，橡膠樹爲榕樹屬，相較於其他樹木，有其特殊的種植性，只要沒有霜害之慮，任何地方均能生長，幾乎不必擇地種植。但如果專爲採收橡膠液而種植時，則適合種在山中，因此可說是屬於山林植物。若臺東要種植時，應與咖啡樹一樣，種植於丘陵地爲宜，亦即可與山藍、苧麻等同爲副業。其幼木也可以採收橡膠液，在墨西哥，種苗自種植起到第六年開始可以採收橡膠液，六年生樹木一年可採六磅（即英斤）的汁液，據說其中約可取得四成五的橡膠，但這是墨西哥的例子，不能一概而論。在墨西哥，橡膠樹爲生長於

---

[16] 印度橡膠樹，學名 Ficus elastica Roxb.，桑科（Moraceae）榕屬（Ficus），別稱緬樹、橡膠榕、膠樹、護謨樹、彈性護謨樹、橡皮樹（通稱），印度膠樹等，乳白色的樹液，含有膠質，可提煉作天然橡膠的原料。詳見鄭武燦，《臺灣植物圖鑑-上冊》，頁 552。

山中的原生樹木，因而才需要那麼久才能採收橡膠液，若是經過六年，早已長成爲大樹，這是因爲我常見，所以知道種了三年，應該也可以採收橡膠液。此樹若種在石灰質的堅硬土地上時，生長緩慢，看不出來可以明顯成長；但若是黑砂土或是赤色鬆軟土的山區丘陵地時，則二、三年間即可成爲驚人的喬木，其實際狀況，自己栽種即可知道。

現在東京市也有橡膠製造場，據說其原料爲自新加坡進口。在本島，特別是類似臺東這種適合種植橡膠樹的地方，若建設製造場，蒐集當地的原料來製造的話，其一，可作擴展橡膠樹栽培業的一條捷徑；其二，對於製造者本身也有益處。但要能夠利用本地產原料，非經數年不可，初期若不使用最少單位的機械時，反而會成爲事業失敗的原因。

此外，可以採收橡膠原液的樹木，還有大戟科[17]、夾竹桃科[18]及人心果（Sapota）科[19]等的樹種，但卻不需急著自原產地移植這些植物，在臺東只要種植上述榕樹科橡膠樹，即已十分足夠。有人往往誤認尤加利樹[20]爲橡膠樹，這種說法相當謬誤，毫不足取。本文所敘述的橡膠樹，學名爲「Ficus elastica」，第二種可以作輔助產品

17 屬真雙子葉植物金虎尾目中的一個大科，類型為草本、灌木至喬木，全株常含有白乳液。

18 是雙子葉植物綱，龍膽目的一個科，有喬木、灌木、草本、藤本植物，習性或為直立、匍匐纏繞或攀緣，具乳汁，多數種類是有毒植物。

19 常具乳汁的喬木或灌木，幼嫩部常具銹毛。

20 學名 Eucalyptus，桃金孃科（Myrtataceae）桉樹屬（Eucalyptus），又名尤加利樹，別名桉、桉樹、有加利、油加利、大葉有加利、蚊仔樹、尤加利等，葉、花、果都有清香，主要功效為殺菌。詳見鄭武燦，《臺灣植物圖鑑-上冊》，頁 760。

的，其學名爲「Ficus macrophylla Desf」。此外，另有一種小葉種。這三種在明治十年左右，東京的各種花業者都已有種植，可作爲移植用的種苗。但大戟科、夾竹桃科等的「橡膠」樹，也應該順帶試種。

其九、木薯（Topioca）栽培業

木薯爲大戟科小灌木，其根有如蕃薯爲塊狀，以此製作有名的木薯粉，提供西洋料理使用。木薯的栽培盛行於爪哇島，稱爲「Cassava」。木薯粉可作原料，製作上好的餅乾及其他各種零食甜點，又如同葛粉[21]，可作爲料理之用。西洋料理所稱的木薯粉，即是這種。而「Cassava」有以下兩種。

甲、「**Sweet cassava**」

乙、「**Bitter cassava**」

甲種即是甜「Cassava」之意。爪哇土人常像蕃薯一樣煮食其根塊，味道清淡有如馬鈴薯。當地稱爲 oebi，學名爲「Manihot aipi」。乙種雖含有毒性不適合生食，但製造澱粉時，卻較重視使用這一品種，學名是「Manihot utilissima」。

在東西印度及其他熱帶地方，以上兩種同時被視爲一種農作物，普遍栽培。

[21] 葛粉，又稱葛根粉，是由葛屬植物的根部提取出來的澱粉，常用於甜點製作，尤其於和菓子的製作。

臺東一帶，璞石閣庄種植甚多，土語稱爲蕃薯樹，同樣用於製造澱粉。或許過去由廣東地方帶來或由歐洲人傳來，出處不詳，但家家戶戶將其當作圍籬，生長甚爲茂盛，但其他地方則不曾見過。臺東有此好種苗，在種植上可謂便利，只能說是上天的恩賜。在此略爲敘述我赴任以來發現木薯樹的由來，即前年的明治二十八年，在宜蘭頭圍港口庄的路旁林木間，看到此樹到處混生，當時曾在復命書中記載其事。此外，去年也在埔里社看到少數這種樹，因此逐漸增強種植木薯樹的想法，只是棵樹甚少，稍感遺憾，及至見到璞石閣庄的木薯樹，方才得以安心。

新加坡一帶的各處田園中，皆種植木薯，因爲根爲橫生，並未深入土中，因此種在淺土層的埔園也無妨，但必須注意不可讓塊根露出地面。此外，若依爪哇島的種法，一英畝（約日本四段餘）旱地可種一萬四千五百棵，九個月後可以生產二百十五担（爪哇地方的重量單位，相當於一百三十六英斤）的塊根，大約二萬九千二百四十英斤。在爪哇常價是一担八十分，一英畝可收入一百七十二美元（爲日本一段四十三美元）。然而多數幾乎等於未施肥的狀態，因此若施肥時，則收穫將更多。且上述一英畝一萬四千五百棵，若換算成日本面積單位，一段步的旱田可以種植三千八百二十五棵，若同樣仿效其收穫量，則有五十三担多，若一担以八十錢計算，則一段步有四十二美元四十分。今試著將其收穫量減爲一段步四十担，即約生產五千四百餘英斤，若一百英斤價格爲四十錢，則一段步可收入二十一圓多。

其十、美國蘆薈[22]及馬尼拉麻[23]栽培業

美國蘆薈爲一種纖維植物，與所謂的「馬尼拉麻」併用於各船艦用的繩索上。原本沒有適當的翻譯，前幾年爲了擬定〈八重山列島物產繁殖ノ目途〉一文時，新用了這個名稱，現在依循舊例，此處進一步說明該草的種植，預計將其作爲將來臺東的副產品之一。

在各種植物纖維中，「馬尼拉麻」因其特別具有耐雨耐濕、彈水的特性，一般都被選爲船艦的桅杆繩，就像造艦用材特別選用「柚木」一樣。自明治維新以來，日本各造船場即使用不少的馬尼拉繩，並持續至今。因此，前幾年我打算獎勵八重山列島人民種植，讓其種植在那些不堪開墾的多石貧瘠土地上，採製其纖維，以供應橫須賀造船場的需求，而將銷售所得作爲該島的教育費及地方稅等的一部分，但該島的施政未能展開，同時馬尼拉麻的種植迄今也未能興起，頗感遺憾。臺東一地面積廣大，同時不適合開墾的多石貧瘠之地也不少，可作該草的種植地。

過去以來，有些國人熱中採製馬尼拉繩，但這些人大多未探究其根本，只想利用國產植物，看是否能恰巧發明該繩。最極端的例子是，有人企圖以鹿兒島縣大島郡的露兜樹（臺灣土名林投）的條根製造馬尼拉繩，誤導衆人浪費許多金錢，這實在是不可思議的事，

---

22 學名 Aloe vera，百合科（Liliaceae）蘆薈屬（Aloe），又名翠葉蘆薈、洋蘆薈、吉拉索蘆薈、庫拉索蘆薈或費拉蘆薈，是蘆薈屬下的一種多肉植物。詳見邱年永、張光雄，《原色臺灣藥用植物圖鑑（3）》（臺北：南天書局有限公司，1992），頁 263。

23 馬尼拉麻蕉（Musa textilis），又稱馬尼拉麻，屬芭蕉科（Musaceae），原產菲律賓，廣泛生長在婆羅洲和蘇門答臘島。馬尼拉麻是從麻蕉中得到的一種具有商業價值的纖維，可以用來製造繩子、海纜、麻線和粗布等。

也是所謂的緣木求魚。至今猶有人動輒企圖推動此一妄想，殊不知，與馬尼拉麻相近的原料草即是原產中美洲的百合科宿根草，學名爲「Agava americana.L.」[24]，在東京及內地大部分的庭院皆普遍種植。臺灣島上也多少有人種植，但因爲是對所謂「風水」有害的植物，支那人族一般都嫌惡該植物，往往拔除捨棄。不明事理者，往往有不少這類事例。

Agava（龍舌蘭）原產熱帶地方，不用說，當然可以在臺東繁殖。但將適合種植其他經濟作物的沃土，開墾種植該草，在經濟上不算良策。因此實施這項事業時，在臺東海岸路線一帶不適合其他農作物的荒廢地，或縱谷路線、卑南地方或新城、奇萊的沿海地區等，不適合其他耕作的砂礫荒原之改良用地，採用使雜草叢生的種植法，農閒時收集塵土等，放置在根部充當肥料，即可收穫相當的纖維。換言之，該業最適合作爲平地蕃人、熟蕃的副業。

要闢地種植該草，若以段別比率來計算時，大致平均一坪種二棵，一段步種六百棵，一年中從三棵的葉子可採收一英斤，即一百二十目的纖維，一段步可得二百英斤。這是以一棵一年刈取十片葉子，十片葉子可出產約三十目纖維的比例來計算。將來各戶多少會種植此一植物，若移民中有人專門經營該業時，美國蘆薈的種植總面積應該不難達到一千町步以上。在這一情況下，依其地點、地質的不同，有些地方一段步未必就能如前述種植幾百棵。因此，一段

24 又名龍舌掌、番麻、萬年蘭、百年草，龍舌蘭科（Agavaceae）龍舌蘭屬（Agave）的多年生常綠灌木，原產於中美洲，在墨西哥有最多的種類，1910 年藤根吉春氏從新加坡引入。葉部纖維可製繩索及織布，葉汁可製酒、糖、飲料、肥皂、藥品原料，外觀類似蘆薈但兩者並不相近。詳見邱年永、張光雄，《原色臺灣藥用植物圖鑑（6）》，頁 268。

步的收成量平均以前述的三分之二估算，在此將其分爲二種，表列如下：

品名	總產量	總金額	總面積	一段收穫量		一斤價
龍舌蘭絲線	二百萬斤	十六萬圓	一千町步	二百斤	十六圓	八錢
同	一百五十萬斤	十二萬圓	同	一百五十斤	十二圓	同
平均產量	一百七十五萬斤	十四萬圓	同	一百七十五斤	十四圓	同

有關上表金額，一英斤外國產馬尼拉麻絲，平均以日圓十二錢估算，以六折販賣，即一英斤八錢。此外，產量有甲乙二種，採用平均量作爲將來預定的生產量。此一美國蘆薈絲專供各類船索、吊牀及織布等之用。過去以來，龍舌蘭絲產於西印度群島。又有一種纖維，名爲「瓊麻」（Sisal Hemp）[25]，學名爲「Agave sisalana」，原產中美洲，爲龍舌蘭的一種，用途與前種相同。

馬尼拉麻的原料，學名爲「Musa textilis」，是芭蕉的一種，野生於菲律賓群島。前幾年，此一芭蕉曾由農商務省在鹿兒島縣大島郡島試種，目前不知生長情形如何。臺灣當然適合，尤其臺東作爲日本內地人民的新移住用地，有必要推廣此一植物。日本的馬尼拉麻進口量，年年增加，大多用於船舶及其他工業用繩索，國內外銷路均相當龐大，宜自原產地進口苗木，推廣種植。

[25] 又名菠蘿麻、劍麻、衿麻，是龍舌蘭科龍舌蘭屬的一種植物。1901 年由美國領事達文生先生自夏威夷間接引進原產於中美洲的瓊麻至臺灣，為纖維經濟作物。

第六章　果樹栽培業

對於現在臺東所產的水果種類及品質的評價，已在本書上篇的園藝作物章中說明。正如前篇所述，臺東土質特別適合栽培各種果樹，將來或許水果栽培業能成為移民的事業之一，成為鞏固其永住決心的一大助力，與其他經濟作物共同成為此地的特產品，出口到各地。在地的果樹中，麵包果、蕃仔龍眼等，阿眉蕃部落隨處皆有種植，為將來可寄予厚望的水果。香蕉品質良好，目前產量不缺。以下列出將來計畫在當地推廣的水果中最重要者，並略加解說，俾供參考。

臺東種植用水果重要種類：

其一、柑橘類：檸檬、甜橙、回青橙[1]、鳴戶蜜柑[2]、李夫人橘[3]、川端蜜柑[4]、朱欒[5]。

其二、香蕉各品種。

其三、西瓜。

其四、椰子。

其五、麵包果。

其六、馬來蒲桃[6]。

---

[1] 學名 Citrus aurantium，芸香科（Rutaceae）柑橘屬（Citrus），又名苦橙，開白花，香氣濃郁，可提煉精油，對身體有很好的放鬆效果。

[2] 甜度較高的柑橘類。

[3] 即溫州橘，學名 Citrus unshiu，是芸香科柑桔屬的一種水果。

[4] 甜度較高的柑橘類。

[5] 柚的一種，學名 Citrus maxima，芸香科柑橘屬果樹，又名香欒、朱欒、內紫、條、雷柚、碌柚、胡柑、臭橙、臭柚、拋、苞、脬、文旦等，其特徵與柑橘相同。詳見鄭武燦《臺灣植物圖鑑（上冊）》，頁 857。

其七、酪梨。

其八、各種無花果。

其九、波斯棗。

其十、桃李類。

其十一、荔枝。

其十二、甲州葡萄[7]。

其一、柑橘類

雖然不管種植何種柑橘皆能適應這個地區，但首先應著手栽培的其實是檸檬。檸檬在任何熱帶地方均爲不可或缺的水果，其效用第一可採製檸檬油。此外，瘧疾等流行地區，若以其果汁代替醋來食用時，在衛生保健上非常有效。聽說以前英國征討印度時，許多士兵因罹患疫病死亡，及至使用檸檬後，病患大減。此外，若以未熟的果實直接出口到各地時，需求量應該很大，而且栽培法非常簡單，若要大量種植時，可將種子播撒在各家庭院、田野間或山中等。種子則可從東京、橫濱等進口小笠原島所出產的種子。現在，檸檬已成爲小笠原島的物產之一。

甜橙即 Orange，臺灣島的雪柑[8]也是其中之一。但世界上廣泛被稱爲 Orange 的甜橙，其品質自然不是雪柑可比的。盛產於南太

---

[6] 即馬六甲蒲桃，學名 Syzygium malaccense，又名馬來蓮霧，為桃金孃科蒲桃屬的植物。

[7] 位於日本行政區中的山梨縣，以甲州自產的葡萄作為葡萄酒的原料。

[8] 雪柑、雪橙。水果名。柑橘類的品種之一，果實為圓形或長圓形，果皮為橙黃色，不易剝離，果肉多汁且味甘，酸度強。見「雪仔柑-臺灣閩南語常用辭典」，網址：

平洋諸島，土著經常食用的 Orange，四時結實纍纍，低垂枝間，果皮還是綠色時，已經味道甜美，比本島雪柑優良數等。Orange 原來品種頗多，尤其美國產是世界最有名，中美洲也生產頗多良品。若能從墨西哥及夏威夷、關島一帶進口種苗，讓移民各戶種植時，將來可望成爲臺東的副產品。

回青橙即是「酸橙」。雖然除了日本西南諸島外，很少地方將其視爲珍貴果實，但在柑橘類中屬晚熟的良好水果，可以久貯，適合出口。首先，這是製作柚子醋[9]的原料，因此非常有必要加以推廣。對於居住在瘴癘之地的人而言，柚子醋爲衛生保健上不可或缺的飲料，並且也十分有希望可以作爲藥劑飲品來出口。

柑類類中，鳴戶蜜柑也有推廣的必要。在溫帶地方，其他柑橘甚少的季節，鳴戶蜜柑剛好成熟，且耐久貯，因此據說近來多出口到香港及其他地方。臺東這樣的土壤，必定會有好結果。

此外，若能移植李夫人橘、雲州蜜柑（畢竟是同種類）及鹿兒島特產的川端蜜柑的話，也可成爲重要副產品。川端蜜柑又名「右近橘」，金黃色皮，外型美觀，味道淡美，果皮還是綠色時即可食用，將來有望可以出口。

朱欒，臺灣土名柚仔。雖然過去以來臺東即已盛產，但可自福州、廈門選擇良好品種移植，換言之，應該要進行柚子的品種改良。

---

http：//twblg.dict.edu.tw/holodict_new/result_detail.jsp？source=8&in_idx=16eh4&n_no=8054&curpage=1&sample=%E9%9B%AA&radiobutton=1&querytarget=2&limit=20&pagenum=1&rowcount=4，查詢日期：2016 年 10 月 17 日。

[9] 柚子醋日文為ポンス，柑橘醋的略稱。荷蘭語指橙汁，日文指用柑橘類果實（如柚子、檸檬）榨的汁，加入醬油製成的調料。

其二、各種香蕉

香蕉亦即Banana，現在的產品大多品質良好，但原本是蕃人自家食用或作爲交換品，僅種植在住宅邊等處，未正式加以栽培，將來有必要改良栽培法，在各開拓地之內設置蕉園。在其他熱帶地方，常常可見到香蕉園面積廣達數百町步，果皮還是綠色時即出口，並且數量龐大，這即是Banana。依英國殖民斐濟群島知事年報，每年自該島輸往澳洲各地的香蕉，高達五十餘萬串，金額達美金二十餘萬元。此外，從夏威夷輸往美國舊金山，每年也達五萬美元以上。將來臺東的出口地，首先爲日本神戶、橫濱、長崎諸港。此外，藉航路之便，也可輸往海參威、上海等。

香蕉種類甚多，但本島所產爲一般品種，爲需求最廣泛的產品，因此無需進行品種改良，問題只在栽培法而已。另外，又有一種香蕉，歐洲人稱爲大蕉（Plantain），一名「Native banana」，蕉體巨大，適合煮食。又有一種「Musa paradisiaca」，法語原名稱爲佛掌蕉[10]，形狀細小，味道濃郁。但在作爲副產品推廣種植時，普通香蕉即可。

其三、西瓜

雖說目前不缺西瓜，但原本是隨意種植結果，不用說自然品質不佳。若要將其視爲西瓜來評價時，可說是最差的品種，只能說僅靠土質、氣候之力，才有甜味而已。雖然西瓜品種很多，但應該是

---

[10] 又稱甘蕉、芎蕉、芽蕉，弓蕉，為芭蕉科芭蕉屬小果野蕉（M. acuminata）及野蕉（M. balbisiana）的人工栽培雜交種，為多年生草本植物。

美國品種最適合移植到臺東一地。夏威夷有非常巨大的西瓜，其皮瓤之間相當分明，有特殊的味道，爲長橢圓形。這是因爲藉由移植，使其適應環境，因而成爲這樣的優良產品。對於那些不了解環境對於西瓜培育重要性的人而言，這樣的說法非常奇怪，但根據各地的經驗，土地對於西瓜有很直接的影響，尤其在船隻的停泊港附近，更是如此。

其四、椰子

椰樹原屬雜用植物，不能只將其列入水果。雖說如此，但此次報告中已沒有可以將其列入的部分，不得已只好附記於此。若要說明椰子作爲水果的效用，首先，地方住民在炎熱夏天從事農耕時，田野間若有椰樹的椰子成熟時，可採摘椰子代替清水，非常止渴潤喉。又其白肉可以食用充飢，富含營養。此外，椰子也是某一具有巨大價值的物產原料，亦即可以採製世界有名的椰乾（copra），可望行銷各地。近年來，日本東京及其他內地自南洋諸島進口不少，將其作爲再加工出口用的原料。再者，不管是纖維或樹材，需求量之大，已不用多說。而其樹材最適合臺東地方的建築之用，椰葉也是住宅用最方便的材料。因此，依我所見，希望將來在臺東全境以種植數十百萬棵椰樹爲目標，著手進行推廣。其半數種子可來自於紅頭嶼，另一半可自菲律賓及其他東印度等地進口。

其五、麵包樹[11]

麵包樹即是 Bread fruit，所幸臺東的平地蕃，家家戶戶皆有種植習慣，因此將來要進一步推廣種植時，頗爲方便。但當地人稱，該地每年結果時期在四、五、六月間，這點讓本人稍覺不滿意。其他長有該樹的地方，幾乎一年四季結果，十一、十二月時也能果實纍纍，像這樣有特定結果的季節，是否因爲不在眞正的育成環境之內？但既然能夠結果，可以獎勵平地蕃將麵包樹當作一種水果，進行種植。

其六、馬來蒲桃[12]

屬於菩提果的一種，因盛產於馬來地方，因此以 Malaysia apple 即馬來蘋果爲名。夏威夷諸島稱 Ohia。大多原生於山中，果實紫紅色，外型美觀，味道淡甜，當地人將這種果汁加入 lemonade[13]中，

[11] 麵包樹（學名：Artocarpus altilis），又稱麵包果、羅蜜樹、馬檳榔、麵磅樹、巴刀蘭（臺灣）、Chipopo（雅美）、Patiru（阿美），屬桑科桂木屬，原產於馬來半島及波里尼亞，因人類傳播而分布玻里尼西亞，印度南部，加勒比地區等熱帶地區。果實可食用，風味類似麵包，因此而得名，樹長可達 2 公尺以上，目前普遍栽植於臺灣東部地區及蘭嶼島。詳見鄭武燦《臺灣植物圖鑑-上冊》，頁 545。

[12] 學名 *Syzygium malaccene* Merr.et Perry.，桃金孃科蒲桃屬的植物，夏威夷土名「Ohia」果，也稱為「Malaysia apple」。

[13] 碳酸飲料又稱為蘇打水或曹達水，1770 年代英國人普利斯特雷（Josrph Priestly）發明將二氧化碳融入水中的方法，製出人工碳酸水。在曹達水加入檸檬汁（lemonade）稱為「ラムネ」，是種名為檸檬碳酸水的清涼飲料，因其由西方引進，也稱為荷蘭水。詳看曾品滄，〈平民飲料大革命——日治初期臺灣清涼飲料的發展與變遷〉，《中華飲食文化基金會會訊》第 14 卷第 2 期（2008.5），頁 19-22。

即變得有如加入葡萄酒一般的顏色與味道，作爲添加物，需求量頗多。此外，樹木生長容易，結果頗多，爲將來不可或缺的水果。臺南及臺北一帶雖有相近的種類，但品質極差，不具備作爲殖育用種苗的價值，種苗宜自原產地進口。

其七、酪梨[14]

Avocado-pear 爲樟科喬木，所結的果爲雞蛋形狀的巨大果實，受到歐洲人及南洋諸島土人的珍愛，可作爲餐桌食用的水果之一。不用說，當然適合臺東地方，宜列爲種植品之一。

其八、無花果

無花果也是很適合熱帶地方的果實，可從日本東京進口優良品種，廣爲栽培，製成果乾，以供販賣之用。

其九、波斯棗

波斯棗即「椰棗」，洋名 Date，棕櫚科喬木，以作爲古埃及糖用植物而聞名。該樹目前分布於整個熱帶地方，雖非上等果實，但與葡萄乾、柿乾、無花果等同爲餐桌用果乾之一，需求量頗大。北緯二十二、三度地區，大致皆能結果，臺東必定適合。

---

[14] 學名 Persea americane Mill.，樟科（Lauraceae）鱷梨屬（Persea），別稱有牛油果、油梨、樟梨、鱷梨等，果實中含有豐富的蛋白質，營養價值很高。詳見邱年永、張光雄，《原色臺灣藥用植物圖鑑（2）》，頁 79。

其十、桃李類

雖然桃李原非熱帶地方植物，但臺灣島的李子頗能結果，也能生產類似鹿兒島的紅李，若能改種該縣所產品質優良的米桃李，必定可以長出很好的果實。此外，桃子若能移植清國產的水蜜桃，將能獲得好結果。依我所見，該樹適合臺東的土壤，種苗可自日本東京進口。所以選定此樹，乃是因爲認爲其相當能適應本地土質。

其十一、荔枝

一直以來我認爲荔枝爲臺灣島的特產水果之一，因此覺得應該做點甚麼，但到了本島，發現極爲稀少，且不容易看到大樹，夏季市面上所販售的荔枝乃是自廈門進口。然而，鹿兒島縣山川鄉及佐多鄉的舊藥園遺址中，長有一人環抱有餘的大樹，年年生長美果。此外，沖繩縣那霸首里及其他島尻地方等，大樹甚多，生產許多美果。以上諸地皆位於北緯三十度乃至二十六、七度間。本島位於北緯二十五度以南，臺東則位在二十四度至二十三度間，氣候更適合荔枝。不用說，非常有希望推廣種植，將來宜藉日本移民之手，使其成爲一副產品。

其十二、葡萄

不管在沖繩島或臺灣島，很意外地，葡萄是頗能適應土地的水果，其品種與日本普遍種植的白葡萄同種。經多年觀察的結果，以平常水果用而言，日本內地最適合的品種，第一等爲甲州葡萄，即上述所謂白葡萄。若是該種葡萄，種植在任何地方，很少有不結果，且味道甚佳。大抵水果中小面積種植，卻能收入豐厚者，只有葡萄。將來在臺東一地，可種植臺灣本地產，或從沖繩、京都，及九州等地，移植一般水果用的葡萄。若能獎勵日本移民在其各戶庭院，及當地人等在其宅地種植時，也可成爲地方的一副產品。

其十三、鳳梨及其他雜果

鳳梨即臺灣土語的旺萊，到處可見，但將來若改良栽培法，則可擴展出一條生產更多良品鳳梨的道路。

此外，若能移植日本九州及關東地方的良好梨樹，或許能夠獲得好的成果。柿樹也是如此。儘管宜蘭境內的柿樹，品種低劣，但土質非常適合，若土壤相似，只要好好選擇種苗進行移植，或許能生產品質良好的果實。其他適合本地的水果尚多，但因爲想要致力於熱帶水果的推廣種植，因而此處省略記載溫帶、寒帶地方的水果。

明治三十年（1897）三月二十日　　田代安定

附錄

臺東現在居民戶數人口統計表說明

附錄戶籍統計表，爲此次訪查中就各蕃社調查所得。當初的目的在於針對各村，完成新的人口名簿，並製作詳細的族群類別統計表，但僅支那人部落與加禮宛本庄達成此一目的，平埔人族與阿眉蕃部落等，來不及蒐集材料，部分庄社僅列出其總人口數，部分僅抄寫其戶籍簿。此外，有部分庄社雖然曾經親自到訪，但卻未能完成人口調查，也有部分村落未能訪查。但在奇萊方面，無論蕃社、支那人部落和田籍、牛籍等都抄錄有明細帳簿。若將原抄簿册逐一登載於本篇，恐有冗贅之嫌，因此僅照抄田簿原文，人口簿僅登載總數，牛籍僅將奇萊一地登載册末，俾供參考，因爲牛籍並非特別需要。

此次訪查所得，臺東平原現有居民總戶數約七千三百七十餘戶，總人口三萬九百餘人，其詳細如下，爲此次實地調查：

臺東現有居民統計

（一）支那人族共計	八百二十戶	三千三百〇三人
奇萊地方	二百八十八戶	一千〇十八人
秀姑巒地方	二百三十三戶	一千〇二十三人
新開園地方	四十六戶	二百〇六人
卑南地方	一百九十戶	六百九十五人
海岸地方	六十三戶	二百七十二人
（二）加禮宛人族共計	二百七十四戶	一千二百十一人
奇萊地方	一百二十戶	五百二十人
秀姑巒地方	十五戶	四十八人
海岸地方	一百三十九戶	六百四十三人
（三）平埔人族共計	七百十一戶	三千七百三十一人

秀姑巒地方	二十戶	一百六十四人
新開園地方	五百六十一戶	二千八百九十九人
海岸地方	一百三十戶	六百六十八人
（四）卑南蕃共計	一千三百五十六戶	六千〇五十一人
卑南地方	一千五百七十一戶	四千七百三十一人
新開園地方	二十三戶	一百人
（五）阿眉蕃共計	四千三百七十六戶	二萬一千一百七十五人
奇萊地方	一千二百八十五戶	五千七百四十人
秀姑巒地方	一千二百〇八戶	六千九百九十一人
新開園地方	五百〇一戶	二千一百九十七人
卑南地方	二百八十九戶	一千二百九十九人
海岸地方	一千一百二十五戶	四千九百五十八人
以上五人族總計	七千五百三十七戶	三萬六千一百七十一人

統計中，各蕃社中往往混住二、三戶支那人族，因此有部分漏計，但與實地對照，數目增加不多。此外，平埔、加禮宛兩族群間，數目多少有些變動，主要是因爲海岸一帶等，部落分散錯雜，不少聚落在一庄中混居兩族。阿眉蕃人占總人口的一倍以上，達二萬餘人。

此外，五大族群的部落總數合計一百五十多個，分爲二街、七十餘庄、七十餘社。二街乃指花蓮港街與卑南新街，七十餘庄中的支那人部落約二十三庄，其他爲平埔及加禮宛兩熟蕃部落。七十餘社則專指卑南、阿眉兩平地生蕃部落，其中也有以社爲名的加禮宛人部落。

臺東現有居民戶數人口概表

民戶第一區

自新城至花蓮港間

庄社名	戶數	男	女	人口合計
（一）新城庄	十五戶	三十五丁	三十七口	七十二人
內				
得其黎庄	三戶	五丁	六口	十一人
石空庄	二戶	四丁	五口	九人
新城本庄	十戶	廿六丁	廿六口	五十二人
舊　大魯閣蕃社通事李阿隆			月支口糧　八元	
同　得其黎　七腳籠[1]　兩社通事李峯昌			月支口糧　八元	

以上為明治廿九年自八月至十一月自行調查。

備考　臺東撫墾署調查　新城本庄　男　廿二丁　女　廿六口　共計四十八人

庄社名	戶數	男	女	人口合計
（二）加禮宛五庄	一百十三戶	二百四十三丁	二百二十一口	四百七十四人
內				
加禮宛本庄	五十九戶	一百十二丁	九十三口	二百五人
（廣東人）	十四戶	廿七丁	廿三口	五十人
（本地人）	十六戶	廿八丁	廿口	四十八人
（本社熟番人）	廿九戶	五十七丁	五十口	一百七人
瑤高庄[2]（熟蕃人）	十四戶	廿九丁	廿九口	五十八人

1 七腳籠社屬於蓮鄉外太魯閣番。潘繼道，〈近代東臺灣木瓜番歷史變遷之研究〉，《東華人文學報》第 16 期（花蓮：東華大學人文社會科學學院，2010），頁 134。

2 瑤高即瑤歌，今花蓮縣新城鄉嘉里村。1840 年代之後宜蘭的噶瑪蘭族南遷，先後建立六社，由於加禮宛社人最多，這一新聚落被統稱為加禮宛六社，瑤高庄為其中之一，舊址在大社北邊，即今陸軍總醫院到新城鄉

竹林庄[3]（同）	八戶	十二丁	十二口	二十四人
七結庄（同）	九戶	二十丁	十五口	三十五人
武暖庄（同）	十七戶	十丁	十六口	二十六人
南　市[4]	十七戶	三十丁	三十三口	六十三人
內				
（廣東人）	五戶	六丁	五口	十一人
（熟蕃人）	十二戶	廿四丁	廿八口	五十二人
以上加禮宛人	合計七十八戶	一百八十二丁	一百八十三口	三百六十五人
支那人族	合計三十五戶	六十一丁	四十八口	一百〇九人
總理　吳偉炳		舊月支口糧八元		
通事　陳姑榴				
水田　共　計		一百四十八甲三分二厘正		
水牛　共　計		八十五頭		

以上，明治廿九年自八月至十一月自行調查。

備考　臺東撫墾署調查　加禮宛五庄南庄共計　一百十七戶
四百〇四人

北埔村新城國中以南一帶。施添福總編纂，《臺灣地名辭書，卷二花蓮縣》，頁 150-151。

[3] 今花蓮縣新城鄉嘉里村。1840 年代之後宜蘭的噶瑪蘭族南遷，先後建立六社，由於加禮宛社人最多，這一新聚落被統稱為加禮宛六社，竹仔林（竹林）庄為其中之一，舊址在嘉里一路的土地公廟到美崙溪一帶。施添福總編纂，《臺灣地名辭書，卷二花蓮縣》，頁 150-151。

[4] 尚未查到相關資料，表下備考處寫為南庄。

（三）十六股庄又新復興庄	九十二戶	一百七十七丁	一百五十三口	三百三十人
內				
本地人	七十三戶	一百四十五丁	一百三十口	二百七十五人
熟蕃人	十九戶	三十二丁	二十六口	五十八人
總甲長　林蒼和				
小甲長　黃和尚				
同　林烘爐				
同　賴添寶				
同　林新營				
水田共計	八十八甲八分二厘四毛二絲一忽七微			
水牛共計	一百二十頭			

以上，明治廿九年十一月自行調查。

備考　臺東撫墾署調查　八十七戶　男　一百六十六丁　女　一百六十四口　共計三百三十人

（四）三仙河庄一名新復生庄	三十戶	七十丁	五十七口	百二十七人
內				
本地人	十二戶	三十一丁	十六口	四十七人
加禮宛熟蕃人	十八戶	三十九丁	四十一口	八十人
總理　林仕估				
水田共計	三十三甲一分零八毛二絲			
水牛共計	三十四頭			

以上，明治廿九年八月自行調查。

備考　臺東撫墾署調查　廿九戶　其中二戶合併應有三十一戶　男七十七丁　女六十二口　共計一百三十九人

（五）新港街庄	七戶	十三丁	十口	二十三人
內				
宜蘭移住本地人	六戶	十丁	八口	十八人
加禮宛熟蕃	一戶	三丁	二口	五人
甲長　吳新榮				
水田　九甲八分八厘零六絲八忽	水牛五頭			

以上，明治廿九年自八月至十一月自行調查。

備考　臺東撫墾署調查　戶籍簿未詳

(六)農兵庄本地人	三十三戶	六十五丁	四十四口	一百〇九人
附				
新加庄[5]本地人	五戶	十一丁	十口	二十一人
以上共計	三十八戶內十四戶分住米崙山			共計一百三十人
甲長　邱長瑞				
水　田　共　計	三十甲〇六厘			

以上，明治廿九年十一月自行調查。

備考　臺東撫墾署調查	三十二戶	男　六十四丁 女　四十四口	共計一百〇八人

注意　米崙山舊兵營門傍有一群居民，山腰、山下散布約二十餘棟房屋，習慣稱為米崙山庄。但經過實地調查結果，全部為農兵庄的分住家屋，並未另設戶籍。此外，也有不少花蓮港街民寄居於此，但原籍還在花蓮港街，也有熟蕃人混居此處。因此，外觀上雖然有如一庄，但其實是各寄住者的聚集地。其中還有商人、工人，小農戶等，經常不定時前來居住。雖然如此，大致上還是以永住者居多，因而所謂米崙山庄，還是屬於農兵庄轄內。

[5] 尚未查到相關資料。

（七）軍威庄	十九戶	四十四丁	五十口	九十四人
內				
本地人	六戶	廿一丁	廿三口	四十四人
南勢蕃 簿簿社寄住	四戶	六丁	七口	十三人
同 住在豆蘭社[6]的 阿眉蕃	九戶	十七丁	二十口	三十七人
水田	四十六甲			
水牛	十五頭			

以上，明治廿九年八月自行調查。

備考　臺東撫墾署調查　九戶　男十二丁
女二十口　共計三十二人

雖然軍威庄由大軍威及小軍威兩個小部落組成，現今大多寄住在南勢蕃社內。儘管戶籍、田園等仍屬於該庄，但其現況則是，軍威庄人似乎時常鎖上住宅或留人看家，前往宜蘭轄內熟蕃人部落，如吧荖鬱社[7]、歪仔歪社[8]等常去的叭哩沙[9]新開墾地做事，偶爾才會回其原籍住家。

[6] 今花蓮縣吉安鄉南昌村荳蘭。相傳阿美族在經歷大洪水之後，有一對兄妹在砂婆噹溪上游居住，之後移住到飽干（今花蓮市主權里德安），因飽干西南方有一處長了很多 Taoru（胡頹子）樹，小孩子很喜歡，因此就搬遷到 Taoruan（簡稱 Tauran）這一處，漢人譯作荳蘭。施添福總編纂，《臺灣地名辭書，卷二花蓮縣》，頁 173-174。

[7] 今宜蘭縣員山鄉惠好村，噶瑪蘭平埔族 Panaut 之譯音。吧荖鬱與珍仔滿力，擺厘，麻芝鎮落四社合稱為 Pinabagaatan，其中珍仔滿力社為主力，其位置較靠近山，常與 Atayal 貿易，甚至通婚，加上性格猛悍，漢人視為生番種之平埔族。施添福總編纂，《臺灣地名辭書，卷一宜蘭縣》，頁 144-145。

[8] 今宜蘭縣羅東鎮仁愛里。原為噶瑪蘭平埔族歪仔歪（Yayouway）社之社地所在。Yayouway 在噶瑪蘭語指稱的是「藤」，傳說當時出海所搭的船隻以藤編製，漢人移入後，大部分社眾遷移至叭哩沙（三星鄉），部分留居此地，漢人因而稱此聚落為蕃社頭。施添福總編纂，《臺灣地名辭書，卷一宜蘭縣》，頁 236。

（八）花蓮港街	五十九戶	一百十六丁	一百〇一口	二百十七人
市街附近散住者	約八戶			
以上共計	六十七戶 守備隊調查			
內				
加禮宛人	四戶	五丁	七口	十二人
總理陳得義	月支口糧八元			

以上，明治廿九年十一月自行調查。

備考　臺東撫墾署調查　四十九戶　男　九十九丁　女　八十七口　共計一百八十六人

以上　一街七庄　　總戶數三百七十六戶
　　　　　　　　　總人口壹千四百六十七人

其中

支那人族　共計　二百五十九戶　　九百人
加禮宛人族共計　一百二十戶　　五百二十人
南勢阿眉蕃共計　十三戶　　五十人

[9] 今宜蘭縣三星鄉。叭哩沙是噶瑪蘭平埔族 Pressinowan 社之譯音，原意為竹子，漢人譯為巴勞辛仔員、巴勞辛也員、八里沙湳、巴魯新那完、婆羅新仔宛等名稱。Pressinowan 社原居於五結鄉新店村婆羅新仔宛一帶，約於道光 20 年（1840）前後及咸豐年間移到此地。施添福總編纂，《臺灣地名辭書，卷一宜蘭縣》，頁 323-324。

奇萊南勢蕃七社

社名	戶數	男	女	人口合計
（九）七腳川社阿眉蕃	三百廿五戶	七百五十七丁	七百十七口	一千四百七十四人
同　附屬社其來社[10]	三十五戶	七十五丁	七十九口	一百五十四人
以上西部落共計	三百六十戶	八百三十二丁	七百九十六口	一千六百二十八人
以上除章姓外寄住支那人	十六戶	三十一丁	二十一口	五十二人
正社長　章武丁		清國政府舊月支口糧五元		一名
副社長　章　龜設 烏生		同各四元		二名
通　事　林振老		同六元		

以上　明治廿九年十一月自行調查。

社名	戶數	男	女	人口合計
（十）豆蘭社阿眉蕃	三百五十四戶	七百廿一丁	七百十口	一千四百三十一人
以上竇姓同社寄住支那人	五戶	八丁	八口	十六人
正社長　竇總目		舊月支口糧五元	一名	
副社長　竇老筆		同各四元	二名	
通　事　林靈香		同六元		

以上，明治廿九年十一月自行調查。

[10] 可能在今花蓮縣吉安鄉太昌村明義七街一帶。

（十一）薄薄社 阿眉蕃	三百三十八戶	五百四十二丁	五百七口	一千〇四十九人
以上柏姓 同社寄住支那人	七戶	二十三丁	二十四口	四十七人

正社長	柏　阿悅	月支口糧　五元	一名	
副社長	柏　多進 已籠	同各四元	二名	
總通事	林　振輝	同十八元		奇萊南勢七社正通事

以上，明治廿九年十一月自行調查。

（十二）里留社又美留社[11] 阿眉蕃 以上水姓	九十二戶	三百丁	二百九十二口	五百九十二人

正社長	水岡仔	月支口糧五元
副社長	水　力	同三元
通　事	林阿居	同六元

以上，明治廿九年十一月自行調查。

（十三）戝戝社[12] 阿眉蕃 以上蘇姓	三十三戶	五十九丁	六十六口	一百二十五人

正社長	蘇不達	月支口糧五元
通事	潘汝來	同六元

以上，明治廿九年十一月自行調查。

---

[11] 今花蓮縣吉安鄉東昌村里漏（舟津）。原為南勢阿美族重要部落里漏社所在。里漏一名，在清朝時又稱「里劉」、「里留」、「美留」，據說是原居於臺東、恒春一帶的排灣族東群（Paridao 或稱 Parilaorilao）搭乘 3 艘獨木舟從南方前來，因而以最早的祖先 Paridao 之稱取名里漏。另一說其祖先來自臺東的里壠（今關山），轉音稱為「里漏」。施添福總編纂，《臺灣地名辭書，卷二花蓮縣》，頁 178。

[12] 今花蓮市主學里戝戝。昔日阿美族人常取該社檳榔甲葉（葉鞘）作為餐具，檳榔甲葉在阿美族語稱為 Chivarvaran，漢人譯作「戝戝」，原先的戝戝社包括主學、主和、主安、主農四里。施添福總編纂，《臺灣地名辭書，卷二花蓮縣》，頁 39。

（十四）飽干社 阿眉蕃 以上俞姓	一百十一戶	二百四十三丁	二百六十二口	五百〇五人
同社寄住支那人	一戶	一丁	二口	三人
社長　俞加走	月支口糧五元			
副社長俞武老	同三元			
兼通事林蒼和	同十六元	奇萊南勢七社副通事		

以上，明治廿九年十一月自行調查。

（十五）歸化社 阿眉蕃 一名道鬱社 [13]以上雲姓	八十四戶	一百八十丁	一百八十口	三百六十人
正社長　雲加甲	月支口糧　四元			
副社長　雲國撈	同二元			
通　事　吳加走	同六元			

以上，明治廿九年十一月自行調查。

以上南勢阿眉蕃七社　　總戶數　一千三百〇一戶
總人口　五千八百〇八人

其中　阿眉蕃一千二百七十二戶
五千六百九十人　內　男　二千八百七十五丁
女　二千八百二十三口

寄住支那人　　二十九戶　　　　一百十八人

以上奇萊地方合計一街七庄七蕃社

此　總戶數　一千六百七十七戶　　總人口　七千二百七十五人

其中　支那人族　　總計　二百八十八戶　　　一千〇十八人
加禮宛人　　總計　　一百二十戶　　　五百二十人
南勢阿眉蕃　總計　一千二百八十五戶　五千七百四十人

以上

---

[13] 道鬱社又名歸化社。潘繼道，〈「加禮宛事件」後奇萊平原與東海岸地區的原住民族群活動空間變遷探討〉，收入潘朝成，施正鋒編著，《加禮宛戰役》（臺北：翰蘆出版社，2010），頁49。

民戶第二區

自木瓜溪至水尾溪北岸各社

庄社名	戶數	男	女	合計
（一）馬大安社 阿眉蕃	一百七十八 戶	四百六 十四丁	三百八 十三口	九百十七 人
以上姓許				
正社長 許馬南舊	月支口糧八 元			
副社長許早流	同五元			
通事　黃連勝	同五元			
（二）馬大安民戶 支那人族	十戶	二十五 丁	二十一 口	四十六人
通事　黃連勝	另外九戶 計十戶			
（三）節朱茫社[14] 阿眉蕃	六十四戶	百八十 二丁	百四十 二口	三百五十 六人
以上姓施				
正社長　施加錄	舊月支口糧 銀四元			
副社長　施羅歸	同二元			
勻頭　施馬天				
通事　黃勝連	兼　官			

[14] 節朱茫社即則朱芒社（Satsivong），屬於馬太鞍。潘繼道，〈「加禮宛事件」後奇萊平原與東海岸地區的原住民族群活動空間變遷探討〉，收入潘朝成、施正鋒編著，《加禮宛戰役》，頁 51。

（四）本老安社[15] 阿眉蕃	六十一戶	一百四十六丁	一百三十五口	二百八十一人
以上姓何				
正番目何哨正文	舊月支口糧銀三元			
副番目何紅仔	同二元			
通事　陳獅火	同五元			
（五）晚見蛋社[16] 阿眉蕃	六十三戶	一百六十八丁	一百五十九口	三百二十七人
以上姓呂				
社長呂早留	舊月支口糧銀五元			
通事陳獅火	本老安社通事兼任			
（六）大巴塱庄 支那人族	二十三戶	六十二丁	五十三口	一百十五人
內				
廣東人	十三戶	三十三丁	二十八口	共計六十一人
總理何清山	舊月支口糧銀六元			
水田共計八甲餘				
水牛四十頭				

[15] 今花蓮縣光復鄉北富村一帶。「本老安」之臺語發音與「布農安」(Punoan)相近，為太巴塱部落的其中之一，馬太鞍（Fataan）本社為主體，另有本老安等社，位於加農溪及馬佛溪之間的河床沙洲地帶，漢人稱為「溪洲仔」。施添福總編纂，《臺灣地名辭書，卷二花蓮縣》，頁224。

[16] 晚見蛋社即麻吉蛋社，位於馬太鞍附近，通事與本老安社相同。潘繼道，〈「加禮宛事件」後奇萊平原與東海岸地區的原住民族群活動空間變遷探討〉，收入潘朝成、施正鋒編著，《加禮宛戰役》，頁51。

（七）大巴塱社	一百五十一戶	五百二十五丁	二百七十口	七百九十五人
以上姓張				
社長張加錄	舊月支口糧銀六元			
副社長張加老	舊月支口糧銀三元			
通　事何清山	同五元			
水田六十餘甲				
水牛二百七十隻				
（八）大巴塱管內 鎮平庄 支那人族	二十二戶	四十一丁	三十口	七十一人
（九）大巴塱管內 馬意文社 阿眉蕃	五十五戶	一百五十五丁	一百十一口	二百六十六人
以上姓孔				
正社長孔丁目	舊月支口糧銀四元			
副社長孔加娘	同三元			
通　事何清山	兼　管			
水田共計三十餘甲				
水牛共計一百三十頭				
（十）沙老社 阿眉蕃	四十二戶	一百二十二丁	一百十六口	二百三十八人
以上姓曹				
正社長曹姑勿	舊月支口糧銀三元			
副社長曹阿艾	同二元			
通　事吳水生	未　詳			
水田共計二十甲				
水牛共計六十頭				

（十一）媽佛庄加禮宛人族	十五戶	二十五丁	二十三口	四十八人
以上				
正頭目林龍久馬卒				
副頭目潘籠久候候				
水田　約十二甲餘				
水牛　二十五頭				
（十二）拔仔庄支那人族	二十七戶	七十四丁	五十八口	一百三十二人
內				
廣東人	十二戶	三十五丁	二十九口	共計六十四人
總理謝芳榮				
副總理吳成彩				
番田十餘甲				
廢田約五十甲				
水牛三十餘頭				
驢馬一頭				
拔仔庄管內				
（十三）周武洞社阿眉蕃	七十二戶	一百八十七丁	二百十二口	三百九十九人
以上姓錢				
正社長錢南庄	舊月支口糧銀五元			
副社長錢秀媽	同三元			
通　事劉接連彭城人	同八元			

拔仔庄管內				
（十四）人仔山社[17] 阿眉蕃	八十五戶	二百八十一丁	二百八十五口	五百六十六人
以上姓鄭				
正社長鄭姑津	舊月支口糧銀五元			
副社長鄭拜玉	同三元			
通事　陳金鳳 宜蘭人	同五元			
拔仔庄管內				
（十五）巫佬僧社[18] 阿眉蕃	八十六戶	二百八十二丁	二百八十八口	五百七十人
以上姓孫				
正社長孫加走	舊月支口糧銀五元			
副社長孫武老	同三元			
通事　劉阿旺	未　詳			
以上拔仔庄三蕃社	水田合計約五十餘甲			
休耕田五十餘甲				
水牛二百餘頭				
赤牛　　二頭				

[17] 今花蓮縣瑞穗鄉富民村拉加善（Cilangasan）。該地曾經流行皮膚病，阿美族語以 Langas 稱皮膚病，將此地稱為 Cilangasan，漢人取其近音譯作「人仔山」。原為阿多蘭部落屬地，後因水璉一帶的 Pacidal 氏族遷來，才脫離另立一社。由於部落內的 Papiyan 氏族留有其祖先由大庄 Vasay 遷來的口傳，可推測人仔山社與道光 25 年（1845）的大庄 Vasay 部落阿美族北遷有關。施添福總編纂，《臺灣地名辭書，卷二花蓮縣》，頁 283。

[18] 今花蓮縣瑞穗鄉富民村模路散（Morocan）。其地名由來一說是當地野生許多「蕃石榴」，因而引為庄名。二是昔日曾有一阿美族富家子患皮膚病，阿美族語稱皮膚病為 Llagasan，稱其病癥為 Molotsan，引用為部落名，漢人譯作人仔山、巫老僧(無老僧)。巫老僧部落中以 Kiwit、Fasay、Vasay 氏族居多，可能是道光 25 年（1845）年之間，從富里鄉東里村 Vasay 部落輾轉遷移到此定居者。施添福總編纂，《臺灣地名辭書，卷二花蓮縣》，頁 283。

（十六）打馬烟庄 本地人	十三戶	三十八 丁	四十二 口	八十人
內				
廣東人	九戶	二十六丁	二十口	四十六人
總理羅進福	月支口糧五元			
水田共計五十二甲一分五厘八毫九絲三忽				
清政府每甲收糧	六錢三分三厘〇五絲			
本庄左埔園約有五十餘甲，清政府未清丈				
（十七）周塱社 阿眉蕃	二十九戶	九十五 丁	一百〇 六口	二百〇一 人
以上姓陳				
正社長陳丁噎	月支口糧銀 三元			
通　事	張維賢兼官			
（十八）化良社 阿眉蕃	七十九戶	二百二 十二丁	一百九 十八口	四百二十 人
以上姓趙				
社長趙加伯				
副社長趙馬良				
通事劉接連				
（十九）大肚壓社 阿眉蕃	五十七戶	一百八 十八丁	二百〇 五口	三百九十 三人
以上姓衛				
正社長衛打目	月支口糧銀 五元			
副社長趙馬冷	同三元			
通事　林　阿 彭化人	同五元			
水田無開墾				
水牛十餘頭				
山園未詳				

（二十）高溪坪社 阿眉蕃	三十戶	九十丁	九十二口	一百八十二人
以上姓李				
正社長 李衣碌	月支口糧銀三元			
副社長 李高貴	同二元			
通事 張維賢	同五元			
水田無開墾				
水牛十餘頭				
（廿一）烏鴉立社 阿眉蕃	四十五戶	一百七十一丁	一百九十四口	三百六十五人
以上姓周				
正社長 周啼木	月支口糧銀五元			
副社長 周楂魯	同三元			
通事 羅進福	廣東人			
水田 七甲餘				
山園未詳				
水牛十餘頭				
（廿二）打落媽社[19] 阿眉蕃	十戶	二十四丁	十九口	四十三人
以上姓鄭				
均目鄭嘉走				
通事 無				
水田無開墾，但附屬地棕我佛未開墾地五甲餘				
水牛二、三頭				

[19] 今花蓮縣瑞穗鄉鶴岡村。位於鶴岡村東南與奇美村界河邊的阿美族舊部落，阿美族語 Daluma 是指烏雅立部落人常到此地山區開墾，傍晚回社時都會經過此處，所以稱此地 Daluma 為「回家」之意。17 世紀荷蘭人的紀錄中多次提及 Tervelouw(Tervello)社，被認為可能在瑞穗鄉一帶，daluma 又有「舊部落」之意，推測 Tervelouw 可能是 Daluma 的早期部落。施添福總編纂，《臺灣地名辭書，卷二花蓮縣》，頁 276。

（廿三）水尾仙庄	六戶	九丁	七口	十六人
支那人族				
墾目 林金榜				
水田 三甲				
埔園 未詳				
水牛 五頭				
（廿四）奇蜜社[20] 阿眉蕃	七十七戶	二百八十六丁	二百六十五口	五百五十一人
以上姓朱				
正社長 朱沙不	月支口糧銀五元			
副社長 朱卒辣	同三元			
通事 曾萬福	同六元			
水田無開墾				
山園未詳				
牛 無				
（廿五）哨八埔[21] 阿眉蕃	九戶	二十八丁	十五口	四十三人
社長				

---

[20] 今花蓮縣瑞穗鄉奇美村。「Kiwit」為阿美族語指稱「蟹草（中文名海金沙，學名 Lygodium Japonicum）」繁茂的意思，作為社名，漢人轉譯為「奇密」(奇蜜)。清康熙 60 年（1721）藍鼎元《東征集》記有後山崇爻八社，社名為「機密」，直到光緒 5 年（1879）改稱「奇密」，為阿美族一個古老部落。施添福總編纂，《臺灣地名辭書，卷二花蓮縣》，頁 276。

[21] 今花蓮縣瑞穗鄉舞鶴村掃叭頂(Sappatin)。Sappa 在阿美族語是指木板，相傳昔日眾人開墾時遇雨，躲避工寮時撿拾木板代替桌子進餐，因而以 Sappa 命名。17 世紀中期荷蘭東印度公司記錄當時的掃叭頂（Sappat 或 Zapat）是一個「位在與其同名的山丘上」的部落， 1650 年時多達 106 戶的住民。不過在 17 至 19 世紀之間，後山歷史中都沒有寫下這個部落，可能阿美族人曾經遷離，直到日治初期田代安定的記錄，掃叭頂部落又重新出現。施添福總編纂，《臺灣地名辭書，卷二花蓮縣》，頁 261-262。

（廿六）迪街庄	三十三戶	九十九丁	九十四口	一百九十三人
內				
本地人	六戶	二十二丁	十六口	三十八人
平埔熟蕃	二十戶	五十八丁	六十八口	一百二十六人
阿眉蕃	七戶	十九丁	二十口	三十九人
甲長 沈玉成				
水田 五十七甲六分				
水牛 七十四頭				
黃牛 四頭				
山園未有丈量				
（廿七）新塱庄[22]	約十一戶			未詳
內阿眉蕃人	三人雇寄住			三人
（廿八）璞石閣庄				
支那人族阿眉蕃	九十四戶	二百廿七丁	一百七十九口	四百〇六人
內				
支那人族	八十戶			三百三十一人
本庄本地人	三十九戶	九十四丁	六十七口	一百六十一人
廣東人	四十一戶	八十三丁	八十七戶	一百七十人
阿眉蕃	八戶	十九丁	十七口	三十六人

22 今花蓮縣玉里鎮大禹里信農（針塱）。阿美族語稱此地為「Sedeng」，漢人譯為新塱（針塱、周塱、金塱等）。19 世紀間，阿美族在此地拓墾，建立 Sedeng 社。清光緒 4 年（1878）福佬人士鄭玉華、黃連元、邱霖送等人在開山撫番的「官招民墾」政策下，以墾首身分招募一批臺灣西部移民前來開墾。不過清末的拓墾似乎並未成功，日治初期僅有居民 11 人。施添福總編纂，《臺灣地名辭書，卷二花蓮縣》，頁 116-118。

（廿九）中城庄	八戶	二十二丁	十七口	三十九人
內				
本地人	一戶	二丁	二口	四人
廣東人	七戶	二十丁	十五口	三十五人
右總理 陳井利				
副總理 賴秋輝				
水田有丈量，共計七十九甲九分六厘三毫三絲				
埔園未有丈量				
阿眉蕃有耕地	未有丈量			
牛 八十五頭	但為赤、水 兩類牛隻 合計			
（卅）上城庄本地人	約十一戶			未詳
甲長				
（卅一）客人城庄 本地人	約十六戶			未詳
甲長				

以上總計十九社十二庄，總戶數一千三百十八戶，總人口六千八百三十七人

其中

阿眉蕃共計一千二百〇八戶、六千九百九十一人

加禮宛人族 十五戶、四十八人

平埔人族 二十戶、一百六十四人

支那人族 二百三十三戶、一千二十三人

民戶第三區

自水尾南岸至務錄臺及利吉利基

庄社名	戶數	男	女	合計
（一）謝竹武社[23] 阿眉蕃	三十二戶	一百〇四丁	九十五口	一百九十九人
一名蛇竹高社				
社長周家荖予				
通事 林金榜	兼管			
（二）苓仔濟社[24] 阿眉蕃	四十五戶	一百三十五丁	一百三十四口	二百六十九人
一名能仔濟社 又一玲仔庄社				
社長 陳打本	月支口糧銀五元			
副社長 陳僧那	同三元			
通事 大兼任	未詳			

23 今花蓮縣玉里鎮德武里下德武（Satefo 部落）。清代又名蛇竹高（蛇竹窩）社，光緒 8 年（1882）左右，先有瑞穗鄉拔仔社人遷居現今部落東北方 Cilitongan 溪上游高地，後因取水不易及習得水稻種植技術等因素，遷社到下方臨溪階地種植水稻，很快吸引了秀姑巒與海岸群阿美族，分別自拔子、馬太鞍、加納納、奇美、港口等地遷入，日治初期已經是秀姑巒東岸次於苓仔濟的第二大阿美族部落。施添福總編纂，《臺灣地名辭書，卷二花蓮縣》，頁 112。

24 今花蓮縣玉里鎮德武里苓雅（Cilengacay 部落）。苓仔濟社位於苓雅溪（Balaneu）北岸河階地，清光緒年間，瑞穗鄉內的秀姑巒群阿美族遷來苓雅溪一帶開墾，又有海岸群 Kiwit 、Papiyan 人以及卑南群 Rarangus 等相繼遷入。阿美族語稱當地許多野生的月桃為 Urugaci，後轉音稱為 Lengacay，漢人模擬其音為苓仔濟。施添福總編纂，《臺灣地名辭書，卷二花蓮縣》，頁 113。

（三）識羅庄 又名執羅庄平埔	十六戶	五十一丁	四十二口	九十三人
頭人、田園未詳				
（四）節老社 又名識羅社阿眉蕃	二十戶	四十八丁	三十七口	八十五人
社長 南買	未詳			
通事 陳得義				
田園未詳				
（五）媽打淋社[25] 阿眉蕃	二十四戶	二十四丁	十七口	四十一人
一名馬露蘭社				
以上姓戶				
社長未詳				
通事 劉星福	未詳			
田園未詳				
（六）媽汝庄 平埔及支那人族	阿眉蕃 七戶			二十五人
總理 劉星福	兼管			
田園 未詳				
媽汝庄 附屬				
（七）馬露蘭來福社[26]	二十三戶	七十一丁	六十五口	一百三十六人
社長	未詳			
通事	劉福星			

[25] 今花蓮縣玉里鎮春日里馬太林（泰林、Matalin 部落）。與 Ceroh 部落以泰林溪為界、位於泰林溪南畔的阿美族部落。Matalin 社舊名 Lihangan，原居呂範溪谷口北岸的山腳，清末沙荖社人遷入時始建為社。施添福總編纂，《臺灣地名辭書，卷二花蓮縣》，頁 110。

[26] 今花蓮縣玉里鎮松浦里福音（Lohok 部落）。福音部落在日治初期被翻譯為馬路蘭來福社（或來福社），是一擁有百餘人的大社，舊稱樂哈克，取此地曾有巨蟒死於此處而腐爛之意，作為社名，位於呂範溪下游南岸的一處高位河階上。福音部落的阿美族始祖原為瑞穗鄉高藥社的 Caliakaf、Tarakop、Rarangus 三氏族，清末因布農族壓迫而遷來此地拓墾。施添福總編纂，《臺灣地名辭書，卷二花蓮縣》，頁 107。

（八）蚊識蘭社[27] 阿眉蕃	二十六戶	七十八丁	六十六口	一百四十四人
一名望則安社 又名馬露蘭猛之蘭社				
社長	未詳			
通事 劉福星	同			
（九）扒至律社[28] 阿眉蕃（川岸）	未詳			
（十）馬龜答社[29] 阿眉蕃	三戶			
（十一）觀音山庄 平埔熟蕃	原 三十餘戶 現在 十餘屋			三十餘人
頭目未詳				
（十二）大狗蓁社 阿眉蕃	十七戶	四十二丁	三十五口	七十七人
內				
支那人族	一戶			一人
阿眉蕃	十六戶			七十六人
以上頭目吳其灼				
田園未有丈量				
牛 未詳				

[27] 位於今花蓮縣玉里鎮松浦里。松浦里舊稱猛仔蘭（Mangcelan），由於此地有很多蜣螂（山羌），阿美族語便以 Mangcelan 作為社名。清光緒 7 年（1881）大庄平埔族因水患遷居麻汝（玉里鎮松浦里萬麗），與阿美族混居，但是在清末《臺東州采訪冊》中，卻未見此處記錄有阿美族部落。日明治 29 年（1896）田代安定則記錄松浦里有媽打淋（馬露蘭）、馬露蘭來福、蚊識蘭、扒至律、馬龜答五個社，約有阿美族居民約 4 百餘人，可見阿美族在此居住應該有一段時間。施添福總編纂，《臺灣地名辭書，卷二花蓮縣》，頁 104。

[28] 扒至律社與蚊識蘭社皆位於今花蓮縣玉里鎮松浦里。施添福總編纂，《臺灣地名辭書，卷二花蓮縣》，頁 104。

[29] 馬龜答社位於今花蓮縣玉里鎮松浦里。施添福總編纂，《臺灣地名辭書，卷二花蓮縣》，頁 104。

（十三）剖牛坑庄 又名大牛溪庄 平埔熟番	三戶	十丁	十口	二十人
（十四）石公坑庄 平埔熟番	六戶	十八丁	十八口	三十六人
（十五）達仔完庄[30] 一名下勞灣社 平埔熟番	五戶	十七丁	十口	二十七人
（十六）蔴之林庄 平埔熟番	三戶	八丁	五戶	十三人
紳耆 張方				
（十七）大庄 平埔熟番	九十五戶	二百十三丁	二百七十五口	五百八十八人
附後庄仔				
總理 林仕估	月支口糧銀八元			
（十八）挽興埔庄 平埔熟番	四十三戶	九十六丁	九十八口	一百九十四人
（十九）麻嘉錄庄 平埔熟番	全正三十餘戶 現在 十戶	四十四丁	二十九口	七十三人
（二十）頭人埔庄 平埔熟番	三十六戶	九十五丁	一百〇四口	一百九十九人
（廿一）新庄仔 平埔熟番	十五戶	三十五丁	三十一口	六十六人

[30] 今花蓮縣玉里鎮樂合里。清代「璞石閣平埔八社」中有一下撈灣社，在清末日初時也被記為「阿老園」、「下勞灣」、「達仔完」。光緒 7 年（1881）間秀姑巒溪山洪暴發，大庄平埔族人（原居富里鄉）因為田園多被沖毀，有一部分平埔族人便移居今樂合國小下方一帶，為「璞石閣平埔族八社」達仔完的最初所在。施添福總編纂，《臺灣地名辭書，卷二花蓮縣》，頁 94。

（廿二）犂仔坑庄[31] 平埔熟蕃	二十八戶			八十人
（廿三）石牌庄 平埔熟蕃	三十三戶	八十二丁	九十五口	一百七十七人
（廿四）里巷庄 平埔熟蕃	三十一戶	八十五丁	八十三口	一百六十八人
（廿五）檨子寮庄 平埔熟蕃	十餘戶 現在四戶	十一丁	十一口	四十八人 二十二人
（廿六）公埔庄 平埔熟蕃	六十九戶	二百三十六丁	一百八十七口	四百廿三人
另外支那人族	三戶			二人
（廿七）蕃港庄 平埔熟蕃	十一戶			三十餘人
（廿八）躿埔庄 平埔熟蕃	十二戶	三十八丁	三十三口	七十一人
（廿九）大陂庄 平埔熟蕃	三十戶	一百〇四丁	六十七口	一百七十一人
（三十）大陂庄 阿眉蕃	六十戶			二百餘人
社長 未詳				
通事 朱紫貴				

31 今花蓮縣富里鄉羅山村。「犁仔坑」即「黎仔坑」又稱「螺仔坑」，清光緒元年（1875）前後建庄，光緒 13 年（1887）成立臺東直隸州時，屬於卑南廳新鄉。最初的聚落由南部西拉雅平埔族所建立，聚落的名稱和其南側的螺仔溪有關。施添福總編纂，《臺灣地名辭書，卷二花蓮縣》，頁 312-314。

（卅一）新開園庄 平埔熟蕃內	五十戶	一百十四丁	一百〇二戶	二百十六人
平埔人族	四十二戶			一百八十五人
支那人族內	八戶	十七丁	十四口	三十一人
廣東人	一戶	五丁	二口	七人
總理 王必文				
水田百餘甲				
水牛七十八頭				
黃牛 二頭				
（卅二）樹林庄 僅兵營遺跡	未詳			
（卅三）水碓庄[32] 樹林庄兵營後東方	未詳			

[32] 今臺東縣池上鄉富興村水墜。水碓即水墜，據說因為當地過去常利用水力帶動舂米的水墜，故稱為「水墜仔」。施添福總編纂，《臺灣地名辭書，卷三臺東縣》，頁 111。

（卅四）里壠庄	五十九戶	一百七十六丁	一百六十一口	三百三十七人
內				
平埔人族	四十九戶			三百人
支那人族	十戶			三十七人
另外				
生蕃 阿眉蕃中卑南蕃混住	三十戶 阿眉蕃廿戶 內卑南蕃十戶	七十一丁	七十九口	一百五十人 內阿眉蕃一百人 內卑南蕃五十人
以上 總計	八十九戶	二百七十四丁	二百四十口	五百十四人
總理 陳潘成				
副總理 林清和				
田園共計	一百四十餘甲			
黃牛七十餘頭				
（卅五）雷公火社 阿眉蕃、卑南蕃混住	四十三戶 三十戶阿眉 內十三戶卑南蕃	一百〇五丁	八十四口	一百八十九人 內五十人卑南蕃 一百三十九人阿眉蕃
社長 董加來				
通事 朱紫貴				
（卅六）埔尾社 阿眉蕃社長未詳	舊 十一戶 撫 二十一戶	二十丁	二十口	四十人 正 八十四人

（卅七）義安庄	二十四戶	七十二丁	五十七口	一百二十九人
支那人族				
一名萬安庄				
又名大埔庄				
總理				
埔園五十餘甲				
水田未詳				
（卅八）務錄台社	四十六戶	一百廿四丁	一百廿四口	二百四十八人
阿眉蕃				
卑南蕃				
又名務錄甘社				
一名 鹿寮				
社長 祝 武枵	月支口糧	三元		
松督	銀	二元		
通事 朱紫貴	雷公火社兼任			
（卅九）擺仔擺社	四十六戶	六十四丁	七十四口	一百三十八人
阿眉蕃				
社長 屈馬里	月支口糧	三元		
屈尊樂	銀	二元		
通事 鄭國生	同	六元		
（四十）吧哪叭社[33]	三十餘戶			一百餘人
阿眉蕃				
正社長　項春祿	月支口糧	三元		
副社長　好仔	銀	二元		
通事 鄭國生	兼任三社			

33 今臺東縣鹿野鄉鹿野村老吧老吧社。清代被稱為「吧那叭社」的這一阿美族部落，其部落名來自於阿美族語 labalaba（混合之意），指稱卑南族與阿美族混居在北絲鬮溪北岸這一地帶，位於擺仔擺社（今鹿野村和平社區）西側。施添福總編纂，《臺灣地名辭書，卷三臺東縣》，頁 165。

（四十一）利吉利基社 阿眉蕃	三十戶	五十四 丁	四十八 口	一百〇二 人
正社長 梁阿祿	月支口糧銀	四元		
副社長 梁米升		二元		
通事 鄭國生	兼任以上三社			

以上水尾溪至利吉利基社之間二十四庄十六社合計一千一百三十三戶
總人口 五千四百九十四人
其中
阿眉蕃共計 四百八十九戶 二千八百九十九人
卑南蕃共計 五百五十戶 一百人
平埔人族共計 五百六十一戶 二千八百九十九人
支那人族共計 四十六戶 二百〇六人

民戶第四區

自北勢溝社至卑南方面大麻里社

庄社名	戶數	男	女	合計
（一）北勢溝社 卑南蕃	二百四 戶	四百四十 七丁	五百三 十口	九百七十 七人
以上姓汪				
社長 汪馬立	月支口 糧五元			
副社長 汪履山	同 三元			
通事 洪雲沙	同 六元			
（二）理學社[34] 卑南蕃	十戶	九丁	十一口	二十人
社長 馬那鴨	月支銀 三元			
通事 洪雲沙兼管				
（三）斑鳩社[35] 卑南蕃 一名半究社	三十一 戶	三十六丁	三十八 口	七十四人
社長 孟斗鋏	月支口 糧三元			
通事 洪雲沙兼管				

34 約位於今臺東縣卑南鄉境內，尚未查到相關資料。

35 今臺東縣卑南鄉美農村班鳩。斑（班）鳩是卑南八社之一 Vankiu 的音譯，由卑南語稱小辣椒為 rinkiu 訛音轉成，班鳩社的舊居住地在今臺東區農改場班鳩分場範圍。詳見施添福總纂，《臺灣地名辭書，卷三臺東縣》，頁 218-219。

（四）大吧六九社[36] 卑南蕃	七十九戶	一百〇 丁	一百〇三 口	二百〇三人
社長 伍哈峻	月支口糧 五元			
副社長 余機山	同 四元			
通事 張春麟	同 六元			
（五）阿里擺社 卑南蕃	二十九戶	八十六 丁	八十八口	一百七十四人
社長 余土司	月支口糧 三元			
通事 張春麟	同 六元			
（六）檳榔世格社 卑南蕃	六十一戶	一百五 十六丁	一百二十 九口	二百八十七人
社長 尹馬替	月支口糧 三元			
副社長 傳納	同 二元			
通事 林阿吏	同 六元			
（七）卑南大社 卑南蕃	一百〇六 戶	三百七 十二丁	三百二十 口	六百九十二人
社長 陳里萬	月支銀 五 元			
副社長 陳彪仔	同 三元			
通事 陳禹錫	同 六元			
（八）撫漏社[37]	七十一戶	二百六 丁	一百七十 一口	四百七十七人

36 臺東縣卑南鄉太平村。大吧（巴）六九社為卑南八社之一 Tamalakao 的音譯字，昔日由屏東排灣族 Takarakao 社遷居而來，但使用 Puyuma（卑南）語，古稱老郎，清光緒 20 年（1894）隸屬於臺東直隸州埤南撫墾局。施添福總編纂，《臺灣地名辭書，卷三臺東縣》，頁 211。

37 尚未查到相關資料，疑為屋漏社。

（九）馬蘭俄社	二百〇八戶	六百四	六百五	一千二百
即阿眉蕃社		十四丁	十五口	九十九人
一名 阿眉社				
社長 黃骨力	月支銀 八元			
副社長 那歪	同 五元			
通事 鄭清貴	同 六元			
（十）呂家望社	二百九十七戶	三百廿	三百九	七百二十
卑南蕃		五丁	十六口	一人
社長	加錫			
副社長	選邦			
通事	潘阿三			
（十一）射馬干社	一百七十七戶	三百廿	二百五	五百七十
卑南蕃		丁	十六口	六人
社長 龜祐角	月支銀四元			
副社長 汝淪	同 三元			
通事 洪科盤	同 六元			
（十二）知本社	二百三十七戶	四百六	五百二	九百八十
卑南蕃		十五丁	十二口	七人
正社長 鹿達	月支銀四元			
副社長 加老	同 三元			
副社長 多阿是	同 二元			
通事 洪科盤	同 六元			
（十三）卑南新街	一百九十戶			六百九十
新興街				五人
總理 陳某				

（十四）大南社[38]	一百六十九戶	四百五	三百九	八百四十
卑南蕃		十二丁	十五口	三人
社長 北塞				
通事 謝白乞				

以上卑南地方十四社一街 合計一千九百六十二戶
總人口 八千〇四十五人
其中
卑南蕃共計 一千六百六十一戶、六千〇五十一人
阿眉蕃共計 二百八十九戶、一千二百九十九人
支那人族共計 一百九十戶、六百九十五人
以上[39]

38 今臺東市新園里。大南社為清光緒年間卑南族八社番之一，劃歸臺東直隸州卑南撫墾局之下。施添福總編纂，《臺灣地名辭書，卷三臺東縣》，頁 211。
39 本譯文按照原文抄錄，戶數計算不合之處仍保留原文。

民戶第五區

自卑南溪北岸至花蓮港海岸路線

庄社名	戶數	男	女	合計
（一）猴仔山社 阿眉蕃	三十五戶	一百丁	九十八口	一百九十八人
正社長 猴汝嗥	月支口糧三元			
副社長 猴得高	同 二元			
通事 蘇各標	管理二社 同 口糧七元			
（二）加魯蘭社 阿眉蕃	三十五戶	九十四丁	一百口	一百九十四人
一名基南社				
社長顧那歪	月支口糧三元			
通事 蘇各標				
（三）都鑾社	一百〇九戶	三百四十七丁	四百二十三口	七百七十人
正社長 伍志水	月支口糧五元			
副社長 伍老覓	同 三元			
通事 張榮藏	管理二社 同 口糧六元			
另外 分社				
附屬君滚南社	戶數人口與都鑾社合計			
正社長 伍武督	月支口糧三元			
副社長 伍壓仔	同 二元			
通事 張榮藏				

（四）八里芒社 阿眉蕃	六十七戶	二百二十九丁	二百四十口	四百六十九人
正社長 謝那用	月支口糧五元			
副社長 謝得保	同 三元			
通事 林主仔				
（五）加里猛狎社 阿眉蕃	三十九戶	二百八十七丁	二百八十七口	五百六十六人
正社長 戚武馬	月支口糧五元			
副社長 戚馬律	同 三元			
通事 黃來成	管理一社 同 五元			
（六）大馬武吻社 阿眉蕃	七十八戶	一百九十五戶丁	一百六十九口	三百六十四人
正社長 姜阿花	月支口糧三元			
副社長 姜骨力	同 二元			
通事 張世昌	管理三社 同 五元			
（七）小馬武吻社 阿眉蕃	二十九戶	七十二丁	七十一口	一百四十三人
正社長 陶甲督	月支口糧三元			
副社長 陶爭納	二元			
通事 張世昌	管理 同 五元			
（八）下勞把灣社[40]	五十五戶	一百二十一丁	一百十六口	二百三十七人
社長				
副社長				
通事 張世昌				

40 今臺東縣東河鄉泰源村。清光緒 5 年（1879）夏獻綸的「後山總圖」中繪有「阿那八灣社」，為「下勞把灣社」的近音字，日治初期另有「阿塱八灣社」、「嗄咾（嘮）叭（吧）灣社」之稱。「阿那八灣」有幾種說法，和人名 harapawan 有關的傳說同時都有捕魚遇難的情節，與環境有關的則是阿美族語 alapawam，指稱此社所在的泰源盆地群山環繞、森林茂密而容易迷失方向。施添福總編纂，《臺灣地名辭書，卷三臺東縣》，頁 86-87。

（九）都歷社 阿眉蕃	七十四戶	二百二十七丁	二百十六口	四百四十三人
正社長 金班采				
副社長 金媽腰				
通事 邱貴	管理二社 月支口糧五元			
（十）小我律社[41] 阿眉蕃	三十一戶			一百三十一人
一名 巴翁翁社				
正社長 魏馬吃				
副社長 魏魯必				
通事 邱貴				
（十一）大我律社[42]	四十戶			二百十人
一名 加只來社				
正社長 魏羽排				
副社長 魏律押				
通事 邱貴				

[41] 小我律社疑同於「小莪律社」。社名不詳。清雍正 2 年（1724）臺灣鎮總兵林亮等人奏報卑南覓一帶 65 社時，曾記錄其中有一溫律社，即是峨（莪）律社，即今臺東縣成功鎮和平里嘉平一帶。孟祥翰，〈清代臺東成廣澳的拓墾與發展〉，《興大人文學報》第 32 期（臺中：國立中興大學文學院，2002），頁 6。續上，嘉平西南側臺地又稱「坎頂」，即阿美族語稱「高的地方」為 Fafugang。Fafugang 為早期被併入加之來社的「義律社」舊址。施添福總編纂，《臺灣地名辭書，卷三臺東縣》，頁 68-69。

[42] 大我律社疑同於「大莪律社」。社名不詳。

（十二）小馬荖漏社[43] 阿眉蕃	十八戶	八十四人
正社長 華芒仔		
副社長 華龜力		
通事 王金春		
（十三）大馬荖漏社[44] 阿眉蕃	四十五戶	二百〇二人
一名 阿羅哥海社		
正社長		
副社長		
通事		
（十四）八仕蓮社 阿眉蕃	二十一戶	九十五人
正社長		
副社長		
通事		

[43] 小馬荖漏社疑與今臺東縣成功鎮三民里之麻荖漏社有關。麻荖漏山為海岸山脈中段最高峰，標高1,682公尺，東南側山麓有阿美族部落「麻荖漏社」。麻荖漏社即馬老漏社，社名由來一說是成功沿岸一帶的高臺地原為都歷社阿美族持有的旱田，後來丁仔漏社遷居此地時，將本地因1850年代海嘯導致草木枯死（raurau）的情形作為社名，稱為mararau，音譯為麻荖漏。另一說是由花蓮境內遷移至此的阿美族，見此地草木枯萎如同被火烤乾，稱為madawdaw，轉為社名。第三說則是清乾隆年間，有名為 souma 的麻荖漏阿美族人，因使茅草內遷移至此的阿美族，見此地草木枯萎如同被火烤乾，稱為madawdaw，轉為社名。第三說則是清乾隆年間，有名為souma的麻荖漏阿美族人，因使茅草的家屋燒失，阿美族語形容其景象為 miraurao，引為社名。施添福總編纂，《臺灣地名辭書，卷三臺東縣》，頁49、61。

[44] 大馬荖漏社疑與今臺東縣成功鎮三民里之麻荖漏社有關。參考註43。

（十五）微射鹿社 阿眉蕃	三十五戶	六十九丁	七十口	一百三 十九人
正社長 巖哪盂				
副社長 嚴為仔				
通事 劉進來				
寄住 支那人族	六戶			
以上十五社阿眉蕃，共計戶數六百九十九戶，二千九百十一人				
（十六）成廣澳社 支那人族 內	自調五十三戶 （撫）四十九戶	一百十一 丁	一百十口	二百二 十一人
普通支那人	三十六戶	七十八丁	六十六口	一百四 十六人
廣東人	七戶	十二丁	十八口	三十人
總理 徐才普				
水田約廿八甲餘				
黃牛五隻				
（十七）石雨傘庄 平埔人族	十三戶	四十四丁	三十五口	七十九 人
總理 徐才普	兼管			
水田約六甲餘				
（十八）阿姑賣社[45] 阿眉蕃	三十三戶	七十九丁	七十一口	一百五 十人
正社長 石樣				
副社長 烏南				
通事				

[45] 今臺東縣成功鎮博愛里阿龜堳社（後併入都威社）。阿姑賣（阿龜堳）為阿美族語 arakomay 的近音譯字，tomiyac（重安溪、都威溪）及另一條無名溪繞過本部落，形狀像突出的半島，阿美族語稱這一地形為 komay，轉為社名阿姑賣（arakomay）。清光緒元年（1875）由大港口加納納社遷來的阿美族人在此建社。施添福總編纂，《臺灣地名辭書，卷三臺東縣》，頁 55。

（十九）都滅社 阿眉蕃	三十二戶	五十九丁	六十七口	一百二十六人
正社長				
副社長				
通事				
（二十）苦通溪社[46] 阿眉蕃	二十二戶	五十丁	六十八口	一百十八人
一名 沙里灣				
又名 高東溪社				
社長 加走				
通事				
（廿一）三間厝庄 平埔熟蕃	一戶			二十人
頭人				
（廿二）烏石鼻社 阿眉蕃、平埔人族	十八戶	二十九丁	三十三口	六十二人
社長 加走				
通事 劉進來				
（廿三）烏石鼻小社	四戶			二十三人
副社長 和扢				
（廿四）知乃帶社 阿眉蕃	三十戶	六十丁	五十口	一百十人
社長				
（廿五）石連埔社 加禮宛人	七戶			三十三人
頭目				

46 苦通溪社又名高東溪社，推測是清同治、光緒年間，花蓮海岸阿美族人為躲避泰雅、布農族侵擾，或因奇密事件南下，來自花蓮大港口、奇美、豐濱、新社等地的阿美族人前來建立宜灣部落。參考「東海岸文化景觀：東臺灣地方知識庫」（http://eastmemory.tw），檢索日期：2020 年 3 月 30 日。

（廿六）里那魯格社[47] 阿眉蕃、加禮宛人 社長 知吾且 通事	十七戶	四十一丁	四十八口	八十九人
（廿七）八沙岸社[48] 阿眉蕃 又名 八桑安社 社長 李愛	十六戶	三十一丁	十九口	五十人
（廿八）彭仔存庄 平埔人族 庄長	十四戶			六十一人
（廿九）小竹湖庄 平埔人族	三戶			十七人
（三十）大掃北庄 平埔人族	六戶			二十二人
（卅一）小掃北庄 平埔人族	七戶			三十一人
（卅二）掃北社 阿眉蕃 社長 南半 副社長 石口 通事 徐才普	三十一戶 兼官	六十七丁	六十八口	一百三十五人
（卅三）加走灣頭庄 平埔人族 總理 潘石彥 水田 六甲六分 黃牛十八頭	十七戶			九十四人

[47] 「里那魯格」社疑為「僅那鹿角」（kinanuka）社，今臺東縣長濱鄉寧埔村光榮。清光緒 10 年（1884）左右，花蓮港大港口阿美族人遷移來此建社。施添福總編纂，《臺灣地名辭書，卷三臺東縣》，頁 45。

[48] 「八沙岸」社音近於「白桑安」（八桑安、pasogan），推測為臺東縣長濱鄉寧埔村白桑安，位於僅那鹿角溪與彭仔村溪之間。清光緒 10 年（1884）左右，花蓮港大港口阿美族人遷移來此建社。施添福總編纂，《臺灣地名辭書，卷三臺東縣》，頁 45。

（卅四）加走灣中庄 平埔人族 總理　潘興 水田　約五甲 黃牛十頭	九戶	二十八丁	二十八口	五十六人
（卅五）加走灣尾庄 平埔人族 總理　潘順 水田　五甲五分 黃牛　十二頭	十三戶			九十四人
（卅六）城仔埔庄 加禮宛人族、 平埔人族 總理　潘阿戴 水田　五甲 黃牛　七頭	八戶	二十三丁	二十五口	四十八人
（卅七）石坑社 阿眉蕃 一名松港社 又名　石礎社 社長　馬要 副社長　爭那 通事　劉進來 水田　二甲五分	三十九戶	九十三丁	一百〇三口	一百九十六人
（卅八）馬稼海社 阿眉蕃 社長　沙鉢 副社長　加早 通事　徐才普 水田約二甲五分	十一戶 兼官			五十人
（卅九）大道鼻庄 平埔人族 加禮宛人族 總理　潘德 水田　四甲五分 黃牛　五頭	十三戶	三十一丁	二十八口	五十九人

（四十）小通鼻庄 平埔人族 總理 潘瑞 水田 四甲 黃牛 六頭	十一戶			五十六人
（四十一）三塊厝庄 平埔人族 又名三間屋庄 平埔頭人潘清	十一戶			四十六人
（四十二）大俱來社[49] 阿眉蕃 社長 阿那 副社長 老歪 通事 林青雲 水田 三甲一分	二十八戶	八十八丁	一百十四口	二百〇二人
（四十三）水母丁庄 平埔人族 平埔總理 潘瑞 平埔頭人 潘阿來 水田六甲七分	十二戶			六十四人
（四十四）姑仔律庄 加禮宛人 加禮宛頭人 陳籠爻 水田約三甲二分	十五戶			七十三人
（四十五）姑仔律社 阿眉蕃 社長 少甲	十一戶	三十五丁	四十一口	七十六人

49 今臺東縣長濱鄉三間村大俱來。清光緒 3 年（1877）左右，自花蓮豐濱貓公社北方的 patorogan 社移來的阿美族，建此部落。該處有泉水湧出，阿美族語以 Tapowaray（意指泉水冒出來的泡泡）為社名，近音譯字為「大俱來社」。光緒 8 年（1882）末有一大地震，本社其中 5 戶因而移至姑仔律（今長濱樟原），其他人遷至原地南方約一公里多的東側斜地上，亦名「大俱來」。施添福總編纂，《臺灣地名辭書，卷三臺東縣》，頁 33-34。

（四十六）大峰峰庄	七戶	十三丁	十六口	二十九人
加禮宛人族				
頭人 林武帶				
水田 約三甲				
（四十七）大峰峰社	二十八戶	一百二丁	七十三口	一百七十五人
一名烏雅立社				
正社長 皺烏華				
副社長 皺骨律				
通事 林青雲				
水田 約三甲				
（四十八）大尖石庄	八戶	十三丁	十三口	二十六人
加禮宛人族				
又名 大尖石庄				
加禮宛頭人潘姑流				
水田約五甲				
（四十九）葵扇埔庄	六戶			三十二人
加禮宛人族				
加禮宛頭人豆才				
水田三甲五分				
（五十）納納社	二十七戶	八十一丁	八十口	一百六十一人
阿眉蕃				
一名早滅社				
社長 朱家伯				
副社長 朱故益				
通事 蕭友隆				
水田約三甲三分				
（五十一）大港口庄	九戶	二十六丁	二十三口	四十九人
支那人族				
內				
廣東人	四戶	九丁	七口	十六人
福建人	五戶			
總理 蕭友隆	月支口糧七元			
水田四甲				
蔗園大約				

（五十二）北頭溪社 阿眉蕃	三十二戶	一百二十丁	一百十四	二百三十人
社長 楊故也	月支口糧三元			
副社長 楊佬勉	同 二元			
通事 蕭友隆				
水田 約四甲				
（五十三）石梯坪庄 加禮宛人族	三戶			十二人
（五十四）石梯庄 加禮宛人族	七戶	二十四丁	二十二口	四十六人
加禮宛頭人藩管律				
水田十二甲				
（五十五）那里奄庄 加禮宛人族	一戶			四人
（五十六）姑律庄 加禮宛人族	十八戶	四十一丁	三十九口	八十人
加禮宛頭人陳風母				
總理 李子明				
水田 十六甲				
（五十七）貓公社	二十一戶	五十九丁	五十八口	一百十三人
社長				
副社長 沈老柯	月支口糧二元			
通事 李子明	同 五元			
水田十五甲				
內				
加禮宛人	九戶	十四丁	十六口	三十人
頭目 潘云語				
水田 十二甲				

（五十八）八里環社[50]	三十二戶	六十二丁	六十七口	一百二十九人
社長 沈南宏	月支口糧三元			
通事 李子明				
水田并牛 無				
（五十九）新社 加禮宛人族	舊 三十戶 三十六戶	七十二丁	六十四口	舊 一百三十六人、一百四十三人
一名 新社仔				
頭目 潘龜老				
通事 李子明	舊 口糧六元			
水田 十六甲餘				
（六十）加露巒庄 加禮宛人族、支那人族	三戶			

以上第五區乙 廿七庄廿社 合計戶數七百五十八戶、三千六百三十人
其中
阿眉蕃共計四百二十六戶、二千〇四十七人
支那人族共計六十三戶、二百七十二人
平埔人族共計一百三十戶、六百六十八人
加禮宛人族共計一百三十九戶、六百四十三人
以上乙部加甲部，共計阿眉蕃十五社六百九十九戶、二千九百十一人，合併如下

海岸路線即第五區，總計二十七庄、三十五社
一千四百五十七戶、六千五百四十一人
其中分

[50] 今花蓮縣豐濱鄉豐濱村八里灣（Haciliwan 部落）。清代舊稱為八里環，由於此地有許多野生的姑婆芋（天南星科，學名 Alocasia macrorrhiza），阿美族稱為 Haciliwan，引為社名。八里灣社現位於貓公溪上游的八里灣溪北岸一處弧形河階之上，但根據清光緒 20 年（1894）胡傳所記，當時八環社有居民 20 戶 130 餘人，社址在立福到大灣的海岸一帶，而非貓公溪上游現址。施添福總編纂，《臺灣地名辭書，卷二花蓮縣》，頁 245-246。

阿眉蕃　共計一千一百二十五戶、四千九百五十八人
支那人族共計六十三戶、二百七十二人
平埔人族共計一百三十戶、六百六十八人
加禮宛人族共計一百三十九戶、六百四十三人

東台灣叢刊 之十九

臺東殖民地豫察報文

原　　著｜田代安定
翻　　譯｜張勝雄
譯　　註｜吳玲青、李啓彰
歷屆主編｜夏黎明、鄭漢文、陳文德、蔡政良
歷屆編委｜方鈞瑋、李玉芬、林玉茹、張溥騰、陳文德、陳俊斌
陳鴻圖、黃宣衛、葉淑綾、潘繼道、鄭漢文、戴興盛
羅素玫
執行編輯｜李美貞
封面設計｜徐秉筠

發 行 人｜葉淑綾
總 策 劃｜夏黎明
出版單位｜財團法人東台灣研究會文化藝術基金會
地　　址｜臺東市豐榮路 259 號 1 樓
電　　話｜089-347660
傳　　眞｜089-356493
網　　址｜http：//www.etsa-ac.org.tw/
E-mail｜easterntw.book@gmail.com
劃撥帳號｜0 6 6 7 3 1 4 9
戶　　名｜財團法人東台灣研究會文化藝術基金會
出版日期｜2023 年 11 月初版
定　　價｜新臺幣 500 元

本會出版品 一覽表

東台灣叢刊之一　國內有關台灣東部研究之學位論文書目　（缺書）
夏黎明等編 1994. 3.初版 1996.10.再版 頁數 204

東台灣叢刊之二　東台灣研究之中文期刊文獻索引　（缺書）
夏黎明等編 1994. 9.初版 1996.10.再版 頁數 215

東台灣叢刊之三　台東平原的移民拓墾與聚落
鄭全玄著 1995.10.初版 2002. 7.再版 頁數 157

東台灣叢刊之四　東台灣原住民民族生態學論文集
劉炯錫編著 2000. 6. 頁數 150

東台灣叢刊之五　綠島的區位與人文生態的變遷
李玉芬著 2002. 2. 頁數 198

東台灣叢刊之六　戰後東台灣研究的回顧與展望工作實錄
夏黎明主編 2005. 1. 頁數 180

東台灣叢刊之七　邊陲社會及其主體性論文集
夏黎明主編 2005. 3. 頁數 292

東台灣叢刊之八　國家、區域與族群－
臺灣後山奇萊地區原住民族群的歷史變遷（1874-1945）
潘繼道 著 2008. 2. 頁數 430　（缺書）

東台灣叢刊之九　花蓮糖廠：百年來的花蓮糖業發展史（1899-2002）
鍾書豪 著 2009. 6. 頁數 304

東台灣叢刊之十　撒奇萊雅族裔揉雜交錯的認同想像
王佳涵 著 2010. 4. 頁數 270

東台灣叢刊之十一　Misakoliay Kiso Anini Haw？（你今天做苦力了嗎？）
－日治時代東台灣阿美人的勞動力釋出
賴昱錡 著 2013. 4. 頁數 251

東台灣叢刊之十二　花蓮地區客家義民信仰的發展與在地化
姜禮誠 著 2014. 4. 頁數 434

東台灣叢刊之十三　傾聽。發聲。對話
Maljeveq：2013 台東土坂學術研討會紀事
鄭漢文 主編 2014. 8.　頁數 334

東台灣叢刊之十四　林道生的音樂生命圖像
姜慧珍 著 2018. 7.　頁數 269

東台灣叢刊之十五　遙想當年台灣
－生活在先住民社會的一個日本人警察官的紀錄
青木說三 原著　張勝雄 譯者
鄭漢文 主編 2020. 3.　頁數 364

東台灣叢刊之十六　天主教在卡大地布部落的發展、適應與變遷
陳映君　著　2020.10.　頁數 230

東台灣叢刊之十七　日治時期理蕃政策研究：
以東臺灣「集團移住」與「蕃地稻作」爲例
何佳龍　著　2022. 2.　頁數 206

東台灣叢刊之十八　日治時期阿美族農業型態與部落環境變遷
林駿騰　著　2022. 11.　頁數 164

東台灣叢刊之十九　臺東殖民地豫察報文
原著 田代安定；翻譯 張勝雄；譯註 吳玲青、李啓彰；
2023. 11.　頁數 432

東台灣研究	創刊號	1996.12.	頁數 172	
東台灣研究	2	1997.12.	頁數 266	
東台灣研究	3	1998.12.	頁數 215	
東台灣研究	4	1999.12.	頁數 212	
東台灣研究	5	2000.12.	頁數 214	
東台灣研究	6	2001.12.	頁數 228	
東台灣研究	7	2002.12.	頁數 194	
東台灣研究	8	2003.12.	頁數 183	
東台灣研究	9	2004.12.	頁數 214	
東台灣研究	10	2005.12.	頁數 144	
東台灣研究	11	2008.07.	頁數 108	（電子期刊）
東台灣研究	12	2009.02.	頁數 164	（電子期刊）
東台灣研究	13	2009.07.	頁數 166	（電子期刊）
東台灣研究	14	2010.02.	頁數 183	（電子期刊）
東台灣研究	15	2010.07.	頁數 130	（電子期刊）
東台灣研究	16	2011.02.	頁數 105	（電子期刊）
東台灣研究	17	2011.07.	頁數 123	（電子期刊）
東台灣研究	18	2012.02.	頁數 129	（電子期刊）
東台灣研究	19	2012.07.	頁數 99	（電子期刊）
東台灣研究	20	2013.02.	頁數 121	（電子期刊）
東台灣研究	21	2014.02.	頁數 188	（電子期刊）
東台灣研究	22	2015.02.	頁數 99	（電子期刊）
東台灣研究	23	2016.02.	頁數 63	（電子期刊）
東台灣研究	24	2017.02.	頁數 111	（電子期刊）
東台灣研究	25	2018.02.	頁數 273	（電子期刊）
東台灣研究	26	2019.02.	頁數 77	（電子期刊）
東台灣研究	27	2020.02.	頁數 261	（電子期刊）
東台灣研究	28	2021.02.	頁數 167	（電子期刊）
東台灣研究	29	2022.12.	頁數 265	（電子期刊）
東台灣研究	30	2023.05.	頁數 112	（電子期刊）

國家圖書館出版品預行編目(CIP)資料

臺東殖民地豫察報文/田代安定原著；張勝雄翻譯. -- 初版. -- 臺東市：財團法人東台灣研究會文化藝術基金會, 2023.11

面；　公分. -- (東台灣叢刊；19)

ISBN 978-626-98011-0-7(平裝)

1.CST: 方志 2.CST: 臺東縣

733.9/139.1　　　　112018476